福建省"十四五"普通高等教育本科规划教材

船舶电机与拖动

第2版

主　编　马昭胜
副主编　俞万能　李荏娜　刘世杰　庄一凡
主　审　许顺隆

机械工业出版社

本书根据交通运输部海事局《海船船员培训大纲（2021 版）》的相关要求而编写。

全书分为 11 章，主要内容包括磁场与电磁感应、直流电机、变压器、异步电动机、同步电机、特种电机、常用控制电器及控制电路、电机的典型控制电路、机舱电力拖动控制系统、甲板机械电力拖动控制系统和船舶舵机控制系统。

本书内容丰富、取材新颖、深浅适度、侧重应用，多方面和多层次地介绍了船舶电机与拖动技术。

本书可作为高等院校船舶电子电气工程专业和轮机工程专业的教材，也可作为相关专业（航海技术、船舶与海洋工程等）师生和船舶电气技术人员的参考用书。

图书在版编目（CIP）数据

船舶电机与拖动／马昭胜主编. --2 版. --北京：
机械工业出版社，2025. 6. --（福建省"十四五"普通
高等教育本科规划教材）. -- ISBN 978 - 7 - 111 - 78540 - 8

Ⅰ. U665

中国国家版本馆 CIP 数据核字第 20254QD309 号

机械工业出版社（北京市百万庄大街 22 号　邮政编码 100037）
策划编辑：刘星宁　　　　　　责任编辑：刘星宁　章承林
责任校对：樊钟英　陈　越　　封面设计：马精明
责任印制：张　博
北京机工印刷厂有限公司印刷
2025 年 7 月第 2 版第 1 次印刷
184mm×260mm·17 印张·418 千字
标准书号：ISBN 978 - 7 - 111 - 78540 -8
定价：79. 00 元

电话服务　　　　　　　　　　网络服务
客服电话：010 - 88361066　　机　工　官　网：www. cmpbook. com
　　　　　010 - 88379833　　机　工　官　博：weibo. com/cmp1952
　　　　　010 - 68326294　　金　书　网：www. golden - book. com
封底无防伪标均为盗版　　机工教育服务网：www. cmpedu. com

前　言

　　当今世界的综合国力竞争，说到底是人才竞争，人才越来越成为推动经济社会发展的战略性资源。广大青年要坚定理想信念，志存高远，脚踏实地，勇做时代的弄潮儿，在实现中国梦的生动实践中放飞青春梦想，在为人民利益的不懈奋斗中书写人生华章。而国家的发展离不开航运事业，航运的发展也离不开航运人才的培养。

　　"船舶电机与拖动"是面向航海类专本科层次船舶电子电气工程专业学生的一门专业课程。通过该课程的学习，学生可获得船舶电机与拖动技术理论和专业基础知识，为毕业后从事船舶电机与拖动技术工作打下理论基础和实践基础。同时兼顾交通运输部海事局制定的《海船船员培训大纲（2021 版）》，满足国际海事组织 STCW（International Convention on Standards of Training, Certification and Watchkeeping for Seafarers，海员培训、发证和值班标准国际公约）中规定的电子电气员"维护和修理主推进装置和辅助机械的自动和控制系统""维护和修理甲板机械和装卸货设备的电气、电子和控制系统"和"维护和修理生活设备的控制和安全系统"职能中的适任要求而编写。

　　本书包括"船舶电机学"和"船舶电力拖动"上下两篇。其中"船舶电机学"包括磁场与电磁感应、直流电机、变压器、异步电动机、同步电机和特种电机。"船舶电力拖动"包括常用控制电器及控制电路、电机的典型控制电路、机舱电力拖动控制系统、甲板机械电力拖动控制系统和船舶舵机控制系统。

　　马昭胜组织了本书的编写，制定了详细的编写提纲，并负责了全书的统稿工作。全书共11 章，其中第一、三、九章由马昭胜编写；第二章由俞万能编写；第四章由庄一凡编写；第五章由李苙娜和庄一凡共同编写；第六章由李苙娜编写；第七章由吴德烽和田庆元共同编写；第八章由林斌和刘启俊共同编写；第十章由刘世杰和杨荣峰共同编写；第十一章由庄一凡、吴泽谋和钟尚坤共同编写。

　　本书由集美大学许顺隆教授主审，他详细地审阅了编写大纲及全部书稿，提出了许多宝贵意见和建议。另外，大连海事大学张春来教授也详细地审阅了编写大纲，并提出了许多宝贵意见和建议。在编写过程中，还得到上海海事大学林叶春教授、王海燕副教授，广州交通大学藤宪斌教授、叶伟强教授，重庆交通大学刘光银教授，海南热带海洋学院王自立高级轮机长，北部湾大学尹杰冬老师，以及集美大学轮机工程学院船舶电气自动化教研室全体老师的帮助和支持，编者在这里一并向他们表示衷心的感谢！

　　本书由集美大学、天津理工大学、重庆交通大学和海南热带海洋学院联合编写，编写宗旨是用作船舶电子电气工程专业和轮机工程专业本科教材。由于受课程设置、相关教学大纲、编者水平及时间所限，全体编写人员虽倾尽全力，但仍难免有不妥甚至错误之处，竭诚希望同行专家及广大读者批评指正。

编者

2025 年 5 月

目　录

下篇　船舶电力拖动

上篇　船舶电机学

第一章　磁场与电磁感应

第一节　磁场基本物理量

在船舶电气工程中，有电路的问题也有磁路的问题。发电机利用导体切割磁力线而产生电动势，电动机由载流导体在磁场中受到电磁力矩而旋转，以及继电器、接触器、变压器和电工仪表等运行动作，都蕴含着电与磁的相互转化和相互作用原理。

一、磁场

1. 永久磁铁

当小指南针靠近永久磁铁就会发生偏转现象，说明永久磁铁的周围存在着一种物质，这种物质称为磁场。为了描述磁场的分布情况，人们引入了磁力线概念，磁铁的磁力线从 N 极出发，经外部空间进入 S 极，再由 S 极经磁铁内部到 N 极而形成无头无尾的闭合回线。磁力线上任一点的切线方向代表该点的磁场方向，如图 1-1 所示，l_1 曲线上 a 点磁场方向即为 a 点切线 l_2 的方向，而磁力线的疏密反映了磁场各处磁性的强弱程度，靠近磁铁两端的磁力线密、磁场就强，远离磁铁两端的磁力线疏，磁场就弱。

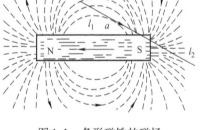

图 1-1　条形磁铁的磁场

2. 电流的磁效应

当导体流过电流，在导体的周围也会产生磁场。根据导体的形状不同，通电导体产生的磁场可分为通电直导体周围产生磁场和通电螺旋状线圈产生磁场。

当一根直导线通入直流电流后，在导线周围将产生磁场。用磁力线表示如图 1-2a 所示。在实验中还可发现，通过的电流越大，同心圆的圈数越多，形状也越明显，这说明导体周围产生的磁场越强。

通电直导体产生磁场的方向与电流的方向可用"右手定则"进行判断，如图 1-2b 所示。用右手定则判断方向时，将右手的拇指伸出并使拇指指尖对准电流流动的方向，其他 4 个指头自然弯曲，4 个指头的方向就是电流产生的磁场的方向（即磁力线的方向）。

当螺旋状线圈通入电流后，在螺旋状线圈导线周围也将产生磁场。由于通电螺旋状线圈是一圈紧接一圈地靠在一起的，导线产生的磁力线发生变形，不再是同心圆了，成为如

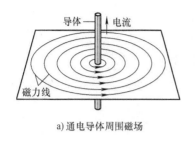
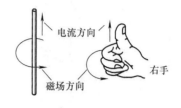

a) 通电导体周围磁场   b) 右手定则判断方向

图 1-2　通电直导体产生磁场

图 1-3a所示的形状。通电螺旋状线圈产生的磁场方向也是用右手进行判断，为了便于区别，称之为"**右手螺旋定则**"。判断方向时，将右手的拇指伸出，其他 4 个手指头自然弯曲，4 个指头的方向与电流绕行流动方向一致，拇指指尖所指的方向就是螺旋状线圈通电后产生磁场的方向，如图 1-3b 所示，即在线圈内部从下往上穿过。

　　通电直导体周围产生磁场和通电螺旋状线圈产生磁场其实是一样的，在图 1-3b 中，线圈导线中有电流通过，若从导线的截面看，磁力线在导线靠线圈内部的方向是从下往上；磁力线在导线靠线圈外部的方向是从上往下，两圈导线靠在一起的部分，磁力线"一左一右"相互抵消。因此，从总体上看，就成了磁力线在线圈内部从下往上穿过，并符合"右手螺旋定则"。

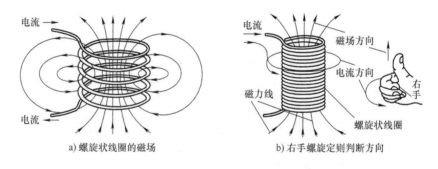

a) 螺旋状线圈的磁场   b) 右手螺旋定则判断方向

图 1-3　通电螺旋状线圈产生磁场

　　在电流的磁效应中，并没有规定产生效应的电流的种类。实际上导体通入的电流不同，其产生的磁场也不一样。一般而言，根据导体通入电流的不同，可将电流磁效应产生的磁场分为恒定磁场、波动磁场、交变磁场和脉冲磁场 4 种。

　　恒定磁场是指大小和方向保持不变的磁场，在直导体或螺旋状线圈中通入大小和方向保持不变的直流电流时，产生的磁场就是恒定磁场；当通入方向保持不变，但大小却随时间变化的电流而产生变化的磁场称为波动磁场；而在直导体或螺旋状线圈中通入大小和方向都随时间变化的交流电流时，就会产生交变磁场。当直导体或螺旋状线圈中通入大小和方向都随时间按正弦规律变化的正弦交流电流时，产生的正弦交变磁场又称为脉振磁场（本书第四章介绍电机时将对脉振磁场进行讨论）。脉冲磁场和脉振磁场不同，脉冲磁场是指间歇出现的磁场，在某一固定的时间范围内磁场出现，而在其他时间范围内产生的磁场很小或为零（消失）。

二、磁场基本物理量

用磁力线描述磁场强弱比较直观，但用磁力线定量描述磁场大小就显得不方便。为此，就引入磁场物理量对磁场的磁特性进行定量的描述。磁场的主要物理量有磁感应强度、磁通量和磁场强度等，这几个物理量在物理学中已经讲过。

1. 磁感应强度与磁通量

磁感应强度是描述磁场内某点磁场强弱及方向的物理量，是一个**矢量**，用字母 B 表示，它与产生磁场电流的方向关系可用右手螺旋定则来确定。在磁场内磁感应强度的大小和方向处处相同，则称之为均匀磁场；磁通量 Φ 就是磁的通量，是垂直于磁力线面积的磁感应强度的总和，它反映磁力的总体作用。换句话说，磁感应强度和磁通量都是反映磁场实际作用强弱的量，磁通量反映的是总体作用，磁感应强度则是某点的具体作用，是单位面积通过的磁通量。它们两者之间的关系为

$$\Phi = \int B \mathrm{d}S \tag{1-1}$$

对于均匀磁场而言，磁通量代表穿过某一截面积 S 的磁感应强度 B 的通量（即磁力线数），若截面积 S 与磁感应强度 B 互相垂直，则

$$\Phi = BS \quad \text{或} \quad B = \frac{\Phi}{S} \tag{1-2}$$

在国际单位制中，磁感应强度 B 的单位是特斯拉（T），$1\mathrm{T} = 1\mathrm{Wb/m}^2$；磁通量 Φ 的单位为韦伯（Wb）；截面积 S 的单位是平方米（m^2）。

可见，在磁场（本书若没有特别说明，磁场均指均匀磁场）中，**磁感应强度在数值上等于穿过垂直于磁场方向上的单位面积上的磁通量**，故又称它为磁通密度。

2. 磁场强度

磁场强度 H 是反映磁场本身所具有的磁力或磁能大小的物理量，它与磁场介质无关（也就是说，与磁力存在的物质导磁能力大小无关），也是**矢量**，根据安培环路定律：

$$\oint_l H \mathrm{d}l = \sum I \tag{1-3}$$

磁场强度 H 沿任一闭合回线 l 的线积分等于该回路圈内的电流代数和，当电流方向与积分回线方向符合右手螺旋关系时，电流 I 取正值，相反则取负值。

式（1-3）表明磁场中各点的磁场强度仅与产生磁场的电流大小和分布有关。

在非均匀磁介质中可分为 n 段，每段为均匀的磁路（集中通过磁通量的磁的闭合回路称为磁路），安培定律的计算式则变成简单的代数式：

$$\sum_{k=1}^{n} H_k l_k = \sum I \tag{1-4}$$

式中 H_k——第 k 段均匀磁路的磁场强度；

  l_k——第 k 段均匀磁路的平均长度。

在均匀磁介质中，磁场强度 H 与电流成正比：

$$H = \frac{\sum I}{l} \tag{1-5}$$

式中　H——磁场强度（A/m）；

　　　I——电流（A）；

　　　l——均匀的磁路的平均长度（m）。

由式（1-5），人们可以对磁场强度这个物理量有更好的理解：在均匀磁路中，磁场强度 H 是单位长度磁路的励磁电流。或者说，磁路中磁场强度等于所有励磁电流总和与磁路总长度的比值，是电能在磁路中转换成磁能在单位长度中的体现。

三、磁导率

在磁场强度的作用下，磁介质被磁化，从而产生附加磁场。因此，在磁场中各点的磁感应强度随磁介质的不同而不同。磁感应强度与磁场强度的关系：

$$B = \mu H \tag{1-6}$$

式中　μ——磁介质的磁导率，它表明磁介质产生附加磁场的能力。实验表明，磁感应强度（即某点的磁场强弱）与磁场的介质有关。不同的磁介质，其 μ 是不同的。在不同的磁场强度的作用下，即使相同的磁介质，其 μ 也是不同的。可见，磁介质的磁导率 μ 不是一个常数。在国际单位制中，磁场强度 H 的单位为 A/m；磁导率 μ 的单位为 H/m。

真空的磁导率：

$$\mu_0 = 4\pi \times 10^{-7}\text{H/m} \approx \frac{1}{800000}\text{H/m} \tag{1-7}$$

任一物质的磁导率 μ 与真空的磁导率 μ_0 之比，称为该物质的相对磁导率，用 μ_r 表示：

$$\mu_r = \frac{\mu}{\mu_0} = 800000 \times \frac{B}{H} \tag{1-8}$$

不同的材料，其磁导率不同，一般用于制造磁路材料的磁导率在 $10^2 \sim 10^4$ H/m 之间，而真空的磁导率 μ_0 为 $4\pi \times 10^{-7}\text{H/m} \approx 1/800000\text{H/m}$。

由式（1-3）和式（1-6）可知，**相同励磁电流（产生相同磁场强度）的情况下，采用磁导率高的材料制造的磁路，产生的磁通量或磁通密度大。**

第二节　铁磁材料及铁损

在电气工程中，材料按其磁导率不同可划分为两类：铁磁材料和非铁磁材料，铁磁材料具有高磁导率，如铁、钴、镍及其合金等；非铁磁材料是指磁导率近似等于真空的磁导率 μ_0 的材料，如铜、银、绝缘物等。材料不同，其导磁能力也不相同，在相同的电流下，通电铁心线圈产生的磁通比空心的线圈产生的磁通大得多。可见，在相同的磁场强度作用下，不同的磁路的材料其磁感应强度是不一样的，为了增加磁感应强度，在船用电机、变压器、接触器等绕组上都采用铜导体绕在高导磁铁心材料上。

一、铁磁材料的磁性能

铁磁材料的磁性能主要有高导磁、磁饱和、剩磁和磁滞等特性。

1. 高导磁特性

磁材料的磁导率很高，这是由于在铁磁性物质内部能分成许多小区间，在这些小区间内由于铁磁材料的分子间有一种特殊的作用力而使区间内的分子磁铁都排列整齐，显示磁性，这些小区间称为磁畴。在没有外磁场的作用时，各个磁畴排列混乱，如图1-4a所示，磁效应互相抵消，对外不显示磁性。若在外磁场作用下，磁畴就顺外磁场作用转向呈现出磁性，随着外磁场的增强，磁畴就逐渐转到与外磁场相同的方向上，如图1-4b所示。于是产生了

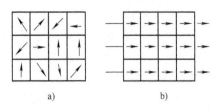

图1-4　磁性材料的磁化过程

一个很强的与外磁场同方向的磁化磁场，而使铁磁性材料内的磁感应强度大大增加，这一过程称为被磁化。为了描述铁磁材料的磁化过程，以横坐标为外加磁场强度 H，纵坐标为磁感应强度 B，如图1-5所示，随着外加磁场强度 H 的增强，铁磁材料的磁感应强度 B 也随着增强，这条曲线称为磁化曲线，它是由实验测试所得。

铁磁材料具有被强烈磁化的性质，称之为高导磁性。电机、变压器、接触器等电气元件的线圈、铁心，正是利用这一特性，在铁心上绕有线圈并通入不大的励磁电流，便可获得足够大的磁通量和磁感应强度。这就解决了电气元件既要磁通量大，又要励磁电流小的矛盾。利用优质的铁磁材料可减轻电气元件的重量和减小它的体积。

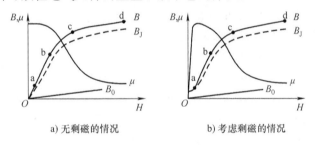

a) 无剩磁的情况　　　　　　　b) 考虑剩磁的情况

图1-5　磁化曲线

相反，非磁性材料没有磁畴的结构，不存在磁性。图1-5中 B_0 是空气的磁感应强度，B_J 是铁磁材料的磁感应强度，B 是合成磁感应强度。铁磁材料不同，其磁化曲线也不同。图1-6中示出了几种磁性材料的磁化曲线。

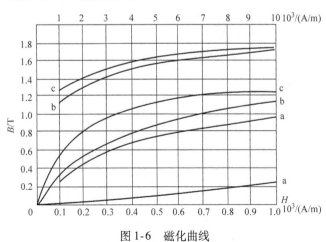

图1-6　磁化曲线

a—铸铁　b—铸钢　c—硅钢片

2. 磁饱和特性

铁磁材料被磁化所产生的磁感应强度不会随着外磁场的增强而无限地增强。当外磁场（或励磁电流）增大到一定值时，全部磁畴磁场方向都转向与外磁场的方向一致。这时磁化磁场的磁感应强度 B 即达饱和值，如图1-5中的d点所示。由图1-5可见，铁磁材料的B-H磁化曲线分为四段：Oa 段的 B 增加缓慢，是起始段；而过a点之后，B 与 H 差不多成正比地增加，即 ab 段，称为线性段；过了b点后的 B 的增加又变为缓慢，即bc段，称为半饱和段；c以后一段的 B 增加得很少，达到了磁饱和，即 cd 段，称为饱和段。可见，铁磁材料的磁化过程，B 与 H 不成正比，所以磁性物质的磁导率 μ 不是常数，随 H 而变，如图1-5中的 μ 曲线。当铁磁材料磁化进入饱和区时，磁导率 μ 基本不变并且很小，接近于 μ_0，所以电气元件的铁心都工作在 b 点（拐点）处，既不增加线圈的励磁电流，又可获得较大的磁感应强度。

得出结论：铁磁材料具有高磁导率，随着磁场强度的增加，铁心的磁导率将下降，此时铁磁材料出现饱和，铁磁材料饱和后，磁导率大大减小，磁路的磁通密度几乎不随磁场强度的增加而增加。应当指出，铁磁材料随温度升高导磁性能也会发生变化。

3. 剩磁和磁滞特性

铁磁材料的剩磁和磁滞特性可用磁滞回线进行说明，如图1-7所示，磁滞回线是在交流励磁电流作用下测得的。由图1-7可见，当励磁电流从0增加到 $+I$（磁场强度为 $+H$）时，磁路中的磁感应强度 B 从0变化到曲线的点1所对应的位置；当励磁电流从 $+I$ 减小到0时，B 减小但并不为0，而是在点2的位置；励磁电流从0到 $-I$（$-H$），B 则从点2经过点3到点4；励磁电流再从 $-I$ 到0到 $+I$，B 则从点4经过点5、点6再到点1。励磁电流反复变化，B 就不断地从点1

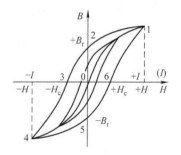

图1-7 磁滞回线

经过点2、点3到点4再由点4经过点5、点6到点1不断地重复变化。曲线 1→2→3→4→5→6→1 称为磁滞回线。从磁滞回线上看，磁感应强度 B 的变化永远滞后于磁场强度 H 的变化，这种现象称为铁磁材料的磁滞特性。

在图1-7中，点2和点5对应的磁感应强度 $+B_r$ 和 $-B_r$ 分别为铁磁材料的正向剩磁和反向剩磁，也就是说停止施加正或反向励磁电流后，虽然磁场强度 H 已经为0，但铁心中仍然存在磁感应强度 $+B_r$ 或 $-B_r$。永久磁铁的磁性就是由剩磁产生的。在自励发电机中，要求其磁极必须具有剩磁，才能够建立起电压。但是，剩磁有时是有害的，例如吊机的电磁吸盘有剩磁，仍将一部分废铁或工件吸住，为此要通入反向去磁电流，去掉剩磁，才能将废铁或工件卸下。可见，要使电磁铁心的剩磁消失，必须在线圈中通入与剩磁不同方向的励磁电流，产生相反的磁场强度。点3和点6所对应的磁场强度 $-H_c$ 和 $+H_c$ 分别是为了克服正反向剩磁所需要的与原来作用磁场相反方向的磁场强度。也就是说，若原来作用磁场的方向为 $+H$，要消除铁心中的剩磁，就必须施加反向磁场强度 $-H_c$，剩磁 B_r 越大，所需的 $-H_c$ 也越大。但铁磁材料过高的温度和振动会使剩磁减弱甚至消失。克服剩磁所需的磁场强度 $-H_c$ 称为矫顽力。不同的铁磁材料，其磁滞性能一般是不一样的。也就是说，矫顽力 $-H_c$ 与具体的铁磁材料有关。同样剩磁的情况下，要消除不同铁心材料的剩磁，所需的矫顽力 $-H_c$ 也不一样。

二、铁磁材料的分类与用途

根据铁磁材料的磁滞回线的宽窄不同可分为软磁材料、硬磁材料和矩磁材料三种。

1. 软磁材料

软磁材料主要用于制造电机、变压器等电器的铁心，其磁滞回线所包围的面积小，如图 1-8a所示，其特点是易磁化，易去磁，磁导率高，磁损耗小，剩磁小和矫顽力小。一般 $H_c < 10^3 \text{A/m}$ 的铁磁材料可以认为是软磁材料，但软磁材料容易饱和。软磁材料又分为金属软磁材料和铁氧体软磁材料两类。金属软磁材料主要包括电工纯铁、硅钢片和铁镍合金等。硅钢片是电力和通信工业的基础材料，用量很大，约占铁磁材料总用量的90%以上。

2. 硬磁材料

硬磁材料可以用于制造永久磁铁，磁滞回线所包围的面积大，如图 1-8b 所示，其特点是磁导率相对较小，磁滞回线所包围的面积大，矫顽力大，剩磁大，不易磁化和不易去磁。因此，适用于制造用作储藏磁能和提供磁能的永久磁铁。这类材料包括钨钢、铬钢、铝镍铁、铝镍钴合金等。一般 $H_c > 10^4 \text{A/m}$ 的铁磁材料可以认为是硬磁材料。

3. 矩磁材料

矩磁材料的磁滞回线形状近似矩形，如图 1-8c 所示，其特点与硬磁材料基本一样，稳定性良好。在计算机系统中可用作记忆元件、开关元件和逻辑元件。常用的有镁锰铁氧体及1J51 型铁镍合金等。

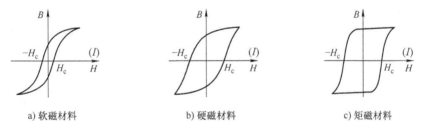

a) 软磁材料　　　　　　b) 硬磁材料　　　　　　c) 矩磁材料

图 1-8　不同铁磁材料的磁滞回线

铁磁材料的型号、品种繁多，各种型号规格的铁磁材料可参阅有关产品说明书。

三、铁心损耗

在交变磁通作用下，铁心本身产生的损耗称为铁心损耗，其包含两个部分：涡流损耗和磁滞损耗。

1. 涡流现象及涡流损耗

铁心一般采用铁、镍、钴及其合金等铁磁材料制造，根据电磁感应定律，穿过铁心的磁通发生变化时，铁心也将感应电动势。在感应电动势的作用下，将产生电流，如图 1-9 所示，变化的电流 i 通过线圈，在铁心中将产生变化的磁通量 Φ，这个变化的磁通量在铁心材料中感应电动势。由于铁心的材料是金属材料，铁心中的电动势将引起

图 1-9　铁心涡流

感生电流。铁心中感生的电流是一圈圈的同心圆，像旋涡的形状，因此铁心的感生电流称为涡流。涡流的本质也是一种电磁感应现象，是电磁感应的一种形式。涡流的大小与铁心感应

电动势成正比，感应电动势越大，涡流也越大。涡流大小也与铁心导电性能有关，铁心电阻越大，涡流就越小。

铁心有电阻，感生的涡流在铁心的金属材料上将产生焦耳热损耗（I^2R）。假设铁心的等效电阻为 R，感应电动势为 E，涡流为 I，则涡流产生的损耗 Δp_e 为

$$\Delta p_e = I^2R = E^2/R \qquad (1\text{-}9)$$

由式（1-9）可知，当感应电动势 E 一定时，若能增大铁心电阻，则涡流将会减小，涡流损耗也将减小。因此，实际交流线圈的铁心通常采用硅钢片叠压而成，硅钢片与硅钢片之间则常采用绝缘漆涂敷，以增大硅钢片之间的电阻，减小涡流及其损耗，如图1-10所示。

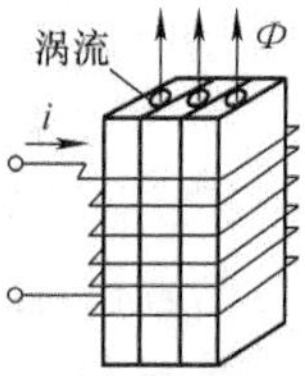

图1-10 硅钢片铁心涡流

2. 磁滞损耗

前面在铁磁材料的性能中曾经讨论过，铁磁材料存在磁滞现象。磁滞现象表现为磁场强度为零时，磁感应强度（磁通密度）不为零。若要使磁感应强度为零，则必须施加反向磁场强度（见图1-7）。当铁心线圈通入的是交流电流时，交流励磁电流产生的是交变的磁场强度，铁心中的磁感应强度也是交变的。于是工作时铁心磁路将在两个方向上反复被磁化。由于铁磁材料存在磁滞现象，为了克服剩磁，必须反复向磁路提供反向矫顽力。也就是说，铁心在工作时，受到交变电源的反复磁化，每次磁场强度过零后，电源提供的能量首先都用来克服剩磁，然后才产生反向磁通量。为了克服铁心剩磁，必须消耗电源提供的能量，铁心所消耗的这部分能量（损耗）就称为**磁滞损耗**。磁滞损耗大小与铁心采用铁磁材料的类型有关，材料的磁滞回线包围的面积反映了材料的磁滞损耗大小。一般而言，软磁材料磁滞损耗小，硬磁材料磁滞损耗大。因此，为了减少铁心工作时产生的磁滞损耗，电机和电器的铁心通常采用软磁材料制造。

第三节 磁 路

一、磁路

在电气工程中，为了以较小的励磁电流获得足够大的磁通量，电机、变压器、接触器等都用铁磁材料制成铁心，因为这种铁心磁导率 μ 比其他材料或空气的 μ_0 大，所以磁通量绝大部分都通过铁心。将**由铁磁材料组成的磁力线集中通过的闭合路径称为磁路**，如图1-11所示。

 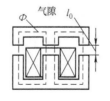 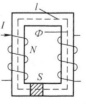

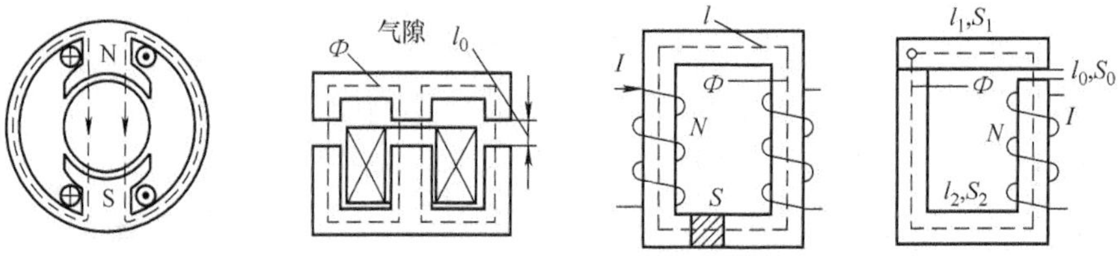

a) 直流电机的磁路　　b) 交流接触器的磁路　　c) 变压器的磁路　　d) 直流接触器的磁路

图1-11 磁路的形式

二、磁路的基本定律

1. 磁路的欧姆定律

磁路中通过的是磁通量 Φ，与电路分析对比。我们很自然地想到，磁路应该也有磁动势，于是人们就引入磁动势的概念。在电路中，电动势是由外力将正负电荷分开（分别推向电源的正极和负极），使其具有的能量提升（也就是具有势能）。在磁路中，磁是由电流产生的，即在通电导体中流过的电流产生的。因此，在磁路中产生磁的总电流称为该磁路的磁动势，用 F 表示，单位为 A：

$$F = \sum I \tag{1-10}$$

由于产生磁的总电流是线圈中流过的电流 I 和线圈的匝数 N 的乘积，于是式（1-10）可写成：

$$F = IN$$

式中　F——磁路的磁动势（A）；

　　　I——电流（A）；

　　　N——线圈的匝数（没有单位，因此匝不能作为量纲）。

有了磁动势概念后，下面就来讨论磁路的基本定律。

为了推出磁路欧姆定律，以图 1-12 无分支磁路为例，设铁心媒介是均匀的，根据安培环路定律有

$$IN = Hl = \frac{B}{\mu}l = \frac{\Phi}{\mu S}l$$

$$\Phi = \frac{IN}{\dfrac{l}{\mu S}} = \frac{IN}{R_m} = \frac{F}{R_m} \tag{1-11}$$

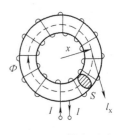

图 1-12　无分支磁路

令 $R_m = \dfrac{l}{\mu S}$，称为磁阻，所以**磁路的欧姆定律**为

$$\Phi = \frac{F}{R_m} \tag{1-12}$$

式中　R_m——磁阻，表示磁路对磁通量具有阻碍作用；

　　　l——磁路的平均长度；

　　　S——磁路的截面积。

式（1-12）表明，磁通量由磁动势所产生。式（1-12）称为磁路的欧姆定律。与电路相似，在磁路中，磁动势、磁通量和磁阻之间也存在如下关系：

$$\left.\begin{array}{l} F = \Phi R_m \\ \Phi = F/R_m \\ R_m = F/\Phi \end{array}\right\} \tag{1-13}$$

它表明：磁路中磁通量 Φ 与磁动势 F 成正比，与磁路总磁阻 R_m 成反比。在式（1-13）的第一个式子中，等号两边代表的含义存在一定的差别。等号左边为磁路的磁动势 F，是由通电的磁路线圈产生的磁动势，是根据式（1-12）进行计算的。它与电源的电动势对应，可以称为"磁动势"。而等号右边的 ΦR_m，表示磁路消耗的总磁动势，是与电路中电阻的电压降对应的，有时为了进行区分，也可称为"磁压降"。当然在一个磁路中，应该具有"磁

动势" = "各个磁压降之和",即磁路的基尔霍夫定律。

2. 磁路的基尔霍夫磁压降定律

磁路的基尔霍夫磁压降定律说明,磁路中通电线圈产生的磁动势等于磁路消耗的总磁动势,用数学表达式表示为

$$\sum I = \sum \Phi R_m = \Phi(R_{m1} + R_{m2} + \cdots + R_{mn}) \tag{1-14}$$

式中,$\sum I$ 为通电线圈产生的总磁动势,等于线圈电流 I 与匝数 N 的乘积,即 $\sum I = IN$; $\sum \Phi R_m$ 为磁路消耗的总磁动势。磁路可能如图 1-11d 所示的那样,可以分为若干段(n 段),每段磁路都为均匀的磁路,但每段磁路的磁阻不同。

3. 磁路的基尔霍夫磁通流定律

在磁路分析时,经常会遇到如图 1-11a 和 b 一样的有分支的磁路。对于分支磁路,根据磁通量的连续性,同样也可采用基尔霍夫磁通流定律进行描述。磁路的基尔霍夫磁通流定律表明:流进磁路某节点的磁通量等于流出该节点的磁通量。或者说,流进磁路某节点磁通量的代数和恒为零,即

$$\sum \Phi = 0 \tag{1-15}$$

如图 1-13 有分支的磁路,就有

$$\Phi = \Phi_1 + \Phi_2$$

同样,磁路的基尔霍夫磁通流定律也可扩展到任意假设的闭合曲面所包围的磁路:流进磁路某任意假设的闭合曲面所包围的磁路的磁通量等于流出该曲面的磁通量。或者说,流进磁路某任意假设的闭合曲面所包围的磁路的磁通量代数和恒为零。

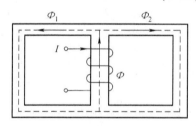

图 1-13 有分支的磁路

三、磁路计算

磁路的计算可分为两类,一类为由电气元件工作要求提出一个已知磁通量来求磁动势,另一类为已知磁动势求磁通量。它们的计算方法大同小异,在此仅讨论由 Φ 求磁动势 F(已知 Φ 求 I 或 N)并且仅讨论无分支的磁路。

无分支的磁路中已知磁通量 Φ 来求磁动势 F,其步骤如下:

1)按照磁路中的材料和基面不同进行分段。

2)做出各段的中心线,按照所给出的尺寸计算出各段的截面积 S_1、S_2、$S_3 \cdots$ 和长度 L_1、L_2、$L_3 \cdots$

3)求各段磁通密度:

$$B_i = \frac{\Phi_i}{S_i}$$

4)由各材料的 B_i 查 $B\text{-}H$ 曲线,查找出与它们对应的磁场强度 H_1、H_2、$H_3 \cdots$ 而气隙 $H_0 = \dfrac{B_0}{\mu_0}$。

5)求总磁动势 $IN = H_0 l_0 + H_1 l_1 + H_2 l_2$。

当磁路中含有空气隙时,由于空气隙磁阻较大,磁动势几乎都降在空气隙上面。

四、有关磁路的综述

磁路主要由导磁能力强的材料构成，是一个闭合的回路。采用磁路方法进行分析时，总是假设磁路是均匀的或至少是各分段均匀的。所谓"均匀"的含义是：在磁路中，各点的磁感应强度 B 和磁场强度 H 分别相等。因此，在磁路中，磁感应强度又称为磁通密度。磁场的基本物理量主要有：磁场强度 H、磁通量 Φ 和磁感应强度 B。它们可以应用于磁路的分析。

通过磁路的分析，基本可满足工程实际计算的需要，而且可大大简化分析过程。磁路分析与电路分析基本一样，磁路也有欧姆定律、基尔霍夫电压和电流定律；磁路常用的基本物理量有：磁动势（包括磁动势和磁压降）F、磁通量 Φ；磁路的唯一参数是磁阻。上面是关于磁路的综述，是后面关于电机分析和计算时经常要应用到的一些基本概念。

第四节　电磁感应

一、电磁感应现象

所谓"电磁感应"是指处于变化磁场中的导体或线圈能够感应生成电的现象。这就是"磁生电"，但这是有条件的，这个条件是磁是变化的，下面通过两个实验来感知"磁变生电"，即电磁感应。

1. 磁铁和线圈的实验

将一个线圈 C 和一个电流计 G 连接成如图 1-14 所示的一个闭合回路，电流计的指针处在中间不动，表明线圈中没有感应电动势。取一根条形磁铁，N 极对准线圈，从图 1-14 所示线圈的右侧快速插入线圈（磁铁向左移动插入）。插入线圈的瞬间，电流计的指针朝右偏转（正偏转）。插入线圈后的磁铁保持不动，

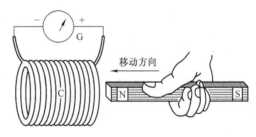

图 1-14　磁铁与线圈实验

电流计的指针逐渐回摆并最终停在中间位置不动。若此时再将磁铁从线圈中向右快速拔出，电流计的指针在磁铁拔出的瞬间向左偏转（负偏转），然后再次回摆，最终还是停在中间位置不动。

电流计的摆动说明有电流流过：磁铁从右往左插入线圈的瞬间，线圈感应电动势，且感应电动势在线圈右边引线的极性为正。由于有电流计与线圈连接，线圈产生的电动势将向电流计提供电流，使电流计的指针摆动。指针逐渐回摆说明，电流计中的电流逐渐减小。也就是磁铁不动时，线圈感应的电动势逐渐减小并最终为零。磁铁从左往右拔出线圈的瞬间，线圈也感应电动势，但在线圈右边引线的感应电动势的极性变为负值。因此，电流计的指针反偏。可见，线圈通过的磁通量发生了变化，才会产生感应电动势。

2. 线圈和线圈的实验

为了增加磁感应强度，将两个线圈 C₁ 和 C₂ 分别套在铁心中，其中一个线圈 C₂ 与电流计连接，另一个经开关 S 与电池 E 连接，并将两个线圈如图 1-15 对准放置。将与线圈 C₁ 连接

的开关 S 突然合上，可观察到，电流计在开关 S 合上的瞬间，指针正偏转，然后指针逐渐回偏，并最终停在中间位置不动。再突然将与 C_1 连接的开关 S 断开，则在开关断开的瞬时，电流计指针反偏，然后指针逐渐回偏，最终也是停在中间位置不动。

线圈与线圈的实验和线圈与磁铁的实验相似，当开关 S 闭合时，线圈 C_1 与电池接通，线圈 C_1 有电流流过。根据前面介绍的电流磁效应，线圈 C_1 产生磁通量，通过铁心穿过线圈 C_2 磁通量将增加。当线圈 C_1 的电流稳定时，C_1 产生磁通量恒定不变，线圈 C_2 感应电动势为零，不向电流计 G 提供电流，与 C_2 连接的电流计指针回摆并停止下来。当开关 S 断开时，C_1 的电流减小为零，C_1 产生穿过 C_2 的磁

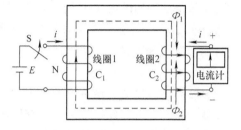

图 1-15　线圈的感应电动势实验

通量也减小为零。线圈 C_2 又感应电动势，使指针摆动。也就是说，开关 S 闭合或断开，穿过 C_2 的磁通量发生变化，在 C_2 会感应电动势，电动势的方向与磁通量变化的方向有关。

通过上述两个实验的分析可以知道：只要穿过线圈的磁通量发生变化，线圈就会产生电动势。线圈产生的电动势称为感应电动势。由感应电动势引起的电流称为感生电流（因感应而产生的电流）。由图 1-14 和图 1-15 的分析可知，线圈感应电动势的方向与磁通量的变化方向有关，而且总是力图阻止穿过线圈的磁通量变化。即若感应电动势能引起感生电流的话，感生电流也会产生磁通量，感生电流所产生磁通量的方向总是抵消原来磁通量变化的方向：原来的磁通量增加，感生电流所产生磁通量的方向是阻止其增加；原来的磁通量减少，感生电流所产生磁通量的方向是阻止其减少，这就是下面要讨论的电磁感应定律。

二、电磁感应定律

电磁感应定律是说明电磁感应现象的定律，是在楞次定律和法拉第电磁感应定律基础上发展起来的。其中，楞次定律说明感应电动势方向与磁通量变化方向之间的关系。法拉第电磁感应定律则说明感应电动势大小与磁通量变化大小之间的关系。电磁感应定律就是这两个定律的综合。

在线圈中，因磁通量变化而产生的感应电动势（感生电流）的方向可通过楞次定律确定。楞次定律指出：当闭合线圈回路在的磁通量发生变化时，回路中就有感生电流产生，**感生电流的方向总是要使它产生的磁场阻碍闭合回路中原来磁通量的变化**。法拉第电磁感应定律则说明，线圈中因磁通量变化而产生的感应电动势的大小与线圈的匝数和穿过线圈磁通量的变化率成正比。

应该说明的是，原来的法拉第电磁感应定律主要对线圈感应电动势大小进行说明，并未对感应电动势的方向进行规定。后来人们将法拉第电磁感应定律与楞次定律合二为一，总称为电磁感应定律，并以下面的公式表示：

$$e = -N \frac{\mathrm{d}\varPhi}{\mathrm{d}t} \tag{1-16}$$

式中　N——线圈的匝数；

　　$\mathrm{d}\varPhi/\mathrm{d}t$——与线圈交链的磁通量对时间的变化率（所谓交链，意思是指穿过。"与线圈交链的磁通量"可理解为"穿过线圈的磁通量"）；

e——感应电动势；负号"－"表示感应电动势方向总是阻碍（或抵抗）磁通量 Φ 变化的。

式（1-16）表明：穿过线圈的磁通量变化，线圈将感应电动势 e。感应电动势 e 的大小正比于线圈的匝数 N 和磁通量对时间的变化率 $\mathrm{d}\Phi/\mathrm{d}t$。匝数越多或磁通量的变化率越大，感应电动势的绝对值就越大。

应用楞次定律判断线圈感应电动势的方向时，可以采用"右手螺旋定则"，如图 1-16 所示。在图 1-16a 中，磁通量增加，由感应电动势引起的电流就阻碍磁通量的增加；磁通量减少，引起的电流就阻碍磁通量减少。图 1-16b 则是右手螺旋定则的说明：将右手拇指伸直，其他 4 指顺着感应电动势和电流的方向自然弯曲，拇指的指向就是阻碍（抵抗）磁通量变化的方向。或者也可以说：将右手拇指伸直，并指向与磁铁移动的相反方向（表示阻碍磁通量变化），其他 4 指自然弯曲，其方向就是线圈中感应电动势（或电流）的方向。

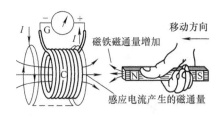
a) 感应电流阻碍磁铁磁通量增加

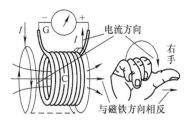
b) 右手螺旋定则判断方向

图 1-16　楞次定律

不仅闭合的线圈通过变化的磁通量能产生感应电动势，而且在磁场中运动的闭合的线圈也能产生感应电动势。如图 1-17 所示，若将一根裸直导体 ef 放置在磁场中的两根导轨 ab 和 cd 上，磁场的上磁极为 N 极，下磁极为 S 极，两根导轨与直导体的导电性能良好，导轨通过 a、d 两点用导线引出，与电流计相连。如果让直导体向右移动，使它切割磁场，即它所包围的磁通量发生变化，直导体 ef 两端将感应电动势，点 e 极性为正、点 f 为负，电流计指针正摆，且直导体移动速度越快或磁场的磁感应强度越大，摆动幅度就越大；若直导体不动，即它所包围的磁通量没有发生变化，则电流计指针停在中间；若让直导体向左移动切割磁场，电流计指针反摆，导体感应电动势极性变反，即点 e 极性为负、点 f 为正。如果沿着磁力线方向（或平行方向）运动，电流计指针就不动，这是因为闭合回路中的磁通量没有变化，即 $\mathrm{d}\Phi/\mathrm{d}t=0$。

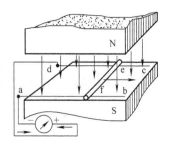
图 1-17　直导体平移切割磁场

若直导体做成矩形开口线圈 abcdef，固定在一根轴上，如图 1-18 所示，点 a 通过导线与轴上的集电环 A 相连，点 f 通过导线与集电环 B 相连，两个集电环经过电刷后与电流计连接。

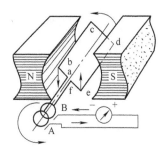
图 1-18　直导体转动切割磁场

若逆时针方向转动轴，线圈导体的两个边 bc 和 de 分别以不同的方向切割磁场（bc 从上往下，de 从下往上），此时电流计的指针正摆，说明集电环 A 的极性为正，集电环 B 的极性为负；当线圈转过 180°后，电流计的指针反摆，说明线圈感应的电动势方向变反。实验证明，线圈转动速度越快或磁场的磁通量越大，电流计正摆或者反摆的摆幅幅度就越大。

导体或矩形线圈，在磁场中，不论是移动还是转动，都会切割磁力线，即使**闭合回路的导体包围的磁通量发生变化，导体的两端将产生感应电动势**。切割方向改变后，产生的电动势方向随之改变。产生电动势的大小与磁感应强度大小、切割导线长度和速度成正比。因导体切割磁场而在导体两端产生电动势，称为发电机电动势。其大小为

$$e = Blv \tag{1-17}$$

式中　B——磁感应强度（T）；

l——切割磁场的导体的长度（切割导体两个端点的直线距离）（m）；

v——导体在与磁力线垂直的方向上切割的速度（m/s）。

感应电动势的方向可以应用右手定则来判断：如图 1-19b 所示，伸出右手并自然展开，手心朝向 N 极，拇指指向导体垂直切割磁力线的方向，其他 4 个指头所指方向就是产生电动势的方向。

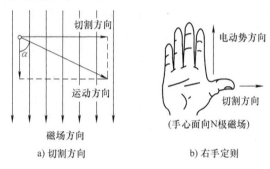

注意：式（1-17）中的速度 v 是指导体在磁力线垂直的方向上移动的速度。若导体切割的方向与磁力线不垂直时，如图 1-19a 所示，则应求出垂直切割方向上的速度：$v = v'\sin\alpha$。式（1-17）应写成：

图 1-19　导体切割方向和右手定则

$$e = Blv'\sin\alpha \tag{1-18}$$

式中　α——载流导体运动方向与磁场的磁感应强度 B 的夹角，其他同式（1-17）。

三、电流在磁场中的力效应

我们知道不同极性的磁极存在相互吸引力，相同极性的磁极存在相互排斥力。同时，电流会在其周围产生磁场。因此，在磁场中的通电导体将会受力的作用。或者说，**磁场与电流相互作用，将会产生电磁力**，这就是电流在磁场中的电动力效应。电流在磁场中的力效应可用电磁力定律进行描述，电磁力定律就是讨论通电导体在磁场中受力情况的定律，可通过如图 1-20 的实验进行说明。将一根裸直导体 ef 放置在处于磁场中水平放置的两根导轨 ac 和 bd 上，磁场的两个磁极位置是：上磁极为 N 极，下磁极为 S 极。两根导轨与裸直导体的导电性能良好，导轨通过 a、b 两点用导线引出，与开关和电池相连。当开关断开时，回路中没有电流通过，裸直导体 ef 在磁场中不动，说明导体没有受到电磁力。将开关闭合，回路接通，电流由电池正极经开关点 a、点 e，通过直导体 ef，再经过点 f、点 b 回到电池的负极。开关闭合后可以观察到：裸直导体左移，并一直移到磁场的作用范围外或者将开关再次断开为止。这说明，通电的裸直导体受到自右向左的力的作用。如果将与电池连接的两条线对调，即电池的正极与点 b 连接，电池的负极通过开关与点 a 连接。重复进行上述实验，可以发现在开关闭合后，通电的裸直导体向右移动。如果电池的接线不改变，而是改变磁场的方向：上磁极为 S 极，下磁极为 N 极，然后重复进行实验，结果仍然可以发现，在开关闭合后，通电的裸直导体也向右移动。这说明在磁场中通电的裸直导体的受力方向与磁场的方

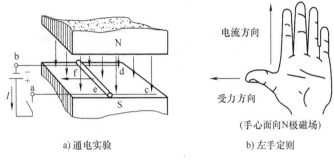

a) 通电实验   b) 左手定则

图 1-20   磁场中的通电导体

向和裸直导体中电流的流动方向符合左手定则：将左手自然伸直，手心向着磁场的 N 极
（即，想象磁力线从手心穿过到达手背），4 个手指顺着通过裸直导体电流的方向展开，拇指
自然伸直，则拇指的方向就是裸直导体受力的方向。

在上述实验中，采用裸直导体是为了说明的方便。当然，如果可以使处于磁场中的导体
通入电流，且能够测量其受力的大小和方向，电磁力定律可以表述：

1）处于磁场中的载流导体，将受到力的作用，作用力的方向符合左手定则。

2）导体受力的大小与磁场强弱、电流大小及处于磁场中的导线长度有关。

受力大小，可以用数学表达式表示：

$$f = BlI \qquad (1-19)$$

式中 f——通电导体在磁场中受到的电磁力（N）；

B——磁场的磁感应强度（磁通密度）（T 或 Wb/m^2）；

l——通电导体与磁场方向垂直的长度（m）；

I——流过导体的电流（A）。

由式（1-19）可知，磁通密度越大、导体通过的电流越大、
与磁场方向垂直的导体越长，其所受到的电磁力也就越大。应该
注意的是：导线的长度必须是与磁场方向垂直的长度，如果导线
与磁场方向不垂直，如图 1-21 所示，则应用式（1-20）时，应先
计算出导线在磁场垂直方向上的长度。

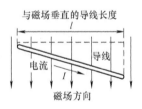

图 1-21   通电导体的长度

$$F = BlI\sin\alpha \qquad (1-20)$$

式中 α——载流导体 l 与磁场的磁感应强度 B 的夹角，其他同式（1-19）。

【例 1-1】 已知如图 1-20 所示，磁通密度为 $1.2Wb/m^2$，在金属导轨 ab 和 cd 上的垂直导
体 ef 长度为 0.5m。当通入电流为 2A 时，求：导体在磁场中所受到的电磁力。

解：根据电磁力公式（1-19）有

$$F = BlI = 1.2Wb/m^2 \times 0.5m \times 2A = 1.2N$$

答：导体在磁场中所受到的电磁力为 1.2N。

四、磁链、自感与电感

线圈与磁通交链称为磁通链，简称为磁链，其值等于穿过线圈的磁通量与线圈匝数的乘
积，分析线圈工作的电磁关系时要用到磁链的概念。

1. 自感现象

图 1-22 所示为一个线圈通电实验的接线原理图。设：线圈导线电阻很小，可以忽略；小灯泡 A 和 B 完全相同。当开关闭合瞬间，灯 A 立即点亮，灯 B 则一开始不亮，然后逐渐由暗变亮，最终与灯 A 一样亮。灯 B 的亮度之所以会发生变化，说明灯 B 两端的电压是变化的，或者说，线圈两端的电压是变化的，这是因为线圈储能的过程，把电能转化为磁能储存在线圈中。

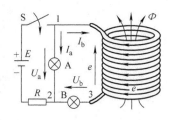

图 1-22　线圈通电实验

从实验的结果看，合上开关瞬间，线圈通电，有电流 I_b 流过线圈，将产生磁通量 Φ。由于原来开关是断开的，穿过线圈的磁通量为零，因此开关闭合瞬间，线圈产生的磁通量为变化的磁通量。根据式（1-16）和式（1-17）表示的电磁感应定律，变化的磁通量将在线圈中感应电动势。而合上开关瞬间，灯 B 不亮，说明灯 B 两端的电压很小（小到不足以使灯发亮）或为零。而线圈两端感应电动势与灯 A 两端电压几乎相等，才会使灯 B 两端的电压几乎为零。流过线圈的电流从无到有，产生的磁通量也从无到有，此时的磁通量变化率最大。随着流过线圈的电流的增加，其变化率开始下降（因为电流不可能无限增大），线圈产生的磁通量变化率也开始下降。根据电磁感应定律，线圈感应电动势（正比于磁通量变化率）也将减小。又根据基尔霍夫电压定律，线圈两端电压 U_{13} 与灯 B 两端电压 U_B 之和等于灯 A 两端电压 U_A。线圈感应电动势下降，则灯 B 两端电压 U_B 将增加，于是灯 B 就逐渐变亮。而随着线圈电流的增加，电流增加的速度进一步减缓，最终线圈电流达到稳定，穿过线圈的磁通量也达到稳定（不变）。根据楞次定律，线圈感应的电动势为零，灯 B 两端电压与灯 A 两端电压相等，灯 B 与灯 A 的亮度就完全一样。

上面的实验说明：线圈通电后，流过线圈的电流发生变化，线圈产生的磁通量也变化，线圈自身也将感应电动势，这个现象称为线圈的自感现象，根据穿过线圈自身磁通量变化感应的电动势称为自感电动势。所谓自感，可以理解为线圈自身的电磁感应，因此自感电动势的大小仍然采用式（1-17）的电磁感应公式进行计算。

若线圈稳定通电后突然将开关 S 断开，此时，各电量的变化情况如图 1-23 所示。可以发现：虽然此时电源已经不对线圈提供电能，但灯 A 和 B 在线圈断开后却能保持一段时间继续点亮，这时线圈释放能量，把通电时储存的磁能转化为电能使得灯继续发亮。开关 S 断开，线圈、灯 A 和 B 构成回路，灯 A 和 B 发亮的亮度逐渐下降，最终灯 A 和 B 完全熄灭，即能量放完。

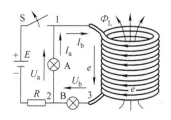

图 1-23　线圈断电实验

这个实验说明，在开关断开瞬间，线圈通过的电流要减少（如果将线圈换成一个电阻，则开关断开后，电流就突然变为零），线圈所交链的磁通量将减少。根据电磁感应定律，此时线圈的两端将感应电动势，电动势的方向与开关闭合时的方向正好相反。这个电动势的作用是具有阻碍电流减少的趋势（维持电流继续通过线圈）。由于回路处于通路状态，两个小灯泡继续保持点亮状态。可见，线圈在 S 闭合期间是储存能量，把电能转化成磁能，在 S 断开期间是释放能量，把磁能转化成电能，线圈是个储能元件。自感现象的实质是线圈储存能量和释放能量过程的一种体现。

2. 自感系数

线圈储存磁场能量的能力可采用一个参数进行表示，这个参数就是电感量，简称为电感。由于线圈储能是通过其所交链的磁通量的变化实现，而交链磁通量既可以是自身线圈流过电流产生的，也可以是其他线圈提供的。因此，电感量实际上有两种：通常反映线圈自身电流产生磁通量变化而储能的电感量称为自感系数，而由另一个线圈提供变化磁通量而储能的电感量称为互感系数。

当一个线圈通过变化的电流后，这个电流产生的磁场使该线圈每匝具有的磁通量 Φ 称为自感磁通量，整个线圈有 N 匝，它所具有的总磁通量称为线圈的自感磁通链，简称磁链。用字母 ψ 表示：

$$\psi = N\Phi \tag{1-21}$$

因此，**自感系数就是线圈中通过单位电流所产生的自感磁链**，其值为线圈的总磁链数值与线圈通过的电流值之比，用字母 L 表示，单位为亨利，简称亨（H）。

$$L = \frac{\psi(t)}{I(t)} = \frac{N\Phi(t)}{I(t)} \tag{1-22}$$

式中　$\psi(t)$——随时间变化的磁链；

$\Phi(t)$——随时间变化的磁通量；

$I(t)$——随时间变化的电流。

利用磁路欧姆定律 $\Phi = F/R_m = IN/R_m$ 和磁阻计算公式 $R_m = l/(\mu S)$，将它们代入式（1-22），经过整理有

$$L = \frac{NF(t)}{I(t)R_m} = \frac{NI(t) \times N}{I(t)R_m} = \frac{\mu N^2 S}{l} \tag{1-23}$$

式中　I——线圈通过的电流（A）；

μ——线圈中材料（铁心磁路）的磁导率（H/m）；

N——线圈的匝数；

S——线圈铁心的截面积（m^2）；

l——线圈产生磁通通过的总磁路的长度（m）。

若为空心线圈，则 $\mu = \mu_0$，是个常数，L 也是常数。因此，空心线圈又常称为不饱和电感（或称为线性电感）；而带铁心的线圈，因其磁路容易饱和，μ 不是常数，相应地称为饱和电感。饱和电感是个非线性电感，其电感量也不是一个常数。可见：**铁心线圈的电感 L 与铁心磁路的磁阻成反比，或与铁心磁导率 μ 成正比，所以铁心线圈的电感比空心的电感大得多**，但由于 L 随 μ 变化，也不是一个常数。因为铁心越饱和磁阻越大，而 μ 和 L 就越小，所以在**分析变压器和交流电机中铁心线圈所产生的正弦感应电动势 E 时一般不用感抗压降 $I\omega L_m$ 表示**。

$$E \neq \omega LI = X_L I$$

自感系数简称自感。习惯上将线圈的自感称为线圈的电感，简称电感。注意，与电阻相似，电感一词也有两层意思。一是表示线圈元件（电感元件或电感器），二是表示线圈储能的参数（电感量），不论是电感元件还是电感量，都用字母 L 表示，其意义可根据上下文进行辨别。自感现象也是电磁感应现象，将式（1-21）代入式（1-16），电磁感应定律可以表示为

$$e = -N\frac{d\Phi}{dt} = -\frac{d\psi}{dt} \tag{1-24}$$

即，与线圈交链的磁链发生变化时，线圈将产生自感电动势，自感电动势的方向总是力图阻碍（抵抗）磁链的变化（式中用负号"－"表示抵抗）；感应电动势的大小与磁链的变化率成正比。

磁链是电流产生的，利用磁路欧姆定律和式（1-22），磁链可用电流和电感的关系表示为 $d\psi = Ldi$，将这个关系再代入式（1-24），得出线圈（电感）的自感电动势 e_L 可表示为

$$e_L = -\frac{d\psi}{dt} = -L\frac{di}{dt} \tag{1-25}$$

可见，线圈感应的自感电动势是由通过线圈的变化电流引起的，只要线圈通过的电流发生变化，线圈将感应自感电动势。自感电动势的大小正比于线圈的电感量 L，正比于流过线圈的电流的变化率。式（1-25）中的负号"－"表示：自感电动势的方向总是阻碍（抵抗）电流变化的方向。当线圈的电感量一定时，线圈的电流变化越快，自感电动势越大；线圈的电流变化越慢，自感电动势越小。所以电感量 L 也反映了线圈产生自感电动势的能力。因此，对于稳定的直流电路来说，电流不变，自感电动势为零，线圈相当于短路，或者说线圈对稳定不变的直流电流没有阻碍（抵抗）作用。这就是常说的，线圈具有"阻交通直"的作用。

若通过的是正弦电流 $i = I_m\sin(\omega t + \alpha)$ 且磁路不饱和，将 i 代入式（1-25），得

$$e_L = -\omega L I_m\sin(\omega t + \alpha + 90°)$$

写成复数形式：

$$\dot{E} = -j\omega L\dot{I}$$

这样可画出自感电动势与电流的相量图，如图1-24所示。

3. 互感系数

图1-15所示的线圈与线圈实验电路其实就是互感现象的实验电路。由互感现象产生的电动势称为互感电动势，因互感电动势而感生的电流称为互感电流。其中一个线圈中的电流发生变化，将在另外一个线圈产生互感磁通量，这样两个线圈就有磁的联系，这种联系称为磁耦合或互感耦合。互感现象可理解为：一个线圈将电能以磁场形式储存起来，并通过磁路送给另一个线圈；另一个线圈可将这些磁能转换成电能释放（这就是变压器的基本原理）。为了定量表征这种

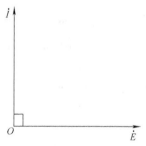

图1-24　线圈自感电动势
与电流的相量图

互感耦合的能量传递情况，可采用互感系数作为参数，用字母 M 表示，其单位与自感系数单位相同，也为亨利（H）。

应该说明的是，互感系数是有方向的，如第一个线圈产生磁通量在第二个线圈上产生的电磁感应，其互感系数为 M_{12}；而第二个线圈同样也可以使第一个线圈产生电磁感应，其互感系数为 M_{21}。对于线性元件（即不考虑磁饱和），有 $M_{12} = M_{21}$。因此，线性元件的互感系数不考虑其方向，都用 M 表示，其大小等于一个线圈提供的变化磁链与另一线圈感生的变化电流的比值，即

$$M_{12} = \frac{d\psi_1}{di_2} = \frac{d\psi_2}{di_1} = M_{21} = M \tag{1-26}$$

与自感系数相似，互感系数 M 也是一个参数，这个参数反映了一个线圈的磁链对另一个线圈感生电流的能力。两个线圈之间所具有的互感系数 M 是互感线圈的固有参数，它取

决于两个线圈的匝数、几何尺寸、相互间的位置（反映耦合程度）以及互感磁路介质的磁导率。经过推导，可以得出两个具有紧密磁耦合线圈的互感系数 M 为

$$M = M_{12} = M_{21} = \frac{N_1 N_2 \mu S}{l} \tag{1-27}$$

式中　N_1、N_2——两个线圈的匝数；

μ——两个线圈耦合磁路的磁导率（H/m）；若为空心线圈，则 $\mu = \mu_0$；

S——耦合磁路的截面积（m^2）；

l——耦合磁路的长度（m）。

采用互感系数后，两个线圈感应的互感电势 e_{12} 和 e_{21} 分别为

$$\left. \begin{array}{l} e_{12} = -M \dfrac{di_2}{dt} \\[2mm] e_{21} = -M \dfrac{di_1}{dt} \end{array} \right\} \tag{1-28}$$

式中　e_{12}、e_{21}——第一个和第二个线圈感应的互感电动势；

di_1/dt、di_2/dt——两个线圈的电流变化率，负号 " $-$ " 表示互感电动势方向总是力图阻碍（抵抗）产生它的另一个线圈电流变化。

第五节　电　磁　铁

一、铁心线圈的电与磁

铁心线圈分为两种：一种是通直流电励磁的直流铁心线圈，如直流电机的励磁线圈、电磁吸盘及各种直流电器的线圈；另外一种是通交流电励磁的交流铁心线圈，如交流电机、变压器及各种交流电器的线圈。

直流铁心线圈的分析比较简单，因为励磁电流是直流，产生的磁动势是固定的，由式（1-25）可知，$u_L = -e_L = L di/dt = L dI/dt = 0$，在线圈和铁心中不会感生电动势，在一定的电压（$U$）下，线圈中的电流（$I$）只与线圈本身的电阻（$R$）有关，即

$$I = \frac{U}{R}$$

所以，直流铁心线圈在它额定电压下是不会发生过电流的，功率损耗也只有 $P = I^2 R$。而交流铁心线圈在电磁关系、电压电流关系及功率损耗等各个方面是有所不同的。

如图 1-25 所示，当线圈被接到交流电源上，线圈通过交流励磁电流 i，则磁动势 iN 产生交变磁化铁心，使铁心产生铁损，而线圈绕组有电阻也要产生功率损耗（称为铜损），此外磁动势 iN 产生的磁通量，绝大部分通过铁心而闭合（这部分磁通称为主磁通量或工作磁通量 Φ）；而还有很少的一部分磁通量经过空气或其他非导磁媒质而闭合（这部分磁通量称为漏磁通量 Φ_σ）。这两个磁通量在线圈中各自产生感应电动势，即主磁通量的 e 和漏磁通量的 e_σ。这两个感应电动势都会影响电压与电流之间的关系。

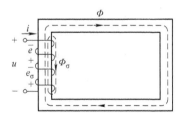

图 1-25　铁心线圈的交流电路

由此得到交流铁心线圈有如下电与磁的关系：

$$u \rightarrow i(iN) \begin{cases} \rightarrow \Phi \rightarrow e = -N\dfrac{\mathrm{d}\Phi}{\mathrm{d}t} \\ \rightarrow \Phi_\sigma \rightarrow e_\sigma = -N\dfrac{\mathrm{d}\Phi_\sigma}{\mathrm{d}t} = -L_\sigma\dfrac{\mathrm{d}i}{\mathrm{d}t} \end{cases}$$

因为漏磁通量计算比较困难，通常是通过实验来测量。

这样，就可列出铁心线圈的电压方程为

$$u = iR - e - e_\sigma$$

$$= iR + N\frac{\mathrm{d}\Phi}{\mathrm{d}t} + L_\sigma\frac{\mathrm{d}i}{\mathrm{d}t} \tag{1-29}$$

显然，这是一非线性微分方程，不易求解，通常是通过等效正弦量的方法近似求解。

当外加电源是正弦量时，由于是非线性微分方程，电流将是非正弦量，但在电压方程中电阻的压降 iR 和漏磁电动势 e_σ 都很小，虽然电流不是正弦量，主磁通量的感应电动势 e 仍然是接近正弦量，于是将非正弦电流 i 用它的等效正弦量来代替，则式（1-29）写成相量的形式：

$$\dot{U} = R\dot{I} - \dot{E} - \dot{E}_\sigma$$

$$= R\dot{I} - \dot{E} + jX_\sigma\dot{I} \tag{1-30}$$

假设主磁通量 $\Phi = \Phi_m \sin\omega t$，则线圈感应电动势 e 为

$$e = -N\frac{\mathrm{d}\Phi}{\mathrm{d}t} = -\frac{\mathrm{d}(\Phi_m \sin\omega t)}{\mathrm{d}t} = -N\widetilde{\omega}\Phi_m\cos\omega t = E_m\cos\omega t \tag{1-31}$$

式中，$E_m = 2\pi f N\Phi_m$ 为主磁电动势 e 的幅值，而其有效值为

$$E = \frac{E_m}{\sqrt{2}} = \frac{2\pi f N\Phi_m}{\sqrt{2}} = 4.44fN\Phi_m \tag{1-32}$$

写成相量的形式：

$$\dot{E} = -Nj\omega\dot{\Phi} = -j2\pi fN\frac{\dot{\Phi}_m}{\sqrt{2}} = -j4.44fN\dot{\Phi}_m$$

由于漏磁通量不经过铁心，而是沿着非铁磁性物质闭合，磁路不饱和，励磁电流 i 与 Φ_σ 之间可以认为成线性关系，铁心线圈的漏磁电感为

$$L_\sigma = \frac{N\Phi_\sigma}{i} = 常数$$

那么漏电动势为

$$\dot{E}_\sigma = -j\omega L_\sigma\dot{I}$$

则线圈的漏电抗 $X_\sigma = \omega L_\sigma$，同样的道理，对于主磁通量 Φ 产生的感应电动势 E 也可以看成一个阻抗压降的形式，这就引入一个励磁阻抗的概念，对分析和计算铁心线圈将带来极大方便。由于主磁通量在铁心中会引起铁损，要消耗有功功率，必须引入一个铁损电阻 R_m，另一部分才是主磁通量电抗 X_m，于是主磁通量的感应电动势为

$$\dot{E} = -\dot{I}(R_m + X_m) = -\dot{I}Z_m \tag{1-33}$$

式中，$Z_m = R_m + X_m$，称为励磁阻抗。这样就可画出交流铁心线圈的等效电路图，如图1-26所示。

可见，线圈回路有电阻、有漏电抗还有自感电动势，所以交流铁心线圈中的电流比较小，这是交流磁路与直流磁路的区别。

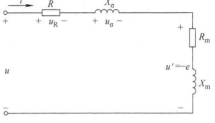

因为线圈的电阻 R 和漏电抗 X_σ（或漏磁通量 Φ_σ）较小，在计算中可以忽略不计。于是

$$u \approx u' = -e \tag{1-34}$$
$$U \approx E = 4.44fN\Phi_m \tag{1-35}$$

图 1-26　交流铁心线圈等效电路

把式（1-34）写成相量的形式：

$$\dot{U}' = -\dot{E}$$
$$= Nj\omega\frac{\dot{\Phi}_m}{\sqrt{2}} = j\sqrt{2}\pi fN\frac{\dot{\Phi}_m}{\sqrt{2}} = j4.44fN\dot{\Phi}_m \tag{1-36}$$

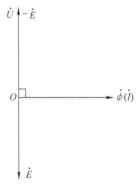

由式（1-36）可画出如图 1-27 的相量图。可见，当不计铁心线圈中电阻 R 和漏电抗 X_σ 时，铁心线圈中主磁通量 Φ 是滞后于外加电压 U 90°，其幅值 Φ_m 取决于外加正弦电压有效值 U 和频率 f。铁心线圈是把电变为磁或磁变为电的基本电气元件，单独使用称为电抗器，作为限制电路中的高频电流使用，也称为扼流线圈。

图 1-27　铁心线圈电路的相量图

式（1-36）是分析交流电机、变压器以及接触器电路和磁路的常用公式，应特别注意。

二、电磁铁

电磁铁可分为励磁线圈、铁心及衔铁三部分。图 1-28 所示的是电磁接触器的电磁铁的结构型式。

电磁铁在船舶中的应用极为广泛，如各种电动机的控制、主机的自动控制和船舶通信系统控制等都要用到接触器、电磁继电器。而接触器、电磁继电器就是利用电磁铁原理制成的。

1. 电磁铁的工作原理

以电磁制动器为例，如图 1-29 所示。当电动机运转时，电磁铁励磁线圈通电，产生吸力克服弹簧的反作用力，将圆盘或衔铁吸向铁心，与电动机带动的可旋转摩擦盘脱离转盘，使电动机可自由起动和运行。

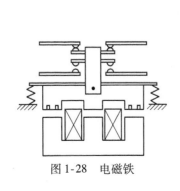

图 1-28　电磁铁

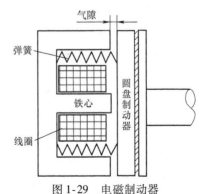

图 1-29　电磁制动器

当需要制动电动机时，电磁铁励磁线圈断电，电磁铁失去吸力，在弹簧力的作用下，使圆盘或衔铁压向转盘，靠摩擦力使电动机制动停车。

制动电磁铁应设有手动松闸和动、静片之间的闸隙调节螺钉。

总之，电磁铁通电产生吸力，断电失去吸力。根据工作要求，其衔铁和铁心形状可能不同，但原理一样。

2. 电磁吸力

电磁吸力的大小与经过气隙进入衔铁的磁力线的多少及分布有关，它与气隙的磁通密度 B_0 的二次方、气隙截面积 S_0 成正比，其计算吸力（N）公式为

$$f = \frac{0.5 B_0^2 S_0}{\mu_0} = \frac{10^7}{8\pi} B_0^2 S_0 \approx 400000 S_0 B_0^2 \tag{1-37}$$

对于交流电磁铁，$B_0 = B_m \sin\omega t$，则瞬时吸力为

$$f = \frac{0.5 S_0 B_m^2 \sin^2\omega t}{\mu_0}$$

$$= F_m \frac{(1 - \cos 2\omega t)}{2} \tag{1-38}$$

式中，$F_m = 0.5 S_0 \dfrac{B_m^2}{\mu_0}$。

iB_0 是正弦量，而 f 是在 0 到最大值 F_m 之间周期性地脉动，那么一个周期的平均吸力（N）为

$$\overline{F} = \frac{1}{T} \int_0^T f \mathrm{d}t = \frac{1}{2} F_m = \frac{1}{4\mu_0} S_0 B_m^2 = 200000 S_0 B_m^2$$

因为：

$$\overline{F} = \frac{1}{T} \int_0^T \frac{1}{2} F_m (1 - \cos 2\omega t) \mathrm{d}t = \frac{F_m}{2T} \left[\int_0^T 1 \mathrm{d}t - \int_0^T \cos 2\omega t \mathrm{d}t \right]$$

$$= \frac{F_m}{2} \tag{1-39}$$

对于单相的电磁铁，因为 f 是脉动的，当吸力变化到接近于零时，因对衔铁吸力不足而产生振动和噪声，污染环境，影响寿命。为了使铁心端面产生的合成吸力不为零，在端部嵌装一个闭合的铜环，称为短路环，如图 1-30 所示。由于在短路环中通过交变磁通量，产生感应电动势和楞次电流，以反抗磁通的变化，从而使穿过短路环的磁通量 Φ_2 的变化滞后于环外的磁通量 Φ_1 的变化，由于这两个磁通量不会同时过零，又在铁心截面的不同部位，故任何瞬间对衔铁的吸力都不为零，从而减弱或消除振动和噪声。

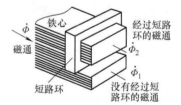

图 1-30　带短路环的单相交流电磁铁结构图

三相电磁铁，通常采用 E 形铁心，三相铁心线圈所产生的气隙磁通量不会同时为零，因而不会产生振动和噪声，交流电磁铁制动器常用三相交流电磁铁。

三、交流、直流电磁铁的特点

1. 直流恒压电磁铁是恒磁动势型

直流电磁铁接到直流电源上，当电压恒定时，电流 $I = U/R$ 也恒定，所以磁动势 IN 恒

定，即直流电磁铁是一恒磁动势元件。又根据式（1-13）可知，其磁通量 $\varPhi = IN/R_m$，随着电磁铁的气隙的减小（R_m 减小）而增加，磁感应强度 B_m 也随着增加，由式（1-38）可知，其吸力大大增加。这就是在直流接触器、继电器吸合以后，往往串接经济电阻以减小工作电流（但仍能保持吸合）、延长使用寿命的原因。

2. 交流恒压电磁铁是恒磁通型

交流接触器接到交流电源上，当交流电源电压恒定时，由式（1-35）可知，在其他参数不变的情况下，交流接触器的电磁铁是一恒磁通元件，由于磁通恒定，其吸力也恒定，无论交流接触器的电磁铁的气隙怎样变化，电流必随之变化。若由于某种原因，在工作中衔铁卡住而吸不上，此时的气隙大于正常吸合时的气隙，电流就增大，时间稍长，线圈则烧毁。而直流电磁铁在衔铁被卡住后线圈是不会烧毁的。

3. 交、直流电磁铁的结构不同

由于交流电磁铁的铁心会产生涡流损耗而发热，为减少涡流损耗，它是由硅钢片叠成，而且其端面嵌有短路环，以减少衔铁发生振动并发出噪声；直流电磁铁则由整块铸铁制成，原因是直流电磁铁不存在涡流损耗问题。

复习与思考题

1-1. 磁体具有哪些主要特性？

1-2. 什么是磁力线？磁力线有什么特点？

1-3. 能否将磁体的两个磁极分开？为什么？

1-4. 什么是电流的磁效应？如何确定电流产生的磁场方向？

1-5. 磁场的主要物理量有哪些？它们的单位分别是什么？怎样理解这些物理量？

1-6. 为什么磁感应强度又称为磁通密度？它们之间有何同异之处？

1-7. 从磁路的角度看，如何理解磁场强度和磁感应强度这两个物理量？

1-8. 影响磁路磁阻的因素有哪些？磁动势、磁通量和磁阻的单位分别是什么？

1-9. 磁路有哪些基本定律？它们分别用来说明什么规律？

1-10. 什么是电磁感应定律？它是在哪两个定律的基础上发展起来的？又是如何说明的？

1-11. 楞次定律是如何表述的？法拉第电磁感应定律又是如何表述的？

1-12. 什么是电流的力效应？它是如何表述的？

1-13. 什么是磁链？什么是自感系数和互感系数？自感系数和互感系数与什么有关？

1-14. 铁磁材料的磁性能主要有哪些？

1-15. 根据磁性能的不同，铁磁材料可分为哪几种？它们有何特点？又有何用途？

1-16. 什么是磁导率？什么是相对磁导率？铁磁材料和非铁磁材料的磁导率有何区别？

1-17. 磁路工作时会产生哪些损耗？这些损耗主要与什么因素有关？

1-18. 如何减少铁损？铁损消耗的是什么能量？最终又转换为什么能量？

1-19. 在带铁心的线圈回路中，通入直流电源是否也会产生铁损？为什么？

1-20. 在带空心的线圈回路中，通入交流电源是否也会产生铁损？为什么？

第二章　直流电机

第一节　直流电机的工作原理

一、直流电机的工作原理

图 2-1 是最简单的直流电机模型。N、S 是一对静止不动的主磁极，它们之间有一转动的圆柱形电枢铁心，其上有一电枢线圈，线圈两端 a、d 分别接到彼此绝缘的两个半圆形换向器片上。两个位置固定的电刷分别压在两换向器片上。电刷与转动的换向器片形成滑动接触的导电机构。

当直流电机接通直流电源时，则成为直流电动机。在电源电压的作用下电枢线圈中产生了电流。假设电流由图 2-1 中的 "＋" 点流入，从 "－" 点流出，通过换向器的作用，使转到 N 极下的线圈边中的电流方向总是

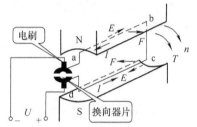

图 2-1　直流电机模型

流出，S 极下的线圈边中的电流方向总是流入。电流的方向总是 d→c→b→a；这样电枢电流与磁场相作用所产生的电磁转矩方向始终保持不变，因而驱动转子向一个顺时针方向转动。电动机的电磁转矩是拖动负载的转矩。刚开始时，由于电流较大，电磁转矩高于负载转矩，电动机加速旋转。电动机在旋转的过程中，电枢线圈也切割磁场而产生电动势，根据右手定则，该电动势的方向总是与电流方向相反，故称电动机的电动势为反电动势。假如外加电枢电压 U 不变，随着转速的提高，反电动势 E 增加，电枢电流 I_a 减小，三者之间的关系为

$$U = E + I_a R_a \tag{2-1}$$

式中　R_a——电枢绕组的电阻。

可见，随着电枢电流 I_a 的减小，电动机的电磁转矩也同步减小，当与负载转矩一致时，电动机进入恒定转速旋转，从而使系统进入平衡稳定状态。

二、直流电机的感应电动势与电磁转矩

直流发电机和直流电动机是直流电机的两种运行状态。在两种运行状态下，当电枢以一定的转速向一个方向旋转时，嵌在电枢槽内的电枢绕组便切割磁通量产生感应电动势。在直流发电机中，感应电动势的方向和电枢电流相同，向外输出功率；而在电动机中，感应电动势的方向和电枢电流相反，从外加电源吸收功率。根据电磁感应定律，感应电动势的大小正比于每极的磁通量 Φ 及电枢转速 n，其计算公式可以表示为

$$E = C_e \Phi n \tag{2-2}$$

式中　C_e——与电机结构有关的比例常数，称为电动势常数。

同样，在直流发电机和直流电动机中，电枢绕组中的电流与气隙磁场相互作用产生电磁

转矩。根据左手定则判断，在直流电动机中电磁转矩的方向和转向相同，是拖动负载的转矩；而在发电机中，电磁转矩的方向和转向相反，与拖动转矩也相反，为制动转矩；而拖动转矩方向与转向相同是原动机的驱动输出，发电机的电磁转矩相当于原动机的负载。直流发电机将机械能转换为电能，直流电动机则将电能转换为机械能。无论是发电机还是电动机，电磁转矩 T 正比于电枢电流 I_a 及每极磁通量 Φ，其计算公式为

$$T = C_T \Phi I_a \tag{2-3}$$

式中　C_T——与电机结构有关的常数，称为转矩常数。

电磁转矩所对应的功率称为电磁功率，根据功率的计算公式和电磁感应的公式可以推导出电磁功率，即由电磁转矩和角速度相乘，也可以是感应电动势和电枢电流的乘积，所以电磁功率是机械能转换为电能的转换环节。

在能量转换的过程中必然有损耗。直流电机的损耗有以下几种：机械损耗、铁心损耗、励磁和电枢绕组的铜损等。当直流发电机带负载时，输入的机械功率 P_1 应与输出的电功率 P_2 和电机内部各种损耗 $\sum p$ 相平衡。即

$$P_1 = P_2 + \sum p \tag{2-4}$$

同样，当直流电动机带负载时，输入的电功率 P_1 应与轴上输出的机械功率 P_2 和电机内部的各种损耗 $\sum p$ 相平衡。

三、直流电机的构造、励磁方式

1. 直流电机的构成及作用

直流电机的外形如图 2-2 所示，小型直流电机内部自带风扇，大型直流电机需要另外独立设置风机，然后强迫空气通过转子和定子间的气隙来冷却电机，所以电机表面较光滑，不另设通风槽，并在电机两端留有通风百叶。直流电机由定子和转子两大部分组成；定子由主磁极、换向磁极、机座、端盖和电刷装置等组成，转子由电枢铁心、电枢绕组、换向器、转轴和风扇等组成，图 2-3 所示为直流电机的剖面结构。

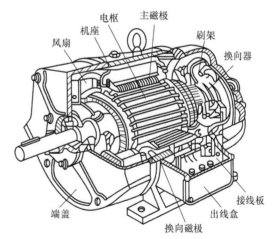

图 2-2　直流电机外形结构　　　　图 2-3　直流电机剖面结构

（1）定子主要部件

1）主磁极：主磁极铁心由薄钢板冲片叠成，用螺栓固定在机座上，其上套有励磁绕

组。励磁绕组中通入直流励磁电流产生主磁场。

2）换向磁极：其铁心尺寸比主磁极小，也用螺钉固定在机座上；在定子机座圆周上的安装位置与主磁极相间分布。换向极用于改善换向，减少因电磁原因而引起的电刷火花。

3）机座：是直流电机的固定支撑和防护部件，又是磁路的一部分。机座通常是由铸钢制成。

4）电刷装置：主要由刷架、刷杆、电刷及压紧弹簧等组成。中小型电机刷架装在端盖或轴承内盖上，大中型电机刷杆座固定在机座上。电刷装置则装在刷架的刷杆上。为减少由机械原因而引起的电火花，电刷插在刷握中应既能上下自由移动又不晃动，当电刷磨短时应及时调整压紧弹簧，以保持与换向器适当的接触压力，直流电机的电刷结构如图2-4所示，电刷是通过软铜辫连接到接线端。

（2）转子的主要部件

1）电枢铁心：电枢铁心是磁路的一部分，由固定在转轴上的硅钢片叠成。铁心圆周上有均匀分布的槽，槽内用于嵌放电枢绕组。

2）电枢绕组：电枢绕组由绝缘铜线（俗称漆包线）绕制而成，用以产生电动势和通过电流，是实现机电能量转换的重要部件。各绕组线圈的两个出线端按一定的规律焊接到换向器片上，形成一闭合回路。

3）换向器：换向器的作用是将电枢线圈中的交流电变为直流电或相反。

图2-5是直流电机转子结构图，换向器是由许多楔形铜片（换向片）叠成圆筒形，片间用云母板绝缘。换向片放置在套筒上，整个换向器装在轴上。电枢线圈的出线端直接焊接在换向器片端部的升高片的小槽中。换向器是直流电机的特征部件，容易识别。

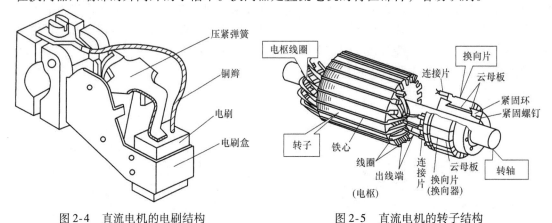

图2-4　直流电机的电刷结构　　　　　图2-5　直流电机的转子结构

2. 直流电机的铭牌

在直流电机外壳的铭牌上，给出了直流电机的型号和额定运行时各物理量的数值。直流电机的额定值主要有

1）额定功率（kW）：指额定状态下，发电机输出的电功率 $P_N = U_N I_N$ 或电动机轴上输出的机械功率 $P_N = U_N I_N \eta_N$。

2）额定电流（A）：指额定状态下，发电机输出的或电动机输入的电流 I_N。

3）额定电压（V）：指额定状态下，发电机输出的或电动机输入的电压 U_N。

4）额定转速（r/min）：指额定状态下，发电机或电动机的转速 n_N。

5）额定励磁电流（A）或额定励磁电压（V）：指额定状态下，发电机或电动机的励磁电流 I_f 或励磁电压 U_f。

另外，还有励磁方式、极数、绝缘等级、温升、工作制和使用条件等。

3. 直流电机的励磁方式

定子的主磁极和转子的电枢绕组是直流电机两个最基本的组成部分，它们之间不同的连接方法直接关系到电机的运行特性。电刷引出的转子绕组称为电枢回路，流过电枢回路的电流称为电枢电流 I_a。主磁极的励磁绕组称为励磁回路，流过励磁回路的电流称为励磁电流 I_f。电源供给电动机或者发电机发出给负载的电流为 I。直流电机主磁极的励磁电流有多种供给方式。按励磁绕组与电枢绕组的连接关系，直流电机可分为他励、并励、串励和复励4种。

对于直流发电机而言，励磁方式分他励和自励，自励包括并励和复励。图2-6所示为直流发电机的3种励磁方式的电路图。

1）他励发电机：励磁绕组电路与电枢电路无关，励磁电流取自其他的直流电源。其励磁功率约为直流电机额定功率的 1%～3%。

2）并励发电机：励磁绕组电路与电枢电路并联。并励绕组导线细、匝数多、电阻大，励磁电流小。并励发电机的电流关系为 $I = I_a - I_f$。励磁功率约为直流电机额定功率的 2%～10%。

3）复励发电机：主磁极上有两个励磁绕组，其中一个和电枢回路并联（称并励绕组），另一个和电枢回路串联（称串励绕组）。

当串励绕组产生的磁动势和并励绕组产生的磁动势方向相同时，称为积复励。当串励绕组产生的磁动势和并励绕组产生的磁动势方向相反时，称为差复励。如图2-6所示，他励发电机的励磁电流是由独立的电源供给，不受发电机的电压和电流的影响，自励发电机的励磁电流是由发电机的电枢电路提供，因而励磁电流受电枢电流和电压的影响。

直流电动机的励磁电流均由外电源供给，如图2-7所示。

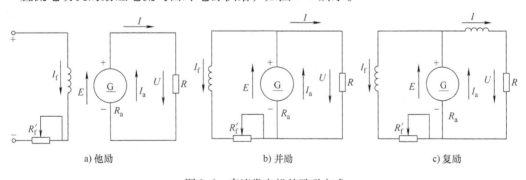

图2-6　直流发电机的励磁方式

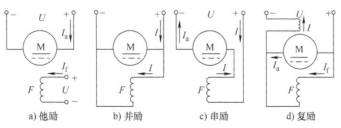

图2-7　直流电动机的励磁方式

直流电动机可分为他励、并励、串励和复励4种。

1）他励电动机：励磁绕组电路不与电枢电路连接，励磁电流可由独立电源供给。

2）并励电动机：励磁绕组电路与电枢电路并联。并励绕组导线细、匝数多、电阻大，励磁电流远小于电枢电流。

3）串励电动机：串励绕组与电枢绕组串联，电枢电流即为励磁电流。因此，串励绕组导线粗、匝数少、电阻极小。

4）复励电动机：主磁极上既有并励绕组又有串励绕组。

第二节 直流电机的运行特性

一、直流发电机的运行特性

1. 空载特性

当保持发电机的转速 n 不变，负载电流 $I = 0$ 时（发电机主开关处于断开状态），发电机的电枢电动势（或空载电压 U_0）与励磁电流 I_f 之间的关系，即 $E = f(I_f)$ 曲线称为空载特性。直流发电机的空载特性曲线如图 2-8 所示。空载特性曲线与磁化曲线相似，这时直流发电机的感应电动势为 $E = C_e \Phi n$，Φ 与励磁电流 I_f 之间为磁化曲线关系。

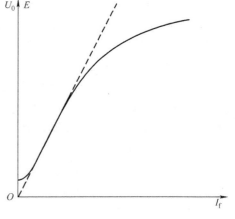

图 2-8 直流发电机的空载特性曲线

空载特性曲线可通过试验的方法获得。在测量空载特性时，保持发电机的额定转速不变，调节励磁电流 I_f，使励磁电流由零逐渐增大，则与之对应的电枢端电压也会逐渐增大，通常测到空载电压 $U_0 = 1.25 U_N$ 为止。空载特性表明通过改变励磁电流可调节发电机的电压，同时描述了励磁电流对电机磁路饱和程度的影响。在 $E = f(I_f)$ 曲线上，当 $I_f = 0$ 时，感应电动势并不等于零，这部分电动势称为剩磁电压 U_r（E_r）。剩磁电压约为额定电压的 2%～5%。自励发电机自励建压的初始电压是由剩磁产生的。

2. 自励发电机的建压条件

并励和复励发电机均属于自励发电机，它们的并励绕组与电枢电路并联，由电枢电压产生励磁电流。自励发电机靠剩磁建立电压，即当发电机起动并达到一定的转速时，电枢绕组切割剩磁通量所产生的电动势作用于并励绕组，开始产生很小的励磁电流。如果励磁电流的磁场方向与剩磁通量方向一致，则磁通量和电动势将会进一步增加，由于感应电动势与励磁电流彼此互相促进，发电机的端电压就逐步建立起来，最后电压上升到某一稳定值，从而建立起正常的电压。如果两者方向相反，磁通量不仅不能进一步增加，反而被削弱，因此就不能自励起压，此时，必须将励磁绕组和电枢绕组相连的两端互换。

以并励发电机为例，设励磁绕组本身电阻与励磁回路所串的调节电阻总和为 R_f，励磁绕组的电感为 L_f，励磁电流在建压过程中是变化的，励磁回路的动态电动势平衡方程为

$$u_0 = i_f R_f + L_f \frac{di_f}{dt} \tag{2-5}$$

式中，u_0 表示励磁回路的端电压，即发电机的开路电压。其函数关系 $u_0 = f(i_f)$ 称为发电机的空载特性，如图2-9曲线1所示。电阻压降 $i_f R_f$ 是一条过原点的直线，在图中用直线2表示。曲线1与直线2的差值便对应于式（2-5）中的自感电动势 $L_f \frac{di_f}{dt}$。当 i_f 由零开始增加，在电压未达到稳定值前，由于励磁电流产生的端电压 u_0 大于励磁回路的电阻压降 $i_f R_f$，因此 $L_f \frac{di_f}{dt} > 0$，这时励磁电流和感应电动势便不断上升。当 i_f 产生的 u_0 正好等于 $i_f R_f$ 时，即空载特性和电阻压降直线相交的 A 点，此时 $L_f \frac{di_f}{dt} = 0$，励磁电流不再增加，端电压便稳定在某一数值，图2-9中 A 点便是发电机的稳定运行点。

稳定运行点随着励磁回路的电阻值的改变而移动，也就是说，改变 R_f 可以调节发电机的空载端电压。$U = i_f R_f$ 称为场阻线，R_f 增大，场阻线的斜率增大。当 R_f 增大到使得场阻线与开路特性的直线部分相切时（见图2-9中的直线3），便没有固定的交点，发电机的端电压将不稳定，与直线3对应的励磁回路电阻值称为建压临界电阻。当励磁回路的电阻大于建压临界电阻时（见图2-9中的直线4），电枢的端电压是很低的剩磁电压。

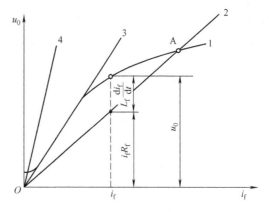

图2-9 并励（或复励）直流发电机自励起压

综上可知，自励发电机的自励起压条件是

1）发电机要有剩磁。若剩磁消失，可用外电源充磁。

2）励磁电流磁场与剩磁场方向相同。这与并励绕组和电枢电路的连接极性及电枢的转动方向有关。在固定转动方向下，主要决定于两并联电路的连接极性。

3）励磁电路的电阻要小于建压临界电阻。励磁电阻过大或发生断路时，不能自励建立正常电压。当然转速过低，空载特性曲线变低也使两曲线的交点变低，而无法建立起正常的电压。

3. 外特性

直流发电机的外特性是指在保持额定转速不变和并励总电阻不变的条件下，改变负载大小时，发电机的端电压 U 随负载电流 I 而变化的特性，即 $U = f(I)$；引起发电机端电压随负载电流而变化的程度不仅与电枢内阻压降有关，而且与励磁方式有关。

图2-6a、b、c分别为他励、并励和复励发电机的接线图。图中 R_a 表示电枢电路的电阻，I_a 表示电枢电路的电流，E 表示电枢感应电动势。从图2-6中电路可见，直流发电机电枢电路的电压平衡方程为

$$U = E - I_a R_a \tag{2-6}$$

他励发电机（见图2-6a）的电枢电流 I_a 等于负载电流 I，而自励发电机（图2-6b 和 c，

并励和复励）的电枢电流等于负载电流和励磁电流之和，即

$$I_a = I + I_f \tag{2-7}$$

但由于 I_f 远小于额定负载电流 I，因此他励和自励发电机的电枢电阻压降 $I_a R_a$ 随负载的增加而使电压下降的情况差别不大。但它们的电动势 E 受负载电流影响的情况则不相同。

在图 2-10 中，他励发电机的励磁电流 I_f 与电枢电流无关，电动势 E 基本保持不变，因此只有很小的电枢电阻引起端电压的微小变化，其外特性曲线如曲线 1 所示。而并励发电机则不然，电枢电阻引起端电压的下降将进一步引起并励电流及感应电动势的减小，电动势的减小，又使电压进一步下降。故并励发电机的外特性曲线（曲线 2）比他励的低。

在图 2-11 中，复励发电机可分为积复励发电机和差复励发电机。串励与并励磁场方向一致的复励发电机称为积复励发电机。因为主磁极上的串励绕组的励磁电流将随负载电流的增加而增加，主磁通量和电动势都将随负载电流的增加而增加，从而补偿了由于电枢电阻等所引起的端电压的下降，可使负载端电压基本保持不变。根据串励绕组对端电压的补偿程度又分为平复励、欠复励和过复励发电机，其外特性曲线分别如图 2-11 所示。当供电线路较长时通常采用过复励发电机，而船舶主电源直流发电机多采用平复励发电机。

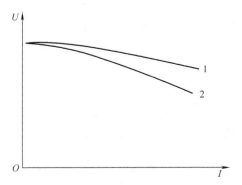

图 2-10　他励、并励发电机的外特性曲线

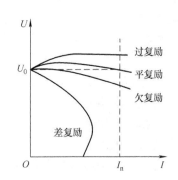

图 2-11　复励发电机的外特性曲线

串励与并励磁场方向相反的复励发电机称为差复励发电机，当负载电流较大时它的端电压随负载电流的增加而急剧下降。这种发电机一般是作为特殊用途的专用电源，例如直流电焊发电机、船舶电动舵机 G-M 系统中的发电机、某些起货机的专用电源发电机等。

二、直流电动机的运行特性

直流电动机接直流电源，输入电功率，轴上输出机械功率。图 2-7a、b、c、d 分别为他励、并励、串励和复励电动机的接线图。由于他励和并励电动机的励磁电路都是接到外电源上，励磁电流不受电枢电流变化的影响。因此，他励和并励电动机的特性基本相同。图 2-6 中 R 表示可能串入电枢电路的起动或调速用的电阻；R'_f 表示调节励磁电流的外串电阻。由电路可知，当电动机稳定运行时电枢电路的电压平衡方程式为

$$U = E + I_a(R_a + R) \tag{2-8}$$

并励和复励电动机的输入线路电流 I 与电枢电流 I_a、励磁电流 I_f 的关系分别为

$$I = I_a + I_f \quad \text{和} \quad I_f = U/R_f \tag{2-9}$$

R_f 为并励电路的总电阻。一般励磁电流比负载电流小得多，I_f 常可忽略，这时可认为 $I \approx I_a$。

直流电动机产生的电磁转矩 T 与负载转矩 T_2 和空载转矩 T_0 相平衡，即 $T = T_2 + T_0$，一般 T_0 比 T_2 小得多，所以 $T \approx T_2$。

1. 直流电动机的机械特性

电动机的转速与转矩之间的关系 $n = f(T)$ 称为机械特性，它表明了直流电动机在一定的条件下，转速与电磁转矩两个机械量之间的对应关系。直流电动机的机械特性是根据电动机的三个基本关系式：$U = E + I_a(R_a + R)$，$E = K_E \Phi n$，$T = K_T \Phi I_a$，推导出来的。

即

$$n = \frac{U - I_a R_a}{K_E \Phi} = \frac{U}{K_E \Phi} - \frac{R_a}{K_E \Phi} I_a = n_0 - \Delta n \tag{2-10}$$

式中　n_0——理想空载转速，$n_0 = \dfrac{U}{K_E \Phi}$；

Δn——直流电动机带上负载后产生的转速降，$\Delta n = \dfrac{R_a}{K_E \Phi} I_a$。

当直流电动机空载运行时，电动机只产生很小的电磁转矩以克服空载转矩；当其转轴加上负载转矩时，首先引起电动机转速 n 和相应的反电动势 E 的下降，从而引起电枢电流 I_a 和电磁转矩 $T = K_T \Phi I_a$ 的增加。当转矩达到新的平衡时，电动机将在较低的转速下稳定运行。可见直流电动机的转速随负载而变。另外，从式（2-10）也可以看出，对于并励电动机或他励电动机，若在空载或轻载运行时，发生并励励磁绕组断路，会因磁通量太小，而发生飞车。

再将 $I_a = T/(K_T \Phi)$ 代入式（2-10）中，则得到自然机械特性关系式（或称为固有机械特性，即在额定电压、额定磁通下，电枢回路没有串接电阻时的特性），即

$$n = \frac{U}{K_E \Phi} - \frac{R_a}{K_E K_T \Phi^2} T = n_0 - \Delta n \tag{2-11}$$

式中　n_0——理想空载转速，$n_0 = \dfrac{U}{K_E \Phi}$；

Δn——直流电动机带上负载后产生的转速降，$\Delta n = \dfrac{R_a}{K_E K_T \Phi^2} T$。

直流电动机的机械特性与励磁方式有关。

1）并励（或他励）电动机：由于每极磁通量、理想空载转速和系数 K 均为常数，故转速 n 随转矩的增加而降低，如图 2-12 所示；但由于电枢电阻很小，转速随负载的变化不大，其转速变化率仅为 3% ~ 8%，故为硬机械特性。适于要求恒转速拖动的生产机械。

2）串励电动机：由于串励磁通量随负载的增加而增加，从而使转速随负载的增加而迅速下降，如图 2-12 所示。该特性曲线的特点是空载转速非常高，机械特性比较软。当负载转矩很小时，转速将异常升高，产生"飞车"，导致电机机械结构的损坏。串励直流电动机绝对不允许空载起动及空载运

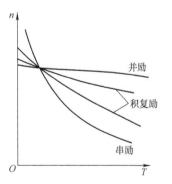

图 2-12　直流电动机的机械特性

行，所以采用串励直流电动机的拖动系统不允许使用带传动等容易脱节的传动方式。它的软

特性、起动转矩比较大，适用于起动困难的场合。

3）复励电动机的励磁绕组既有并励绕组，又有串励绕组，一般复励电动机均是积复励，即串励绕组的磁势和并励绕组的磁势方向相同。积复励电动机的机械特性介于并励和串励电动机之间。

2. 直流电动机的电枢反应和换向

（1）直流电机的电枢反应

直流电动机在主磁极建立了主磁场，当电动机有负载后，便有电流流过电枢绕组，产生电枢磁场，此时电动机的气隙磁场是由主磁场和电枢磁场共同作用的合成磁场。这种由电枢磁场引起主磁场畸变的现象称为电枢反应。电枢反应往往使得主磁极磁场的磁通有所削弱，对直流电动机的换向以及运行特性都会带来不利的影响。实际应用中需要根据情况调整电刷位置和励磁方式来尽量减小不利的电枢反应。

（2）直流电动机的换向

1）换向过程。直流电动机运行中，电枢绕组从定子主磁极的一个极面下方进入另一个极面下方时，通过换向片与电刷的连接，绕组中的电流将改变方向，这一过程称为直流电动机的换向。理想的换向条件是换向时绕组中的电流及电动势同时为零。而一般情况下，由于绕组本身存在电抗以及电枢反应引起的气隙磁通量的畸变，不仅换向时绕组中存在电抗电动势和电枢反应电动势，而且由于电感的电流不能突变，换向时在两个换向片间会产生高压，导致电刷与换向片之间产生火花。

2）改善换向的方法。在定子主磁极之间换向极用于改善换向，换向极绕组与电枢绕组串联，由电枢电流所产生的换向极磁场与电枢绕组电流所产生的引起畸变的电枢磁场方向相反。它不仅用来抵消或削弱畸变的电枢磁场，而且使处于换向的绕组切割换向极磁场以产生可抵消电流突变引起的感应电动势，达到减少换向火花的目的。

在主磁极的极面下开槽嵌放补偿绕组也是用于改善换向的一种方法，一般用于负载变化较大的中、大型电动机中。补偿绕组与电枢绕组串联，其作用原理与换向极相同。

此外，正确选用不同材料的电刷以及适当调整电刷位置等也可在一定程度上减小电刷下的火花。

第三节　直流电动机的起动、调速、制动及反转

一、直流电动机的起动

电动机的起动是指电动机接通电源，从静止状态加速到某一稳定转速的过程。根据系统运动方程式可知，要使电动机起动，必须使起动转矩 $T_{st} > T_L$，$dn/dt > 0$。起动时，应先通励磁电流，而后加电枢电压，并且一般不能加额定电压直接起动。

如果起动时直接将额定电压 U 加至电枢两端，称为直接起动，起动初始时，$n = 0$，$E = 0$，一般电动机电枢绕组电阻 R_a 很小，起动电流 $I_{st} = \dfrac{U-E}{R_a} = \dfrac{U}{R_a}$ 很大，可能达到额定电流的 $10 \sim 20$ 倍，换向严重恶化，冲击转矩 $T_{st} = C_T \Phi I_{st}$ 很大，很易损坏传动机构。为此，起动时应设法限制电枢电流不超过额定电流的 $1.5 \sim 2$ 倍。方法有两种：一是减压起动，二是电枢

回路中串电阻起动。

1. 减压起动

在起动时，降低电压，使 $I_{st} = \dfrac{U_{st}}{R_a} = (1.5 \sim 2)I_N$，同时 $T_{st} = C_T \Phi I_{st} = (1.5 \sim 2.5)T_N > T_L$。

随着 n 的增加，$E = C_e \Phi n$ 同步增加，$I_{st} = \dfrac{U - E_a}{R_a}$ 随之下降，此时再升高 U，直至 $U = U_N$，电动机稳定运行于 n_N，如图 2-13 所示。

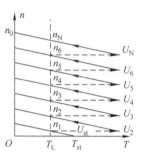

图 2-13　直流电动机的减压起动过程

2. 电枢回路中串电阻起动

根据起动电流 I_{st} 的表达式可以看出，直流电动机限制起动电流的方法可分别采用电枢回路串电阻分级起动或电枢减压起动。而电枢回路串电阻起动，由于使用设备简单、经济而被广泛使用。

当电枢回路串入起动电阻 R_{st} 后，按 $I_{st} \leqslant (1.5 \sim 2.5) I_{aN}$ 的要求，有

$$I_{st} = \frac{U}{R_a + R_{st}} \leqslant (1.5 \sim 2.5)I_{aN} \tag{2-12}$$

由式（2-12）可求得起动电阻 R_{st} 的大小。

电动机串电阻起动后，随着转速的上升，电枢电流逐渐减小接近于额定电流值，在此情况下可将起动电阻切除。起动电阻的切除一般分段进行，以避免切换过程中引起过大的电枢冲击电流。

【例 2-1】　已知 $U_N = 220V$，$P_N = 4kW$，$n_N = 1500r/min$，并励，$R_a = 0.863\Omega$，$R_f = 286\Omega$，$\eta = 0.85$，串变阻器起动电流 $I_{st} = 2I_N$。试求：①串入的变阻器阻值 R_{st}；②在 T_N 下，串 R_{st} 的稳定转速 n_{st}；③是否可一次性切除 R_{st}。

解：①输入功率：

$$P_1 = \frac{P_N}{\eta} = \frac{4kW}{0.85} = 4706W$$

电枢电流：

$$I_{aN} = I_1 - I_f = \frac{P_1}{U} - \frac{U}{R_f} = \frac{4706W}{220V} - \frac{220V}{286\Omega} = 21.4A - 0.769A = 20.6A$$

$$I_{stmax} = 2I_a = 2 \times 20.6A = 41.2A$$

$$R_{st} = \frac{U}{I_{stmax}} - R_a = \frac{220V}{41.2A} - 0.863\Omega = 5.34\Omega - 0.863\Omega = 4.477\Omega$$

② 串 R_{st} 下的转速：

$$n' = \frac{U - I_a(R_a + R_{st})}{U - I_a R_a}n = \frac{220V - 20.6A(0.863\Omega + 4.477\Omega)}{220V - 20.6A \times 0.863\Omega} \times 1500r/min = 816r/min$$

③ 在 n' 下切除全部起动电阻，因惯性 n' 和 E' 不变，若切除 R_{st}，电枢电流 I'_a 为

$$I'_a = \frac{U - E'}{R_a} = \frac{220V - 110V}{0.863\Omega} = 127.5A$$

由于 $\dfrac{I'_a}{I_a} = \dfrac{127.5\text{A}}{20.6\text{A}} = 6.2$，这时电枢电流太大，不允许全部一次性切除，必须分级切除。

二、直流电动机的调速方法

采用一定的方法来改变生产机械的工作速度，以满足生产需要，这种方法通常称为调速。电力拖动系统通常采用两种调速方法：一种是电动机的转速不变，通过改变机械传动机构（如齿轮、带轮等）的速比实现调速，这种方法称为机械调速；另一种方法是通过改变电动机的参数调节电动机的转速，从而调节生产机械转速的方法，称为电气调速。

调速与因负载变化而引起的转速变化是不同的。前者是用改变电动机参数的方法，使电力拖动系统运行于不同的人为机械特性上，从而在相同的负载下，得到需要的不同运行速度；而后者是由于负载的变化，使电动机在同一条机械特性上发生的转速变化。

根据式（2-12）可知，调速方法有串电阻 R_a 调速、调电枢电压 U 调速、调励磁 I_f 调速三种。

1. 调压调速

保持电动机磁通量为额定值，电枢回路不串电阻，通过降低电源电压 U 来调节电动机转速的方法称为调压调速。其机械特性如图 2-13 所示，在降压调速过程前，当电枢电压为 U_N 时，工作点转速为 n_N。

当电压降至 U_1 时，n 不能突变，反电动势 E 也不能突变，根据式（2-1）可知，电流 I_a 减小甚至变成负的，电动机电磁转矩 $T_{st} = C_T \Phi I_a$ 小于负载转矩 T_L，电动机转速减小，而 E 同步变小，一方面转速下降，另一方面电磁转矩提高，当与负载转矩一致时，系统得到新的平衡，转速稳定运行在 n_1 点。

随着电力电子技术的发展，调压调速实现起来非常方便，使用也越来越多，尤其适用于对调速性能要求较高的设备上，如轧钢机、精密机床等。

2. 弱磁调速

保持电动机电枢电压为额定值，电枢回路不串电阻，减小电动机的励磁电流 I_f，降低电动机的磁通量来调节电动机转速的方法称为弱磁调速。由于电源电压最高受限，当需要进一步提高转速时，可保持额定电压不变，减小励磁电流 I_f，即减小了磁通量 Φ，即得到机械特性如图 2-14 所示的弱磁调速特性。

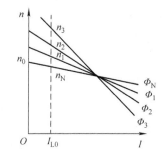

图 2-14　直流电动机的弱磁调速特性

弱磁调速的特点及应用：弱磁调速只能从基速向上调；受换向和机械强度限制，调速范围不大，静差率小，平滑性好；损耗小，控制方便；属恒功率调速。常与调压调速联合使用，以扩大调速范围。

由于弱磁调速时速度提高较大，所以使用中应避免超速；另由于弱磁时电磁转矩较小，需要带动较大负载时，需要的电枢电流太大，易引起设备故障，所以一般弱磁调速在低负载或空载时使用。

三、直流电动机的制动方法

电动机带动负载运行，效果如图 2-15 所示，逆时针的电动机电磁转矩 T 克服负载转矩 T_L（包括空载转矩 T_o 和机械转矩 T_m），稳定运行于转速 n。逆时针的电磁转矩 T 和顺时针的负载转矩 T 为正值。根据转矩 T 和转速 n 的关系可得到 n-T 坐标系的机械特性曲线，即 n-T 坐标系的特性曲线，如图 2-16 所示。

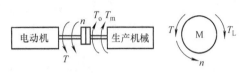

图 2-15　直流电动机的负载特性

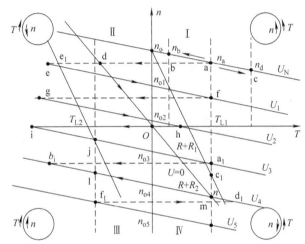

图 2-16　直流电动机的 n-T 曲线

在 n-T 坐标系的第 Ⅰ、Ⅲ 象限，T 与 n 同方向，T 为拖动性质转矩，克服负载转矩 T_L。从能量关系看，电动机是从电网吸收电能向轴上的负载输出机械能，称为电动运行状态。

而当电动机运行在 n-T 坐标系的第 Ⅱ、Ⅳ 象限，T 与 n 反方向，T 为制动性质的阻转矩。从能量关系看，电动机是将机械能变为电能全部消耗掉或大部分回馈电网，称为制动运行状态（也称发电运行状态）。

根据 T 与 n 的正负不同组合，电动机可以有 4 个不同的稳态运行状态。

1. 正向电动运行

电动机拖动反抗性负载时，若电磁转矩 $T>0$，转速 $n>0$，工作点在第 Ⅰ 象限，如图 2-16 中的 a、b、c、f 点，这种运行状态称为正向电动运行。

电动机电动运行时，电源送进电动机的电功率，除了电枢回路中的铜损和空载损耗外，电动机将通过电磁作用全部转换为机械功率，再从轴上输出给负载。假如负载变化增加，电动机电磁力矩小于负载力矩，电动机减速，由于速度下降，工作点从 a 点向 b 点运动的同时电磁力矩增加，当与负载一致时，拖动重新获得平衡，稳定运行在 c 点，同理负载较小时，电动机将加速运行到 b 点稳定。

2. 反向电动运行

电动机反向电动运行时工作在第 Ⅲ 象限。电动机电枢绕组反接电源，假如负载为反抗性恒转矩 T_{L2} 时，图中 j、l、f_1 点是不同反向电压 U_3、U_4、U_5 所对应的稳定工作点，此时电动

机的电磁转矩 $T<0$，转速 $n<0$，T 与 n 仍然同方向，T 仍为拖动负载转矩，其功率关系与正向电动运行时完全相同。

3. 正向制动运行

如图 2-16 所示，n-T 坐标系的第 Ⅱ 象限中，电磁转矩 $T<0$，转速 $n>0$，由于反抗性恒负载与转向一致，所以电磁转矩与负载转矩一起作为阻力矩，使转速快速下降。假如原稳定运行于 a 点，现降压到 U_1，由于转速不会突变，所以工作点立即从 a 点移到 e 点，并立即开始快速减速，沿 U_1 的特性曲线减速到第 Ⅰ 象限的 f 点再次稳定运行。从 e 点到 f 点的过程称为正向制动过程。由于此时转速从高到低，实质上电动机变成发电机了。而制动能量通过电源回馈供电，所以也称回馈制动或再生制动。

假如调速过程中电压不断变化，如从 U_N 到 U_1，稳定后再到 U_2；停止运行后，再调压到 U_3，则调速过程如图 2-16 所示从 a 点到 e 点，减速到 f 点，再降压后到 g 点并从 g 点减速到 h 点停止，再反向按电压 U_3 起动，直到电磁转矩与负载转矩再次平衡。

假如需要在切断电源后立即停止电动机时，常采用如图 2-17 所示的能耗制动控制。在控制停止时，控制接触器 K 向下吸合，电动机由原来外加电压 U 供电变成电动机内反电动势 E_a 对外电阻 R_z 供电，电动机的 $n-T$ 如图 2-16 中的 $U=0$、$R+R_2$ 特性曲线。假如电动机原来运行于 a 点，转速为 n_a，动作后，外加电压 $U=0$、回路总电阻 $R=R_a+R_z$，转速从 a 点到 d 点，再沿特性曲线下降，并有转速

$$n = -\frac{R_a+R_z}{C_e C_T \Phi}T \qquad (2\text{-}13)$$

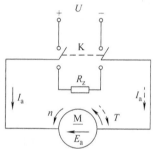

图 2-17　直流电动机的能耗制动

显然，电磁转矩始终为阻力矩，使转速持续下降。由式（2-13）可知，$n>0$ 时，$T<0$；$n=0$ 时，$T=0$，所以机械特性位于第 Ⅱ 象限，并通过原点。如果电动机拖动的是反抗性负载，由于转速为 0，负载转矩为 0，电磁转矩也为 0，所以电动机停车，制动停车过程结束。

4. 反向制动运行

在上述能耗制动过程中，如果电动机拖动的是位能性负载，到 0 点后，电动机将在第 Ⅳ 象限反向加速，直至 $T=T_{L1}$ 时，电动机以速度 n_m 匀速放下重物。此时负载带动电动机旋转，电动机转向与电磁转矩相反，称为发电机，并通过电阻 R_z 消耗能量，所以与上述停车控制过程一起，称为能耗制动。

如图 2-16 所示，原稳定工作在第 Ⅲ 象限的 f_1 点，需要反向降压调速，假如电压由 U_5 降为 U_4，则因转速不能突变，所以立即工作到 d_1 点，此时电磁转矩 $T>0$，转速 $n<0$，由于反抗性恒负载与转向一致，所以电磁转矩与负载转矩一起作为阻力矩，使转速快速下降到新的平衡点 l。与第 Ⅱ 象限中的 a 点到 e 点，再到 f 点一样，该过程称为回馈或再生制动。

如果电动机采用恒电压 U_N 再串电阻 R_1 调速带位能性负载，则工作特性为 $R+R_1$ 特性曲线上，由于负载转矩一直大于电磁转矩，所以开始时，电动机从停止反向加速，一直到电磁转矩与负载转矩平衡为止，如图 2-16 中稳定运行于 c_1 点，此时由负载带动旋转，并且转向与供电方向相反，被称为倒拉反接制动。

如果电动机采用反向恒电压 U_N 再串电阻 R_1 调速反抗性负载，假如原工作在 a 点，则立即转移到 e_1 点，并沿工作特性为 $-U_N$ 串 $R+R_1$ 特性曲线上，由于负载转矩一直大于电磁转

矩（电磁转矩为负），所以电动机快速停止并立即反向加速，一直到电磁转矩与负载转矩平衡于 j 点，由于开始制动时转向与供电方向相反，所以被称为反接制动。

总结上述制动过程，可以得到

1）能耗制动的特点及适用场合。能耗制动的设备简单、运行可靠。在制动过程中，电动机脱离电网，不需要吸收电功率，制动产生的冲击电流也不会冲击电网，比较经济、安全。常用于反抗性负载的准确停车，也可用于匀速下放重物。

2）电压反接制动的特点及适用场合。电压反接制动，平均制动转矩值较大，制动效果好。当 $n=0$ 时，$T \neq 0$，若不断开电源，有可能自动反向起动。在制动过程中，系统储存的动能以及从电源吸收的电能都消耗在电枢回路中，所以能量消耗大，经济效益差，冲击电流大，适用于要求快速停车的生产机械，对于要求快速停车随后立即反向起动的生产机械更为合适。

3）回馈制动。典型稳定的回馈制动状态如图 2-16 中的 a_1、m 点，即常见的重物匀速下放，电动车下坡滑行；动态调速过程典型如从 e 点到 f 点减压调速。减压调速过程中，由于转速较高，电动机反电动势高于外加电源，电动机向电源供电，成为发电机，是在调速过程中最常见的制动。回馈制动时，$n > n_0$，$E_a > U$，电动机将系统减少的位能或动能转变为电能，大部分回馈给电网，能量损耗小，运行经济。因为回馈制动时 $n > n_0$，所以不能用于快速停车，适用于高速匀速下放重物，在减压及增磁调速时可自行转入回馈制动状态运行并加快减速过程。

四、直流电动机的反转

电动机运行的 4 个象限中的第Ⅲ、Ⅳ象限均为电动机反向运行，从图 2-16 可知，在保持励磁不变的情况下，改变电枢电压反向即可实现稳定的反转，如位能性负载时可稳定在 a_1、m 点，此时是回馈制动状态，或反抗性负载时，可稳定在 j、l、f_1 点，此时为反向电动状态；或在位能性负载时，不改变电源电压方向，通过增加电枢回路电阻的方式实现倒拉反接制动也能稳定运行，如 c_1 点。

要改变电动机的转向，需改变电动机电磁转矩的方向。根据左手定则，电动机的转动方向决定于磁场和电枢电流两者的方向。因此，实现电动机反转的方法之一是改变励磁电流的方向，而保持电枢电流的方向不变；方法之二是改变电枢电流的方向，而保持励磁电流的方向不变。对于他励电动机，只需将励磁绕组的两引出线对调，或者将电枢绕组的两引出线对调，即可改变电动机的转向。对于并励电动机，则需要单独对调励磁绕组的两引出线或电枢绕组的两引出线才能改变转向，如两者同时对调改变，则电动机转向不变。

五、直流电动机的常规保养

直流电动机有优良的调速性能：调速范围宽，调速平滑、平稳，因此重要的拖动仍然采用直流拖动。但直流电动机存在电刷和换向器的滚动摩擦，因此电刷的更换、换向器表面的保养等是常见的保养内容。

1. 绝缘检查和恢复

电刷和换向器的滚动摩擦，会使电刷长度变短，电刷变成碳粉飘散在定子腔中，附着在换向器片与片之间、电枢绕组之间的缝隙中、主磁极换向磁极表面，由于碳粉是导电的，因此会使电动机绝缘性能下降；电动机受潮、电动机内部积累灰尘等，以及定、转子之间的摩擦等都会使电动机绝缘变差。可用手摇绝缘电阻表测量电动机的绝缘，根据绝缘实际情况，需要电动机解体，用空压机压缩气体吹扫内部碳粉、灰尘；用电气清洗剂或者煤油擦除积尘、积炭，对于有明显擦痕的端部绕组表面要上绝缘油漆；对于受潮等要对电动机定子腔进行烘干处理。最后用绝缘电阻表检查绝缘恢复情况。

2. 电刷与刷架的检查

出厂电动机的刷架位置都是调好的，一般用红色油漆加以标示。检查刷杆上螺钉是否松动；电刷附件有无断裂，电刷有无脱辫现象。在修理后或者运行中，换向器表面火花过大，首先检查刷架位置是否移动，电刷是否固定在中性线上。检查刷握的高低，刷握与换向器距离应为 2~4mm，校正刷握的高低位置。检查电刷在刷盒内有无卡阻现象，有无摆动现象，间隙是否正常，检查磨损程度，电刷磨损后剩原长度的 1/3 以下时要更换电刷，更换后的电刷和换向器表面有良好的接触，调整好电刷弹簧压力，检查电刷和换向器温度是否正常。

3. 换向器的检查

换向器在负载作用下长期运行后，表面会产生一层坚硬的深褐色薄膜，这层薄膜能够保护换向器表面不受磨损，因此要保护好这层薄膜。

检查换向器表面有无齿痕、电弧灼烧痕迹，换向片表面是否氧化变黑等，如果出现，轻者用砂纸砂光，重者应上机床光车。检查换向器片与片间绝缘槽中是否有积炭、灰尘等，或者片间出现毛刺等，要做拉槽处理，做好槽口清洁。检查换向器与电枢绕组的焊头是否脱焊或氧化；检查换向器磨损的程度，当厚度减至原有厚度的 20% 时应更换。

4. 活动部件的检查

检查冷却风扇的固定是否牢靠，扇叶是否破损；检查轴承是否出现走外圈现象，轴承弹珠是否磨损过度或失圆、破损等，检查轴承内部间隙，轴向和径向窜动是否超标。若有这些问题将会造成轴承异响，需要更换。检查轴承内部润滑油脂是否干涸变质，润滑油脂是否过少或过多等。

5. 电刷的更换

电刷磨损或碎裂时，应更换牌号、尺寸规格都相同的电刷，新电刷装配好后应研磨光滑，保证与换向器表面有 80% 左右的接触面。

特别需要注意：电刷一次性更换数量不宜过多，成批更换电刷易破坏原换向器表面的氧化膜。只需将磨短的或有问题的电刷换下即可。在同一台电动机上，绝不允许使用不同牌号的电刷，即使是同一牌号的电刷，因制造时间不同，性能也有明显差异，所以也不允许使用。

另外，更换时应注意检查刷辫的固定是否可靠，电刷振动和压力不均都容易引起各电刷的电分配不均匀。

第四节 无刷直流电动机

无刷直流电动机是随着电子技术迅速发展而出现的一种新型微特电机，它以电子换向装置代替了一般直流电动机的机械换向装置，因此保持了有刷直流电动机的优良控制特性，又克服了电刷机械摩擦引起的噪声、火花、无线电干扰和寿命短的致命弱点。

新型电力电子器件（如 GTR、MOSFET、IGBT）的相继出现，以及高性能永磁材料（钐钴、钕铁硼）等的问世，使无刷电动机获得了极其广泛的应用，它的功率范围从毫瓦级到千瓦级，速度从每分钟近于零转到数十万转，可以作为一般直流电动机、伺服电动机和力矩电动机等使用，尤其适合于高级电子设备、航空航天技术、数控装置、计算机外围设备、医疗化工等高新技术领域。

一、无刷直流电动机的基本结构

无刷直流电动机的基本结构框图如图 2-18 所示，是一台由电子开关电路、永磁式同步电动机以及位置传感器三者组成的"电动机系统"，直流电源经由开关线路向电动机定子绕组供电，电动机转子位置经由位置传感器检测，产生的信号触发开关线路中的电力电子器件，使之导通或截止。电机定子各相逐次通电产生电流，并和转子磁极主磁场相互作用产生转矩，从而控制电动机的转动。

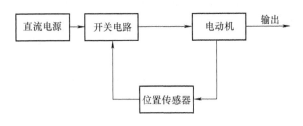

图 2-18　无刷直流电动机的基本结构框图

无刷直流电动机基本组成如图 2-19 所示，下面将介绍各部分的结构和功能。

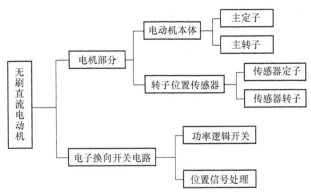

图 2-19　无刷直流电动机的组成框图

1. 电动机本体

无刷直流电动机基本结构如图 2-20 所示。电动机本体与永磁式同步电动机（或永磁步进电动机）相似，转子是由永磁材料制成一定极对数的永磁体，但不带笼型绕组或其他起动装置，主要结构形式有两种，如图 2-21a、b 所示。第一种结构是转子铁心外表面粘贴瓦片形磁钢，称为凸极式；第二种结构是磁钢插入转子铁心的沟槽中，称为内嵌式或隐极式。初期永磁材料多采用铁氧体或铝镍钴，现在已逐步采用高性能钐钴或钕铁硼。电枢绕组固定在定子铁心槽内，像交流电机的绕组一样，采用多相对称绕组，可接成开启式（星形）或封闭式（三角形），经由驱动器接到直流电源上。

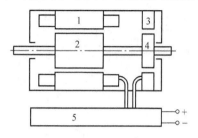

图 2-20　无刷直流电动机基本结构
1—电动机定子　2—电动机转子
3—传感器定子　4—传感器转子
5—电子开关电路

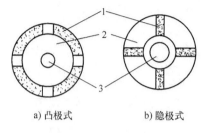

a) 凸极式　　b) 隐极式

图 2-21　永磁转子结构形式
1—磁钢　2—铁心　3—转轴

2. 转子位置传感器

转子位置传感器是一种无机械接触的检测装置，其作用是检测转子磁场相对于定子绕组的位置，由电子换向代替有刷电机的电刷和换向器。常见的转换方式有电磁转换、光电转换和磁敏转换。

（1）电磁式位置传感器

电磁式位置传感器是利用电磁效应实现其位置检测作用的，有开口变压器、铁磁谐振电路、接近开关等多种类型。

电磁式位置传感器原理示意图，如图 2-22 所示。它由定子和转子两部分组成。传感器定子磁心及传感器转子上的扇形部分均由高频导磁材料（如软磁铁氧体）制成。定子一般有 6 个极，它们之间的间隔分别为 60°，其中 3 个为励磁极，外施高频电源励磁（一般的频率为几千赫到几十千赫），另外 3 个极分别绕上二次绕组 W_U、W_V、W_W，之间分别相隔 120°。这实际上是一个有共同励磁线圈的 3 个开口变压器，它们作为感应极，是传感器的输出端。位置传感器转子是一个用非磁性材料做成的圆柱体，它的上面镶着一块略大于 120° 的扇形导磁材料，并与主转子装在同一轴上制成了转子，其位置对应于某一个磁极。

当转子处在如图 2-22 所示的位置时，励磁极的高频磁通量通过转子扇形导磁材料耦合到感应极上的绕组 W_V，并产生感应电压，该信号经过电子线路处理，变成与电动机定、转子位置相对应的换向信号。但是其他两个绕组 W_U、W_W，因为非导磁材料的阻隔而不能形成磁路，感应电压为零。

电磁式传感器的结构种类很多，工作原理大体相同。由于开口变压器结构简单可靠，目前得到广泛的应用。扇形导磁片的角度一般略大于 120° 电角度，常用 130° 电角度。起动前不论导磁片在哪一个位置都能与 1 个或 2 个磁心齿耦合，因此能保证电动机正常起动而无死点。位置传感器中扇形导磁片的个数应与直流无刷电动机转子磁极的极对数相等。

（2）光电式位置传感器

这种传感器是由固定在定子上的几个光电耦合开关和固定在转子轴上的遮光盘所组成，如图 2-23 所示。遮光盘开口的角度近似等于绕组导通角相对应的机械角度，且开口的数目等于无刷直流电动机转子磁极的极对数。几个光电耦合开关沿着圆周均匀分布，每个光电耦合开关是由相互对应的红外发光二极管（或激光器）和光电晶体管所组成。红外发光二极管（或激光器）通电后发出红外光（或激光）；当遮光盘随着转轴转动时，光线依次通过遮光盘开口，使对着的光电晶体管导通，相应地产生反应转子相对定子位置的电信号，该信号经放大后去控制电力电子器件，使相应的定子绕组切换电流。

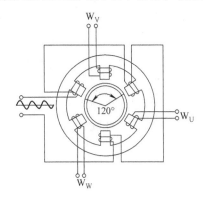

图 2-22　电磁式位置传感器原理图

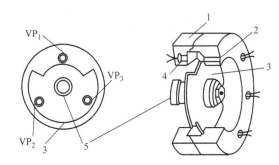

图 2-23　光电式位置传感器

1—传感器架　2—光电晶体管

3—遮光盘　4—红外发光二极管　5—电动机转轴

光电式位置传感器抗干扰能力强，工作温度范围目前可达到 – 55 ~ 100℃。光电式位置传感器产生的电信号一般都较弱，需要经过放大才有驱动能力。但它的优点是直接输出直流电信号，不必再进行整流。

（3）磁敏式位置传感器

磁敏式位置传感器是采用磁敏传感器实现位置检测的，目前常见的磁敏传感器有霍尔元件或霍尔集成电路、磁敏电阻器及磁敏二极管等多种，以霍尔元件最为常用。它们具有不同的特性，如图 2-24 所示。

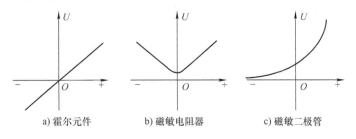

a) 霍尔元件　　　　　b) 磁敏电阻器　　　　　c) 磁敏二极管

图 2-24　各种磁敏元件的特性

图 2-25 所示为四相霍尔无刷直流电动机的原理图，由于无刷直流电动机的转子是永磁的，可以方便地利用霍尔元件的霍尔效应进行位置检测。图中两个霍尔元件 H_1 H_2 以间隔 90°电角度粘于电动机定子绕组 AB 的轴线上，并通控制电流，电动机转子磁钢兼作位置传感器的转子。当转子旋转时磁钢 N 极和 S 极轮流靠近 H_1 H_2，因而产生对应转子位置的两个正的和两个负的霍尔电动势，经放大后去控制功率放大电路，使 4 个定子绕组轮流切换电流。

霍尔元件的体积非常小，而且在大多数情况下可借助主电动机的转子作为传感器的转子，因此这类位置传感器的体积相当小。霍尔元件一般是线性输出的，本身所产生的电动势很低，应用时往往要外接放大器，目前已有多种线性型和开关型的霍尔集成电路可供选用。霍尔集成电路工作稳定、性能可靠，已经成为位置传感器中使用最广泛的器件，它的工作温

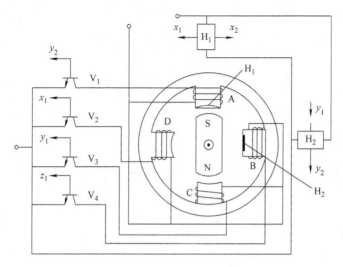

图 2-25 霍尔无刷直流电动机图

度一般为 $-20 \sim 85^\circ\text{C}$，部分器件已达到 $-55 \sim 150^\circ\text{C}$，运行频率范围为 $0 \sim 100\text{kHz}$。一般无刷直流电动机的位置传感器选用开关型。

霍尔无刷直流电动机结构简单、体积小，但安置和定位不便，对环境及工作温度有一定要求，其耐振性较差。

3. 电子换向开关电路

电子换向开关电路中各功率器件分别与相应的各相定子绕组串联，各功率器件的导通与截止取决于位置传感器的信号。开关电路可分为桥式和非桥式两大类。非桥式开关电路所用的功率器件较少，用于开启式电枢绕组。绕组电路的导通状态可以是依次通电，也可以是多相同时通电，此时电枢合成磁场是由通电的多相磁场所合成。

二、无刷直流电动机的基本原理

图 2-26 所示为一台三相无刷直流电动机半控桥电路原理图。三只功率晶体管构成功率逻辑单元来驱动两极星形三相绕组，采用光电器件作为位置传感器，并经过信号处理放大后去控制开关电路功率晶体管的导通，使串联在晶体管的定子绕组与外电源接通。由于遮光盘与电动机转子同轴旋转，使得从光源射来的光线依次照射在各个光电器件上，并依照某一光电器件是否被照射到光线来判断转子磁极的位置。

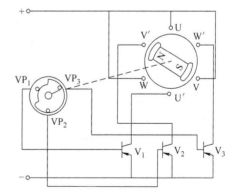

图 2-26 三相无刷直流电动机半控桥电路原理图

当电动机转子处于图 2-26 所示的位置时，此时光电器件 VP_1 被光照射，功率晶体管 V_1 呈导通状态，而 V_2、V_3 截止。电流流过主定子绕组 $U'-U$，于是永磁主转子磁场与电枢磁场相互作用产生转矩，使转子的磁极按图 2-27a 中的箭头方向（顺时针方向）转动到图 2-27b，并力图占据该绕组磁动势轴线的位置。随着电动机转子的转动，直接装在转子轴上的遮光盘跟着同步旋转，当电动机转过$2\pi/3$电角度使转子处于图2-27b所示的位置时，遮光盘遮住VP_1而使VP_2受光照射，从而使晶体管V_1截止、晶体管V_2导通，此时V_1、V_3截止，电流从绕组U-U'断开而流入绕组V'-V，使得转子磁极继续按顺时针方向旋转到图2-27c。

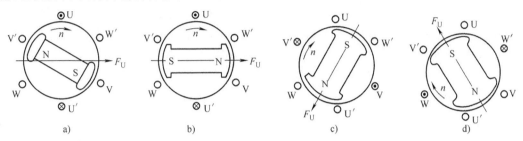

图2-27   电枢磁场与转子间的相对位置

当转子在空间转过$4\pi/3$电角度后，位置传感器使晶体管V_3开始导通，V_1、V_2截止，相应电枢绕组W'-W有电流通过。电枢磁场与转子磁场相互作用仍使转子按顺时针方向旋转，如图2-27d所示。以此类推，通过位置传感器将重复上述的换流情况，如此循环下去，无刷直流电动机在电枢磁场与永磁转子磁场的相互作用下，主转子随着绕组导通的顺序而旋转，并带动遮光盘同时朝顺时针方向旋转。于是驱动转子磁极继续朝顺时针方向旋转，并重新回到图2-27b的位置。不难看出，在换相过程中，定子各相绕组在工作气隙内所形成的旋转磁场是跳跃式的。这种旋转磁场在360°电角度范围内有三种磁状态，每种磁状态持续$2\pi/3$电角度，这种通电方式称为一相导通星形三相三状态。每一晶体管导通时转子所转过的空间电角度称为导通角β，假设前后两个导通角分别为β_P和β_C，通常为了保证前后两个导通状态之间不出现间断，就需要有个短暂的重叠时间，必须使β_P略大于β_C。电枢磁场在空间保持某一状态时转子所转过的空间电角度，即定子上前后出现的两个不同磁场轴线间所夹的电角度称磁状态角或称状态角，用β_m表示。

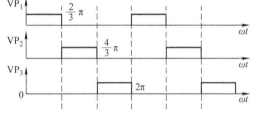

a) 位置传感器信号

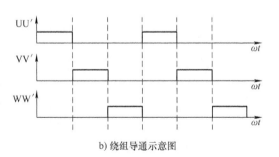

b) 绕组导通示意图

图2-28   绕组与位置传感器导通顺序图

三相星形非桥式无刷直流电动机各相绕组与位置传感器导通顺序的关系如图2-28所示。可以看出，由于一个磁状态对应一相导通，所以角β和角β_m都等于$2\pi/3$。当电动机是p对磁极时，位置传感器遮光盘应有p个均匀分布的开口，每个开口角度为$\beta_P \geq 2\pi/(3p)$。

三、无刷直流电动机正反转控制方法

在许多场合均要求电动机能够方便地实现正反转，永磁式有刷直流电动机的反转运行是

由改变电枢两端与电源的极性连接（反接）来实现的。由于无刷直流电动机换向电路的电力电子器件具有单向导电性，不允许反接到电源上，因此不能简单地采用改变电源电压的极性实现电动机反转。反转的实现可采用下列方法。

1）将每组绕相两端头互换，变换绕组中电流的方向。

2）改变位置传感器的输出电压信号，采用正反转两套位置传感器，如果用霍尔元件作位置传感器，可将每片一对电流端两端互换或电动势端两端互换。

3）逻辑门选通方法，即电动机传感器设计上有专门的考虑，在控制电路用一逻辑信号（代表正反转状态）的指令改变电动机各相绕组的导通顺序。

上述方法的基本原理都是通过改变定子绕组磁动势和转子磁场的相对关系来改变旋转方向。图2-29a、b分别表示电枢绕组U相导通时电动机正、反转时的定、转子磁场相对位置，正反转时电枢电流方向不变，因而电枢磁动势的方向不变。在图2-29a所示的转子磁钢位置时，U相绕组导通，电流方向如图所示，在电磁转矩的作用下，转子将逆时针旋转。定子绕组通电顺序是U→V→W，但若如图2-29b所示，当转子转过180°以后，U相绕组才导通，这样产生的电磁转矩将驱使转子顺时针转动，定子绕组通电顺序变为U→W→V。因此，只要能得到在时间相位上相差180°的驱动信号，去控制相应的绕组导通就能实现正反转。这个信号可以通过两套在空间错开180°电角度的位置传感器获得，一套控制电动机正转，另一套控制电动机反转；也可以将正转信号通过电子线路进行一定的逻辑处理得到相差180°电角度的反转信号。

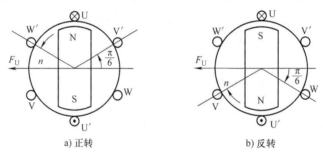

a) 正转　　　　　　　　　b) 反转

图2-29　星形三状态各相绕组导通示意图

无刷直流电动机的应用已遍及各个技术领域，其控制方法和运用方式也是多种多样，就运行原理而言，电动机的定子绕组相数是没有任何限制的，而且相数越多，电动机的性能越接近同类的有刷直流电动机。因此，定子绕组相数可在二相、三相、四相、五相、六相或更多相中选择；各相绕组的连接方式可以是星形的或封闭形的；每相绕组通电方式可以是单向的或双向的，分别称为单极性或双极性通电方式。对应的换向主电路是非桥式电路或桥式电路，由上述几种不同的安排，可以得到数十种不同的绕组连接方式和换向电路。理论分析和实践表明，五相及五相以上的绕组接法从经济上和技术性能方面来说都没有明显的优势，一般不采用，典型的常用绕组为三相和二相（四相）。

复习与思考题

2-1. 直流电动机有哪些主要部件？各部件分别起什么作用？

2-2. 直流电动机中的感应电动势与哪些因素有关？感应电动势的性质与电动机的运行方式有何关系？

其方向如何判断？

2-3. 直流电动机中的电磁转矩与哪些因素有关？电磁转矩的性质与电动机的运行方式有何关系？

2-4. 直流电动机的电磁功率是指什么？如何说明在直流电动机中由电能转换为机械能？

2-5. 何谓电枢反应？电枢反应对气隙磁场有什么影响？$E = C_e \Phi_n$、$T = C_T \Phi I_a$ 的计算式中，Φ 应该是什么磁通量？

2-6. 试述发电机的空载特性曲线，它与磁极的磁化曲线有何区别？又有何联系？

2-7. 何谓自励起压？直流发电机自励起压的条件是什么？

2-8. 直流电动机在各种不同励磁方式下，外部电流、电枢电流以及励磁电流三者之间的关系如何？

2-9. 船用直流发电机一般采用何种励磁方式？

2-10. 一台他励直流电动机的数据为：$P_N = 40\text{kW}$，$U_N = 220\text{V}$，$I_N = 207.5\text{A}$，$R_a = 0.067\Omega$，$n_N = 1000\text{r/min}$，试求：

（1）若直接起动，则起动电流为额定电流的多少倍？

（2）如采用三级起动，起动电流不超过 $2.5I_N$，则应串入多大的起动电阻？并估算各级的起动电阻值。

（3）算出各级起动电阻切除时的瞬时转速（每次切换时的电流为 $1.2I_N$）。

2-11. 一台他励直流电动机的数据为 $P_N = 29\text{kW}$，$U_N = 440\text{V}$，$I_N = 76\text{A}$，$n_N = 1000\text{r/min}$，$R_a = 0.065R_N$（$R_N = U_N/I_N$），若忽略空载损耗，试求：

（1）电动机以转速 500r/min 吊起 $T_L = 0.8T_N$ 的负载，求这时串接在电枢电路上的电阻 R_Z。

（2）用哪几种方法可使负载（$T_L = 0.8T_N$）以 -500r/min 的转速下放？求每种方法电枢电路内的串接电阻值各为多少？

（3）当电动机以 500r/min 转速稳定起吊 $T_L = 0.8T_N$ 的负载时，忽然将电枢反接，并使电流不超过 I_N，求最后稳定下降时的转速。

（4）电动机在倒拉反接制动下工作，转速 $n = -600\text{r/min}$，电枢电流 $I_a = 50\text{A}$，求：a）电枢电路内所串接的电阻值；b）电动机轴上的转矩；c）电网供给的功率；d）从轴上输入的功率；e）在电枢电路内电阻上消耗的功率。

第三章 变 压 器

变压器是利用电磁感应原理制成的静止电气设备，它能将某一交流电压变换为同频率的另一等级电压，同样也能进行交流电流的变换及阻抗变换。变压器在船舶电力系统中主要用作改变电压等级的电力变压器。此外，还包括一些仪器设备中的电源变压器、阻抗变换器、电压互感器和电流互感器等。

第一节　变压器的基本结构和铭牌数据

一、变压器的基本结构

图 3-1 所示为单相变压器结构示意图和电路图形符号。**变压器是由铁心和两个或以上绕组组成**，铁心构成变压器磁的通路，绕组则是变压器电的通路，分别与电源和负载连接。图 3-1b、c 都是单相变压器的图形符号。

变压器结构有壳式和芯式两种基本形式，如图 3-2 所示。壳式变压器，两个线圈绕组都装在变压器的铁心柱上，两边柱上无绕组为变压器的铁轭或磁轭。芯式单相变压器两个铁心柱上都分别套有变压器绕组。一般小容量的单相变压器多采用壳式结构，而

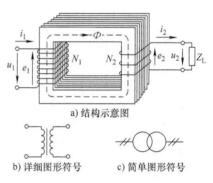

a) 结构示意图

b) 详细图形符号　　c) 简单图形符号

图 3-1　单相变压器的结构与符号

容量较大的单相变压器和三相变压器则多采用芯式结构，如图 3-2b、c 所示。变压器铁心采用相互绝缘的硅钢片叠压而成，其目的是减少铁心涡流损耗。

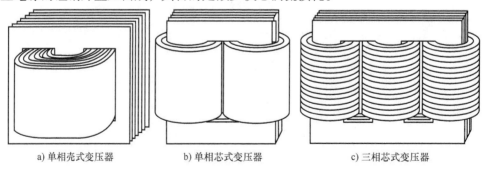

a) 单相壳式变压器　　　　　　b) 单相芯式变压器　　　　　　　　c) 三相芯式变压器

图 3-2　变压器的基本结构形式

变压器通常有两个绕组：一个与电源连接，称为一次绕组，一般为高压绕组；另一个与负载电路连接，称为二次绕组，一般为低压绕组（对于降压变压器而言，对于升压变压器正好相反）。绕组采用绝缘的导线绕制而成，其形式有两种：一种是圆筒式绕组，另一种是圆盘式绕组。圆筒式高压绕组一般装在外面，低压绕组则装在靠近铁心的里面，这是为了节

省绕组与铁心之间的绝缘材料。同样道理，圆盘式绕组安装时，低压绕组套在铁心柱靠上、下铁轭外端。高压绕组则夹在两低压绕组的中间。

常见变压器冷却方式有两种：一种是利用其自身周围空气流通自行冷却的干式自冷变压器；另一种是浸在变压器油中的浸油式变压器。为避免变压器油可能带来的火灾隐患，船上只用干式变压器。但因其散热效果较差，温升较高。因此，船用变压器要求采用 B 级以上绝缘。船舶变压器应能承受任何绕组端头短路所造成热效应和机械效应在 2s 内不损坏。

二、变压器的铭牌数据

每台变压器的铭牌数据主要有

1）额定容量 S_N：变压器的额定视在功率，单位为 VA 或 kVA，它表达了该变压器的负载能力。

2）额定电压 U_{1N}/U_{2N}：U_{1N} 为一次侧输入电压（即电源电压）的额定值，单位为 kV 或 V；U_{2N} 是当一次侧接额定电压，且二次侧开路时其输出的端电压值，单位为 kV 或 V。对于三相变压器，U_{1N}、U_{2N} 均为线电压。

3）额定电流 I_{1N}/I_{2N}：分别为一、二次侧的额定电流值，单位为 A 或 kA。

在忽略变压器自身损耗的情况下，以上三者的关系为

单相变压器 $\qquad S_N = U_{2N}I_{2N} \approx U_{1N}I_{1N}$

三相变压器 $\qquad S_N = \sqrt{3}U_{2N}I_{2N} \approx \sqrt{3}U_{1N}I_{1N}$

在 S_N 一定时，对于降压变压器，$I_1 \leq I_2$，当变压器的二次电流达到额定值时，这时的负载为变压器的额定负载。

三、船舶变压器的使用和管理

1）使用时应严防潮湿。以防变压器绕组受潮而使绝缘电阻下降。在日常维护中应定期检查变压器的密封是否良好，螺钉有否松动。经常测量变压器绕组的绝缘电阻。用 500V 绝缘电阻表测量，其相间绝缘电阻应不小于 0.5MΩ，对地绝缘电阻不小于 0.2MΩ，否则必须采取措施提高其绝缘电阻。

2）保持引出线端子的清洁。去除污物和油垢，保持接触良好。若发现端子有过热痕迹，应当除去氧化物，重新拧紧，减少接触电阻，防止短路或接地。

3）经常监视变压器的发热情况，其温升不得超过绝缘允许的最高温升。在船舶上加装容量较大的单相负载时，应使变压器的三相电流平衡，三相电流的不平衡程度不得超过额定电流 ±5%，最大的相电流不得超过额定电流。

4）在使用各种小型变压器时，应注意电源的接线，决不能将二次绕组接向电源，以免烧坏变压器。

第二节　变压器的基本工作原理和运行特性

一、变压器的基本工作原理

在图 3-1 中，当绕组加额定电压 U_1 时，绕组就有电流 i_1 通过，也就有磁动势 i_1N，在铁

心中产生磁通量 Φ_1，它与一、二次绕组交链，便感应出电动势 e_1、e_2。其大小分别与一、二次绕组匝数成正比。二次侧的电动势 e_2 便向负载 Z_L 供电，实现了从一个电压等级向另一个电压等级的能量传递，这就是变压器利用电磁感应作用变压的原理。

1. 变压器空载运行和变压原理

变压器空载运行是指二次绕组中的电流为零，即不向负载供电，这时变压器一次绕组接交流电源 u_1，电流 i_0 通过一次绕组，并建立交变磁动势 $i_0 N_1$，在铁心磁路产生两部分磁通量 Φ 和 $\Phi_{\sigma 1}$，如图 3-3 所示。其中，Φ 与一、二次绕组同时交链，称为主磁通量，路径是铁磁材料，磁阻小，因而主磁通量 Φ 占一次绕组产生总磁通量的绝大部分。$\Phi_{\sigma 1}$ 只与一次绕组交链，

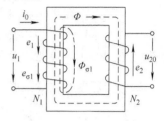

图 3-3　变压器的空载运行

称为漏磁通量，路径主要是空气，磁阻很大，所占比例很小。由于主磁通量和漏磁通量都为交变磁通量，一次绕组将分别感应两个电动势：e_1 和 $e_{\sigma 1}$。主磁通量与二次绕组交链，二次绕组也感应电动势 e_2。若设主磁通量 $\Phi = \Phi_m \sin\omega t$，根据式（1-16）电磁感应定律，可得

$$e_1 = -N_1 \frac{\mathrm{d}(\Phi_m \sin\omega_1 t)}{\mathrm{d}t} = -N_1 \omega_1 \Phi_m \cos\omega t = -N_1 2\pi f_1 \Phi_m \cos\omega t$$

$$= N_1 2\pi f_1 \Phi_m \sin(\omega t - \pi/2) \tag{3-1}$$

用相量来表示，则一次侧的感应电动势为

$$\dot{E}_1 = -\mathrm{j}\frac{\omega N_1}{\sqrt{2}}\dot{\Phi}_m$$

用有效值表示为

$$E_1 = 4.44 N_1 f_1 \Phi_m \tag{3-2}$$

式中，4.44 是 $2\pi/\sqrt{2}$ 的近似值。

若不计一次绕组电阻和漏电抗的压降，只有外加的电压与电动势 E_1 相平衡，即有

$$\dot{U}_1 \approx -\dot{E}_1$$

用有效值表示为 $U_1 = E_1 = 4.44 N_1 f_1 \Phi_m$，这个公式说明：当 f 和 N_1 一定时，磁通量的大小是由外加电压 U_1 来决定的。变压器不允许超压运行，一、二次电压要与铭牌数据相符。

同理有

$$\dot{U}_{20} = \dot{E}_2$$
$$E_2 = 4.44 N_2 f_1 \Phi_m \tag{3-3}$$

由图 3-3 可见，空载时，$U_2 = U_{20} = E_2$，若忽略一次绕组漏磁电动势 $E_{\sigma 1}$，一次绕组感应电动势的大小约等于电源电压：$U_1 \approx E_1$，则一、二次电压之比为

$$\frac{U_1}{U_2} \approx \frac{E_1}{E_2} = \frac{N_1}{N_2} = k \tag{3-4}$$

式中，k 为变压器的变压比，简称变比。

由式（3-4）可知：只要合理选择变压器一、二绕组的匝数，就可将电源电压按要求进行变换。变压器空载时，一次绕组流过的电流为空载电流 i_0，它承担两个不同的任务：一个是建立幅值为 Φ_m 的主磁通量，这部分称为励磁分量 $\dot{i}_\mu$，它与主磁通量 Φ 同相位；另一个是用来补偿交变的主磁通量在铁心中引起的磁滞损耗和涡流损耗，这部分称为铁损分量 $\dot{i}_{Fe}$，

此电流分量为有功分量，故在相量图上$\dot{I}_{Fe}$应与$\dot{I}_{\mu}$相垂直，即超前磁通量相量$\dot{\Phi}_m$ 90°，如图3-4所示。因此变压器空载电流是它们的相量和：

$$\dot{I}_0 = \dot{I}_{\mu} + \dot{I}_{Fe}$$

其有效值为$I_0 = \sqrt{I_{\mu}^2 + I_{Fe}^2}$。

通常$I_{\mu} \gg I_{Fe}$，所以$\dot{I}_0$超前$\dot{\Phi}_m$的相位角α_{Fe}（称为铁损角）很小，且$\dot{I}_{\mu}$是$\dot{I}_0$的主要分量。由于变压器铁心都采用导磁性能好、铁损小的硅钢片叠压而成，I_{μ}和I_{Fe}都很小，所以中小型变压器的空载电流I_0通常只有其额定电流的2% ~ 10%。

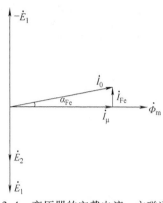

图3-4　变压器的空载电流、主磁通量和一、二次侧感应电动势的相量

应该说明的是，变压器铁心尺寸一旦确定，铁心磁路可通过的磁通量和绕组所接的电源电压都有一定限制。由第一章磁路的有关知识和图1-6铁磁材料的磁化曲线可知，若磁路饱和，即使大大增加励磁电流，磁通量也不会有明显增加。因此，如果变压器所接的电源电压大于额定电压，由式（3-2）可知，为了平衡电源电压，磁路磁通量将增大，磁路将饱和，励磁电流将增大很多，严重时都会使变压器空载电流超过其额定电流，甚至烧毁变压器，更不要说带负载运行了，所以变压器严禁超压运行。

2. 变压器负载运行和变流原理

当变压器的一次侧接电源电压U_1，二次侧接负载阻抗Z_L时，在二次感应电动势E_2的作用下，二次绕组中就有负载电流I_2流过，I_2将随负载大小而变。变压器这时的运行情况称为负载运行，如图3-1所示。此时，二次电流$\dot{I}_2$也将在二次绕组中产生磁动势$\dot{I}_2 N_2$，并作用在同一铁心上，因此负载运行时铁心中的磁通量将由一次绕组磁动势$\dot{I}_1 N_1$和二次绕组磁动势$\dot{I}_2 N_2$合成磁动势产生。当电源电压U_1不变时，一次绕组感应电动势E_1和产生E_1的主磁通量Φ_m也近似为定值，因此负载运行时产生主磁通量的合成磁动势$\dot{I}_1 N_1 + \dot{I}_2 N_2$应与空载运行时的磁动势$\dot{I}_0 N_1$相等，即

$$\dot{I}_1 N_1 + \dot{I}_2 N_2 = \dot{I}_0 N_1 \tag{3-5}$$

这就是变压器的磁动势平衡方程式，移项整理后得

$$\dot{I}_1 = \dot{I}_0 + (-N_2/N_1)\dot{I}_2 \tag{3-6}$$

式（3-6）表明，负载时一次绕组中的电流$\dot{I}_1$可视作由两个分量组成：一个是维持主磁通量的空载电流分量$\dot{I}_0$（也称为励磁分量）；另一个分量$(-N_2/N_1)\dot{I}_2$，是随负载而变化的负载分量，用以抵消（或平衡）二次电流的去磁作用。当二次电流增大时，一次电流也随之增大，可见通过电磁感应作用，变压器将功率从一次侧传递到了二次侧。

变压器的励磁电流$\dot{I}_0$一般较小，相对于一、二次绕组额定电流来说，其大小可忽略不计，于是，式（3-6）可改写成：

$$\frac{I_1}{I_2} \approx \frac{N_2}{N_1} \approx \frac{1}{k} = \frac{U_2}{U_1} \tag{3-7}$$

可见，1）一、二次电流之比近似等于变比的倒数；2）一次电流随二次电流成正比变化，这就是变流作用。

物理过程：因为负载电流的增加，使去磁磁通量Φ_2增加，若励磁不变，合成磁通量Φ_0就

减小，然而 U_1 不变，合成磁通量 Φ_0 就不变，为了保持铁心内 Φ_0 不变，只能增加一次电流，于是就将能量通过磁能传到二次侧的负载上。变压器负载运行时的物理过程，如图3-5所示。

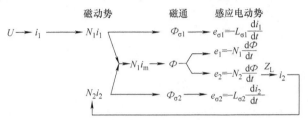

图3-5 变压器负载运行的物理过程

可见，变压器带上负载之后，合成主磁通量 Φ_m 受到 I_1 和 I_2 的影响，不可能保持绝对不变，合成磁通量的变化又进一步引起 E_1 和 E_2 变化，从而引起二次电压随负载而变化。

由式（3-7）可知，变压器不但具有变压功能，同时也具有电流变换功能。只要适当选择变压器一、二次绕组的匝数之比，变压器同样可实现电流变换。变压器还可进行阻抗变换，如图3-6a所示

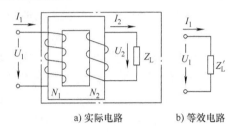

a) 实际电路 b) 等效电路

图3-6 变压器阻抗变换

的变压器二次侧，连接有负载阻抗 Z_L，从一次侧电路看（点画线的框图），其阻抗值 Z'_L 为

$$Z'_L = \frac{U_1}{I_1} \approx \frac{kU_2}{I_2/k} = k^2\frac{U_2}{I_2} = k^2\,|\,Z_L\,| = k_Z\,|\,Z_L\,| \tag{3-8}$$

式中，$k_Z = k^2$，称为变压器的阻抗变比。由式（3-8）可知，图3-6a所示的实际变压器负载阻抗 Z_L，对于变压器的电源而言，相当于是一个阻抗值为 Z'_L 的阻抗，如图3-6b所示，这种阻抗变换功能，常用在需要阻抗匹配的场合。对于需要阻抗匹配的电路，而实际负载不能满足电路要求时，可在电路与负载之间连接一个变压器，只要适当选择变压器的匝数，就可实现阻抗的匹配，使得传输功率最大，即信号源的内阻抗等于负载阻抗时，传输功率最大。

可见，一次侧的等值阻抗等于二次侧实际阻抗乘以变比的二次方，所以采用不同的变比 k，就可将实际阻抗 $|\,Z\,|$ 变换为所需的一次侧等值阻抗 $|\,Z'\,|$，以实现阻抗匹配，在通信和电子技术领域应用很广泛。

另外，变压器也能起到电气隔离作用。

二、变压器基本方程和等效电路

1. 一、二次电压平衡方程

当变压器负载运行时，由于 i_1 和 i_2 都不为0，一、二次绕组的磁动势共同用于产生主磁通量外，在各自绕组中产生的只交链于本身的漏磁通量 $\Phi_{\sigma1}$、$\Phi_{\sigma2}$，它们各自绕组上感应出漏电动势 $E_{\sigma1}$、$E_{\sigma2}$，如前所述，一次绕组漏电动势 $\dot{E}_{\sigma1} = -\mathrm{j}\omega L_{\sigma1}\dot{I}_1$，二次绕组漏电动势 $\dot{E}_{\sigma2} = -\mathrm{j}\omega L_{\sigma2}\dot{I}_2$。同样各绕组也有电阻 R_1、R_2，根据图3-7和铁心线圈的电路，可列出电压平衡方程式为

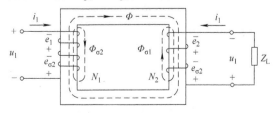

图3-7 变压器负载运行

$$\dot{U}_1 = (R_1 + \mathrm{j}\overline{\omega}L_{\sigma 1})\dot{I}_1 - \dot{E}_1 = (R_1 + \mathrm{j}X_1)\dot{I}_1 - \dot{E}_1 = Z_1\dot{I}_1 - \dot{E}_1$$

(3-9)

$$\dot{E}_2 = (R_2 + \mathrm{j}\overline{\omega}L_{\sigma 2})\dot{I}_2 + \dot{U}_2 = (R_2 + \mathrm{j}X_2)\dot{I}_2 + \dot{U}_2 = Z_2\dot{I}_2 + \dot{U}_2$$

式中 X_1、X_2—— 一、二次绕组的漏电抗；

$Z_1 = R_1 + \mathrm{j}X_1$、$Z_2 = R_2 + \mathrm{j}X_2$—— 一、二次侧的内阻抗。

如前所述，将电动势$\dot{E}_1$也看成一个电抗压降，从而引入励磁电抗的概念，由于主磁通量会在铁心中引起铁损，故不能单纯地引入一个电抗，而应引入一个阻抗 Z_m 将$\dot{E}_1$ 和$\dot{I}_0$ 联系起来，即$\dot{E}_1$ 为$\dot{I}_0$ 流过的 Z_m 时引起的阻抗压降，为

$$\dot{E}_1 = -\dot{I}_0 Z_m$$

式中 Z_m——变压器的励磁阻抗，$Z_m = R_m + \mathrm{j}X_m$；

      R_m——励磁电阻，对应于铁损的等效电阻，$I_0^2 R_m$等于铁损 ΔP_{Fe}；

      X_m——励磁电抗，它表征铁心磁化性能的一个集中参数，其数值随铁心饱和程度的不同而不同。

于是就可得出变压器负载运行时的6个基本方程：

$$\begin{cases} \dot{I}_1 N_1 + \dot{I}_2 N_2 = \dot{I}_0 N_1 \\ \dot{U}_1 = -\dot{E}_1 + \dot{I}_1 Z_1 \\ \dot{U}_2 = \dot{E}_2 - \dot{I}_2 Z_2 \\ \dot{E}_1 = -\dot{I}_0 Z_m \\ \dfrac{\dot{E}_1}{\dot{E}_2} = \dfrac{N_1}{N_2} = k \\ \dot{U}_2 = \dot{I}_2 Z_L \end{cases}$$

(3-10)

这6个方程式综合了变压器负载时内部的电磁关系；可以用这6个方程式研究、分析和计算变压器的各种运行性能。但用这些复数方程式联立求解很复杂，为此人们引入一个变压器绕组的折算，将一、二次绕组的磁联系转化为电的联系，形成了变压器的等效电路。

2. 变压器的等效电路

变压器的绕组折算一般是将二次侧折算到一次侧上，它的思路是：用一个匝数与一次绕组相同的假想二次绕组去替代实际的二次绕组，只要保持二次绕组的磁动势 F_2 不变，那么变压器内部的电磁过程和功率传递关系就不会变，即将 N_2 变为 N_1。为了保持二次绕组的磁动势 F_2 和功率传递关系不变，二次侧的各电量的数值都应改变，这种改变后的量称为折算值，并用原符号加一撇"'"表示。折算的原则是保持折算前后的功率不变。下面是各量的折算关系。

（1）电动势的折算

由于电动势与匝数成正比，故有

$$\frac{\dot{E}_2'}{\dot{E}_2} = \frac{N_1}{N_2} = k$$

$$\dot{E}_2' = k\dot{E}_2$$

(3-11)

（2）电流的折算

要求保持二次绕组的磁动势 F_2 不变，即

$$\dot{I}'_2 N_1 = \dot{I}_2 N_2$$

$$\dot{I}'_2 = \frac{N_2}{N_1}\dot{I}_2 = \frac{1}{k}\dot{I}_2 \qquad (3-12)$$

（3）阻抗的折算

根据变压器阻抗变换原理，有

$$\begin{cases} R'_2 = k^2 R_2 \\ X'_2 = k^2 X_2 \\ Z'_L = k^2 Z_L \end{cases} \qquad (3-13)$$

（4）电压的折算

同理得

$$\dot{U}'_2 = \dot{E}'_2 - \dot{I}'_2 Z'_2 = k\dot{E}_2 - \frac{1}{k}\dot{I}_2 k^2 Z_2 = k(\dot{E}_2 - \dot{I}_2 z_2) = k\dot{U}_2 \qquad (3-14)$$

这样折算以后的变压器负载运行时的基本方程式变为

$$\begin{cases} \dot{I}_1 + \dot{I}'_2 = \dot{I}_0 \\ \dot{U}_1 = -\dot{E}_1 + \dot{I}_1 Z_1 \\ \dot{U}'_2 = \dot{E}'_2 - \dot{I}'_2 Z'_2 \\ \dot{E}_1 = \dot{E}'_2 \\ \dot{E}_1 = -\dot{I}_0 Z_m \\ \dot{U}'_2 = \dot{I}'_2 Z'_1 \end{cases} \qquad (3-15)$$

根据方程组（3-15）就可画出变压器的等效电路，如图 3-8 所示。

由于 $\dot{E}'_2 = \dot{E}_1$，根据同电位可用导线把它连接起来，形成了变压器的 T 形等效电路，如图 3-9 所示。由图 3-9 就可解出一次绕组的电流 $\dot{I}_1$：

$$\dot{I}_1 = \frac{\dot{U}_1}{Z_1 + \dfrac{1}{\dfrac{1}{Z_m} + \dfrac{1}{Z'_2 + Z'_1}}} = \frac{\dot{U}_1}{Z_d}$$

式中 $\quad Z_d = Z_1 + \dfrac{1}{\dfrac{1}{Z_m} + \dfrac{1}{Z'_2 + Z'_1}}$。 $\qquad (3-16)$

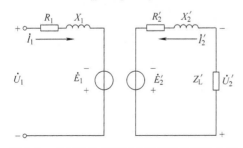

图 3-8 变压器负载运行时折算后的等效电路

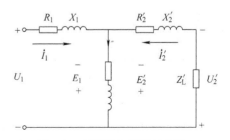

图 3-9 变压器 T 形等效电路

由于励磁电流 I_0 很小，在工程计算时可忽略不计，于是变压器的等效电路变得更加简单，如图 3-10 所示。

可见，将二次侧的电动势、电压、电流、阻抗折算到一次侧，可将两个独立回路转换为一个回路。按电路分析变压器的各个电量的数值，显得非常方便。对于三相变压器，由于它是三相对称的，可取一相进行分析计算。

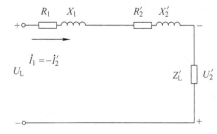

图 3-10 不计励磁电流的变压器等效电路

3. 变压器的相量图

根据式（3-15）和图 3-8 变压器的等效电路就可画出变压器负载时的相量图。相量图不仅表明变压器中的电磁关系，而且还能直观地看出变压器中各物理量的大小和相位关系。变压器相量图的画法视给定的条件而定，一般二次侧的电压 U_2、电流 I_2 和负载的功率因数 $\cos\varphi_2$ 比较易于测量，所以，通常是以已知二次侧的电压 U_2、电流 I_2 和负载的功率因数 $\cos\varphi_2$ 和变压器参数做出变压器负载时的相量图，步骤如下：

1）根据变比 k 求 U_2'、I_2'、R_2'、X_2'。

2）画二次侧的相量图：按比例尺画出 $\dot{U}_2'$、$\dot{I}_2'$，它们之间的夹角是 φ_2，在 $\dot{U}_2'$ 上加上漏阻抗的压降 $\dot{I}_2'R_2'$ 和 $j\dot{I}_2'X_2'$，就得到 $\dot{E}_2'$。

3）画 $\dot{\Phi}_m$：由于 $\dot{E}_2' = \dot{E}_1$ 且 $\dot{\Phi}_m$ 是超前 $\dot{E}_1$ 90°，其大小为 $\Phi_m = \dfrac{E_1}{4.44f_1N_1}$。

4）画 $\dot{I}_0$：由 $-\dot{E}_1$ 和铁损角 $\varphi_m = \arctan\dfrac{R_m}{X_m}$ 确定 $\dot{I}_0$ 的方向，其大小为 E_1/Z_m。

5）画 $\dot{I}_1$：由 $\dot{I}_1 = \dot{I}_0 + (-\dot{I}_2')$ 来确定。

6）画 $\dot{U}_1$：由 $\dot{U}_1 = \dot{I}_1R_1 + j\dot{I}_1X_1 + (-\dot{E}_1)$ 就可画出。

于是就画出变压器在电感性负载时的一、二次侧相关参数的相量图，如图 3-11 所示，需说明的是为了对各阻抗的压降看得清楚，图中的各阻抗的压降是夸大画出，实际的没有那么大。从相量图中可以进行定性分析，比如说，I_2 不变，φ_2 增大时，I_1 增大很多，这时在 R_1、X_1 上的压降增大，由于外加电压 U_1 是一定的，只有 E_1 在减少，即 $\dot{E}_2'$ 在减少，它就引起 U_2 在减小。从相量图能比较直观地看到其变化。

基本方程式、等效电路和相量图是分析变压器运行的三种方法。基本方程式是变压器电磁关系的数学表达式，等效电路是基本方程式的模拟电路，而相量图则是基本方程式的图形表示方法。因此，三者之间的关系是一样的，既可单独使用，也可联合使用，视具体分析而定，对它进行定量计算时，采用基本方程式和等效电路比较方便，而对它进行定性分析各物理

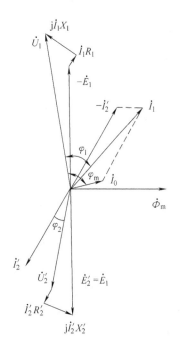

图 3-11 变压器感性负载时的相量图

量之间的大小和相位关系时，则采用相量图比较方便。

三、变压器的运行特性

变压器作为一个能量传递装置，从电路的角度来考虑，具有双重的特性：对一次侧所接的电源来说，变压器相当于一个负载；对于二次侧所接的负载，变压器又相当于一个带有内阻抗的电源。对于变压器的工作参数、运行特性的分析，讨论的重点是二次侧输出端的外特性和电压的变化率、效率以及短路阻抗、短路电压等。

1. 变压器的效率

根据 T 形等效电路，对于一次侧所接的电源来说，变压器空载时相当于一个由 $\dot{Z}_m$ 和 $\dot{Z}_1$ 串联而成的感性负载。一般的变压器中，X_m 及 X_1 在量值上要比 r_m 及 r_1 大得多，因此接近于纯电感负载，通常功率因数在 0.1~0.3 之间。另一方面由于 r_1 及 r_m 的存在，尽管空载时无能量输出，但仍从电网上吸收一部分有功功率，统称为空载损耗，包括消耗在一次绕组电阻 r_1 上的铜损和消耗在励磁电阻 r_m 上的铁损两部分。

由于变压器中无转动部分，在能量传递过程中的损耗主要为铜损和铁损两部分，因此变压器的效率 η 较高，可由式（3-17）计算：

$$\eta = \frac{P_2}{P_1} = \frac{P_2}{P_2 + p_{Fe} + p_{Cu}} \times 100\% \tag{3-17}$$

式中　p_{Fe}——变压器铁损，只要电源电压不变，变压器的铁损基本不变，因此又称为不变损耗；

p_{Cu}——变压器铜损，是随负载变化而变化的损耗，因此又称为可变损耗。

在用式（3-17）推导效率的定量计算公式时，认为：①铁损是不随负载而变，且在额定电压下的空载损耗 p_0 作为铁损 p_{Fe}；②不计励磁分量 I_0 对铜损的影响，将额定电流时的短路损耗 p_k 作为额定电流的铜损，且铜损是随负载系数 $\beta = \frac{I_1}{I_{1N}} = \frac{I_2}{I_{2N}}$ 二次方成正比而变化，即 $p_{Cu} = \beta^2 p_k$；③计算 P_2 时，忽略负载的二次侧电压的变化，即

$$P_2 = U_2 I_2 \cos\varphi_2 = U_{2N}\beta I_{2N}\cos\varphi_2 = \beta S_N \cos\varphi_2$$

式中　S_N——变压器额定容量。

将上面的铁损和铜损代入式（3-17），可得效率 η 的计算公式为

$$\eta = \left(1 - \frac{p_0 + \beta^2 p_k}{\beta S_N \cos\varphi_2 + p_0 + \beta^2 p_k}\right) \times 100\% \tag{3-18}$$

可见，对于给定的变压器，p_0 和 p_k 是一定的，η 与变压器负载的大小和负载性质有关。对式（3-18）进行 β 微分并令其为 0，就可求出变压器最大效率 η_m，它是发生在变压器的铜损等于铁损时，即在额定负载的 60%~80% 之间。而额定负载时，变压器额定效率通常在 95% 以上，大型变压器的效率可达 99% 以上。

2. 变压器的外特性及电压变化率

变压器的外特性定义为一次侧加额定电压，二次侧负载功率因数 $\cos\varphi_2$ 一定时，二次侧端电压随负载电流变化的关系，即 $U_2 = f(I_2)$。根据变压器简化等效电路，在一次侧电压视为定值的情况下，从二次侧输出端（即负载 $\dot{Z}_L$ 两端）看进去，变压器就相当于一个带有内阻抗 $\dot{Z}_K$ 的电源。由于负载电流 I_2' 将在短路阻抗上形成压降，因此当负载电流变化（即 $\dot{Z}_L$

变化）时，变压器的输出端电压也将随之发生变化，且电压的变化不仅与负载电流的大小有关，还与功率因数有关，从变压器的相量图可证明这一点。图 3-12 给出了变压器在不同性质负载下的外特性曲线。

变压器的电压变化率定义为

$$\Delta U\% = \frac{U_{2N} - U_2}{U_{2N}} \times 100\% \qquad (3-19)$$

它是衡量外特性的一个具体指标，电压变化率表征了输出电压的稳定性，一定程度上反映了变压器的供电

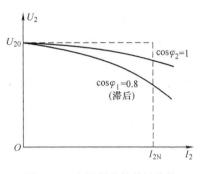

图 3-12　变压器的外特性曲线

质量。由于变压器绕组的电阻及漏电抗很小，因此变压器的电压变化一般很小，为 4% ~ 6%。

3. 变压器的短路电压及短路阻抗

变压器的简化等效图中 $r_s = r_1 + r_2'$，$X_s = X_1 + X_2'$ 分别称为变压器的短路电阻和短路电抗，而 $\dot{Z}_s = r_s + jX_s$ 则称为变压器的短路阻抗。变压器的短路阻抗不仅决定了变压器的电压变化率，更反映了变压器的短路特性。短路阻抗可通过变压器的短路试验测得。

图 3-13 给出了变压器的短路试验接线图。

在进行短路试验时，变压器二次绕组短路，一次绕组端加电压，由零逐渐升高，直至二次绕组中电流达到额定值为止，并同时测取此时的输入功率 P_s，由简化等效电路，即可求得短路阻抗为

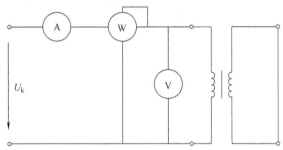

图 3-13　变压器的短路试验接线图

$$\begin{cases} r_s = \dfrac{P_s}{I_{1N}^2} \\[2mm] Z_s = \dfrac{U_s}{I_{1N}} \\[2mm] X_s = \sqrt{z_s^2 - r_s^2} \end{cases} \qquad (3-20)$$

式中　U_s——试验过程中二次绕组电流达到额定值时一次侧电压值，称为短路电压。

变压器的短路电压是衡量变压器短路特性的一个重要参数。从运行性能方面考虑，要求短路电压小些，即短路阻抗小，这样变压器的电压变化率就小；但从限制变压器短路电流的角度看，希望短路电压大些，这样可使变压器在意外短路时的短路电流可以小些。一般变压器的短路电压 U_s 为（5% ~ 10%）U_{1N}。此外，在变压器并联运行时，为了保证各台变压器之间不形成环流以及负载合理分配，要求各台变压器的短路电压和短路阻抗的相对值相等。

第三节　三相变压器

一、三相电压变换

三相电压变换采用三相变压器，其一、二次侧各有三个绕组，三相变压器有组合式和芯

式两种。三相组合式变压器是由三个完全一样的单相变压器组合而成，三个单相变压器铁心磁路相互独立。三相芯式变压器则是采用"日"字形铁心，每个铁心柱上分别有一个一次绕组和一个二次绕组，三相变压器每相磁通量通过的路径相互重叠影响。即每相磁通量不仅以本相铁心作为磁路，也将其他两相铁心作为磁路。三相芯式变压器的外形如图 3-2c 所示。

三相电压变压器一、二次绕组可联结成星形（Y）或三角形（D）。新的国家标准规定，星形联结用 Y 或 y 表示，三角形联结用 D 或 d 表示。大写字母表示一次绕组联结形式，小写字母表示二次绕组联结形式。一、二次绕组联结形式之间用逗号隔开。因此，三相变压器有 4 种基本联结形式：①Y，y；②Y，d；③D，y 和④D，d。我国一般只采用 Y，y 和 Y，d 两种基本联结形式。除了这 4 种基本联结形式外，星形（Y）联结还有不带中线和带中线两种，规定中线用字母 N（一次侧）或 n（二次侧）表示，如：YN，y 和 D，yn 等。

船用照明变压器是重要设备，配备照明变压器时，应该考虑一旦出现故障时保证船舶继续照明的需要。船用照明变压器配备方案有两种：①配备两台三相芯式变压器，一台工作另一台备用；②配备一台三相组合式变压器，即配备三台单相变压器，用这三台单相变压器组成 △ 联结的三相变压器组。一旦某台变压器故障，将剩下的两台单相变压器改为 V，v 联结，继续向重要的三相照明负载提供三相电能，如图 3-14 所示。

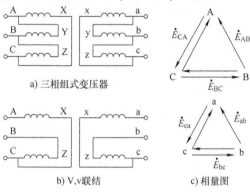

a) 三相组式变压器

b) V, v 联结

c) 相量图

图 3-14　变压器 V，v 联结

三相变压器组正常工作时为 D，d 联结，如图 3-14a 所示。若设 B 相故障，将 B 相单相变压器的一、二次绕组同时脱开，接成如图 3-14b 所示的 V，v 联结（又称为开口三角形联结）。此时由于 A、C 相铁心相互独立，磁通量不会相互干扰，其一次绕组分别感应电动势 $\dot{E}_{CA}$ 和 $\dot{E}_{BC}$ 与电源电压 $\dot{U}_{CA}$ 和 $\dot{U}_{BC}$ 平衡；而它们的二次绕组则分别感应电动势 $\dot{E}_{ca}$ 和 $\dot{E}_{bc}$，在二次侧的 c、a 和 b、c 之间输出电压 $\dot{U}_{ca}$ 与 $\dot{U}_{bc}$。由于一次绕组所连接的电压 $\dot{U}_{CA}$ 与 $\dot{U}_{BC}$ 相差 120°电角度，$\dot{E}_{CA}$ 与 $\dot{E}_{BC}$、$\dot{E}_{ca}$ 与 $\dot{E}_{bc}$ 及 $\dot{U}_{ca}$ 与 $\dot{U}_{bc}$ 也都相差 120°电角度。此时，二次侧的 a、b 两点之间虽然没有绕组，但由于 $\dot{U}_{ca}$ 与 $\dot{U}_{bc}$ 相差 120°电角度，a、b 两点之间仍然存在电压 $\dot{U}_{ab}$，也就是仍然可输出三相对称交流电压，其相量图如图 3-14c 所示。

但是故障时，V，v 联结的变压器，其负载能力比 D，d 联结的变压器组的负载能力下降了。若设正常工作时三相变压器组额定电压和额定电流分别为 U_{1N}/U_{2N} 和 I_{1N}/I_{2N}，每台单相变压器的额定电流为额定（线）电流的 $1/\sqrt{3}$。因此，V，v 联结时三相变压器组允许输出的（线）电流 I_{1VN}/I_{2VN} 为 D，d 联结时的 $1/\sqrt{3}$。V，v 联结时三相变压器组允许输出的视在功率为

$$S_V = \sqrt{3} \times U_{2VN} \times I_{2VN} = \sqrt{3} \times U_{2N} \times I_{2N}/\sqrt{3} = S_N/\sqrt{3} \approx 0.58 S_N \tag{3-21}$$

两台单相变压器的额定视在功率为

$$S_2 = 2 \times U_{2VN} \times I_{2VN} = 2 \times U_{2N} \times I_{2N}/\sqrt{3} = 2 S_N/3 \tag{3-22}$$

因此，V，v 联结时两台单相变压器的利用率仅为

$$利用率 = S_V/S_2 = (S_N/\sqrt{3})/(2S_N/3) = \sqrt{3}/2 \approx 0.866 = 86.6\% \qquad (3-23)$$

由此可见，采用三相组合式变压器组的主要优点是故障时备用组合比较灵活、容量小、投资相对小，但故障时允许输出的容量低，变压器的利用率低。注意，若是 Y，y 联结组合式三相变压器不能作为 V，v 联结，因为它每相绕组的额定电压是相电压。

二、变压器的同名端

有一单相变压器的一次侧有两个匝数相同的绕组，其主要的几种连接方法，如图 3-15 所示。外部连接错误不仅使变压器达不到正常运行状态，甚至会烧毁变压器。图 3-15a 所示为两个完全相同的线圈，按右手螺旋关系，既可正向串联后接 220V 电源，如图 3-15b 所示；也可正向并联后接 110V 电源，如图 3-15c 所示。若误将其反向串联，如图 3-15d 所示，或反向并联，如图 3-15e 所示，则两线圈产生磁动势互相抵消，磁路磁通量为零，线圈感应电动势为零，从而形成外加电源短路。两个线圈绕组将因很大的短路电流而被烧毁。

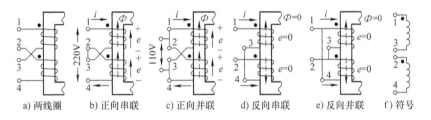

a) 两线圈　b) 正向串联　c) 正向并联　d) 反向串联　e) 反向并联　f) 符号

图 3-15　两个线圈的连接

具有多绕组的变压器存在着绕组之间正确连接的问题，正确连接绕组，就要知道其绕向。但实际变压器很难从外部知道其绕组绕向。因此，要在各绕组外部接线端标上符号，代替绕组绕向。如图 3-15 中各绕组的一端都标有一个圆点 "·"，标有圆点的端点称为各绕组的同极性端或同名端。由图可见，这些同名端标志着各绕组都向右手螺旋方向绕制，当电流从各绕组同名端同时流入（或流出）时，各绕组磁动势或磁通量方向一致；因此，两个同名端之间，在任何瞬间其绕组感应电动势的极性总是相同。

有了同名端标记，就可用图 3-15f 所示电路符号表示绕组，而不需要知道绕组的绕向。绕组极性也可用文字符号表示，例如 U 相一次绕组和二次绕组的首尾端分别用 U_{11}-U_{12} 和 U_{21}-U_{22} 标志（下标第一个数字表示绕组的一、二次侧，1 为一次侧，2 为二次侧。下标第二个数字表示首尾端，1 为首端，2 为尾端）。若一、二次绕组的标记不清楚，可采用实验方法进行判别。

【例 3-1】　有一单相变压器的一次侧有两个 N_1 为 2000、匝数相同的绕组，如图 3-15 所示，当两绕组正向串接 220V，正向并接 110V；而二次侧 $N_2 = 400$，$S_N = 200VA$，$f = 50Hz$，试计算：①串接时的 U_{20}、Φ、I_{10}、I_{1n}；②并接时的 U_{20}、Φ、I_{10}、I_{1n}；并比较。

解：① $U_1 = 220V$，$N_1' = 2N_1 = 4000$

$$U_{20} = \frac{N_2}{N_1}U_1 = \frac{400}{4000} \times 220V = 22V$$

$$\Phi_m = \frac{U_1}{4.44fN_1} = \frac{220V}{4.44 \times 50Hz \times 4000} = 0.2478mWb$$

$$I_0 = \frac{\Phi_m R_m}{\sqrt{2} N_1} \qquad \Phi_m = \frac{\sqrt{2} I_0 N_1}{R_m}$$

$$I_{1n} = \frac{S_N}{U_{1n}} = \frac{200 \text{VA}}{220 \text{V}} = 0.91 \text{A}$$

② $U_1' = 110 \text{V}$, $N_1' = N_1 = 2000$

$$U_{20}' = \frac{N_2}{N_1} U_1' = \frac{400}{2000} \times 110 \text{V} = 22 \text{V}$$

$$\Phi_m' = \frac{U_1'}{4.44 f N_1'} = \frac{110 \text{V}}{4.44 \times 50 \text{Hz} \times 2000} = 0.2478 \text{mWb} = \Phi_m$$

$$I_0' = \frac{\Phi_m' R_m}{\sqrt{2} N_1'} = \frac{\Phi_m R_m}{\sqrt{2} \times \frac{N_1}{2}} = 2 \frac{\Phi_m R_m}{\sqrt{2} N_1} = 2 I_0$$

$$I_{1n}' = \frac{S_N}{U_{1n}'} = \frac{200 \text{VA}}{110 \text{V}} = 1.82 \text{A} = 2 I_{1n}$$

并接时每一绕组的空载和额定电流分别为

$$I_0' = 2 I_0 \qquad\qquad I_{1n}' = 2 I_{1n}$$

$$\frac{I_0'}{I_{1n}'} = \frac{I_0}{I_{1n}}$$

单相变压器同名端的判别方法有交流法和直流法两种，如图 3-16 所示。图 3-16a 为交流法的接线图，2 和 4 端连在一起，若 1 和 3 端为同名端，电压表所测电压为高压端电压值减去低压端值，即 $U_V = U_1 - U_2 < U_1$ 或 U_2；若 1 和 3 端为异名端，则电压表所测电压为高压端电压值加上低压端的值，即 $U_V = U_1 + U_2 > U_1$ 或 U_2。通过电压表读数就可判断变压器同名端。若 1 和 3 端为同名端，则 2 和 4 端也是同名端。若 1 和 3 端不是同名端，1 和 4 端为同名端，则 2 和 3 端也是同名端。

图 3-16b 所示的是直流法的接线图，当合上开关 S，电流从 1 端流入绕组 1-2，并建立磁动势，变压器铁心有变化的磁通量通过，在绕组 1-2 和绕组 3-4 分别感应电动势。一般而言，合上开关 S 瞬间，若毫安表正偏，与毫安表正极相连的变压器绕组端子和与电池正极相连的变压器绕组端子为同名端（若反偏，则为异名端）。应该说明的是，开

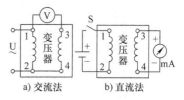

图 3-16　变压器的判别

关合上瞬间，若毫安表正偏，则开关断开瞬间毫安表将反偏。采用直流法判别变压器同名端时，应该注意其区别。

三、变压器的连接组别

连接组别是一种代号，主要用来表示三相变压器一、二次绕组联结形式和线电势相位关系。连接组别一般由两段字母加数字组成，字母段表示绕组联结形式，三角形联结或不带中性线星形联结时，每段字母仅由一个字母组成，带中性线的星形联结，则由两个字母组成。数字为连接组别号，表示一、二次绕组线电势相位差。连接组别号采用"时钟表示法"表示，变压器一次侧线电势作为"时钟的分针"，保持指向"时钟 12 点的位置"，二次侧线电

势作为"时钟的时针",所指向的对应"时钟点数"就是连接组别号。例如:Yy0,Yd11,YNd9,Dyn5,Dd8 等。

已知变压器的电路接线,要求变压器的连接组别时,其一般步骤如下:

1)根据变压器电路接线图的同名端,绘制一、二次侧三相铁心对应绕组电动势相量;

2)画出一次侧线电动势相量,箭头朝上,作为分针;

3)画出二次侧三相电动势按照电路接线的连接规律组成二次侧三相电动势相量图;

4)根据二次侧三相电动势相量图画出二次侧线电动势相量,作为时钟的时针;

5)将一次侧线电动势相量和二次侧线电动势相量单独取出,构成时钟的分针和时针,即可得到表示变压器连接组别的"时钟";

6)根据接线图和"时钟"点数写出变压器连接组别代号。

如图 3-17 所示,一般而言,变压器一、二次绕组联结形式相同(同为星形联结或同为三角形联结)时,联结组别号为偶数;联结形式不同时,则联结组别号为奇数。

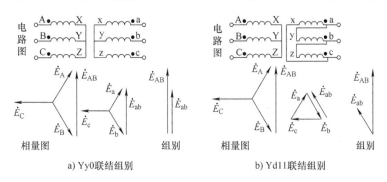

a) Yy0联结组别   b) Yd11联结组别

图 3-17   变压器的联结组别

四、变压器的并联运行

电力变压器可采用多台变压器并联运行,在负载较低时可减少变压器并联运行台数,使并联运行变压器工作在效率特性的高效率段,从而提高变压器的运行效率。并联运行的变压器还可提高供电的可靠性,一旦出现变压器故障,其他正常变压器仍能继续工作,向负载供电。变压器并联运行也常在某些特种工作船上应用。

变压器并联运行要求:并联运行变压器之间不应有环流;并联运行变压器应按其容量比例分配负载。为满足这些要求,变压器必须满足并联运行基本条件:①一次侧和二次侧额定(线)电压应分别相等(变比相等);②连接组别相同;③具有相同短路阻抗标幺值。线电压相等和连接组别相同可保证并联运行变压器之间没有环流,具有相同的短路阻抗标幺值则可保证并联运行变压器按其容量比例分配负载所谓短路阻抗,是将变压器二次侧短路,其一次侧的等效阻抗,用 Z_k 表示;所谓标幺值,是一个相对值,是实际值与基值的比值,即

$$标幺值 = \frac{实际值}{基值} \times 100\% \tag{3-24}$$

式中,阻抗的基值等于额定电压与额定电流之比(电压和电流的基值为额定电压和额定电流)。标幺值通常用实际值的符号加一个星号"*"上标表示,例如:$Z_k^* = Z_k/(U_{1N}/I_{1N}) = Z_k/(U_{2N}/I_{2N})$,$I_1^* = I_1/I_{1N}$,$U_1^* = U_1/U_{1N}$,分别表示短路阻抗、一次电流和一次电压的标幺值。

采用标幺值有一个好处，那就是不同容量的设备，其工作状态可以直观地相互比较。例如，两台容量不同的变压器，其额定电流不同。如果变压器以实际工作电流表示时，则为了判断每台变压器的带载率，就必须进行一定的计算。而采用标幺值表示时，电流的标幺值直接表示每台变压器的带载率，就可直接比较每台变压器所带负载的大小。

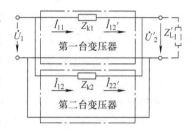

图 3-18 两台变压器的并联运行

采用变压器近似等效电路表示时，两台变压器并联运行的示意图如图 3-18 所示。由于一、二次侧电压相等，所以它们的内阻抗压降也应相等，即

$$Z_{k1} I'_{12} = Z_{k2} I'_{22} \tag{3-25}$$

根据阻抗标幺值的定义，$Z_{k1} = Z_{k1}^* (U_{2N}/I_{21N})$，$Z_{k2} = Z_{k2}^* (U_{2N}/I_{22N})$，将 Z_{k1} 和 Z_{k2} 代入式 (3-25)，得

$$Z_{k1}^* (U_{2N}/I_{21N}) I'_{12} = Z_{k2}^* (U_{2N}/I_{22N}) I'_{22}$$

即

$$Z_{k1}^* I'_{12}/I_{21N} = Z_{k2}^* I'_{22}/I_{22N}$$

$$Z_{k1}^* I'^*_{12} = Z_{k2}^* I'^*_{22} \tag{3-26}$$

式中，$I'^*_{12} = I'_{12}/I_{21N}$ 和 $I'^*_{22} = I'_{22}/I_{22N}$ 分别是两台变压器实际负载电流的标幺值。

由式 (3-26) 可知，只要两台变压器的短路阻抗标幺值相等，则这两台变压器并联运行时，它们输出的负载电流的相对值才能相等，这样将按各自容量比例分配负载电流。

一般选用同型号，同容量，同电压和接线方式一样的变压器并联运行。

【例 3-2】 一台由三台单相变压器接成 Dd 的三相船舶照明变压器，其容量为 30kVA，$U_{1N}/U_{2N} = 380V/220V$，$R_1 = 0.14\Omega$，$X_1 = 0.22\Omega$，$R_2 = 0.035\Omega$，$X_2 = 0.055\Omega$。接入三相对称的负载，每相负载 $Z_L = 4 + j3$，试用简化等效电路计算：①变压器一、二次电流和二次电压；②一、二次侧功率因数，有功功率和无功功率；③效率。

解：先计算每台单相变压器容量、额定电流和变比：

$$S_1 = \frac{S_N}{3} = \frac{30kVA}{3} = 10kVA$$

$$I_{1N} = \frac{10 \times 10^3 VA}{380V} = 26.32A$$

$$I_{2N} = \frac{10 \times 10^3 VA}{220V} = 45.45A$$

$$k = \frac{380V}{220V} = 1.727$$

① 变压器一、二次电流和二次电压：

$$R'_2 = k^2 R_2 = 1.727^2 \times 0.035\Omega = 0.104\Omega$$

$$X'_2 = k^2 X_2 = 1.727^2 \times 0.055\Omega = 0.164\Omega$$

$$Z'_L = k^2 X_L = 1.727^2 \times (4 + j3)\Omega = (11.93 + j8.95)\Omega = 14.92\angle 36.9°\Omega$$

$$\dot{I}_1 = \frac{\dot{U}_1}{Z_1 + Z'_2 + Z'_L} = \frac{380\angle 0°V}{(0.14 + j0.22 + 0.104 + j0.164 + 11.93 + j8.95)\ \Omega} = \frac{380V}{15.34\angle 37.48°\Omega}$$

$$= 24.77\angle -37.48°A$$

所以 $I_1 = 24.77\text{A}$

$I_2 = kI_1 = 1.727 \times 24.77\text{A} = 42.78\text{A}$

$U_2 = I_2 Z_L = 42.78\text{A} \times \sqrt{4^2 + 3^2}\,\Omega = 213.9\text{V}$

② 一、二次侧功率因数，有功功率和无功功率：

一次侧功率因数角 $\varphi_1 = 37.48°$

一次侧功率因数 $\cos\varphi_1 = 0.794$（滞后）

一次侧输入功率：

$P_1 = \sqrt{3}U_{1N}\sqrt{3}I_1\cos\varphi_1 = 3 \times 380\text{V} \times 24.77\text{A} \times 0.794 = 22420.8\text{W}$

$Q_1 = \sqrt{3}U_{1N}\sqrt{3}I_1\sin\varphi_1 = 3 \times 380\text{V} \times 24.77\text{A} \times 0.608 = 17168.6\text{var}$

二次侧功率因数角 $\varphi_2 = 36.9°$

二次侧功率因数 $\cos\varphi_2 = 0.8$（滞后）

二次侧输出功率：

$P_2 = \sqrt{3}U_2\sqrt{3}I_2\cos\varphi_2 = 3 \times 213.9\text{V} \times 42.78\text{A} \times 0.8 = 21961.5\text{W}$

$Q_2 = \sqrt{3}U_2\sqrt{3}I_2\sin\varphi_2 = 3 \times 213.9\text{V} \times 42.78\text{A} \times 0.6 = 16471.2\text{var}$

③ 效率：$\eta = \dfrac{P_2}{P_1} = \dfrac{21961.5}{22420.8} = 97.95\%$

【例 3-3】 已知一台三相变压器的参数：$S_N = 750\text{kVA}$，$k = U_{1N}/U_{2N} = 10000\text{V}/400\text{V} = 25$，Yy 联结，$R_1 = 0.7\,\Omega$，$X_1 = 3.24\,\Omega$，$R_2 = 0.00112\,\Omega$，$X_2 = 0.00518\,\Omega$；接入三相对称负载，每相负载 $Z_L = (0.20 + \text{j}0.07)\,\Omega$。试用简化等效电路求：①变压器二次额定电流 I_{2n} 和二次电流 I_2；②变压器一次电流 I_1；③变压器在额定负载时，$\cos\varphi_2 = 0.8$（滞后）的电压变化率 $\Delta U\%$。

解：① 取出单相来分析一次侧：

$S_{单} = \dfrac{S_N}{3} = \dfrac{750\text{kVA}}{3} = 250\text{kVA}$

$I_{2n} = \dfrac{250\text{kVA}}{\dfrac{400\text{V}}{\sqrt{3}}} = 1083\text{A}$

$\dot{I}_2 = \dfrac{\dot{U}_2}{Z_2} = \dfrac{400\text{V}}{\sqrt{3}(R_2 + \text{j}X_2 + R_L + \text{j}X_L)}$

$\quad = \dfrac{400\text{V}}{\sqrt{3}(0.20112 + \text{j}0.07518)\,\Omega}$

$I_2 = \dfrac{400\text{V}}{\sqrt{3}\sqrt{0.20112^2 + 0.07518^2}\,\Omega} = 1075.58\text{A}$

② 折算，求 I_1：

$R_2' = k^2(R_2 + R_L) = 25^2 \times 0.20112\,\Omega$

$X_2' = k^2(X_2 + X_L) = 25^2 \times 0.07518\,\Omega$

$Z_1 = R_1 + R_2' + \text{j}(X_1 + X_2') = 0.7\,\Omega + 25^2 \times 0.20112\,\Omega + \text{j}(3.24 + 25^2 \times 0.07518)\,\Omega$

$\quad = (126.4 + \text{j}50.23)\,\Omega = 136\angle 21.67°\,\Omega$

$$I_1 = \frac{U_{1N}}{\sqrt{3}Z_1} = \frac{10000\text{V}}{\sqrt{3} \times 136\Omega} = 42.45\text{A}$$

③ $\cos\varphi = 0.8$，求 $\Delta U\%$：

$$\cos\varphi = 0.8 \qquad \varphi = 36.9° \qquad I_{2n} = 1083 \angle -36.9°$$

$$\begin{aligned}
\dot{U}_2 &= \sqrt{3}\dot{I}_{2n}Z_L = \sqrt{3} \times 1083 \angle -36.9° \times 0.212 \angle 19.29°\text{V} \\
&= 1.7321 \times 1083 \times 0.212 \angle (-36.9° + 19.29°)\text{ V} \\
&= 398 \angle -17.6°\text{V}
\end{aligned}$$

$$\Delta U\% = \frac{U_{2N} - U_2}{U_{2N}} \times 100\% = \frac{400\text{V} - 398\text{V}}{400\text{V}} \times 100\% = 0.5\%$$

第四节　自耦变压器和仪用互感器

前面讨论是以普通双绕组电力变压器为例，分析了变压器的基本原理。尽管变压器的种类、规格很多，但其基本原理是一样的，我们不一一分析，这里简单分析一下自耦变压器及仪用互感器的基本原理，前面分析变压器所用的方法及所得的结论在这类变压器中仍能适用。

一、自耦变压器

1. 结构

单相自耦变压器由一个铁心和一个具有中心抽头的绕组所组成，如图 3-19 所示，一次绕组的匝数为 N_1，二次绕组的匝数为 N_2，其中一部分为一、二次侧共用，于是一、二次侧有电的联系。

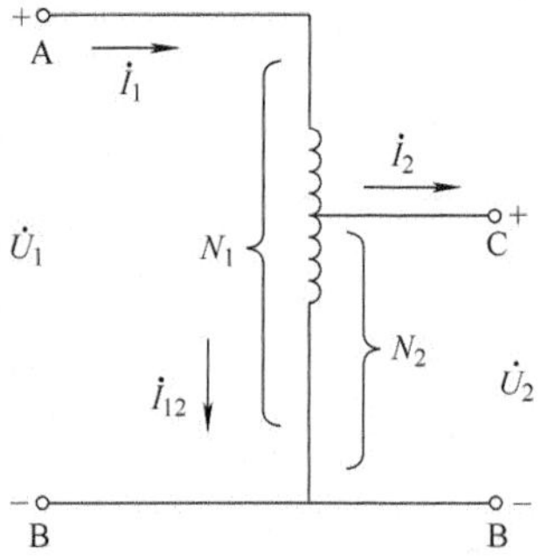

图 3-19　自耦变压器

2. 工作原理

因为一个铁心，一、二次侧共有一个合成磁通量，则同样可得一、二次绕组中感应电动势之比为

$$\frac{U_1}{U_2} \approx \frac{E_1}{E_2} = \frac{4.44fN_1\Phi_m}{4.44fN_2\Phi_m} = \frac{N_1}{N_2} = k \tag{3-27}$$

即

$$U_2 = \frac{N_2}{N_1}U_1 = \frac{U_1}{k} \tag{3-28}$$

由于 $N_1 > N_2$，故 $U_1 > U_2$，为降压的自耦变压器。反之，当一个自耦变压器将首尾 A、B 端作为二次绕组提供输出电压；而抽头端 C 与尾端 B 作为一次绕组加以输入电压，则此时为升压的自耦变压器。如果自耦变压器的中心抽头采用滑动的方法与绕组接触，则随着接触点位置的不同，N_2 也随之改变，从而使变压器的变比 k 也改变。此时变压器即成为一个调压器，如实验室所用的自耦变压器。

当自耦变压器负载运行时，在公共绕组部分的电流：

$$\dot{I} = \dot{I}_1 - \dot{I}_2$$

其铁心的励磁磁动势为

$$\dot{I}_1(N_1 - N_2) + \dot{I}N_2 = \dot{I}_1(N_1 - N_2) + (\dot{I}_1 - \dot{I}_2)N_2 = \dot{I}_m N_1$$

因为空载励磁电流 I_m 很小

$$\dot{I}_m N_1 \approx 0$$

$$\dot{I}_1 N_1 - \dot{I}_1 N_2 + \dot{I}_1 N_2 - \dot{I}_2 N_2 \approx 0$$

$$\dot{I}_1 N_1 - \dot{I}_2 N_2 \approx 0$$

$$\frac{I_1}{I_2} = \frac{N_2}{N_1} = \frac{1}{k} \tag{3-29}$$

而根据图 3-19，由节点电流定律可得公共绕组中的电流

$$\dot{I}_{12} = \dot{I}_1 - \dot{I}_2$$

将式（3-29）代入上式，得

$$\dot{I}_{12} = \left(\frac{1}{k} - 1 \right) \dot{I}_2 \tag{3-30}$$

可见，自耦变压器公共绕组中的电流 $\dot{I}_{12}$ 比负载电流要小，所以可以减少公共绕组部分的截面积，且变比 k（大于1）越接近于1，$\dot{I}_{12}$ 的值就越小。

由于变压器的硅钢片和铜线的用量，与绕组的额定感应电动势和通过的额定电流有关，也就是与绕组容量有关。当变压器额定容量相同时，自耦变压器的绕组容量比普通双绕组变压器的小，故所用有效材料（硅钢片和铜线）少，成本低。有效材料的减少使得铜损、铁损以及励磁电流相应减少，效率较高。相应地，自耦变压器的外形尺寸及重量也较小。但是当自耦变压器的变比 k 较大时，它的优越性就不显著了。变比 k 越接近1，其优点越显著。故 k 一般不超过2。由于自耦变压器的一、二次侧有电的联系，因此内部绝缘和防过电压的措施都需要加强。自耦变压器除在电力系统中用在一、二次侧电压相差不大的场合外，还用作调压设备和异步电动机起动器（补偿器）的重要部件。

二、仪用互感器

仪用互感器主要有两种：电压互感器和电流互感器，它们的基本结构和工作原理与普通双绕组变压器没有实质性的区别。但它们分别是用来测量电压和电流的，因此要求准确度较高。在制造材料和工艺等方面的要求比普通电力变压器高。普通变压器的磁路一般工作在半饱和状态，电压互感器和电流互感器的磁路则要求工作在线性段，这样才能保证它们的测量精度。使用互感器的目的是：①扩大仪表量程；②仪表、仪器与被测高压电路进行绝缘，只有磁的联系，没有电联系，以保证测量人身和设备仪表安全。

1. 电压互感器

为了测量较高的电压，必须采用电压互感器将高电压等级变换成低电压等级，以便电压表的显示或作为控制线路的控制信号。此外，即使电压等级较低的线路，为了保证不同回路不相互产生干扰，也常常要求采用电压互感器进行隔离。图 3-20 是电压互感器接线图和电路符号，一次侧接高电压，二次侧接测量仪表的电压线圈，其输出的标准电压，一般为100V。

电压互感器的典型负载是电压表，属于高

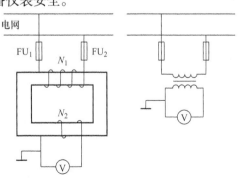

图 3-20 电压互感器接线图和电路符号

阻抗测量仪表。因此电压互感器实质是一台工作在空载状态下的降压变压器。电压互感器一次绕组要求承受高电压，因此匝数较多，线径较细；二次绕组则正好相反，是匝数相对较少、线径相对较粗的绕组。它是采用变压器的变换电压的原理，将大电压变换成小电压，便于仪器仪表测量。

为了保证人身和设备安全，使用电压互感器时应注意：①电压互感器铁心与二次绕组的一端必须可靠接地；这是因为可以避免由于绝缘老化或其他因素导致绝缘下降时，一次绕组所连接的高电压对人或设备造成威胁。②使用时，二次绕组绝对不允许短路；若使用时一旦二次绕组短路，将会产生很大的短路电流，损坏电压互感器的一、二次绕组。③电压互感器的负载阻抗不能太小，如果所连接的负载阻抗太小，则负载电流较大，使短路阻抗产生的压降将较大，二次侧输出的电压将降低，影响测量的精度。

2. 电流互感器

测量电流的电流表或电流线圈，允许通过的电流一般都较小，而用电设备的电流都较大。为了对交流大电流进行测量，就需要使用电流互感器将其转换成小电流，再用电流表或其他仪器进行测量。电流互感器的接线图和电路符号如图 3-21 所示，一次侧串接在用电设备电路中，二次侧接测量仪表的电流线圈，二次侧标准输出电流有两种：5A 和 1A。5A 互感器一般

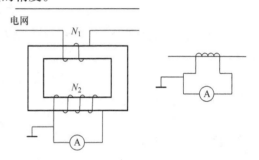

图 3-21　电流互感器的接线图和电路符号

用于电流测量仪表或继电保护电路控制，1A 互感器则通常用于小电流的控制系统。

电流互感器的典型负载是电流表，属于低阻抗测量仪表，因此电流互感器实质是一台工作在短路状态下的升压变压器。电流互感器一次绕组要求通过被测线路的大电流，且要求不应对被测电路产生影响。因此，电流互感器一次绕组的匝数很少（常常只有一匝或半匝）。一次绕组线径很粗，一般与被测线路导线截面积相同。电流互感器二次绕组正好相反，是匝数多、线径细的绕组，它是采用变压器的变换电流的原理，将大电流变换成小电流，便于仪器仪表测量。

为了保证人身和设备安全，使用电流互感器时应注意：①电流互感器铁心与二次绕组的一端必须可靠接地；与电压互感器相同，电流互感器的一次侧所连接的电路，一般电压等级也较高。为了避免由于绝缘下降等造成对人或设备的威胁，使用时，电流互感器铁心与二次绕组的一端必须可靠接地。②使用时，二次绕组绝对不允许开路；这是因为电流互感器实质上是一台工作在短路状态下的升压变压器，一旦工作时二次绕组出现断路故障，二次绕组将感应高电压，危及人身或设备的安全。更为重要的是，正常工作时的电流互感器，二次绕组通过的短路电流对一次绕组电流建立的磁动势具有去磁作用。一旦工作时二次绕组出现断路，二次绕组建立的去磁磁动势为零，一次绕组电流建立磁动势将使互感器铁心严重饱和，而由于铁磁材料具有磁滞特性，严重饱和的铁心将直接使电流互感器报废。③电流互感器的负载阻抗不能太大；若负载阻抗较大，也将影响电流互感器的测量精度。

复习与思考题

3-1. 变压器由哪些基本部分组成？试分别叙述一、二次侧铁心和绕组的作用。

3-2. 变压器的主要功能有哪些？

3-3. 什么是干式变压器？什么是湿式变压器？为什么船舶采用干式变压器？

3-4. 变压器的铭牌参数主要有哪些？

3-5. 试述变压器的工作原理，为什么一、二次绕组没有直接的电气连接，但一次电流却能随二次电流的增减而增减？

3-6. 三相变压器的基本联结形式有哪几种？我国一般采用哪两种？

3-7. 什么是变压器的连接组别？连接组别有什么作用？

3-8. 使用电压互感器和电流互感器时，从安全考虑应注意什么？

3-9. 为什么电流互感器不能在二次侧开路的情况下运行？

3-10. 在变压器中，主磁通量和漏磁通量的性质和作用有什么不同？在分析变压器时是怎样反映它们的作用的？

3-11. 感应电动势的量值与哪些因素有关？励磁阻抗 Z_m 的物理意义是什么？X_m 的大小与哪些因素有关？

3-12. 额定电压为110V/24V的变压器，若将一次绕组错接于220V交流电源上，其结果将如何？若将220V/24V的变压器接于110V交流电源上，其结果又将如何？

3-13. 额定频率为50Hz的变压器接于频率为60Hz的额定电压上，以及额定频率为60Hz的变压器接于频率为50Hz的额定电压上，将对变压器运行带来什么影响？50Hz和60Hz的变压器能通用吗？

3-14. 一台额定电压为220V/110V的变压器，一、二次绕组匝数 N_1、N_2 分别为2000和1000，若为节省铜线，将匝数改为400和200，是否可以？

3-15. 变压器负载运行时引起二次侧端电压变化的原因是什么？二次电压变化率的大小与这些因素有何关系？当二次侧带什么性质负载时有可能使电压变化率为零？

3-16. 当变压器空载时，一次侧加额定电压，虽然一次电阻 r_1 很小，可空载电流并不大，为什么？

3-17. 一台50Hz的单相变压器，若误把一次绕组接到与其额定电压相同的直流电源上，会发生什么现象？

3-18. 在使用电压互感器和电流互感器时，各应注意什么？为什么？

3-19. 一台三相变压器，额定容量为 $S_N = 400kVA$，额定电压为 $U_{1N}/U_{2N} = 36000V/6000V$，Yd 联结。试求：①一、二次额定电流；②在额定工作情况下，一、二次绕组中的电流；③已知一次绕组匝数 $N_1 = 600$ 匝，问二次绕组匝数 N_2 为多少？

3-20. 一台三相变压器，其额定值为 $S_N = 1800kVA$，$U_{1N}/U_{2N} = 6300V/3150V$，Yd11 联结，绕组铜损与铁损之和为 $(6.6 + 21.2)kW$，求：当输出电流为额定值、负载功率因数 $\cos\varphi = 0.8$ 时的效率。

第四章　异步电动机

交流异步电动机简称异步电动机，具有结构简单、运行可靠、价格低廉和维护保养方便等一系列优点。随着交流变频调速技术的日臻成熟，异步电动机在国民经济的各行各业得到了更广泛的应用。目前，船舶上几乎所有辅机拖动电机都采用异步电动机。异步电动机的主要缺点是必须从电网吸收滞后的无功功率，而轻载时功率因数低，这使得发电机组的容量得不到充分发挥。

第一节　三相异步电动机的结构与铭牌数据

三相异步电动机由静止的定子和转动的转子两大部分组成。定子和转子之间有一很小的气隙；按转子结构的不同，三相异步电动机分为笼型和绕线转子两大类。图 4-1 所示为绕线转子三相异步电动机结构图，图 4-2 所示为三相笼型异步电动机结构图。

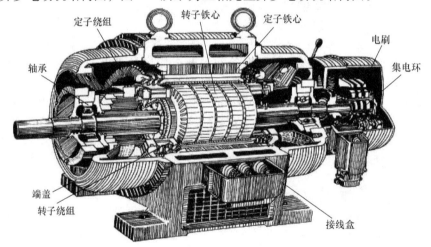

图 4-1　绕线转子三相异步电动机结构图

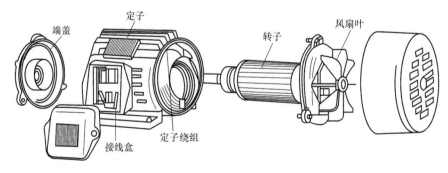

图 4-2　三相笼型异步电动机结构图

根据不同的保护方式，异步电动机有开启式、防护式、封闭式和防爆式几种。

一、定子

异步电动机的定子由定子铁心、定子绕组、机座、端盖和接线盒等部分组成。

定子铁心是电机磁路的一部分，同时用于嵌放定子绕组。为了产生较强的磁场和减小铁心中的磁滞及涡流损耗，定子铁心由厚度为 0.5mm 的硅钢片冲制、叠压而成，定子铁心如图 4-3 所示。

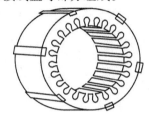

图 4-3　异步电动机的定子铁心

定子绕组为三相绕组，即有 3 组完全相同的独立绕组。各相绕组分别用绝缘铜线绕制，分布嵌放在相应定子铁心槽内。三相的 3 个绕组的首、尾端通常以 U_1-U_2、V_1-V_2、W_1-W_2 表示，6 个线端都固定接在接线盒中接线板的接线柱上。根据定子每相绕组的额定电压，以及所使用的电源电压的不同，分别进行星形（丫）或三角形（△）联结后，引出 3 个端子接三相交流电源。例如，当电动机铭牌上标明"额定电压 380/220V，接法为 丫/△"时，即表示当电源电压为 380V 时，定子绕组应做星形（丫）联结；电源电压为 220V 时，则应将绕组做三角形（△）联结，因为定子每相绕组的额定电压为 220V。图 4-4 所示为三相交流电动机的丫联结和△联结在电动机接线板上的接法和对应的原理图上的接法示意图。

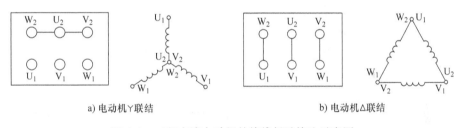

a) 电动机丫联结　　　　　　　　　　　b) 电动机△联结

图 4-4　三相交流电动机的接线板及接法示意图

二、转子

异步电动机的转子有笼型和绕线两种形式，如图 4-5 所示。两种转子均包括转子铁心、转子绕组、转轴、风扇叶等。绕线转子还有集电环。

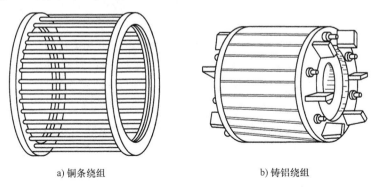

a) 铜条绕组　　　　　　　　　　　　b) 铸铝绕组

图 4-5　笼型转子绕组

笼型转子如图4-5a、b所示。铜条绕组是把裸铜条插入转子铁心槽内，两端各用一个端环焊成通路，如图4-5a所示。铸铝绕组是将铝熔化后浇铸到转子铁心槽内，两个端环及冷却用的风扇叶也同时铸成，如图4-5b所示。一般小型笼型异步电动机都采用铸铝转子。

绕线转子的铁心与笼型转子铁心一样，但其绕组却与定子绕组相似，是以绝缘铜线绕制的三相对称绕组。绕组的排布形式必须与定子绕组相对应（具有相同的磁极对数），且通常为星形联结。3个线端分别接到固定于转轴上的3个集电环上。通过集电环与固定于机座电刷架上电刷的滑动接触，再与外接电路连接。绕线转子绕组回路中可接入附加电阻或其他控制装置，由改变异步电动机的转子电阻值来改善电动机的起动性能或调速性能。

三、气隙

异步电动机定、转子之间气隙很小，中小型电动机一般为0.2～2.0mm。气隙的大小直接关系到电动机的运行性能。一般而言，气隙越小，电动机磁路的磁阻就越小，因而减小了励磁电流，提高了电动机运行时的功率因数。但是，过小的气隙不仅造成电动机加工和装配的困难，而且运转时容易发生定、转子之间的摩擦和碰撞（俗称扫膛）。

四、三相异步电动机铭牌参数的意义

异步电动机铭牌上的主要内容有

1）额定电压 U_N(V)：在额定运行时，定子绕组所接电源的线电压。一般规定电动机的运行电压与额定电压的差值不能大于或小于额定值的5%。

2）额定电流 I_N(A)：电动机额定电压下带额定负载运行时，电动机的线电流。

3）额定功率 P_N(kW)：指额定运行时，电动机轴上输出的机械功率。

4）额定转速 n_N(r/min)：电动机额定运行时的转速。

5）额定频率 f_N(Hz)：电源频率，船舶有50Hz和60Hz两种电制。

6）额定功率因数 $\cos\varphi_N$：电动机额定运行时的功率因数，一般在0.8～0.9之间，空载时功率因数很低，为0.1～0.3。

7）接法：注意接法与额定电压之间的关系。定子绕组接法是指额定电压下电动机规定的连接方式。国家标准规定：Y系列异步电动机，额定功率为3kW及以下者采用丫（星形）联结，4kW及以上者采用△（三角形）联结，以便可选用丫-△方法进行减压起动。有的电动机在铭牌上还标有"额定电压380/220V，接法丫/△"，这是表示：当电源电压为380V时，定子绕组应为星形联结；电源电压为220V时，则应将定子绕组改为三角形联结（因为定子每相绕组的额定电压为220V）。

8）定额：分为S1～S10共10种，常用的有S1（连续）、S2（短时）和S3（断续）3种。定额为连续的电动机，在额定负载范围内，允许长期持续使用。短时或断续工作的电动机，则必须按电动机运行时间与运行加停车时间之比的相对持续系数（一般在铭牌上给出）来确保运行时间。

9）绝缘等级与温升：电机绝缘等级是按照电机所用绝缘材料所能承受的极限温度来划分的。极限温度反映了绝缘材料的标准耐热性能，这是非常重要的，电机损坏往往都是绝缘损坏带来的。

10）防护等级：防护等级是由IEC规定的，按照电机外壳防固体、防液体的能力分级

的，防止异物和人触及电机内部而触电、碰伤或损坏电器。

第二节　三相异步电动机的工作原理

异步电动机利用三相交流电在定子绕组中形成的定子旋转磁场与感生的转子电流相互作用产生电磁转矩，进而驱动转轴工作。

一、旋转磁场的产生

三相异步电动机的定子绕组沿定子铁心内圆周均匀而对称分布。为分析方便起见，将每相绕组用一个单匝线圈来等效替代，三相的三个线圈仍对称分布，即在定子内圆周上彼此相隔120°电角度，如图4-6所示。三相绕组的首、末端分别定为 U_1-U_2、V_1-V_2、W_1-W_2，并将它们作星形联结（把三个末端 U_2、V_2、W_2 连接在一起）。

当 A、B、C 三相交流电源分别接入三相绕组的 U_1、V_1、W_1 端后，三相定子绕组中便有三相对称电流 i_A、i_B 和 i_C 流过，其波形及相位关系如图4-7所示。设三相电流的正方向是从绕组的首端流入（用⊗表示），末端流出（用⊙表示）。下面从几个不同瞬间来分析三相交流电流流过定子绕组所产生的合成磁场。

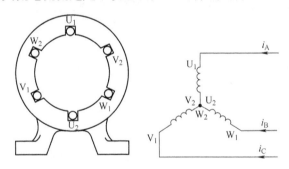

图4-6　异步电动机定子三相绕组分布示意图

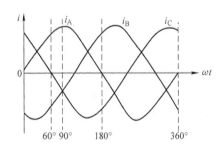

图4-7　定子绕组中三相电流

$\omega t = 0°$ 时，$i_A = 0$，U 相绕组中没有电流；i_B 是负值，即 V 相绕组中电流由 V_2 端流进，V_1 端流出；i_C 为正值，即电流从 W_1 端流进，W_2 端流出。根据右手螺旋定则，可确定合成磁场磁轴的方向如图4-8a所示。

$\omega t = 60°$ 时，$i_C = 0$；i_A 为正值，电流由 U_1 端流进，U_2 端流出；i_B 为负值，电流由 V_2 端流进，V_1 端流出，此时合成磁场如图4-8b所示。相比 $\omega t = 0$ 时刻，合成磁场在空间按逆时针方向旋转了60°。

$\omega t = 90°$ 时，i_A 为正值，而 i_B、i_C 均为负值，同理可得合成磁场的方向如图4-8c所示。与 $\omega t = 0°$ 时刻相比，合成磁场在空间按逆时针方向旋转了90°。由此可见，随着定子绕组中的三相电流随时间不断变化，它所产生的合成磁场则在空间不断地旋转，即对称的三相电流通过定子对称三相绕组能够产生旋转磁场。

二、旋转磁场的转向

在上述分析中，将相序为 A→B→C 的三相电压对应接入三相绕组 U、V、W 后，绕组

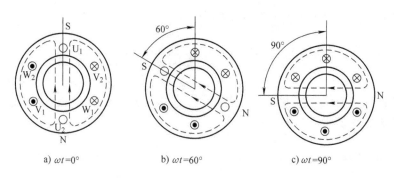

a) $\omega t=0°$ b) $\omega t=60°$ c) $\omega t=90°$

图4-8　一对极旋转磁场的形成

中电流达到最大值的顺序即为 U→V→W，所产生的旋转磁场同样在空间按 U→V→W 旋转（图中为逆时针旋转）。由此可见，旋转磁场转向与三相绕组中电流达到最大值的顺序是一致的，或者说是由三相绕组中所通电流的相序决定的。若要改变旋转磁场的转向，只需把通入定子绕组的电源相序改变，即任意交换两根电源进线即可。

三、旋转磁场的转速与磁极对数

在图4-8中，将每相绕组等效简化为沿定子圆周相隔180°排放的一个线圈的两个直线边，这样所产生的磁场为1对磁极，在这种情况下，当三相交流电流随时间变化1个周期，旋转磁场在空间相应地旋转1周。

如果将每相定子绕组的线圈分为两个单元，并且串联，比如 U 相绕组由线圈 U_1-U_2 和 U_1'-U_2' 串联组成。同一线圈的两个直线边相隔90°跨距，这样连接、排布的绕组通入三相电流后，便会产生1个2对极的旋转磁场，如图4-9所示。将它与1对极旋转磁场相比较可知，当三相交流电流在时间相位上变化了90°时，1对极旋转磁场在空间转过了90°，而2对极旋转磁场只转过了45°。同理，当电流变化1周，则1对极旋转磁场转过1周360°，而2对极旋转磁场转过180°。以此类推，如果将定子每相绕组分为 p 个单元，则会形成 p 对磁极的旋转磁场。当电流变化1周，则其在空间转过 $1/p$ 转。如果定子绕组所接电源的频率为 f，则旋转磁场每分钟的转速 n_0 为

$$n_0 = \frac{60f}{p} \tag{4-1}$$

旋转磁场的转速 n_0 称为同步转速，它取决于定子绕组所接的电源的频率以及绕组的磁极对数。当电源频率为50Hz时，1对极旋转磁场（$p=1$）时的同步转速为3000r/min；2对极（$p=2$）时为1500r/min；3对极（$p=3$）时为1000r/min。三相异步电动机的三相定子绕组沿定子铁心内圆周均匀而对称分布，即在定子内圆周上彼此相隔120°电角度（参见图4-6）。三相绕组的首、末端分别定为 U_1-U_2、V_1-V_2、W_1-W_2，并将它们做星形联结。

四、转子导体内的感应电流

对于定子绕组通电后产生的旋转磁场，可用1对旋转的磁极来等效替代，此时 $p=1$，转速为 n_0。转子中绕组因切割旋转磁场而产生感应电动势，其方向如图4-10所示。由于转子绕组是短路的，因此在转子感应电动势的作用下，转子绕组内就有与感应电动势方向相同

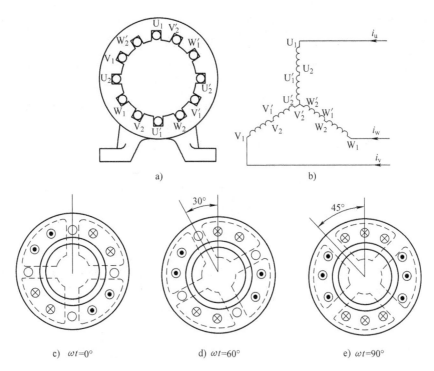

图 4-9　2 对极时三相定子绕组及其旋转磁场

的转子电流流过。载有转子电流的转子绕组在旋转磁场作用下将受到电磁力的作用，这些电磁力对转子转轴形成力矩，作用方向与旋转磁场方向一致。转子在此电磁力矩作用下将顺着旋转磁场的方向转动起来。如果电动机带上生产机械，则电动机转子上产生的电磁转矩将克服负载阻转矩而做功，从而将电能转换成了机械能。当电磁转矩与负载转矩一致时，电动机转速保持平衡稳定。

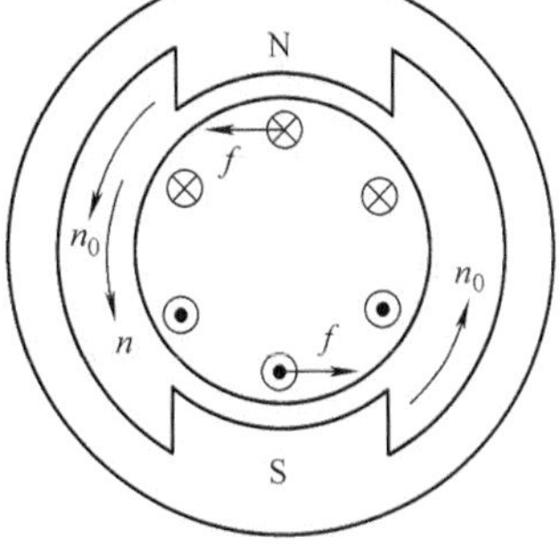

五、三相异步电动机的转差率

异步电动机处于电动状态运行时，其转子转速

图 4-10　异步电动机工作原理示意图

n 将始终小于旋转磁场的同步转速 n_0。因为如果转子转速 $n = n_0$，则转子绕组与旋转磁场之间就不存在相对运动，转子绕组不切割磁力线，因而就不存在转子感应电动势、电流以及电磁转矩。因此，异步电动机的转子转速总是略小于定子旋转磁场的同步转速，即转子与旋转磁场"异步"转动，异步电动机由此命名。转差 $n_0 - n$ 的存在是异步电动机运行的必要条件。转差的相对值称为转差率，用 s 表示，它是异步电动机的一个基本参量，即

$$s = \frac{n_0 - n}{n_0} \tag{4-2}$$

虽然 s 是一个没有单位的量，但它的大小能反映电机转子的转速。例如：$n = 0$ 时，$s = 1$；$n = n_0$ 时，$s = 0$；$n > n_0$ 时，s 为负。正常运行的异步电动机，转子转速 n 接近同步转速

n_0，转差率 s 很小，一般 s 为 $0.01 \sim 0.05$。

六、三相异步电动机的工作状态

当电动机处于电动运行状态时，$0 \leqslant n < n_0$，故 $0 < s \leqslant 1$。

如果电动机转子在其轴上的外加转矩驱动下转动，而使得转子转速高于同步转速，此时 $n > n_0$，故 $s < 0$，转子绕组因切割旋转磁场的方向相反而使得转子绕组中感应电动势和电流的方向都相反，电磁转矩的方向也相反，从而成为与转子转向相反的具有制动性质的阻转矩。在这种情况下，电动机从轴上吸收机械功率，处于发电运行状态。

如果作用在电动机轴上的外加转矩使转子逆着旋转磁场的方向旋转，若设旋转磁场的方向为正方向，$n_0 > 0$，则转子的转向为反方向，$n < 0$，因而 $s > 1$。此时转子绕组中的感应电动势和电流的方向仍与电动状态时一样，电磁转矩的方向与旋转磁场的方向一致，而与转子实际转向相反，即电磁转矩呈现制动性质。在这种情况下，电动机一方面从轴上吸收机械功率，另一方面还从电网吸收电功率，两部分功率均在电动机内部消耗。异步电动机的这种运行状态为"电磁制动"状态。

综合上述分析，如图 4-11 所示，异步电动机的转速、转差率与运行状态的关系可归纳如下：

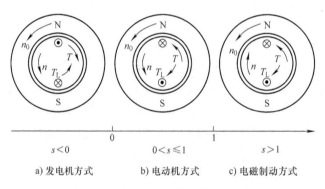

$s < 0$	$0 < s \leqslant 1$	$s > 1$
a）发电机方式	b）电动机方式	c）电磁制动方式

图 4-11 异步电动机的三种运行方式

1）当 $0 < n < n_0$ 时，$0 < s \leqslant 1$，异步电动机处于电动运行状态（以后若无特别说明，对异步电动机的分析均在此范围内进行）。

2）当 $n = 0$ 时，$s = 1$，异步电动机处于堵转状态（或电动机起动的瞬间）。

3）当 $n = n_0$ 时，$s = 0$，异步电动机处于理想空载运行状态。

4）当 $n > n_0$ 时，$s < 0$，异步电动机处于发电制动状态。

5）当 $n < 0$ 时，$s > 1$，异步电动机处于电磁制动状态。

第三节 三相异步电动机的工作特性

三相异步电动机工作时，定子绕组从电网吸收电能，通过电磁感应的作用，将电能从定子传递到了转子，转换成机械能从转子轴上输出。因此，异步电动机的定、转子之间的电磁关系、能量传递过程均与变压器一、二次绕组之间的关系类似。由于三相对称，对定子三相绕组其中的一相进行分析即可。

定子绕组中将分别存在自感电动势 e_1、漏感电动势 $X_{\delta 1}$，同时也包括绕组电阻压降 $I_1 R_1$，转子绕组中将分别存在自感电动势 e_2、漏感电动势 $X_{\delta 2}$，同时也包括绕组电阻压降 $I_2 R_2$，与变压器一次绕组的情况基本相似。因此，三相异步电动机定子等效电路形式与变压器一次绕组等效电路完全相同，如图 4-12 所示，只是转子回路电流的频率不再与定子电路相同。三相异步电动机运行

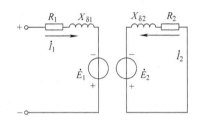

图 4-12　三相异步电动机等效电路

时闭合的转子绕组产生转子电流，因而转子中还存在转子漏感电动势和转子绕组压降，其等效电路形式与变压器二次侧短路时情况相同。

当三相异步电动机转子以转速 n 旋转时，转子绕组切割定子旋转磁场的相对速度为 $n_0 - n$，由于转子绕组的磁极对数总是与定子磁极对数相同，因此转子绕组中感应电流的频率为

$$f_2 = \frac{p(n_0 - n)}{60} = \frac{n_0 - n}{n_0} \frac{pn_0}{60} = sf_1 \tag{4-3}$$

显然，电动机堵转状态 $s = 1$、$f_2 = f_1$，电动机与变压器类似，只是电动机转子是短路的。而在电动机同步时，$s = 0$，转子没有感应频率，即 $f_2 = 0$。

转子电流 i_2 与转差率 s 有关，也就是与转子本身的转速 n 有关。转速 n 越小，转差率 s 越大，切割磁力线的速度越快，转子感应大电动势越大，其中的短路电流 i_2 也越大，同时电动机产生的电磁转矩越大，使电动机出现加速，促使电动机转速提高到平衡点。因此，当电动机转速变化时，转子中各相关的物理量，如感应电动势、转子电流、转子感抗、功率因数等均将随转差率 s 而变化，有关曲线如图 4-13 所示。

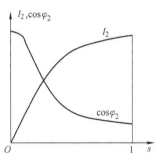

图 4-13　I_2 和 $\cos\varphi_2$ 与转差率 s 的关系曲线

一、三相异步电动机电磁转矩及其机械特性曲线

三相异步电动机运行时，一方面定子旋转磁场使得转子绕组中产生感应电动势，并形成转子电流；同时转子电流又与定子旋转磁场相互作用形成电磁力矩。由于转子电流 i_2 与感应电动势 e_2 的相位差为 φ_2，且呈电感性，其功率因数为 $\cos\varphi_2$；而 e_2 与定子旋转磁场具有固定相位关系。由此可知，三相异步电动机的电磁转矩 T 将与旋转磁场的每极磁通量 Φ、转子电流 I_2 及其功率因数 $\cos\varphi_2$ 成正比，即可得转矩表达式为

$$T = K_T \Phi I_2 \cos\varphi_2 \tag{4-4}$$

式中　K_T——与电动机本身结构有关的一个常系数。

由于转子电流 I_2 及功率因数 $\cos\varphi_2$ 均随转差率而变化，由此可进一步推知，三相异步电动机的电磁转矩的大小与转差率（或转速）有关。

三相异步电动机运行时，其轴上产生的电磁转矩 T 作为动力矩在克服了电动机本身的风阻、摩擦阻力等空载阻转矩 T_0 后，对外输出转矩 T_2。考虑到 T_0 很小，一般可忽略，因此可得三相异步电动机中转矩平衡方程式为

$$T = T_2 + T_0 \approx T_2 \tag{4-5}$$

而输出转矩 T_2 用以带动生产机械旋转，当拖动系统稳定运行时 T_2 与生产机械在电动机轴上形成的负载转矩 T_L 平衡，即

$$T_2 = T_L \tag{4-6}$$

由此可得 $T \approx T_L$，即一般情况下，认为电动机的输出转矩就等于其电磁转矩；而稳定运行时，电磁转矩与轴上负载转矩相等。

电动机的机械特性是指电动机的转速 n 与电磁转矩 T 之间的关系，即 $n = f(T)$。它是电动机的最重要的一个特性，是电动机机械性能的主要表现。通过对机械特性的分析，可了解电动机在各种不同负载下的运行状况。

根据三相异步电动机的电磁转矩表达式 $T = K_T \Phi I_2 \cos\varphi_2$，结合如图 4-13 所示的电流 I_2 及其功率因数 $\cos\varphi_2$ 随转差率 s 而变化的关系曲线及其理论推导，可得电磁转矩为

$$T = K \frac{s r_2 U_1^2}{r_2^2 + (s X_{20})^2} \tag{4-7}$$

式（4-7）为三相异步电动机电磁转矩 T 随转差率 s 变化的表达式，其曲线如图 4-14a 所示。当定子旋转磁场的同步转速 n_0 不变时，转差率 s 与转子转速 n 就有一一对应的关系。因此由 T-s 曲线经坐标变换就可得到表示三相异步电动机机械特性的 n-T 曲线，如图 4-14b 所示。同理，式（4-7）亦为三相异步电动机机械特性方程表达式。

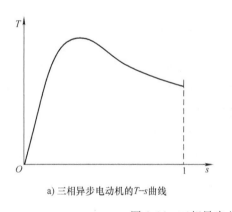
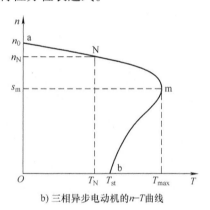

a) 三相异步电动机的 T-s 曲线   b) 三相异步电动机的 n-T 曲线

图 4-14　三相异步电动机的机械特性曲线

电动机的机械特性仅反映了电动机本身的电磁转矩（或输出转矩）与转速之间的关系，当电动机轴上带负载运行时，其实际输出转矩将主要取决于负载转矩的大小。

当三相异步电动机的电源电压及频率为额定值，电动机本身各参数（定、转子绕组电阻、电抗、磁极对数等）亦保持不变的情况下，其特性称为固有机械特性（也称为自然机械特性，即图 4-14 所示特性曲线）。电动机运行过程中的电源电压或频率变化，定子回路串入电阻或电抗，以及电动机本身的某些参数（如定子绕组的磁极对数、转子回路电阻/电抗）等发生变化，将引起电动机的机械特性随之变化，由此所得到的机械特性称为人为（或称人工）机械特性。

二、三相异步电动机的额定转矩

额定转矩 T_N 是电动机在额定负载时的输出转矩，它可根据电动机铭牌上的额定功率 P_N

和额定转速 n_N 求得

$$T_N = 9550 \frac{P_N}{n_N} \tag{4-8}$$

如图 4-14b 考察异步电动机的机械特性曲线，当转差率 s 在 $0 \sim 1$（或 n 在 $0 \sim n_0$）范围内变化时，曲线以极值点（T_{max}，s_m）为界分为 am 和 mb 两段。a 点为理想空载工作点，电动机的输出转矩为零，其转速即为旋转磁场的同步转速 n_0；N 点为额定工作点，在该点上，电动机的转速为额定转速，输出额定转矩 T_N；在 am 段，曲线略有倾斜，电动机的转速随转矩的增加而略有下降。若曲线的倾斜度越小，转矩的变化所引起的转速降落就越小，则称为曲线越"硬"，电动机的额定工作点就在此区域内（s_N 一般在 $1\% \sim 5\%$ 之间）。由于曲线 am 段在 N 点附近近似为直线，因此在电动机的额定工作点附近范围内，可根据额定值来近似按比例计算电动机在某一转速下实际输出转矩。

三、三相异步电动机的最大转矩

机械特性曲线中的最大转矩 T_{max} 以及所对应的转差率 s_m 称为临界转差率，s_m 和 T_{max} 可通过式（4-7）的 T-s 曲线方程对 s 求导并令其等于零，即从 $dT/ds = 0$ 得到

$$s_m = \frac{R_2}{X_{20}} \tag{4-9}$$

以及

$$T_{max} = K \frac{U_1^2}{2X_{20}} \tag{4-10}$$

根据式（4-9）和式（4-10）可知，临界转差率 s_m 与电源电压无关，与转子电阻成正比；最大转矩 T_{max} 的大小与电源电压的二次方成正比，而与转子回路电阻无关。T_{max} 也是电动机可能产生的最大转矩，如果负载转矩 $T_L > T_{max}$，电动机会承担不了而停转。电动机的最大转矩与额定转矩之比称为过载系数 λ，即

$$\lambda = \frac{T_{max}}{T_N} \tag{4-11}$$

过载系数反映了电动机的过载能力。普通三相异步电动机的过载系数 λ 在 $1.6 \sim 2.3$，而对于起重用的电动机，λ 则可达 $2.2 \sim 2.8$。

四、三相异步电动机的起动转矩

电动机在起动瞬间（$n = 0$，即 $s = 1$）的转矩称为起动转矩 T_{st}。将它代入式（4-7）可得

$$T_{st} = K \frac{r_2 U_1^2}{r_2^2 + X_{20}^2} \tag{4-12}$$

电动机堵转时转速也为零，因此 T_{st} 也称为堵转转矩。起动转矩与额定转矩之比 T_{st}/T_N 称为起动转矩倍数 K_T，也是衡量电动机性能的一个重要指标。K_T 越大，对于同样的负载，电动机的起动加速过程就越快。普通异步电动机的起动转矩倍数 K_T 为 $1.1 \sim 2.2$。

式（4-7）机械特性方程是分析电动机的电磁转矩与电动机各参数间关系的理论依据，但是由于在电动机的产品目录中，r_2、X_{20} 等参数无法查到，因此在绘制电动机机械特性曲

线等实际应用场合，通常都是使用如下的近似公式，也称为实用公式：

$$T = \frac{2T_{\mathrm{m}}}{\dfrac{s}{s_{\mathrm{m}}} + \dfrac{s_{\mathrm{m}}}{s}} \tag{4-13}$$

式中，T_{m}、s_{m} 可通过电动机的产品目录中相应的额定数据求得。

通过额定功率 P_{N} 和额定转速 n_{N}，可计算出额定转矩 T_{N}：$T_{\mathrm{N}} = P_{\mathrm{N}}/(2\pi n_{\mathrm{N}}/60) \approx 9550 P_{\mathrm{N}}/n_{\mathrm{N}}$。一般从铭牌参数（或手册）都可查到异步电动机过载能力 λ，因此可计算出异步电动机最大电磁转矩 T_{m}：$T_{\mathrm{m}} = \lambda T_{\mathrm{N}}$。而 $s_{\mathrm{N}} = (n_1 - n_{\mathrm{N}})/n_1$，将 T_{N}、s_{N} 和 $T_{\mathrm{m}} = \lambda T_{\mathrm{N}}$ 代入式 (4-13)，整理得

$$s_{\mathrm{m}} = s_{\mathrm{N}}(\lambda + \sqrt{\lambda^2 - 1}) \tag{4-14}$$

第四节　三相异步电动机的起动

一、三相异步电动机的起动要求

三相异步电动机的起动特性是起动电流大，可达额定电流的 5~7 倍，但起动转矩并不算大。电动机起动过程的时间不长，但对电动机本身和电力系统的影响却很大。特别是船舶电站的容量有限，船上有些辅机拖动系统所采用的电动机的功率接近电站发电机的单机功率，若直接起动，其起动电流将引起电网电压的很大波动，从而影响其他用电设备的正常运行，所以对起动频繁和大容量电动机的起动，必须设法缩短起动时间，减小或限制起动电流。

在实际生产过程中，对异步电动机的起动有一定的要求。为了缩短起动时间、提高生产效率，一般要求异步电动机有足够大的起动转矩。但起动转矩加大，必然导致起动电流增大；为了保证电动机以及生产机械的安全运行和减小对电网的冲击，通常又要求限制起动电流以及起动转矩，所以电动机的起动必须根据拖动系统的具体情况统筹兼顾这两方面的因素。

二、负载转矩特性

负载转矩的大小及方向随转速变化的规律称为负载转矩特性，即

$$n = f(T_{\mathrm{L}}) \text{ 或 } T_{\mathrm{L}} = f(n) \tag{4-15}$$

按负载转矩性质（转矩方向），负载可分为

1）反抗性负载：负载转矩始终与电动机的转向相反，起着阻碍电动机旋转的作用。如图 4-15a 所示，机舱中行车前后行走、机床的平移机构运动较多体现了反抗性负载的特点。

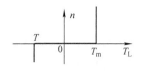

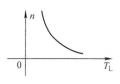

a) 反抗性负载转矩特性　　b) 位能性负载转矩特性　　c) 通风机负载特性　　d) 恒功率负载特性

图 4-15　负载的机械特性曲线

2）位能性负载：负载转矩方向不变，与电动机旋转方向也无关。如图 4-15b 所示，常见的重物的提升与下放，其转矩基本恒定。

按负载转矩变化规律来分，负载可分为

1）恒转矩负载特性：负载转矩与转速无关，即 T_L 为定值。按方向是否可变可分为反抗性和位能性恒转矩两种。

2）通风机负载特性：负载转矩大致与转速的二次方成正比，即 $T_L = kn^2$。k 为比例系数，其特性曲线是一抛物线。通风机负载特性一般都是反抗性的，如图 4-15c 所示，图中 T_{L0} 常理想化为 0，实际是负载的静态起始转矩。船舶中各种风机、叶片泵等，甚至螺旋桨均可认为是通风机负载。

3）恒功率负载特性：负载转矩与其角速度的乘积基本保持不变，即 $T_L n$ 为定值，即该负载功率不变，常用 $T_L = \dfrac{k}{n}$ 表达，其中 k 为比例系数。常见的有机床切削加工、电缆卷筒或造纸卷筒等负载。

三、三相异步电动机全电压直接起动方法

全电压直接起动就是将电动机的定子绕组经开关设备直接与三相额定电源电压接通。电动机直接起动具有设备简单、操作方便等优点。

在全电压直接起动时，电动机定子绕组接通电源瞬间，转子由于惯性不能立即转动，此时转子电动势和电流较大，因而定子电流也较大，通常起动电流 $I_{st} = (5 \sim 7) I_N$。由于笼型异步电动机的结构简单、过载能力较强，且一般起动过程时间较短，起动电流一般不会对电动机造成直接的损害，因此就电动机本身来说，是允许直接起动的。但另一方面，对于大容量的笼型异步电动机直接起动，由于起动电流大和功率因数低，会引起较大的船舶电网电压降落，影响其他用电设备的正常工作。因此，从我国《钢质海船入级规范》所限定的电网电压降的角度来确定船舶上的笼型异步电动机能否直接起动。目前的交流船舶电站容量较大，并装有性能良好的自动电压调整器，机舱中各类容量在发电机单机容量60%以下的笼型异步电动机几乎都采用全电压直接起动。如果电动机起动时对船舶电站产生了冲击，造成电压动态降低了25%以上，则被认为越过了船舶电站能够承受的极限，此时必须对电动机采用减压起动或变频起动等措施。船舶上减压起动通常用于大容量异步电动机的起动。异步电动机在电源电压频率以及其他参数不变的情况下，其电磁转矩与外施电压的二次方成正比，所以减压起动时，起动电流是减小了，但起动转矩也大大减小，引起起动时间较长，一般用在轻载起动的场合。

普通笼型异步电动机虽然起动时电流很大、起动时功率因数较低，但起动转矩并不很大。异步电动机可通过采用双笼型或深槽式等特殊结构的转子，以改善全电压直接起动性能。这两种类型的异步电动机特点是转子阻抗大、特性曲线软、起动转矩大，而起动电流较小。

四、三相异步电动机星形—三角形（Y-△）换接减压起动方法

此方法适用于正常运行时电动机定子绕组为△联结（即定子每相绕组额定电压为电网线电压）的异步电动机，且负载为轻载或空载起动的拖动系统。起动时先将电动机的定子

绕组丫联结后与电源接通，待电动机转速升高、电流减小后，再通过继电接触器等开关装置将绕组改为△联结，进入正常运行。图 4-16 所示为丫-△联结的原理图。

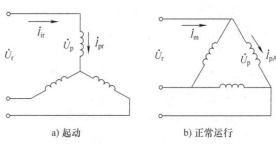

a) 起动   b) 正常运行

图 4-16 定子绕组丫联结和△联结

采用丫联结减压起动，定子每相绕组上电压降低为△联结直接起动时的 $\frac{1}{\sqrt{3}}$ 倍，

丫联结每相绕组通过的电流为 $\frac{U_1}{\sqrt{3}\,|Z|}$，△联结的每相电流为 $\frac{U_1}{|Z|}$；丫联结的线电流 I_{1Y} 与其对应的线电流相等，而△联结的线电流 $I_{1\triangle}$ 为每相电流的 $\sqrt{3}$ 倍。可见相同的线电压作用下，丫联结时起动电流是△联结时起动电流的 $\frac{1}{3}$ 倍。因为异步电动机的起动转矩与电源电压的二次方成正比，所以在定子绕组降压 $\frac{1}{\sqrt{3}}$ 倍的情况下起动，电动机的起动转矩也将减小为直接起动时的 $\frac{1}{3}$ 倍。

五、三相异步电动机自耦变压器减压起动方法

正常运行时星形联结的大容量异步电动机，无法转为三角形运行，可采用自耦变压器实现减压起动。起动时三相自耦变压器的一次绕组接电源，而二次侧与电动机的定子绕组相连，电动机在经过变压器降压的电压下起动。其降压幅度为变压器的电压比 k。若设电动机全电压直接起动时的电流（即电网提供的线电流）为 I_{st}，则减压起动时电动机的起动电流为 I_{st}/k，该电流也是由变压器二次绕组提供；而此时电网提供的线电流，即变压器一次绕组中的电流为二次电流的 $1/k$ 倍，即

$$I'_{st} = \frac{1}{k}\frac{I_{st}}{k} = \frac{I_{st}}{k^2} \tag{4-16}$$

由此可见，对采用电压比为 k 的自耦变压器减压起动，起动时电网提供的电流是直接起动时的 $1/k^2$ 倍。同理，由于降压 k 倍起动，起动转矩将为直接起动时的 $1/k^2$ 倍。实际应用中，自耦变压器的二次绕组一般有 3 个不同电压比的抽头（如 $k = 0.55$、0.64、0.73 等）以满足不同负载对不同降压幅度的起动要求。

【例 4-1】 已知 $P_n = 45\text{kW}$，$U_n = 380\text{V}$，$n = 1480\text{r/min}$，$\eta = 0.933$，$\cos\varphi_n = 0.88$；$I_{st} = 7I_n$，$\lambda_S = 1.9$；$\lambda_m = 2.2$，△联结，$I_S \leqslant 250\text{A}$，$T_L = 174.2\text{N·m}$，现有丫-△和自耦变压器 55%、64% 两个抽头，通过计算说明采用哪一种减压起动方法比较适宜？

解：$I_n = \dfrac{P_n}{\sqrt{3}U_n\cos\varphi_n\eta} = \dfrac{45\times1000\text{W}}{1.732\times380\text{V}\times0.88\times0.933} = 83.4\text{A}$

$T_n = 9550\dfrac{P_n}{n} = 9550\times\dfrac{45}{1480}\text{N·m} = 290.4\text{N·m}$

要顺利起动，要求 $T_{ste} = 1.1T_L = 1.1\times174.2\text{N·m} = 191.6\text{N·m}$

（1）$\curlyvee$ - $\triangle$ 起动

$$I_{sty} = \frac{1}{3}I_{st} = \frac{7 \times 83.4}{3} = 194.6A < 250A$$

$$T_{sty} = \frac{1}{3}T_{st} = \frac{1}{3} \times 1.9 T_n = \frac{1}{3} \times 1.9 \times 290.4N \cdot m = 183.9N \cdot m < T_{ste}$$

所以起动转矩不符合要求，不能用$\curlyvee$ - $\triangle$ 起动方法。

（2）选用自耦变压器起动，55%抽头，$k_a = 0.55$

$$I_{sta} = k_a^2 I_{st} = 0.55^2 \times 7 \times 83.4A = 176.6A < 250A$$

$$T_{sta} = k_a^2 T_{st} = 0.55^2 \times 1.9 \times 290.4N \cdot m = 166.9N \cdot m < T_{ste}$$

故不能采用。

抽头64%，即 $k_a = 0.64$

$$I_{sta} = k_a^2 I_{st} = 0.64^2 \times 7 \times 83.4 = 239.1A < 250A$$

$$T_{sta} = k_a^2 T_{st} = 0.64^2 \times 1.9 \times 290.4N \cdot m = 226N \cdot m > T_{ste}$$

故应采用自耦变压器，抽头为64%进行起动。

六、绕线转子三相异步电动机转子串电阻起动方法

绕线转子异步电动机转子串电阻不仅可以增大起动转矩，同时还可以减小起动电流，这是改善电动机起动性能的一种有效方法。起动时，转子回路中串入三相对称电阻，随着转速的升高，通过继电接触器或频敏变阻器等自动装置逐级切除外部串接电阻，进入正常运行后应将所串电阻全部切除。此种起动方法，可以做到在最大转矩值下起动，但起动控制过程相对复杂。

七、软起动装置的结构和工作原理

笼型异步电动机的星形（$\curlyvee$）- 三角形（$\triangle$）起动、自耦变压器减压起动等方法，主要目的是减小起动电流，但同时都不同程度地降低了起动转矩，因此它们较适合空载或者轻载起动。减压起动过程一般可以分减压和全压两级，但在减压起动和切换到全压运行时都存在冲击电流。而减压软起动可实现减压起动到全压运行过程电压的平缓过渡，甚至可以控制电动机起动过程的电流，从而限制起动电流，减小冲击。

1. 减压软起动的特点和机械特性曲线

软起动器的主电路由三相可控晶闸管组成，大部分方式是串入三相主电源和电动机之间，电动机为星形或三角形联结。有的系统将电动机定子绕组的一侧接电源，软起动器接在电动机定子绕组的一侧。在起动电动机时，通过逐渐增大晶闸管导通角，使电动机起动电流从零线性上升至限制值，并保持电流在限制值以下逐渐增大导通角，使电动机电压逐渐提高；直至电动机得到全压后切换为接触器直接向电动机供电。通过限制起动过程中的电流，确保了电动机的平稳起动。大部分软起动器都具有电流闭环控制功能，所以软起动具有起动电流小、起动速度平稳可靠、对负载无振动、对电网冲击小等优点，且起动曲线可根据现场实际工况调整，可根据负载情况及电网继电保护特性选择，自由地无级调整至最佳的起动电流，从而减少起动时的冲击力，降低对机械设备的要求。

当降低电动机定子电压时，机械特性外形如图4-17所示，与全压的机械特性曲线

图 4-14 类似,只是最大转矩与电压成二次方关系而下降,最大转矩对应的转差率没有变化。

1)对于通风机性质负载,降压 $0.5U_N$ 时电动机的起动转矩足够克服负载转矩,拖动负载运行。随着转速的上升,风机类负载的转矩会同时增大,此时软起动器控制电动机电压逐渐增加,使得电动机的转矩始终高于负载转矩,并保持相差不会太大,电动机转速上升始终比较平稳,最终转速稳定在工作点。

2)对恒转矩负载,则需要提高起动电压值,确保起动转矩大于负载转矩,但是电动机起动后,电动机驱动转矩会随电压的上升而增大,电动机的速度会越来越快,在电动机得到全压后,电动机的电磁转矩才会随转速的上升而减小,最后拖动系统稳定的工作点是在全压的机械特性与负载特性的交点上。

总的来说,恒转矩负载的软起动效果不如风机类负载。对于一般负载,直接起动的电流、丫-△起动电流和软起动的电流变化对比如图 4-18 所示,软起动的起动时间较长,但起动电流平稳许多,对电网和负载的冲击也很小。

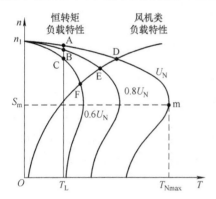

图 4-17 三相异步电动机的
降压运行特性曲线

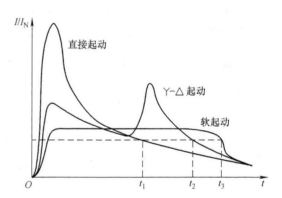

图 4-18 三相异步电动机不同起动方法的起动电流

2. 减压软起动实现的方法

软起动器的主电路由三相可控晶闸管组成,过去改变交流电压的方法多用自耦变压器或带直流磁化绕组的饱和电抗器,自从电力电子技术兴起以后,这类比较笨重的电磁装置就被晶闸管交流调压器取代了。目前,交流调压器一般用三对晶闸管反并联或三个双向晶闸管分别串接在三相电路中,如图 4-19 所示,软起动器串接于电源与电动机之间,控制其内部晶闸管的导通角,使电动机输入电压从零(或一个初始值)以预设函数关系逐渐上升,直至赋予电动机全电压后切换到旁通接触器,软起动结束。在软起动过程

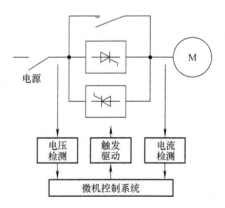

图 4-19 软起动控制框图

中,电动机起动转矩逐渐增加,转速也逐渐增加。软起动一般有下面几种起动方式:

1)斜坡升压软起动。这种起动方式最简单,不具备电流闭环控制,仅调整晶闸管导通角,使之与时间成一定函数关系增加,电动机电压按设定斜坡上升。其缺点是由于不限流,在电动机起动过程中,有时会产生较大的冲击电流使晶闸管损坏,对电网影响较大,实际应用较少。

2）斜坡恒流软起动。这种起动方式是在电动机起动的初始阶段起动电流逐渐增加，当电流达到预先所设定的限制值后保持电流恒定，该过程电动机电压逐渐提高。当电流下降到额定以下，电动机电压达到全压后切换接触器工作，起动完毕。起动过程中，电流上升变化的速率是可以根据电动机负载调整设定。电流上升速率大，则起动转矩大，起动时间短。该起动方式是应用最多的起动方式，尤其适用于风机、泵类负载的起动。

除上述两种起动方法外，有的还采用阶跃起动或脉冲冲击起动方式以适应重载情况，但是一般应用较少。

第五节　三相异步电动机的调速

调速过程必须使得拖动系统稳定。根据刚体运动定律，电力拖动系统运行时的任何瞬间，作用于电动机轴上的转矩必须保持平衡，即

$$T - T_L = J\frac{\mathrm{d}\Omega}{\mathrm{d}t} = \frac{GD^2}{375}\frac{\mathrm{d}n}{\mathrm{d}t} \tag{4-17}$$

式中，J 为拖动系统中折算到电动机轴上的总转动惯量，而 $J\frac{\mathrm{d}\Omega}{\mathrm{d}t}$ 则为系统的转动惯量储存的动能所产生的加速转矩（或称动态转矩）；而 $\frac{GD^2}{375}\frac{\mathrm{d}n}{\mathrm{d}t}$ 则为以飞轮矩 GD^2 来作为系统转动惯量的量度时，加速转矩的另一种表达式。若以 ΔT 简单表示加速转矩，则电力拖动系统的运动方程式为

$$T - T_L = \Delta T \tag{4-18}$$

式中，T 及 T_L 的正负取值由它们与设定转速的正方向关系来决定。即当假定 n 以逆时针方向为正方向时，则电动机的电磁转矩 T 逆时针方向取正，顺时针方向取负；而负载转矩 T_L 逆时针方向取负，顺时针方向取正。加速转矩 ΔT 的正负则由 T 和 T_L 的代数和来确定。

将电动机的机械特性曲线与生产机械的负载特性曲线放在同一 n-T 坐标平面上，可通过两曲线判断系统在某一转速时 ΔT 的情况。显然

1）当 $T = T_L$ 时，$\Delta T = 0$，（$\mathrm{d}n/\mathrm{d}t = 0$）两曲线相交点，则 $n = 0$ 或 n 为定值，拖动系统处于静止状态或恒速运行，为稳定运行状态。

2）当 $T > T_L$ 时，$\Delta T > 0$，（$\mathrm{d}n/\mathrm{d}t > 0$）拖动系统处于加速的过渡过程中。

3）当 $T < T_L$ 时，$\Delta T < 0$，（$\mathrm{d}n/\mathrm{d}t < 0$）拖动系统处于减速的过渡过程中。

如图 4-20 所示，假设电动机的机械特性与生产机械的负载特性两条曲线有一交点 a，在 a 点上，$T_a = T_L$，$\Delta T = 0$，是系统的一个静态工作点。当假如负载突然受到一个干扰减小后，特性变为曲线 3，此时，电动机转速为 n_a，$T > T_L$ 时，$\Delta T > 0$，转速加速至 b 点时电磁转矩与负载重新相等，拖动系统重新稳定运行在 b 点，转速为 n_b。如果干扰是短时的，很快恢复到特性曲线 1，则 b 点高速运行的电磁转矩 T_b 小于负载转矩 T_d，转速下降，当电磁转矩与负载转矩一致时，回到交点 a 时，系统再次平衡，稳定运行在 a 点。同理，负载增加，曲线变化，从曲线 1 变为 4 后，转速下降，工作点

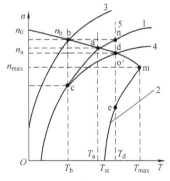

图 4-20　电动机的机械特性
与负载特性曲线

稳定在 d 点，在负载从曲线 4 变回 1 后，系统再次稳定运行在 a 点。

由此可见，当系统在某一工作点稳定运行时，扰动作用会导致系统的转速发生变化。如果在扰动持续期间，系统能在新的条件下达到新的平衡，在新的工作点稳速运行，而且在扰动消失后能够自动回到原来的工作点稳速运行，这样的系统是稳定的。否则系统是不稳定的。

假设负载为 T_d 的恒转矩负载，如图 4-20 中的直线 5，如果系统在 e 点上运行，当突然出现瞬时扰动（如端电压增大）时，电磁转矩 T 瞬时增大，使电动机加速，n 的上升又导致 T 进一步的增大，使电动机进一步加速，直到 d 点为止才能进入恒速运行（$T = T_L$）。反之，如果端电压瞬时下降，导致 $T < T_L$ 时，电动机将从 e 点减速，转速的降低又使 T 下降，进一步使电动机减速，直到转速 $n = 0$ 为止。所以在 e 点上，拖动系统不具备维持稳定运行的条件。

由此可见，电动机机械特性曲线与负载特性曲线的交点是系统的一个平衡点。系统维持稳定运行的条件为在该交点所对应的转速之上有 $T < T_L$，而在交点所对应的转速之下有 $T > T_L$。

根据异步电动机的转差率 s 和同步转速 n_0 的定义，可导出其转速的表达式

$$n = n_0(1 - s) = \frac{60f}{p}(1 - s) \tag{4-19}$$

由式（4-19）可知，对异步电动机的调速可分别通过改变转差率 s、定子绕组磁极对数 p 以及电源频率 f 来实现。

一、三相异步电动机改变转差率的调速

三相异步电动机运行时，在同步转速以及负载转矩均不变的情况下，当三相异步电动机机械特性曲线硬度变化时，其转速也将随之改变，因而转差率也就不同。由此可见，改变转差率的调速，其实质就是通过改变电动机机械特性曲线硬度进行调速。具体的方法如下。

1. 转子串电阻调速

这种方法只适用于绕线转子异步电动机。当转子串电阻后，电动机的最大转矩 T_{max} 不变，而临界转差率 s_m 增大，因而特性曲线变软。由图 4-21a 可见，在同样的负载转矩 T_L 下，转子电路串入电阻值不同，电动机的转速也就不同，由此达到调速的目的。转子串电阻调速方法简单，可实现多级或无级调速；但在轻载或空载时调速范围小，调速效果不明显。

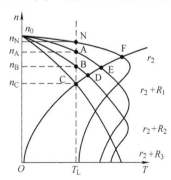

a) 绕线转子异步电动机
转子串电阻调速

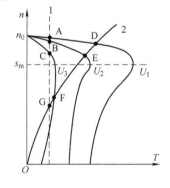

b) 改变定子电压的调速

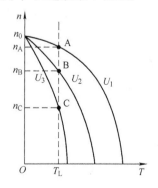

c) 高转子电阻异步
电动机调压调速

图 4-21 三相异步电动机改变转差率的调速

2. 改变定子电压的调速

当改变电动机定子电压时（从额定电压往下调），机械特性如图 4-21b 所示。由图可见，对于通风机性质负载，调速范围较大；而对于恒转矩性质的负载，变压调速所得到的调速范围很小。如果对恒转矩负载进行变压调速的同时增加异步电动机的转子电阻（绕线转子异步电动机串电阻；或采用转子电阻较大的高转差率笼型转子异步电动机），则通过改变定子电压可得到较宽的调速范围，如图 4-21c 所示。但是此时机械特性太软，而且低压时的过载能力较低，负载的波动稍大，电动机就有可能停转，即转速的稳定性较差。

二、三相异步电动机改变定子绕组磁极对数的调速

正常运行时三相异步电动机转子转速总是略低于旋转磁场的同步转速，由式 $n_0 = \dfrac{60f}{p}$ 可知，改变磁极对数 p，则同步转速 n_0 改变，三相异步电动机的转速也将随之变化。磁极对数只能按整数倍增减，所以三相异步电动机的变极调速属于有级调速。异步电动机运行时其定、转子绕组的磁极对数必须保持一致，而笼型转子的磁极对数能自动追随定子绕组的磁极对数的变化，因此变极调速一般只适用于笼型异步电动机。三相异步电动机定子绕组极对数的改变可通过以下两种方法实现。

1. 采用可变极双速绕组

这种绕组每相均由两个"半绕组"组成。图 4-22 所示为其中一相绕组在定子铁心中的分布示意图（分别设为 a_1、x_1 和 a_2、x_2）。当 a_1、x_1 和 a_2、x_2 两个绕组正向串联时，可得到四极的磁极分布，如图 4-22a 所示；而两个绕组若为反向串联或反向并联时，则为两极的磁极分布，如图 4-22b 所示。若将各相的每两个半绕组正向串联的三相绕组再按星形或三角形联结，分别记为丫和△联结，其磁极对数分别为 $p_{\text{丫}}$ 和 $p_{\triangle}$，则 $p_{\text{丫}} = p_{\triangle} = p$；而每两个半绕组反向并联后再按星形联结，为丫丫联结（称为双星形），则可得

$$p_{\text{丫丫}} = \frac{p_{\text{丫}}}{2} = \frac{p_{\triangle}}{2} \tag{4-20}$$

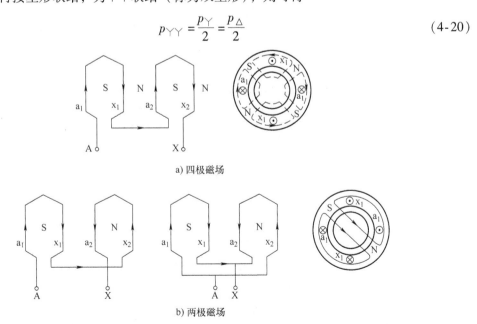

a) 四极磁场

b) 两极磁场

图 4-22　三相异步电动机双速绕组的变速原理

因此，当三相异步电动机采用丫-丫丫换接调速时（即由丫换接成丫丫），或△-丫丫换接调速时，则定子绕组磁极对数由 p 变为 $p/2$，因而同步转速提高 1 倍，即 $n_{0丫丫} = 2n_{0丫} = 2n_{0△}$，转子转速也近似提高 1 倍。图 4-23 所示为三相异步电动机双速绕组的丫、△以及丫丫的接线原理图。

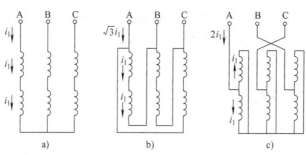

图 4-23　三相异步电动机双速绕组的丫、△以及丫丫的接线

可见，对于双速定子绕组的三相异步电动机，改变其定子绕组的接线方式，即可使定子极对数成倍地变化，从而达到调速的目的。

2. 采用多套不同极对数的定子绕组

三相异步电动机的定子铁心槽内嵌放两套（或多套）不同极数的绕组，运行时根据需要，将其中一套与电源相接。这样就可通过两套绕组间的换接，实现两种转速的变极调速。如果这两套绕组本身就是双速绕组，则三相异步电动机便可实现四速变极调速。

三、三相异步电动机改变电源频率的调速

变频调速与变极调速相似，都是通过改变定子旋转磁场的同步转速实现的。在电源频率可连续、大范围变化的前提下，可以实现对三相异步电动机平滑、大范围的调速。

三相异步电动机的定子感应电动势为

$$E_1 = 4.44k_1N_1f_1\Phi = kf_1\Phi \tag{4-21}$$

式中，$k = 4.44k_1N_1$ 为一常数。若忽略定子阻抗压降，则定子绕组感应电动势与电源电压近似相等，即 $U_1 \approx E_1$。

由此可知，如果在降低频率调速时保持 U_1 不变，则主磁通量 Φ 将要增加，从而可能使磁路饱和而导致励磁电流大大增加，铁心过热。因此，通常要求在保持 Φ 不变的情况下进行变频调速，即在降低频率的同时电源电压也按比例下调，其比例关系为

$$\frac{U_1}{f_1} = \frac{U_1'}{f_1'} = 常数 \tag{4-22}$$

图 4-24 所示为三相异步电动机变频调速时的机械特性曲线。在额定频率之下，以保持 U/f 恒定进行变频调速。当频率在较高范围时，因主磁通量 Φ 基本不变，故三相异步电动机的最大转矩 T_m 不变，为恒转矩的调速方式；但当频率较低时，因定子绕组的阻抗压降的存在，按 U/f 恒定的控制将使三相异步电动机的主磁通量略有减小，从而导致电动机的电磁转矩有所

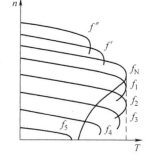

图 4-24　三相异步电动机变频调速时的机械特性曲线

减小。

在额定频率之上进行升频调速时，若要保持主磁通量 Φ 基本不变，U_1 应随 f_1 上升。由于电源电压的上升将受制于三相异步电动机的绝缘强度等诸多因素影响，故一般保持 U_1 不变。此时，随着 f_1 的升高，Φ 将减弱，三相异步电动机的电磁转矩也将减小。升频调速属于恒功率的调速方式，一般只在小范围进行。

第六节　三相异步电动机的制动

一、三相异步电动机的制动方法

当三相异步电动机在运行过程中，若其电磁转矩的方向与转子转速的方向相反，则为电动机的制动运行状态。对电力拖动系统而言，此时电磁转矩成了制动转矩，其产生的制动作用称为电气制动。与机械制动相比，电气制动具有无机械磨损、制动平稳、容易实现自控制等优点。电气制动可用于拖动系统减速或加速停车、起货机等位能性负载的匀速下降等场合。

从能量转换观点看，处于制动状态的电动机，其作用是将拖动系统的机械能转变为电能消耗在电动机内部或反馈至电网。

如果把电动机的正转电动运行（$n>0$，$T>0$）和反转电动运行（$n<0$，$T<0$）时的机械特性曲线分别定义在 n-T 坐标平面的第 Ⅰ、Ⅲ 象限，则特性曲线向 Ⅱ、Ⅳ 象限的延伸部分分别为电动机的正转制动运行（$n>0$，$T<0$）和反转制动运行（$n<0$，$T>0$）。图 4-25 展示了三相交流异步电动机运行和制动运行时的机械特性。

电气制动根据其产生的条件和方法的不同，可分为反接制动、能耗制动和回馈制动三种。

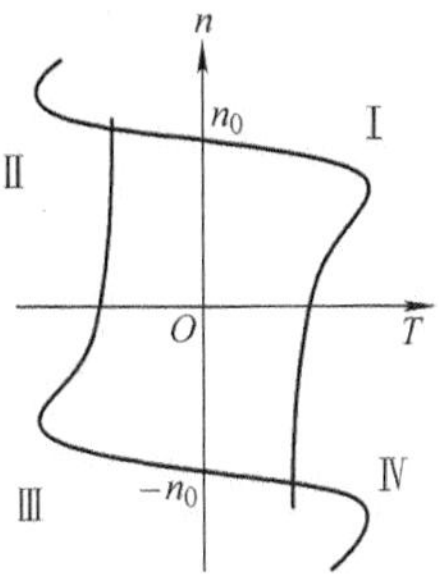

图 4-25　三相交流异步电动机运行和制动运行时的机械特性

二、三相异步电动机反接制动的工况分析

三相异步电动机反接制动分为电源反接制动和倒拉反接制动两种。反接制动时，转子的转向与定子旋转磁场的转向相反，即 n 与 n_0 的符号相反，因此三相异步电动机分别运行于正转电动特性曲线向第 Ⅳ 象限的延伸段或反转电动特性曲线向第 Ⅱ 象限的延伸段。

1. 电源反接制动

当三相交流异步电动机运行在电动状态时（$0 \leq n < n_0$，$0 < s \leq 1$），将三相交流异步电动机三相电源的任意两相对调使其相序改变，气隙旋转磁场的方向随即改变，而转子因惯性仍保持着原来的转向不变。结果使转子绕组切割气隙磁场的方向改变，从而转子中感应电动势和电流的相位变反，产生的电磁转矩 T 方向亦变反，成为制动转矩。图 4-26 的曲线②是笼型异步电动机的反接制动特性，曲线③

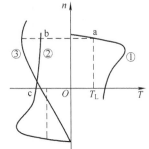

图 4-26　三相交流异步电动机的电源反接制动

为绕线转子异步电动机转子串制动电阻时的反接制动特性。

设笼型异步电动机带一负载 T_L 在 a 点上正向稳定运行。现将三相电源的任意两相对调，则电动机所运行的机械特性将由曲线①变为曲线②。由于转子的惯性作用，其转速不能突变，因此电动机将由曲线①的 a 点切换到曲线②的 b 点运行。此时电动机的电磁转矩 T 因旋转磁场的方向改变反而变为负值，成为制动转矩。根据拖动系统运动方程式，此时 $T - T_L = \Delta T < 0$，电动机在 T 和 T_L 的共同作用下，沿曲线②迅速减速，直到 c 点（$n = 0$）。如果制动的目的是使电动机迅速反转，则到 c 点后，三相笼型异步电动机会自行反向起动（因为在 c 点处，电磁转矩 T 不为零，而等于反向运行时的起动转矩）；如果制动的目的是迅速停车，则在接近 c 点时，应立即切断电动机的电源，以防止电动机反向起动。

在电源反接制动时，电动机的转差率为

$$s = \frac{-n_0 - n}{-n_0} = \frac{n_0 + n}{n_0} > 1 \qquad (4\text{-}23)$$

此时转子感应电动势 $E_{2s} = sE_2$ 很大，因而转子电流及定子电流也很大（比起动时还大）。故对绕线转子异步电动机，在电源反接制动时，必须在转子回路中串入足够大的制动电阻，以限制冲击电流，同时也产生增大制动转矩的效果。而对于大容量或频繁起动的笼型异步电动机，应避免其运行于电源反接制动状态。

2. 倒拉反接制动

电动机因外力矩作用而形成转子的转向与旋转磁场的转向相反的制动运行称为倒拉反接制动。图 4-27 为绕线转子异步电动机带位能性负载的特性曲线。若电动机原来带负载正转电动状态稳定运行于曲线①的 a 点，当转子回路中串入足够大的电阻，以使电动机的特性曲线变软，其工作点由曲线①的点转移到曲线②的 b 点。由于在 b 点电动机的电磁转矩小于负载转矩，转子将减速至零

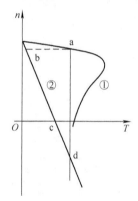

图 4-27　绕线转子异步电动机的倒拉反接制动

（c 点）。由于此时电磁转矩仍小于负载转矩，故转子继续被负载拉着转动，从而进入倒拉反接制动。随着电动机反转速度的增大，其制动性质的电磁转矩也随之增大（与转速方向相反），直到 d 点时，$T = T_L$，$\Delta T = 0$，系统稳定运行。如果电动机原来处于静止状态，在转子串入足够大的电阻的情况下起动，则由于其起动转矩小于位能性负载转矩（c 点），转子将被负载倒拉直接进入倒拉反接制动状态，最后同样稳定运行于 d 点。

交流异步电动机的倒拉反接制动通常是在增大转子回路电阻的情况下才能实现，故只适用于绕线转子异步电动机，船舶中应用较少。

倒拉反接制动时，电动机的转差率为

$$s = \frac{n_0 - (-n)}{n_0} = \frac{n_0 + n}{n_0} > 1 \qquad (4\text{-}24)$$

由此可见，无论是电源反接制动还是倒拉反接制动，其特点是 $s > 1$。说明异步电动机不仅从轴上吸取拖动系统的机械功率转换成电功率，同时又从电网吸取电功率，两者都消耗在转子回路的电阻中。

三、三相异步电动机能耗制动的工况分析

异步电动机的能耗制动有他励和自励两种形式。所谓他励能耗制动，是在电动机电动运行时，将定子绕组与三相电源断开，并同时在定子三相绕组的任意两端加上一个直流励磁电源，使定子绕组在空间产生一静止磁场。转子在此磁场中旋转时，感应出交流电动势并形成转子电流，转子电流与此磁场相互作用产生与转速方向相反的电磁转矩，从而使电动机进入制动运行状态。

异步电动机能耗制动时的机械特性如图 4-28 所示。因为能耗制动时，定子磁场是一直流恒定磁场，同步转速 $n_0 = 0$，所以特性曲线通过原点；又因 $T \propto U_2$，当直流励磁电压的数值不同时，在同样转速情况下产生的电磁制动转矩大小也不同，图中曲线①的励磁电压低于曲线②的励磁电压。从图中还可看到，转速越低制动电磁转矩越小，转速降至零时制动转矩亦为零。对于绕线转子异步电动机的能耗制动，可在转子回路串电阻以限制制动电流，但特性曲线硬度将下降如图中曲线③所示。

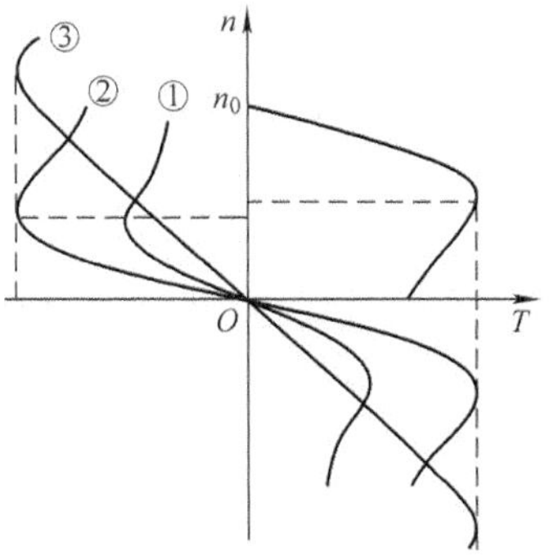

异步电动机能耗制动时相当于一台他励发电机，电动机依靠拖动系统储存的动能或位能发电，电能消耗在转子回路的总电阻上。

图 4-28　三相异步电动机能耗制动时的机械特性曲线

异步电动机自激能耗制动的方法是在定子绕组与三相电源断开的同时将三相绕组接上三相对称电容器，这时电动机可看作为一台单独运行的异步发电机，电容器是用来供给电机无功功率，以建立磁场。

异步电动机的能耗制动有两种用途：可以用于实现拖动系统的加速停车；实现位能性负载的匀速运行。

四、三相异步电动机回馈制动的工况分析

当异步电动机的转子转速高于其定子旋转磁场的转速（即 $|n| > |n_0|$）时，因转子导体切割定子磁场的方向改变而使得电磁转矩的方向与转子转速方向转变，电动机进入回馈制动运行状态。回馈制动时，因 $|n| > |n_0|$，故电动机的转差率为

$$s = \frac{n_0 - n}{n_0} < 0 \tag{4-25}$$

转子感应电动势 $E_{2s} = sE_2$ 改变了方向，因而电动机处于发电机运行状态，将轴上输入的机械能转换成电能回馈给电网。

回馈制动时，异步电动机将运行于第 I 象限正向电动特性曲线向第 II 象限的延伸部分，或第 III 象限反向电动特性曲线向第 IV 象限的延伸部分。

异步电动机在下列两种情况下将会因 $|n| > |n_0|$ 而进入回馈制动运行。

1. 调速过程中出现的回馈制动

异步电动机在运行过程中，当电源频率降低或极对数增加而使得定子旋转磁场的同步转速突然下降，而转子转速因惯性不能突变，从而导致 $n > n_0$。

设电动机稳定运行在图 4-29 所示负载特性曲线①的 a 点，同步转速突然下降使电动机运行的特性变为曲线②。此时，电动机由 a 点瞬时转移到曲线②上的 b 点运行，使得 $n > n_0$，电磁转矩 T 变为负值，电动机进入回馈制动状态。T 与 T_L 共同作用使电动机由 b 点沿曲线②减速。到达 c 点时，$n = n_0$，$T = 0$，但由于 T_L 的作用，使电动机继续减速，进入电动状态。这样电磁转矩方向重新变正，并逐渐增大，到达 d 点时，$T = T_L$，$\Delta T = 0$，于是电动机在 d 点稳定运行。

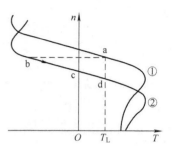

图 4-29 异步电动机调速过程中的回馈制动

2. 位能性负载作用下产生的回馈制动

图 4-30 中，对于一位能性负载 T_L（设转矩方向为顺时针，则负载特性曲线位于第 Ⅰ、Ⅳ 象限），将电动机反向起动，则其机械特性为图中曲线②。此时电动机的电磁转矩 $T < 0$（为顺时针方向），电动机在 T 与 T_L 共同的作用下反向起动并加速，运行于反向电动状态。当转速达到反向的同步转速时，$T = 0$，但 $T - T_L = \Delta T < 0$，使电动机继续反向加速，使得转子的转速高于旋转磁场的同步转速，电动机进入反向的回馈制动状态。此时电磁转矩也由原来的顺时针方向变为逆时针方向，并逐渐增大；到达 a 点时，$T = T_L$，$\Delta T = 0$，至此电动机在 a 点稳定运行于回馈制动状态，其转速绝对值高于同步转速。这时的负载起着原动机作用，拖着异步电动机

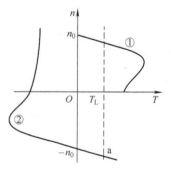

图 4-30 异步电动机在位能性负载作用下产生的回馈制动

作发电机运行；而电动机则对位能性负载起着制动作用，限制它的速度。交流异步电动机这种回馈制动的方法较为简单，又极为经济。船舶甲板机械的电力拖动中广泛使用回馈制动来实现对位能性负载的"等速下降"，如起货机的等速落货、锚机深水等速抛锚等。

【例 4-2】 已知三相异步电动机的额定功率 $P_n = 4\text{kW}$，额定转速 $n = 1440\text{r/min}$，三角形接法，电源的频率 $f_1 = 50\text{Hz}$，在额定负载下的效率 $\eta = 84.5\%$，$\cos\varphi_1 = 0.82$。试求：①该电机的额定电流 I_n；②定子每相电流 I_{1n}；③额定转矩 T_n；④转子电路在额定负载下的频率 f_{2n}。

解：① 额定电流 I_n：

$$I_n = \frac{P_n}{\sqrt{3}U\cos\varphi_1 \eta} = \frac{4000\text{W}}{1.732 \times 380\text{V} \times 0.82 \times 0.845} = 8.8\text{A}$$

② 定子每相电流 I_{1n}，因为三角形接法：

$$I_{1n} = \frac{I_n}{\sqrt{3}} = \frac{8.8\text{A}}{\sqrt{3}} = 5.1\text{A}$$

③ 额定转矩 T_n：

$$T_n = \frac{P_n}{\frac{2\pi n}{60}} = \frac{4000 \times 60}{2\pi \times 1440}\text{N} \cdot \text{m} = 26.5\text{N} \cdot \text{m}$$

或

$$T_n = 9550 \frac{P_n}{n} = 9550 \times \frac{4}{1440} \text{N} \cdot \text{m} = 26.5 \text{N} \cdot \text{m}$$

④ 同步转速 n_1 为 1500r/min，转子电路在额定负载下的频率 f_{2n}：

$$s_n = \frac{n_1 - n}{n_1} = \frac{1500 - 1440}{1500} = \frac{60}{1500} = 0.04$$

$$f_{2n} = s_n f_1 = 0.04 \times 50 \text{Hz} = 2 \text{Hz}$$

【例 4-3】 已知一台三相异步电动机的额定电压为 $U_{1n} = 4000$V，额定频率为 $f_1 = 60$Hz，额定电流为 $I_n = 385$A，在额定负载下输入功率为 $P_1 = 2344$kW，这时的转速为 $n = 709.2$r/min，采用星形接法，$r_1 = 0.05\Omega$，$\Delta P_{Fe} = 23.4$kW，$P_0 = 12$kW。试求：①$\cos\varphi_n$；②电磁功率 P_e；③转子电路的铜损 ΔP_{Cu2}；④轴输出功率 P_2；⑤转矩 T_2；⑥电动机的效率 η。

解： ①$\cos\varphi_n$：

$$\cos\varphi_n = \frac{P_1}{\sqrt{3} U_n I_n} = \frac{2344 \times 1000 \text{W}}{1.732 \times 4000 \text{V} \times 385 \text{A}} = 0.88$$

② 电磁功率 P_e（供给转子的功率）：

$$\Delta P_{Cu1} = 3 I_n^2 r_1 = 3 \times 385^2 \times 0.05 \text{W} = 22.2 \text{kW}$$

$$P_e = P_1 - \Delta P_{Fe} - \Delta P_{Cu1} = 2344 \text{kW} - 23.4 \text{kW} - 22.2 \text{kW} = 2298.4 \text{kW}$$

③ 转子电路的铜损 ΔP_{Cu2}：

$$\Delta P_{Cu2} = m_2 I_2'^2 r_2' = s P_e$$

$$s = \frac{n_1 - n}{n_1}, \quad n = 709.2 \text{r/min}, \quad f = 60 \text{Hz}, \quad p = 5$$

$$n_1 = \frac{60f}{p} = \frac{60 \times 60}{5} \text{r/min} = 720 \text{r/min}$$

$$s = \frac{720 \text{r/min} - 709.2 \text{r/min}}{720 \text{r/min}} = 0.015$$

$$\Delta P_{Cu2} = 0.015 \times 2298.4 \text{kW} = 34.5 \text{kW}$$

④ 轴输出功率 P_2：

$$P_2 = P_e - \Delta P_{Cu2} - P_0 = 2298.4 \text{kW} - 34.5 \text{kW} - 12 \text{kW} = 2252 \text{kW}$$

⑤ 转矩 T_2

$$T_2 = 9550 \frac{P_2}{n} = 9550 \times \frac{2252}{709.2} \text{N} \cdot \text{m} = 30.3 \text{kN} \cdot \text{m}$$

⑥ 电动机的效率 η

$$\eta = \frac{P_2}{P_1} = \frac{2252 \text{kW}}{2344 \text{kW}} = 0.96$$

第七节 单相异步电动机

一、单相异步电动机的基本结构

单相异步电动机是以单相交流电作为电源的异步电动机。其转子采用普通的笼型结构；

而定子绕组通常有两个，在空间相隔90°安放，一个为主绕组（也称为运行绕组），另一个为副绕组（又称为起动绕组）。单相异步电动机有两种工作方式：一种是起动绕组只在起动时接入电路，起动结束后就从电源断开；另一种是两个绕组在起动、运行中，都接在电源上，两个绕组都是工作绕组。

二、单相异步电动机的工作原理

如果仅将单相异步电动机的主绕组接单相交流电源，则绕组中流过的电流将使电动机中产生一脉动磁场。该磁场在空间按正弦分布，而轴线与主绕组的轴线重合。一个脉动磁场可以分解为两个转向相反、转速相同、幅值相等的旋转磁场，其中一个称为正向旋转磁场，另一个称为逆向旋转磁场。设在正向旋转磁场作用下笼型转子上的电磁转矩为 T_+，其机械特性 $n = f(T_+)$，相当于三相异步电动机在正相序电源作用下（产生正向旋转磁场）的机械特性；同理逆向旋转磁场作用下的机械特性则相当于负相序电源时的机械特性 $n = f(T_-)$。所以以单相异步电动机的转子在脉动磁场作用下产生

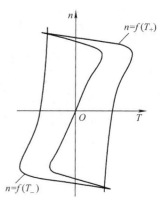

图 4-31　单相异步电动机主绕组通电时的机械特性

的电磁转矩 T，应该等于正向旋转磁场作用下产生的电磁转矩 T_+ 和逆向旋转磁场作用下产生的电磁转矩 T_- 之和，即 $T = T_+ + T_-$，同样，机械特性曲线也为 $n = f(T_+)$ 和 $n = f(T_-)$ 两条曲线的合成，如图 4-31 所示。合成的机械特性具有下列特点：

1）当 $n = 0$ 时，$T_{st} = 0$，即电动机无起动转矩，不能自行起动。

2）当 $n > 0$ 时，$T > 0$，即只要电动机转动起来，其轴上就有一个动力性质的电磁转矩，若该电磁转矩大于负载转矩，则电动机就能在此电磁转矩作用下正向加速至接近于同步转速的某一点稳定运行；反向时的情况与此完全相同。

综上所述，单相异步电动机若只有工作绕组接单相交流电源，则能够运行，但无法自行起动。

三、单相异步电动机的起动方法

要使异步电动机具有起动转矩并投入正常运行的必要条件是气隙中有旋转磁场。而产生旋转磁场的条件是不同空间位置的定子绕组中通过不同时间相位的电流。

1. 电容分相式异步电动机

电容分相式异步电动机是在其起动绕组中串入一适当容量的电容，然后与工作绕组并联接到单相交流电源上，如图 4-32 所示。此时起动绕组中的电流在时间相位上近似超前于工作绕组中的电流90°。这样在空间位置上相隔90°的两个绕组分别流过在时间相位上相差90°的电流，这将使电容分相式异步电动机气隙中产生旋转磁场，从而使转子获得起动转矩而转动起来。如果起动绕组按短时工作设计，电容分相式异步电动机在起动后达到一定转速时，通过离心开关或其他继电装置将起动绕组与

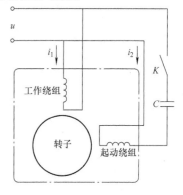

图 4-32　电容分相式单相异步电动机

电源断开，此时电容分相式异步电动机靠工作绕组维持运行，这类电机称为"电容起动单相异步电动机"；而如果起动绕组在电机运行过程中不从电源上断开，则这类电机称为"电容运转单相异步电动机"。

若要改变电容分相式异步电动机的转向，将工作绕组或起动绕组中的两个出线端对调即可。但是，从总供电处对调接线，没有改变工作绕组或起动绕组的相位关系，所以改动外接电源不能改变转向。

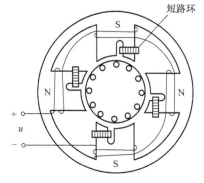

图 4-33 罩极式单相异步电动机

2. 罩极式单相异步电动机

罩极式单相异步电动机的转子也是采用笼型结构；定子铁心由硅钢片叠成，通常做成凸极式。其定子绕组集中套在磁极上，铁心凸出的磁极上约 1/3 处开槽，套上一铜制短路环，也称为罩极绕组，如图 4-33 所示。

当定子绕组中流过交流电流时，定子铁心中将产生交变的主磁通量。该磁通量穿过短路环使环中产生感应电动势并形成电流。同样这一电流也将产生磁通量，并且它总是阻止被短路环罩住部分铁心中主磁通量的变化。这就使得铁心被罩部分中的磁通量和其余未被罩部分中的磁通量不但幅值不同，而且在相位上也不同：被罩部分铁心中的磁通量在时间相位上总是滞后于未被罩部分铁心中的磁通量。这样两个在空间位置不同，在时间上又有一定相位差的脉动磁场就合成一个旋转磁场，使笼型转子获得电磁转矩而旋转起来。转子的转向总是由磁极的未罩部分转向被罩部分。

复习与思考题

4-1. 什么叫转差率？如何根据转差率来判断异步电动机的运行状态？

4-2. 异步电动机处于发电机运行状态和处于电磁制动运行状态时，电磁转矩和转子转向之间的关系是否一样？应该怎样分析，才能区分这两种运行状态？

4-3. 如果将绕线转子异步电动机的定子绕组三出线端短接，而将转子绕组连接到对称三相电源上，将会发生什么现象？

4-4. 与同容量的变压器相比较，是异步电动机的空载电流大？还是变压器的空载电流大？为什么？

4-5. 一台三相异步电动机，如果将转子抽掉，而在定子绕组上加三相额定电压，会产生什么后果？

4-6. 异步电动机定子绕组与转子绕组没有直接的电联系，为什么负载增加时，定子电流和输入功率会自动增加？试说明其物理过程。从空载到满载，电动机主磁通量有无变化？

4-7. 三相异步电动机在正常运行时，如果转子突然被卡住而不能转动，试问这时电动机的电流有无改变？对电动机有何影响？

4-8. 在分析异步电动机时，转子边要进行哪些折算？为什么要进行这些折算？折算的条件是什么？

4-9. 异步电动机的等效电路与变压器的等效电路有无差别？等效电路中的 $\frac{1-s}{s}r_2'$ 代表什么？能否用电感或电容代替？为什么？

4-10. 异步电动机带额定负载运行时，若电源电压下降过多，会产生什么后果？试说明其原因。如果电源电压下降 20%，对异步电动机的最大转矩、起动转矩、主磁通量、转子电流以及转差率各有何影响？

4-11. 漏抗大小对异步电动机的运行性能，包括起动电流、起动转矩、最大转矩、功率因数等有何影响？

4-12. 有些三相异步电动机有 380V/220V 两种额定电压，定子绕组可以连接成星形，也可连接成三角形。试问在什么情况下采用何种联结方法?

4-13. 三相异步电动机在满载和空载下起动时,起动电流和起动转矩是否一样?

4-14. 如果电动机的三角形联结误接成星形联结,或者星形联结误接成三角形联结,其后果将如何?

4-15. 某三相异步电动机的额定转速为460r/min,当负载转矩为额定转矩的50%时,电动机的转速约为多少?

4-16. 单相分相式电动机如何改变其旋转方向?罩极式电动机的旋转方向能否改变?

4-17. 一台异步电动机已知如下数据: $P_N = 2.2$kW, $U_N = 380$V, $n_N = 1420$r/min, $\cos\varphi = 0.82$, $\eta = 81\%$, 电源频率 $f = 50$Hz, 星形联结, 试计算:

(1) 定子绕组中的相电流 I_p, 电动机的额定电流 I_N 及额定转矩 T_N。

(2) 额定转差率 s_N 及额定负载时的转子电流频率 f_2。

4-18. 有一台三相四极笼型异步电动机,已知其额定数据如下: $P_N = 5.5$kW, $U_N = 380$V, $n_N = 1440$r/min, $\cos\varphi = 0.84$, $\eta = 85.5\%$, 过载系数 $\lambda = 2.2$, 起动转矩倍数 $k_T = 2.2$, $I_{st}/I_N = 7$, 电源频率 $f = 50$Hz, 星形联结, 试计算: 额定状态下的转差率 s_N、电流 I_N 和转矩 T_N, 以及起动电流 I_{st}、起动转矩 T_{st}、最大转矩 T_{max}。

4-19. 一台笼型三相异步电动机的数据为: $P_N = 30$kW, $U_N = 380$V, $I_N = 57.5$A, $f_1 = 50$Hz, $p = 2$, $s_N = 0.02$, $\eta = 90\%$, $T_{st}/T_N = 1.2$, $I_{st}/I_N = 7$, 试求:

(1) 用丫-△换接减压起动时的起动电流和起动转矩;如负载转矩分别为额定负载转矩的60%和25%时,电动机能否起动?

(2) 用自耦变压器减压起动,使电动机起动转矩为额定转矩的85%时,自耦变压器的变比应为多少?此时电动机的起动电流和线路上的起动电流各为多少?

第五章　同　步　电　机

在使用交流电制的船舶中，均采用三相交流同步发电机作为主电源设备。交流同步发电机是一种能量转换装置，它将原动机发出的机械能转换成电能。根据原动机的型式，通常是中速柴油发电机组，有的也配有转速较高的汽轮机发电机组。随着现代船舶的大型化，船用发电机的单机容量不断增大，船舶自动化程度大幅提高，对发电机运行的稳定性及可靠性提出了更高的要求。

第一节　三相交流同步发电机的构造与工作原理

一、三相交流同步发电机的构造

同步电机由定子和转子两大部分组成。定子铁心、转子铁心和定、转子间的气隙构成同步电机的磁路。以转子绕组形式分类，有旋转电枢式和旋转磁极式。对于高电压、大容量的同步电机，通常采用旋转磁极式结构，即主磁极装设在转子上，电枢装设在定子上。由于励磁部分的容量和电压较电枢小得多，电刷和集电环的负载就大为减轻，工作条件得以改善。目前，旋转磁极式结构已成为包括船舶发电机在内的中、大型同步电机的基本结构型式。

1. 定子电枢构造

定子为电枢的同步电机，定子铁心是由硅钢片叠成。定子铁心槽内嵌放的三相对称绕组也是依次相差 $120°$ 空间电角度或 $120°/p$ 空间机械角度，其中 p 为极对数。三相绕组又称电枢绕组，作为发电机基本上都采用星形联结。

定子结构由铁心、绕组以及机座、端盖等附件组成，与异步电机定子基本相同。甚至相同机座号时，若与异步电机互换定子，仍然可以运行。与异步电机的主要区别是尺寸方面，相同外形的情况下，同步电机通常容量较大，而异步电机的容量相对较小。

2. 转子

旋转磁极式同步发电机的转子有两种结构形式：一种有明显的磁极，称为凸极式，如图 5-1 所示；另一种转子为一个圆柱体，表面上开有槽，无明显的磁极，称为隐极式，如图 5-2 所示。而两种转子绕组均是直流绕组，通以直流电流，产生恒定的磁极主磁通量，并随原动机的运转而形成旋转磁动势。

同步发电机的转子可以采用凸极式，也可以采用隐极式。由于水轮机、低速柴油机的转速较低（1000r/min 及以下），通常把发电机的转子做成凸极式的；对于汽轮发电机，包括中高速柴油发电机，由于转速较高（1500r/min 乃至 3000r/min 以上），为了很好地固定励磁绕组，通常将发电机的转子做成隐极式的。无论是隐极式转子还是凸极式转子，其磁极均以 N-S-N-S 极顺序排列，励磁绕组的两个出线端分别接到固定在转轴上彼此绝缘的两个集电环上或旋转整流器的直流侧上，以产生磁极主磁通量。对应的励磁供电可以通过固定的电刷装置与集电环的滑动接触将直流电流引入励磁绕组中，或通过自带的励磁机整流后向励磁绕

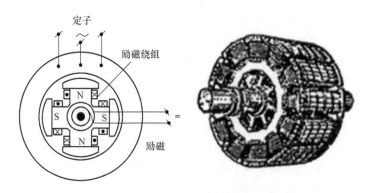

图 5-1 凸极式同步电动机及其转子绕组

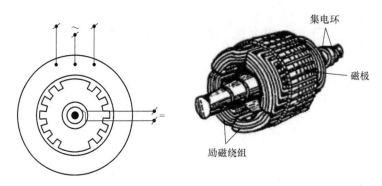

图 5-2 隐极式同步电动机及其转子绕组

组供电。

为了降低转子表面线速度,隐极式转子通常制成细长的圆柱体。隐极式转子的磁极一般为 1 对极或 2 对极。通常凸极式同步发电机的转子可制成 1 对极、2 对极、3 对极等,每个磁极上套放励磁绕组。

二、三相交流同步发电机的工作原理

当同步发电机的转子在原动机的拖动下达到同步转速 n_0 时,由于转子绕组是由直流电流 I_f 励磁,所以转子绕组在气隙中所建立的磁场相对于定子来说是一个与转子旋转方向相同、转速大小相等的旋转磁场。该磁场切割定子上开路的三相对称绕组,在三相对称绕组中产生三相对称空载感应电动势 E_0。若改变励磁电流的大小,则可相应地改变感应电动势的大小,此时同步发电机处于空载运行。

当同步发电机带负载后,定子绕组构成闭合回路,产生定子电流,该电流是三相对称电流,因而要在气隙中产生与转子旋转方向相同、转速大小相等的旋转磁场。此时定、转子间旋转磁场相对静止,气隙中的磁场是定、转子旋转磁场的合成。由于气隙中磁场的改变,定子绕组中感应电动势的大小也会发生相应的变化。

如图 5-3 所示,在三相电枢绕组中产生对称的三相正弦空载电动势(即开路相电压),其瞬时值为

$$e_A = E_m \sin\omega t$$

$$e_B = E_m \sin(\omega t - 120°)$$

$$e_C = E_m \sin(\omega t + 120°) \tag{5-1}$$

空载电动势的有效值为

$$E_0 = E_m / \sqrt{2} = 4.44 f N \Phi_0 k_W \tag{5-2}$$

式中　f——频率（Hz），取决于同步发电机转子的

转速 n 和磁极对数 p，$f = \dfrac{pn}{60}$；

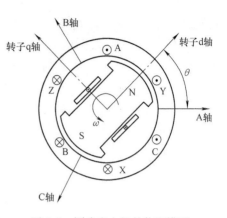

图 5-3　同步发电机的物理模型

N——每相绕组的总串联匝数；

Φ_0——每极基波磁通量（Wb）；

k_W——电枢绕组分布系数，$k_W < 1$。

E_0 是由励磁磁极的主磁通量 Φ_f 切割电枢绕组而产生，故称为励磁电动势（也称主电动势、空载电动势、转子电动势）。

发电机在制成后，p、N、k_W 均为定值，用 $k_e = \dfrac{4.44 N k_W p}{60}$ 表示，则每相空载电动势可写为

$$E_0 = k_e \Phi_0 n \tag{5-3}$$

式中　k_e——电动势常数。可见空载电动势与主磁通量和转速的变化有关。

三、三相交流同步发电机的铭牌参数

三相交流同步发电机的主要铭牌数据有

1）额定功率 P_N（W、kW、MW）：发电机输出的额定有功功率。而船舶发电机常用额定容量 S_N（VA、kVA、MVA）表示发电机的输出能力。

2）额定电压 U_N（V、kV）：额定运行时发电机输出端的线电压。

3）额定电流 I_N（A、kA）：额定运行时定子输出端的线电流。

4）额定功率因数 $\cos\varphi_N$：额定运行时发电机的功率因数。

5）额定频率 f_N（Hz）：发电机电枢输出端电能的频率，我国标准工频为 50Hz。

6）额定转速 n_N（r/min）：额定运行时发电机的转速，即同步转速。

7）绝缘等级：发电机绝缘材料的耐热等级，船用一般为 130（B）级及以上。

8）温升：发电机在额定负载运行时允许最高温升。

9）励磁电压 U_{fN}：额定负载时所加励磁电压。

10）励磁电流 I_{fN}：额定负载时所加励磁电流。

第二节　同步发电机的空载运行及空载特性

一、同步发电机的自励起压

按同步发电机励磁电源的不同有两种基本类型，即自励和他励。设有专用励磁电源的称为他励方式。目前，船舶同步发电机都采用自励方式，如图 5-4 所示，其直流励磁电流由自身输出的交流电经过整流并调节后获得。各磁极励磁线圈连接后构成同步电机的直流电路，

各励磁线圈之间的连接极性应使得所产生的磁极极性 N、S 相邻。为从外部将直流励磁电流引入旋转的励磁线圈中，须将励磁绕组的两个出线端分别接到固定在转轴的两个集电环上。两个集电环彼此绝缘并对轴绝缘。通过固定的电刷装置与集电环的滑动接触将直流电流引入励磁线圈。

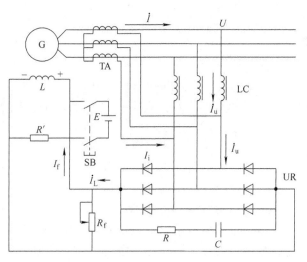

图 5-4　自励方式

为了降低集电环和电刷装置带来的维护保养问题，无刷发电机得到推广和使用。与普通发电机组相比，除具有相同的同步主发电机外，无刷发电机还需由中频交流励磁机和旋转整流器组成。交流励磁机的转子和旋转整流器与发电机转子连在同一根轴上，故无刷发电机的轴向尺寸较长。通常同步发电机采用旋转磁极式，交流励磁机采用旋转电枢式。由于是同轴旋转，这样交流励磁机发出的中频交流电经同轴的旋转整流器整流成直流电，再送至同轴的主发电机励磁绕组，因此取代了电刷与集电环。

在图 5-5 中，主发电机在右边，励磁机在左边；图的上方为两台机的定子部分，下方为两台机的转子部分，由原动机拖动，以转速 n 旋转。发电机组工作时，首先主发电机气隙存在剩磁，转子转动后其定子三相交流绕组感应三相交流剩磁电动势。经过自动电压调节器（AVR）控制，并经过三相整流器的整流，向励磁发电机定子励磁绕组提供励磁电流。然后，励磁发电机转子三相交流绕组感应三相交流电动势，并经过转子的旋转整流器整流后，直接向转子的主发电机励磁绕组提供励磁电流。经过一定的起压过程和

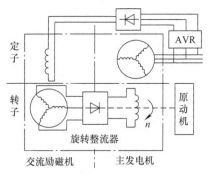

图 5-5　无刷同步发电机

AVR 的控制，主发电机定子三相交流绕组感应额定三相交流电动势，即可向负载提供额定三相交流电压。

二、自励起压条件

同步发电机自励起压过程是一种正反馈过程，整个过程并无外来输入量。要完成自励起压，必须具备下列条件：

1）发电机必须有足够的剩磁，这是自励的必要条件。新造的发电机无剩磁，长期不运行的发电机剩磁也会消失，这时可用其他直流电源进行充磁，注意直流电源充磁的磁场要与原剩磁一致。

2）要使自励过程构成正反馈，由剩磁电动势所产生的电流建立的励磁磁动势必须与剩磁方向相同。所以整流装置直流侧的极性与励磁绕组所要求的极性必须一致。

3）适当整定励磁回路阻抗，使励磁特性与空载特性配合恰当，获得空载电压 U_0。

三、自励起压存在的实际问题及措施

对于自励同步发电机，上述自励起压过程只是一种理想状况。实际上，由于自励回路是一个非线性电路，在起压过程中其阻抗是变化的，是由整流二极管的正向导通电阻、电刷与集电环的接触电阻及励磁绕组的直流电阻所组成的。起压初始阶段因剩磁电压所产生的励磁电流很小，故整流二极管的正向电阻和电刷与集电环的接触电阻都呈高阻状态；以后随着电压的增加，励磁电流增大时，回路呈低阻状态。所以实际励磁在起压时，由于初始电压不够高，可能无法克服高阻状态，励磁电流不能提高，发电机不能起压，此时通常可采用下述解决方法：

1）提高发电机的剩磁电压。给励磁回路充磁，当发电机靠本身建压失败时，按下主配电板发电机控制屏上充磁按钮，临时充磁来提高剩磁电压，从而实现起压。

2）降低伏安特性。在实际工作中，采取措施减少电刷与集电环的接触电阻，以降低励磁回路电阻，使得剩磁产生的电压能够产生足够的电流以进一步提高电压。

3）利用复励电流帮助起压。在起压时临时短接主电路，利用短路产生的复励电流帮助起压；或利用升压变压器向励磁回路供电起压。在用这两种方法时，电压一旦建立应立即切除升压变压器或打开主电路，因操作困难，实际上很少使用。

四、同步发电机的空载运行与空载特性分析

若定子绕组输出端开路，即为同步发电机的空载运行。图 5-6 中曲线 1 为同步发电机的空载特性，由于 E_0 与 Φ_0 成正比，而 Φ_0 由 I_f 励磁产生，这两者之间的关系即为磁化曲线，故 E_0 与 I_f 之间的空载特性曲线与磁化曲线具有相同的形状。图中 E_r 为剩磁电压（在额定转速下使 $I_f=0$ 时所测得的电枢开路电压）。

空载特性曲线不仅反映了发电机空载时输出端电压与励磁电流之间的关系，而且当发电机负载运行时，同样可以通过这一曲线及励磁电流来推算出电枢感应电动

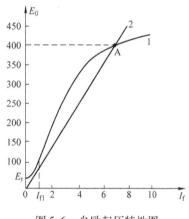

图 5-6　自励起压特性图

势的数值。此外，空载特性曲线在研究、分析发电机自励起压的过程中也有着重要作用。空载特性曲线可通过实验方法测出。

第三节　同步发电机的负载运行及电枢反应

一、同步发电机的负载运行特点

当发电机定子绕组感应空载电动势后，将三相绕组与三相对称负载连接，三相感应电动势将向三相负载提供三相交流电源。于是电枢绕组中将有三相交流电流流过，并产生电枢磁场，与异步电动机三相绕组通过三相交流电相似，同步发电机三相电枢绕组通过三相交流电，产生的电枢磁场也是个旋转磁场（称为电枢电流旋转磁场或交流电流旋转磁场）。稳定运行时，旋转磁场的转速与转子转速相同，也就是与直流励磁磁场的转速相同。这两个转

速和方向相同的磁场，可在气隙进行合成，得到气隙合成磁场，气隙合成磁场与电枢磁场、直流励磁磁场的转速相同，都是转子的转速，即同步转速 n_1。我们以 1 对极同步发电机模型为例，这 3 个磁场的空间分布，如图 5-7 所示。

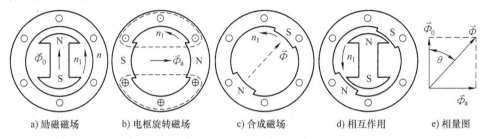

| a) 励磁磁场 | b) 电枢旋转磁场 | c) 合成磁场 | d) 相互作用 | e) 相量图 |

图 5-7　同步发电机的磁场

图 5-7a 所示为励磁磁场 $\vec{\Phi}_0$，是由转子励磁绕组提供的励磁磁场。图 5-7b 所示为同步发电机向负载输出电流时，三相电枢绕组产生的电枢旋转磁场 $\vec{\Phi}_a$。负载运行后，电枢电流产生的磁场对气隙磁场的影响称为电枢反应。因此，电枢绕组产生的磁场又称为电枢反应磁场，简称电枢磁场。电枢磁场与励磁磁场（机械磁场）合成为气隙合成磁场 $\vec{\Phi}$，如图 5-7c 所示。对于凸极机，由于气隙不均匀，应将电枢磁动势分解为直轴（将转子一个 N 极和一个 S 极的中心线称为直轴，即磁极的轴线为直轴）分量 Φ_{ad} 和交轴（与直轴相距 90°空间电角度的轴称为交轴，即两极轴线之间的中心线的轴）分量 Φ_{aq}，然后与励磁磁动势对应合成，得到气隙合成磁动势，最后根据磁路的磁阻计算气隙合成磁通量。但对于隐极机，由于气隙均匀，气隙合成磁场可以直接合成，即

$$\vec{\Phi} = \vec{\Phi}_0 + \vec{\Phi}_a \tag{5-4}$$

为了简化分析，后面若无特别说明，都以隐极机进行分析，但为了突显磁极，在原理示意图中仍和图 5-7 一样，以凸极机形状画出。

发电机的电流由其负载的大小和性质决定，负载大小的变化，电枢磁场的强度变化，负载性质的变化（感性、容性或电阻性），电枢电流的相位发生变化，电枢磁场的方向也会变化。因此，气隙合成磁场主要受电枢电流的影响，是由定子电枢绕组决定的磁场，用定子的一对磁极表示。同步发电机运行时转子在原动机的拖动下逆时针旋转，而气隙合成磁场 $\vec{\Phi}$ 滞后转子的励磁磁场 $\vec{\Phi}_0$ 一个角度 θ。因此 $\vec{\Phi}_0$ 与 $\vec{\Phi}$ 之间存在相互作用力矩，是 $\vec{\Phi}_0$ 拖着 $\vec{\Phi}$ 转动的，$\vec{\Phi}$ 的转矩是阻转矩，与原动机驱动转矩平衡，这样，才能把原动机的机械能转换成电能送给负载。发电机的转子的 $\vec{\Phi}_0$ 以同步转速 n_1 旋转，$\vec{\Phi}$ 也以同步转速 n_1 旋转。它们相互作用如图 5-7d 所示。图 5-7e 则是对应的相量图。θ 是一个与发电机输出电功率有关的角，因此称为功率角，简称功角。发电机输出的电功率变化，θ 也发生变化，功角的作用参见下文的功率特性。

二、电枢反应

不同性质的交流电负载，电流与电压之间的相位不同。根据前面介绍的时-空相量的概念，选择 U 相的相量进行分析，其空载电动势相量为 $\dot{E}_0$，电枢电流相量为 $\dot{I}$。同时定义 $\dot{E}_0$

与 $\dot{I}$ 相量的夹角为内功率因数角 ψ。之所以称为"内"功率因数，是因为 ψ 表示的功率因数包含着同步发电机内部的电路。对同步发电机来说，$\dot{U}$ 是输出的电压，$\dot{I}$ 为输出的电流，$\dot{U}$ 与 $\dot{I}$ 之间的夹角 φ 表示的是同步发电机外部电路的功率因数角，φ 角受外部电路的影响，可以理解为同步发电机的外功率因数角，简称为功率因数 φ。而 $\dot{I}$ 与 $\dot{E}_0$ 之间的夹角 ψ 则包含同步发电机电枢绕组电路，即包含发电机的内部电路，因此称为"内功率因数角"。

根据这个定义，可以将同步发电机负载分为下列几种情况：①电枢电流 $\dot{I}$ 与空载电动势 $\dot{E}_0$ 同相位的负载（$\psi = 0°$）；②电枢电流 $\dot{I}$ 比空载电动势 $\dot{E}_0$ 滞后 $90°$ 电角度的负载（$\psi = 90°$）；③电枢相电流 $\dot{I}$ 比空载电动势 $\dot{E}_0$ 超前 $90°$ 电角度的负载（$\psi = -90°$）；④电枢电流 $\dot{I}$ 比空载电动势 $\dot{E}_0$ 滞后 ψ（$0° < \psi < 90°$）电角度的负载。下面分别进行讨论。

1. 电枢电流 $\dot{I}_a$ 与空载电动势 $\dot{E}_0$ 同相位（即 $\psi = 0°$）时的电枢反应

图5-8所示为 $\psi = 0°$ 时，发电机气隙磁通量的情况。$\psi = 0°$，则 $\dot{I}_a$ 与 $\dot{E}_0$ 同相位，当同步发电机转子磁极在原动机带动下逆时针旋转时，在图5-8a中，转子提供的励磁磁通量 $\vec{\Phi}_0$ 方向指向U相绕组的 U_1 位置。$\vec{\Phi}_0$ 逆时针旋转，相当于三相电枢绕组顺时针切割励磁磁通量 $\vec{\Phi}_0$，根据电磁感应定律，三相绕组各元件边感应电动势方向为 U_1、V_2 和 W_2 方向都是由纸的背面指向纸面（用⊙表示），而 U_2、V_1 和 W_1 方向都是由纸面指向纸的背面（用⊗表示）。由于选择U相进行分析，空载电动势 $\dot{E}_0$ 最大，方向在U相绕组轴线上。又由于 $\dot{I}$ 与 $\dot{E}_0$ 同相位，因此电枢电流 $\dot{I}$ 相量的位置也在U相绕组的轴线上。

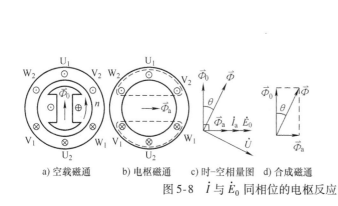

a) 空载磁通　　b) 电枢磁通　　c) 时-空相量图　　d) 合成磁通　　　　e) 气隙磁场展开图

图5-8　$\dot{I}$ 与 $\dot{E}_0$ 同相位的电枢反应

电枢绕组有电流流过，根据右手螺旋定则，三相绕组的电流产生电枢反应磁通相量 $\vec{\Phi}_a$ 的方向如图5-8b所示，即 $\vec{\Phi}_a$ 在U相绕组轴线上，在时-空相量图中，电枢反应磁通相量 $\vec{\Phi}_a$ 的方向与电枢电流相量 $\dot{I}$ 方向相同，如图5-8c所示。比较图5-8c中的 $\vec{\Phi}_a$ 和 $\vec{\Phi}_0$ 的方向可知，$\vec{\Phi}_a$ 和 $\vec{\Phi}_0$ 相差 $90°$ 电角度（正交），且 $\vec{\Phi}_a$ 滞后 $\vec{\Phi}_0$ $90°$ 电角度。也就是说，$\dot{I}$ 与 $\dot{E}_0$ 同相位时，同步发电机的电枢反应是交轴电枢反应（与转子磁极的轴线正交）。同步发电机带上负载后，气隙磁通量为电枢反应产生的磁通量 $\vec{\Phi}_a$ 与励磁磁通量 $\vec{\Phi}_0$ 叠加，如图5-8d所示，它们在气隙中的分布，如图5-8e所示。由图可见，电枢反应的结果使气隙磁通量 $\vec{\Phi}$ 比空载励磁磁通量 $\vec{\Phi}_0$ 滞后了一个功角 θ。在合成磁通量 $\vec{\Phi}$ 的作用下，U相绕组的电压相量为 $\dot{U}$，滞后 $\vec{\Phi}$ 于 $90°$ 电角度。若忽略电枢电阻和漏抗，可以证明，发电机端电压 $\dot{U}$ 也比 $\dot{E}_0$ 滞

后 θ 角。

结论：同步发电机带上负载运行后，电枢反应产生的磁通量 $\vec{\Phi}_a$ 是由三相电枢电流产生的，$\vec{\Phi}_a$ 的方向与 $\vec{i}$ 方向相同。当电枢电流 $\dot{I}_a$ 与空载电动势 $\dot{E}_0$ 同相位（即 $\psi = 0°$）时，电枢电流产生的磁通量滞后转子励磁绕组产生的磁通量 90° 电角度，属于交轴电枢反应。电枢反应的结果是使气隙磁通量比原来空载磁通量滞后一个功角 θ。从图5-8e可见，交轴电枢反应使得前极靴去磁，后极靴增磁。由于发电机空载励磁在半饱和区，使得增磁不多，去磁比较多，于是使气隙合成磁通量幅值不是在非饱和下的增大，而是有所减少，再加上电枢电阻和漏电抗的压降，若这时不增加励磁电流，发电机的端电压将有所下降。

2. 电枢电流 $\dot{I}_a$ 滞后空载电动势 $\dot{E}_0$ 于 90°（$\psi = 90°$）时的电枢反应

当同步发电机的电枢电流 $\dot{I}_a$ 滞后空载电动势 $\dot{E}_0$ 于 90° 时，这时发电机只输出感性的无功功率，不输出有功功率。图5-9所示为在 $\psi = 90°$ 时的电枢反应示意图。在图5-9a中，发电机转子位置、励磁磁通量 $\vec{\Phi}_0$ 和电枢绕组感应电动势 $\dot{E}_0$ 与图5-8a所示的情况完全一样，同步发电机的 U 相绕组电动势最大，但电流 i_u 为 0。

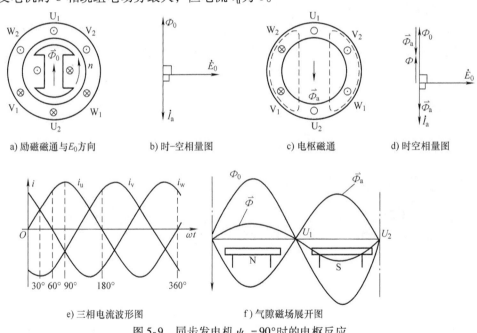

a) 励磁磁通与E_0方向   b) 时–空相量图   c) 电枢磁通   d) 时空相量图

e) 三相电流波形图   f) 气隙磁场展开图

图5-9   同步发电机 $\psi = 90°$ 时的电枢反应

由于 $\psi = 90°$，电枢电流相量 $\dot{I}_a$ 比空载电动势相量 $\dot{E}_0$ 滞后 90° 电角度，电枢电流相量 $\dot{I}_a$ 与空载电动势相量 $\dot{E}_0$ 的关系如图5-9b所示。对图5-9a进行分析可以看到，转子磁极在图示位置时，U 相绕组感应的电动势刚好达到最大，由于电枢电流滞后空载电动势 90° 电角度，流过 U 相绕组电枢电流 i_u 刚好为 0。对于 V 相绕组，磁极与 V_2 位置对齐时感应电动势为负最大值，而在图5-9a位置上时，感应电动势是从负最大值向 0 变化（见图5-9e的三相电流波形图），而电枢电流滞后感应电动势 90° 电角度，即该相的电枢电流处于从 0 向负最大值变化的过程中（规定电流正值时，从首端流出，从尾端流进）。因此，V 相的电枢电流从首端 V_1 流进绕组（V_1 用 $\otimes$ 表示），从尾端 V_2 流出绕组（V_2 用 $\odot$ 表示），如图5-9c所示。同样道理，对于 W 相绕组，由于 i_w 是超前 i_u120°，这时 i_w 处于正值（见图5-9e的三相电波形图），故 W 相电枢电流是从尾端 W_2 流进绕组（W_2 用 ⊗ 表示），从首端 W_1 流出绕组（W_1 用 ⊙ 表示），根据右手螺旋定则，电枢反应磁通量 $\vec{\Phi}_a$ 的方向，如图 5-9c 所示，从上指向下，在时-空相量图中，$\vec{\Phi}_a$ 与 $\dot{I}$ 的方向是相同的。它们在气隙中的分布，如图 5-9f 所示。

结论：$\psi = 90°$ 时，电枢反应磁通量 $\vec{\Phi}_a$ 的方向与空载励磁磁通量 $\vec{\Phi}_0$ 的方向正好相反。也就是说，同步发电机带负载后，若 $\dot{I}_a$ 比 $\dot{E}_0$ 滞后 90° 电角度，则电枢反应的结果将使气隙磁通量减小，称之为"直轴去磁电枢反应"或"减磁电枢反应"，使得气隙合成磁通量 $\vec{\Phi}$ 减少很多，若这时不增加励磁电流，即保持 $\vec{\Phi}_0$ 不变，会造成发电机的端电压下降很大。可见，为了保持发电机端电压为 U_N，必须增加励磁电流，补偿电枢反应的去磁磁通量。

3. 电枢电流 $\dot{I}_a$ 超前空载电动势 $\dot{E}_0$ 于 90°（$\psi = -90°$）时的电枢反应

当同步发电机的电枢电流 $\dot{I}_a$ 超前空载电动势 $\dot{E}_0$ 90° 时，这时发电机只输出容性的无功功率，即不输出有功功率。与 $\psi = 0°$ 和 $\psi = 90°$ 的情况相似，仍然以图 5-8a 所示的发电机转子位置、励磁磁通量 $\vec{\Phi}_0$ 和 U 相电枢绕组感应电动势 $\dot{E}_0$ 进行分析。$\psi = -90°$，则电枢电流相量 $\dot{I}_a$ 比空载电动势相量 $\dot{E}_0$ 超前 90°，时间相量关系如图 5-10a 所示。电枢电流 $\dot{I}_a$ 与 $\psi = 90°$ 时的相反，此时 U 相电流仍为 0，V 相电流从尾端 V_2 流进绕组，从首端 V_1 流出绕组，W 相电枢也是从首端 W_1 流进绕组，从尾端 W_2 流出绕组，产生电枢反应磁通量 $\vec{\Phi}_a$ 方向为从下指向上，与空载励磁磁通量 $\vec{\Phi}_0$ 方向相同，如图 5-10b 所示，对应的时-空相量图如图 5-10c 所示。它们在气隙中的分布，如图 5-10e 所示。

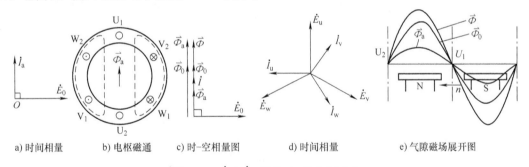

a) 时间相量　　b) 电枢磁通　　c) 时-空相量图　　d) 时间相量　　e) 气隙磁场展开图

图 5-10　$\dot{I}$ 比 $\dot{E}_0$ 超前 90° 的电枢反应

同样可以得到结论：$\psi = -90°$ 时，$\dot{I}_a$ 比 $\dot{E}_0$ 超前 90° 电角度，则电枢反应的结果将使气隙磁通量增加，称为"直轴增磁电枢反应"或"助磁电枢反应"，使得气隙合成磁通量 $\vec{\Phi}$ 增加，若这时不减少励磁电流，即保持 $\vec{\Phi}_0$ 不变，将造成发电机的端电压上升。可见，为了保持发电机的端电压为 U_N，必须减少励磁电流，使气隙合成磁通量 $\vec{\Phi}$ 与空载时的磁通量 $\vec{\Phi}_0$ 基本不变。

4. 电枢电流 $\dot{I}_a$ 滞后空载电动势 $\dot{E}_0$ 于 ψ 电角度（$0° < \psi < 90°$）时的电枢反应

一般情况下，同步发电机负载很少为纯电阻性负载或纯电感性负载或纯电容性负载，而是同时具有电阻（消耗有功功率）和电感（如各种电器、电机的线圈消耗的感性无功功率）的性质。因此，实际同步发电机的电枢反应具有 $0° < \psi < 90°$ 的特点。其 $\dot{I}_a$ 与 $\dot{E}_0$ 的时间相量关系和时-空相量图分别如图 5-11a 和 b 所示。

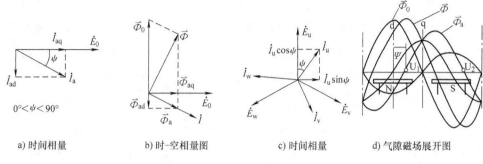

图 5-11 $0° < \psi < 90°$ 的电枢反应

由图 5-11a 可见,把电枢电流 $\dot{I}_a$ 分解为两个分量:一个是与 $\dot{E}_0$ 同相位的交轴分量 $\dot{I}_{aq}$,称为交轴分量,显然,$I_{aq} = I_a \cos\psi$,它所产生的电枢反应与图 5-7 的一样,为交轴电枢反应;另一个是滞后 $\dot{E}_0 90°$ 的分量 $\dot{I}_{ad}$,称为直轴分量 $I_{ad} = I_a \sin\psi$,它所产生的电枢反应与图 5-9 的一样,为直轴去磁作用。由前面的分析可见,电枢反应磁通量 $\vec{\Phi}_a$ 在时-空相量图中是与电枢电流同相位的,于是,就可做出各分量的电枢反应磁通量,如图 5-11b 所示,各分量的电枢反应磁通量的合成就是电枢电流 $\dot{I}_a$ 的电枢反应磁通量 $\vec{\Phi}_a$,其方向既不与空载励磁磁通量 $\vec{\Phi}_0$ 方向相同或相反,也不与 $\vec{\Phi}_0$ 方向正交(垂直)。直轴分量 $\vec{\Phi}_{ad}$ 的方向与空载励磁磁通量 $\vec{\Phi}_0$ 方向相反,具有去磁性质,而交轴分量 $\vec{\Phi}_{aq}$ 和电枢电流 $\dot{I}_a$ 与 $\dot{E}_0$ 同相位的电枢反应一样。因此,一般情况下,同步发电机带感性负载的电枢反应性质既具有直轴去磁作用又有交磁作用。它们在气隙中的分布,如图 5-11d 所示。

同样可以得到结论:$0° < \psi < 90°$ 时,$\dot{I}_a$ 比 $\dot{E}_0$ 滞后电角度 ψ,则电枢反应既具有直轴去磁作用又有交磁作用,使得气隙合成磁通量 $\vec{\Phi}$ 滞后一个功角 θ,其幅值也减少,若这时不减少励磁电流,即保持 $\vec{\Phi}_0$ 不变,将会造成发电机的端电压下降。可见,为了保持发电机的端电压为 U_N,也必须增加励磁电流,补偿去磁,使气隙合成磁通量 $\vec{\Phi}$ 与空载时的磁通量 $\vec{\Phi}_0$ 基本不变。

综上所述,电枢反应性质主要取决于空载电动势 $\dot{E}_0$ 与负载电流 $\dot{I}_a$ 之间的夹角 ψ 以及与电枢电流 I_a 的大小,即取决于负载的性质和大小。电枢反应使得发电机气隙合成磁通量发生变化,从而影响同步发电机的端电压变化,为了保持发电机的电压不变,将随时随负载电流的大小和性质来自动调节发电机的励磁电流,这就是每台同步发电机都必须安装自动励磁装置(即 AVR)的主要原因之一。

第四节   同步发电机的外特性及调节特性

同步发电机的稳态运行特性包括外特性、调节特性和效率特性。从这些特性中可以确定发电机的电压调整率、额定励磁电流和额定效率,这些都是标志同步发电机性能的基本数据。

一、同步发电机的外特性

外特性表示发电机的转速为同步转速,励磁电流和负载功率因数保持不变时,发电机的端电压（相电压）与电枢电流之间的关系，即 $n = n_s$、I_f 为常值、$\cos\varphi$ 为常值时，$U = f(I)$。

图 5-12 所示为带有不同功率因数的负载时，同步发电机的外特性。由图可见，在感性负载和纯电阻负载时，外特性是下降的，这是由电枢反应的去磁作用和漏阻抗压降这两个因素所引起的。在容性负载或功率因数角超前时，主要由于电枢反应的增磁作用，发电机的外特性是上升的。

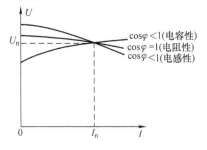

图 5-12　发电机外特性图

从外特性可以求出发电机的电压调整率。调节发电机的励磁电流，使电枢电流为额定电流、功率因数为额定功率因数、端电压为额定电压 U_N，此时的励磁电流 I_{fN} 称为发电机的额定励磁电流。然后保持励磁电流为 I_{fN}，转速为同步转速，卸去负载（即 $I = 0$），此时端电压升高的百分值即为同步发电机的电压调整率，用 Δu 表示，即

$$\Delta u = \frac{E_0 - U_N}{U_N}\bigg|_{(I_f = I_{fN})} \times 100\% \tag{5-5}$$

凸极式同步发电机的 Δu 通常在 18% ~ 30% 范围内；隐极式同步发电机由于电枢反应较强，Δu 通常在 30% ~ 48% 范围内。

二、同步发电机的调节特性

静态电压变化率是同步发电机运行的一个重要指标，根据《钢质海船入级规范》，船舶同步发电机的静态电压变化率，主发电机为 ±2.5%，应急发电机为 ±3.5%。显然前述发电机的外特性不能满足要求，实际使用中需要不断地调整励磁电流，以使发电机输出电压稳定。同步发电机在额定转速和一定负载功率因数下，为保持端电压基本不变，励磁电流 I_f 随负载电流 I 而变化的关系 $I_f = f(I)$ 称为调节特性，即 $n = n_s$、$U = U_N$、$\cos\varphi$ 为常值时 $I_f = f(I)$。

图 5-13 所示为带有不同功率因数负载时同步发电机的调节特性。由图可见，在感性负载和纯电阻负载时，为补偿电枢电流所产生的去磁性电枢反应和漏阻抗压降，随着电枢电流的增加，必须相应地增加励磁电流，此时调节特性是上升的。在容性偏小时，调节特性仍是略有上升的。但假如较大时，调节特性如图所示为下降的，即为保证电压恒定，要逐渐减小励磁电流。

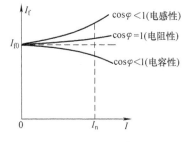

图 5-13　发电机调节特性图

三、同步发电机的效率特性

效率特性是指转速为同步转速、端电压为额定电压、功率因数为额定功率因数时，发电机的效率与输出功率的关系，即 $n = n_s$、$U = U_N$、$\cos\varphi = \cos\varphi_N$ 时 $\eta = f(P_2)$。

同步电机的基本损耗包括电枢的基本铁损 p_{Fe}、铜损 p_{Cu}（包括电枢基本铜损 p_{Cua}、励磁损耗 p_{Cuf}）和机械损耗 p_m。电枢基本铁损是指主磁通量在电枢铁心齿部和轭部中交变所引起的损耗。电枢基本铜损是换算到基准工作温度时，电枢绕组的直流电阻损耗。励磁损耗包括励磁绕组的基本铜损、变阻器内的损耗、电刷的电损耗以及励磁设备的全部损耗。机械损

耗 p_m 包括轴承、电刷的摩擦损耗和通风损耗。杂散损耗 p_s（也称附加损耗）包括电枢漏磁通量在电枢绕组和其他金属结构部件中所引起的涡流损耗、高次谐波磁场掠过主磁极表面所引起的表面损耗等。总损耗等于基本损耗和杂散损耗两项之和。

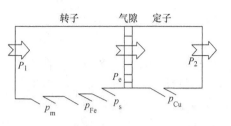

图 5-14　同步发电机功率流程示意图

总损耗 Σp 求出后，效率即可确定：

$$\eta = (1 - \frac{\Sigma p}{P_2 + \Sigma p}) \times 100\% \tag{5-6}$$

如图 5-14 所示，原动机输入给发电机的机械功率 P_1，扣除损耗，转换为定子上的电磁功率 P_M，即

$$P_M = P_1 - (p_m + p_{Fe} + p_s) \tag{5-7}$$

P_M 减去定子绕组的铜损 p_{Cu}，为发电机输出功率：

$$P_2 = P_M - p_{Cu} = P_M - 3I_a^2 R_a \approx P_M \tag{5-8}$$

由于发电机的定子绕组的铜损 p_{Cu} 都比较小，对于大容量的发电机约为 $1\% P_N$，可忽略不计，这样发电机的电磁功率为

$$P_e \approx P_2 = 3UI\cos\varphi \tag{5-9}$$

四、同步发电机的功角特性

为了更好地了解同步发电机的调节原理，先介绍同步发电机的功角特性。

由式（5-9）可见，发电机电磁转换功率与发电机输出的电流、电压和功率因数有关。该式看不出与同步发电机的其他参数有关，为此将进一步讨论同步发电机电磁功率 P_e 与功角 θ 之间的关系。

1. 隐极式同步发电机的功角特性

当三相交流同步发电机向频率和电压都保持不变的电网（称为无穷大电网）供电，且忽略电枢绕组电阻时，其一相等效电路图如图 5-15a 所示。图 5-15b 所示为一相电量的相量图，在电压相量 $\dot{U}$ 的端部作延长线 rs，并过电动势相量 $\dot{E}_0$ 的端部 t 作垂线 ts，垂直于 rs。由图可见，$\triangle 0rq$ 相似于 $\triangle trs$，因此 $\angle rts = \angle q0r = \varphi$，且

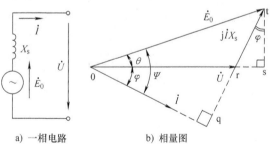

a) 一相电路　　b) 相量图

图 5-15　同步发电机一相电枢电路

$$IX_s\cos\varphi = E_0\sin\theta = ts$$

$$I\cos\varphi = \frac{E_0\sin\theta}{X_s} \tag{5-10}$$

将式（5-10）代入式（5-9），得三相同步发电机输出的有功功率为

$$P_e \approx P_2 = 3UI\cos\varphi = \frac{3UE_0}{X_s}\sin\theta \tag{5-11}$$

式（5-11）称为隐极式同步发电机的功角特性，是反映同步发电机负载能力的重要特性。为了更好地理解功角特性的意义，将通过图 5-16 进行说明。

图 5-16a 所示为隐极式同步发电机截面图，转子励磁绕组通入励磁电流后产生 1 对磁极，其磁通量为 $\vec{\Phi}_0$，气隙合成磁通量 $\vec{\Phi}$ 也用一对等效的定子磁极表示。将截面图展开拉平，两磁极相互错开的距离用角度表示为功角 θ，如图 5-16b 所示。

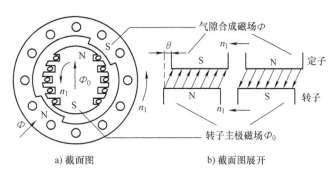

a) 截面图 b) 截面图展开

图 5-16 发电机的功角特性意义说明示意图

根据磁场的基本概念可知，转子励磁磁通量与气隙合成磁通量之间存在吸引力。当图 5-16a 所示的同步发电机负载运行时，转子在原动机的拖动下逆时针转动，气隙合成磁通量在转子励磁磁通量的吸引下也跟着转动。当发电机的电负载大时，电枢电流大，气隙合成磁通量 $\vec{\Phi}$ 也大，$\vec{\Phi}_0$ 要吸引 $\vec{\Phi}$ 跟着转动需要较大的电磁力，因此 $\vec{\Phi}_0$ 与 $\vec{\Phi}$ 之间的夹角 θ 增大；同理，当发电机的电负载小时，$\vec{\Phi}$ 小，$\vec{\Phi}_0$ 要吸引 $\vec{\Phi}$ 跟着转动所需要的电磁力小，$\vec{\Phi}_0$ 与 $\vec{\Phi}$ 之间的夹角 θ 减小。由此可见，功角 θ 反映了 $\vec{\Phi}_0$ 要吸引 $\vec{\Phi}$ 跟着转动所需要的电磁力的大小，也反映发电机输出有功功率的多少。同步发电机利用功角的变化产生相应变化的电磁转矩与原动机提供的驱动转矩相平衡。式（5-11）表示隐极式同步发电机功角特性，绘制成的曲线如图 5-17a 所示。

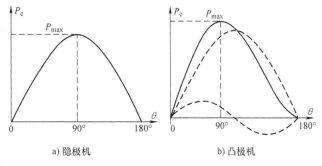

a) 隐极机 b) 凸极机

图 5-17 同步发电机的功角特性

由图可见，隐极式同步发电机的气隙合成磁通量 $\vec{\Phi}$ 与励磁磁通量 $\vec{\Phi}_0$ 之间的功角在 $\theta = 90°$ 时，发电机的电磁功率 P_e 达到最大 $P_{\max}$。若 $\theta > 90°$，随着 θ 的进一步增大，P_e 不但不增加反而减少。也就是说，若在 $\theta = 90°$ 时，继续使 θ 增大，发电机产生的电磁功率会减小，而若原动机提供的机械功率不变的话，转子的转速将增加，又进一步使 $\vec{\Phi}_0$ 与 $\vec{\Phi}$ 之间的 θ 角增加，最终造成"失步"（转子与电网频率所决定的同步转速不能保持一致），同步发电机不仅不能正常工作，而且将损坏同步发电机组。

2. 凸极式同步发电机的功角特性

对于凸极式同步发电机在磁路未饱和且不计电枢绕组电阻 R_a 时的相量图，如图 5-18 所示。从相量图可知，发电机输出功率 P_2 为

$$P_e \approx P_2 = 3UI\cos\varphi = 3UI\cos(\Psi - \theta)$$
$$= 3UI(\cos\Psi\cos\theta + \sin\Psi\sin\theta)$$

同时，

$$\begin{cases} I_{aq}X_q = U\sin\theta \\ I_{ad}X_d = E_0 - U\cos\theta \end{cases}$$

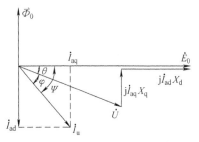

图 5-18 凸极式同步发电机时-空相量图

则

$$\begin{cases} I_{aq} = \dfrac{U\sin\theta}{X_q} \\ I_{ad} = \dfrac{E_0 - U\cos\theta}{X_d} \end{cases}$$

所以

$$\begin{aligned} P_e \approx P_2 &= 3UI\cos\varphi = 3UI\cos(\Psi - \theta) \\ &= 3UI(\cos\Psi\cos\theta + \sin\Psi\sin\theta) \\ &= 3UI_{aq}\cos\theta + 3UI_{ad}\sin\theta \\ &= 3U\frac{U\sin\theta}{X_q}\cos\theta + 3U\frac{E_0 - U\cos\theta}{X_d}\sin\theta \\ &= 3\frac{UE_0}{X_d}\sin\theta + \frac{3}{2}U^2\left(\frac{1}{X_q} - \frac{1}{X_d}\right)\sin2\theta \\ &= P'_e + P''_e \end{aligned} \qquad (5\text{-}12)$$

式中 P'_e——基本电磁功率，$P'_e = 3E_0U\dfrac{\sin\theta}{X_d}$；

P''_e——附加电磁功率，$P''_e = \dfrac{1}{2}3U^2\left(\dfrac{1}{X_q} - \dfrac{1}{X_d}\right)\sin2\theta$。

凸极式同步发电机的 $X_q \doteqdot X_d$，且 $X_q < X_d$，故按式（5-12）可画出 P_e 与 θ 的关系曲线，如图 5-17b 所示。

由式（5-11）、式（5-12）可见，当电网电压、频率 f 恒定时，参数 X_d、X_q 以及空载电动势 E_0 不变时，凸极式同步发电机的电磁功率 P_e 只取决于 $\dot{E}_0$ 和 $\dot{U}$ 间相位角 θ（称之为功角）。对于隐极式同步发电机由图 5-17a 功角特性曲线可见，其功角特性为一正弦曲线，$\theta = 0°$，$P_e = 0$，$\theta\uparrow \rightarrow P_e\uparrow$，$\theta = 90°$，$P_M$ 具有最大值；$\theta > 90°$ 以后，$\theta\uparrow \rightarrow P_e\downarrow$，$\theta = 180°$，$P_e = 0$，可见，$0 < \theta < 90°$ 时 P_e 是递增，$\theta > 90°$ 时 P_e 是递减，为了使发电机稳定运行，要求其必须运行在 $0 < \theta < 90°$ 之间，考虑到同步发电机有一定过载能力，一般设计为 $\theta_N = 25° \sim 35°$。由式（5-11）可见，增大励磁电流（即增大 E_0）和减小同步电抗可提高同步发电机的极限功率 $P_{Mmax} = 3E_0U/X_s$，从而提高同步发电机过载能力和静态稳定性。

对于凸极式同步发电机，由图 5-17b 可见，发生最大电磁功率所对应的功角 $\theta < 90°$。而凸极式同步发电机运行时，若 $P_e > P_{max}$，同样会出现"失步"而损坏同步发电机组。为了避免同步发电机出现"失步"进入不稳定状态，应该保证 $\sin\theta_N \leqslant 1/1.7$，即 $\theta_N \leqslant 36°$。所以，一般的同步发电机的额定功角 θ_N 为 $25° \sim 35°$。

3. 同步发电机的 V 形曲线

功角特性反映的是同步发电机产生的电磁功率或输出的有功功率，V 形曲线则反映输出的无功功率。同步发电机所带负载变化，其端电压也将随之发生变化，为了使发电机的端电压保持恒定不变，就得调节发电机的励磁电流。尤其是当发电机带电感性负载时，电枢反应具有直轴去磁性质，为了维持发电机端电压不变，必须增大励磁电流。因此，同步发电机输出的无功功率主要依赖于励磁电流的调节。

为了单独研究发电机输出的无功功率且为了简化分析，首先从隐极机且磁路不饱和的情况入手，假定发电机向无穷大电网供电，端电压和频率都不变，且假定其输出有功功率不变，同时忽略电枢电阻压降的影响。由式（5-10）和式（5-11）可以得到：$E_0\sin\theta$ 为常数，$I\cos\varphi$ 为常数。

当满足 $E_0\sin\theta =$ 常数、$I\cos\varphi =$ 常数时，改变励磁电流，隐极式同步发电机各电量的变化情况如图 5-19 所示。图中，端电压相量 $\dot{U}$ 保持不变，由于输出有功功率不变，$E_0\sin\theta =$ 常数，不管励磁电流如何调节，空载电动势相量 $\dot{E}_0$ 的端部应该落在虚线 a-a 上（表示 $E_0\sin\theta =$ 常数的直线）；而输出有功功率不变，$I\cos\varphi =$ 常数，不管励磁电流如何调节，则电枢电流相量 $\dot{I}$ 的端部也应该落在虚线 b-b 上（表示 $I\cos\varphi =$ 常数的直线，称为等功率线）。

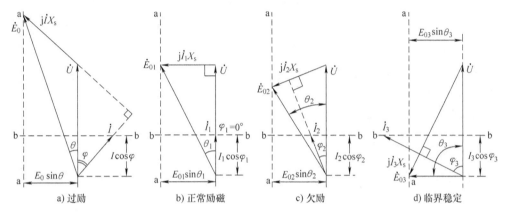

图 5-19   隐极式同步发电机不同励磁电流对应的相量图

图 5-19a 所示为发电机输出感性无功功率时的情况。此时励磁电流大，空载电动势 E_0 大于端电压 U，电枢电流 I 也较大。减小励磁电流，E_0 将减小，I 也减小，同时 φ 角也减小，但 $E_0\sin\theta$ 和 $I\cos\varphi$ 仍然保持不变。减小励磁电流，使 $\varphi = 0°$ 时，电枢电流与端电压同相位，如图 5-19b 所示。此时的电枢电流最小，发电机输出无功功率为 0。进一步减小励磁电流，使 E_0 减小，而 φ 角反向增大，变为负值，表明发电机输出容性无功功率，此时电枢电流又开始增大，如图 5-19c 所示。

在减小励磁电流时，为了保证 $E_0\sin\theta$ 为常数（即输出有功功率不变），E_0 减小的同时 θ 角将相应增大。当发电机输出容性无功功率后，继续减小励磁电流，则 θ 角随之增大，直到 $\theta = 90°$，同步发电机达到临界稳定状态。若继续减小励磁电流使 θ 角继续增大，同步发电机将出现"失步"，如图 5-19d 所示。一般称图 5-19b 对应的励磁电流为"正常"励磁电流，比正常励磁电流大的励磁电流称为"过励"电流，如图 5-19a 所示；比正常励磁电流小的励磁电流称为"欠励"电流，如图 5-19c 所示。由上面分析可知，同步发电机与电网并联时，使励磁电流为"过励"将使发电机输出感性无功功率；使励磁电流为"欠励"，将使发电机输出容性无功功率；而励磁电流为"正常"励磁电流时发电机输出的无功功率为 0（即只输出有功功率，不输出无功功率）。由于一般发电机的负载绝大多数是感性负载，因此一般的同步发电机都应工作在"过励"状态。

对应于某个励磁电流，若发电机输出有功功率发生变化，则励磁状态有可能发生变化。例如，当某个励磁电流使发电机处于"正常"励磁状态时，增大发电机输出有功功率，则 $E_0\sin\theta$ 增大。由于励磁电流不变，E_0 也不变，只有 θ 角增大，由图 5-19b 可见，电枢电流将变为超前端电压相量，发电机输出容性无功功率，即进入"欠励"状态。同理，减小发电机输出有功功率，则发电机进入"过励"状态。综上所述，对应于发电机输出有功功率不同时，励磁电流与电枢电流的关系将发生变化。将发电机输出不同有功功率时的励磁电流与电枢电流关系用曲线表示，如图5-20所示，因这些曲线形状像字母"V"，因此称之为同步发电机的V形曲线。

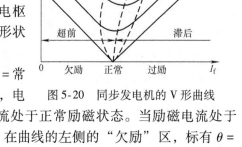

图5-20 同步发电机的V形曲线

在图5-20中，对应于$P_2 = 0$、$P_2 = $常数1和$P_2 = $常数2，有三条V形曲线。从这三条曲线上可以看到，电枢电流最小值都发生在$\cos\varphi = 1$时，此时的励磁电流处于正常励磁状态。当励磁电流处于"欠励"或"过励"时，电枢电流都将增大。而且，在曲线的左侧的"欠励"区，标有$\theta = 90°$的虚线，虚线的上边是不稳定区，同步发电机将会出现"失步"。也就是说，"欠励"区是靠近不稳定区的，所以一般同步发电机不应当工作在欠励状态。

在三条曲线中，对应于$P_2 = $常数2的曲线，发电机输出的有功功率最大，$P_2 = 0$的曲线发电机输出的有功功率为0。从图中还可看到，发电机输出的有功功率越大，越容易进入不稳定区。

图中还有三条虚线：$\cos\varphi = 0.8$超前、$\cos\varphi = 1$和$\cos\varphi = 0.8$滞后。对应的虚线上，功率因数都是不变的，若将坐标横轴与纵轴互换，将可看出，实际就是图5-13所示的调节特性曲线。

五、三相交流同步发电机的功率调节

同步发电机的调节主要有有功功率调节和无功功率调节两个方面。有功功率主要是通过调节同步发电机的油门，无功功率则主要是通过调节发电机的励磁。同步发电机作为船舶电网电源，其运行方式有两种：单机运行，主要在用电量较少的宽阔水域的正常航行；并联运行，一般在用电量较大的进出港或过狭窄水道时的机动航行。

1. 无功功率的调节

同步发电机的输出功率为

$$P_2 = 3U_p I_p \cos\varphi$$

式中　U_p—— 一相绕组的相电压；

　　　I_p——该相的相电流；

　　$\cos\varphi$——发电机的功率因数。在负载和电压都不变时，$I_p\cos\varphi$为常数，即同步发电机定子绕组中电流的有功分量保持不变。

以隐极式同步发电机为例，其输出电压方程为

$$\dot{U}_p = \dot{E}_0 + j\dot{I}_p X_c \tag{5-13}$$

在负载和电压都不变时，无功功率发生变化，即负载功率因数变化时，负载电流I_p会相应变化，以使得$I_p\cos\varphi$为常数。从式（5-13）可知，I_p造成电枢反应会使输出电压变化，此时需要E_0有相应的变化来确保电压稳定，而E_0的调整需要励磁电流I_f的调节，即调节励磁可以调节无功功率。

在多台发电机并联运行时，无功功率均衡分配是非常重要的。如上所述，改变一台发电

机的励磁电流就会调节该台发电机的无功功率，从而改变多台发电机之间无功功率的分配。

如果电机运行在同步电动机状态，同样可以通过调节励磁电流来改变功率因数，甚至可以由感性负载改变为纯阻性负载或容性负载。这在需要调节电网的功率因数时，非常有效，有些场合需要专门的无功补偿电机（称为调相机）来向电网提供无功功率。

2. 有功功率的调节

发电机向电网输出有功功率时，同步发电机转子受到一个制动性质的电磁转矩 T_e 作用，原动机除了要克服发电机空载损耗转矩 T_0 外，还要克服 T_e 而做功，将机械能转换为电能。

当电网电压 U、频率 f、空载电动势 E_0 恒定时，由于电磁转矩 T_e 正比于 $E_0\sin\theta$，同步发电机的电磁功率 P_e 也只取决于 $\dot{E}_0$ 和 $\dot{U}$ 间相位角 θ。

当 $P_e=0$，$\theta=0°$ 时，总磁动势 $\dot{F}$ 与励磁磁动势 $\dot{F}_f$ 同相位，发电机对外不输出有功功率 P_2。若处于并联运行状态时增加某发电机的励磁电流，使该发电机处于过励状态，根据式（5-13），就有电流输出，但由于功率为 0，所以该发电机只是发出感性无功功率。

要使发电机输出有功功率 P_2，则必须加大原动机输出给发电机的功率 P_1，使发电机转速升高，使 $\dot{F}_f$ 超前于 $\dot{F}$ 一个 θ 角，则 $P_e>0$，发电机开始向电网输出有功功率。此时，同步发电机转速受到一个制动性质的电磁转矩 T_e 的作用，原动机克服 T_e 而做功，将机械能转换为电能。

为了维持发电机转速不变，当输出有功增加时，产生制动的电磁转矩 T_e 也同时增加，此时，必须同时增加输入转矩以克服制动转矩，即需要提高发动机的输出功率，也就是增加柴油机的供油量。

第五节 同步电动机

同步电机和其他电机一样是可逆的，既可当发电机用又可当电动机用，作为发电机时，转轴由原动机（汽轮机、柴油机等）驱动，给发电机输入有功功率，定子端输出电功率；作为电动机时，定子接电网，吸收电网的功率，电磁转矩为驱动转矩，转轴输出机械功率。

同步电动机用于驱动恒速运转的生产机械，如空压机、大型鼓风机、水泵、油泵等。它具有功率因数高，过载能力大，特别是永磁同步电动机，有体积小、效率高等一系列优点，但缺点是起动较困难，永磁同步电动机控制比较复杂。

同步电动机定、转子结构与同步发电机一样，转子也有隐极式和凸极式两种，转子上除了嵌放励磁绕组外，还安装有帮助起动用的笼型绕组（阻尼绕组），一般中小型同步电动机多采用凸极结构。

一、同步电动机的基本原理

为了方便说明起见，以隐极式同步电机为例，当作为发电机运行时，其相量图如图 5-21 所示，空载电动势 $\dot{E}_0$（或励磁磁动势 $\dot{F}_f$）超前电压 $\dot{U}$（或气隙合成磁动势 $\dot{F}_\delta$）一个角度 θ，如图 5-21a 所示，输出电功率 $P_2=3UI\cos\varphi=\dfrac{3UE_0}{X_s}\sin\theta$。转子磁极轴线沿转向超前气隙合成磁极轴线的角度 $\delta=\theta$，是转子磁动势 $\dot{F}_0$ 拖着定子磁动势 $\dot{F}_a$ 转动，作用于转子上的电

磁转矩 T_e 为制动转矩,原动机输入的驱动转矩 T_1 要克服 T_e 做功,将输入的机械能转换为电能输出。若逐渐减小原动机的输出机械功率,发电机所产生的电磁功率也减少,则 $\theta\downarrow\rightarrow\delta\downarrow$;如果不计空载损耗,当电磁功率为零时,则 $\delta=0°$,此时转子磁极 $\dot{F}_0$ 轴线与合成磁动势 $\dot{F}_\delta$ 轴线重合,磁通量垂直通过气隙,如图 5-21b 所示,两极之间没有产生切向拉力,电磁转矩为零,这是理想空载状态,也是由发电机过

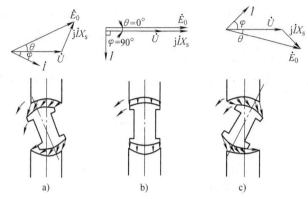

图 5-21 同步发电机变换成同步电动机的相量图

渡到电动机运行的临界状态,这时发电机输出无功功率。若这时脱开原动机,由于电机本身轴承摩擦等阻力转矩的作用,转子开始减速,使转子磁动势 $\dot{F}_0$ 轴线滞后于合成磁动势 $\dot{F}_\delta$ 轴线一个角度 δ,如图 5-21c 所示,磁通量重新斜向通过气隙,两对极间产生切向拉力,产生电磁转矩 T_e,这时是定子磁动势 $\dot{F}_a$ 拉着转子磁动势 $\dot{F}_0$ 以同步转速运行,T_e 变为驱动转矩,吸收电网有功功率,变为电动状态。若转子带上机械负载 T 后,δ 就增大,电磁转矩 T_e 也增大,与转子机械负载转矩 T_2 相平衡。可见,同步发电机变为电动机状态运行,转子磁动势 $\dot{F}_0$ 轴线滞后于合成磁动势 $\dot{F}_a$ 轴线一个角度 δ,产生电磁驱动转矩,该驱动转矩与负载转矩相平衡,其转速仍然为同步转速,具有绝对硬的机械特性。可见要使同步电动机调速,只能通过变频方法来实现。

综上所述,同步电动机是由三相电枢绕组通过三相对称电流而产生的旋转磁场拉着转子磁极以同步转速旋转,定子吸收电网有功功率,通过定、转子电磁关系转换为机械转矩。

二、同步电动机的无功功率调节

同步电动机正常运行时,从电网吸收有功功率 P_1,其大小取决于轴上机械阻转矩大小。在励磁电流 I_f 不变时,转子机械负载变化会引起同步电动机电磁功率变化,由功角特性可知,会引起功角 θ 变化,由相量图可见,θ 改变也会引起无功功率的变化。若同步电动机轴上的机械负载不变,即电动机输出功率不变时,这时改变同步电动机的励磁电流 I_f,会引起定子绕组的电流大小和相位发生变化,其变化规律可用同步电动机的相量图来分析。下面以隐极机为例,分析的结论同样适用凸极式同步电动机。

假定同步电动机是接在无穷大电网上,端电压和频率都不变,且输出有功功率不变时,如果忽略改变励磁电流时各种损耗的变化,则可认为电磁功率和输入功率均保持不变,即

$$P_{em}\approx 3UI\cos\varphi=\frac{3UE_0}{X_s}\sin\theta=常数$$

$$P_1=3UI\cos\varphi=常数$$

式中 $\cos\varphi$——同步电动机的功率因数。

由于电网电压 U 和同步电动机的同步电抗 X_s 均为常数,由此可得

$$E_0\sin\theta=常数$$

$$I\cos\varphi=常数$$

当满足 $E_0\sin\theta =$ 常数、$I\cos\varphi =$ 常数时，改变励磁电流，隐极式同步电动机各电量的变化情况如图 5-22 所示。图中，端电压相量 $\dot{U}$ 保持不变，由于输出有功功率不变，$E_0\sin\theta =$ 常数，不管励磁电流如何调节，空载电动势相量 $\dot{E}_0$ 的端部应该落在虚线 a-a 上（表示 $E_0\sin\theta =$ 常数的直线）；而输出有功功率不变，$I\cos\varphi =$ 常数，不管励磁电流如何调节，则电枢电流相量 $\dot{I}$ 的端部也应该落在虚线 b-b 上（表示 $I\cos\varphi =$ 常数的直线，称为等功率线）。

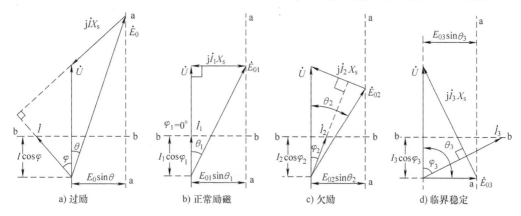

图 5-22　隐极式同步发电机不同励磁电流对应的相量图

a) 过励　　　b) 正常励磁　　　c) 欠励　　　d) 临界稳定

图 5-22a 所示为电动机输出感性无功时的情况。此时励磁电流大，电动机处于"过励"状态，励磁电动势 E_0 大于端电压 U，电枢电流 I 也较大。减小励磁电流，E_0 将减小，I 也减小，同时 φ 也减小，但 $E_0\sin\theta$ 和 $I\cos\varphi$ 仍然保持不变。当减小励磁电流，使 $\varphi = 0°$ 时，电枢电流与端电压同相位，如图 5-22b 所示，此时的电枢电流最小，电动机输出无功为 0，这时电动机处于"正常励磁"状态。进一步减小励磁电流，使 E_0 进一步减小，而 φ 角反向增大，变为滞后的，表明电动机要吸收电网无功功率，成为感性负载，这是不希望的。此时电枢电流又开始增大，如图 5-22c 所示，电动机处于"欠励"状态。再进一步减小励磁电流时，为了保证 $E_0\sin\theta =$ 常数（即输出有功功率不变），E_0 减小的同时 θ 将相应增大。直到 $\theta = 90°$，同步发电机达到临界稳定状态，如图 5-22d 所示。若继续减小励磁电流使 θ 继续增大，同步发电机将出现"失步"。由于船舶电网的负载绝大多数是感性负载，因此一般要求的同步电动机都应工作在"过励"状态。

三、同步电动机起动

在起动时，定子电枢电流产生的旋转磁场以同步转速在旋转，使得转子磁极所受的电磁转矩的方向瞬间交变，如图 5-23 所示。每经过半个周期，转矩方向就改变一次，因此，平均转矩为零，转子有转动惯量，转子磁极极性无法紧跟定子旋转磁场的极性转动起来。所以，同步电动机不能产生起动转矩。

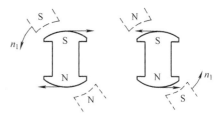

图 5-23　同步电动机起动时的转矩

解决同步电动机起动问题的方法有拉入同步起动方法、异步起动方法和变频起动方法。拉入同步起动方法是由其他设备，如柴油机、异步电动机等驱动同步电动机，拉近同步转速。然后同时合闸和加转子励磁电流，使其进入同步运行。异步起动方法是在同步电动机转子磁极铁心周围槽中嵌入短路笼型导条，起动时励磁绕组不加励磁电流，当定子电枢绕组接通三相电源时，如同三相异步电动起动一样，先使转子起动转起来，当转子转速接近同步转速时，再加入励磁电流，磁化磁极，这时利用异极相吸的作用，使其拉入同步。图 5-24 所示为同步电动机异步起动时的线路示意图，为了避免在起动过程中定子旋转磁场切割转子励磁绕组产生高电压而击穿励磁绕组绝缘和危及人身安全，励磁绕组不能开路。必须接入一个电阻，用于限制励磁绕组的感应电流，减少由此引起的单轴转矩。变频起动方法是采用变频器，由低频即低同步转速进行起动，实现对同步电动机进行变频调速。

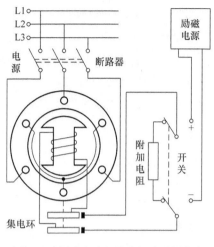

图 5-24　同步电动机异步起动时的线路

可见，借助其他设备拉入同步起动方法投资大，经济性差。最常用的是异步起动方法，而变频起动方法用于有调速要求的同步电动机拖动系统。

四、永磁同步电动机

永磁同步电动机采用永磁体作转子磁极，由于它没有电刷装置和集电环，称为无刷同步电动机，可靠性大大提高，同时由于磁极上没有励磁线圈，使得整个电机尺寸减小，重量减轻，在中小容量的电机中，其有色金属用量减少。特别是稀土永磁同步电动机，具有结构简单、运行可靠、体积小、重量轻、损耗小、效率高、功率因数 $\cos\varphi$ 可以设计在 1.0 附近、电机的形状和尺寸可以灵活多样等特点，广泛应用于航天航空、工农业生产和家用电器等方面，在船舶电力推进中也正在推广。

1. 永磁同步电动机结构

永磁同步电动机的定子部分与电励磁的同步电动机的定子结构一样，区别在于绕组嵌放所取节距可能有所不同，它们有集中整距绕组、分布短距绕组和非常规绕组。一般而言，气隙磁场为矩形波的永磁同步电动机通常采用集中整距绕组，而气隙磁场为正弦波的永磁同步电动机大都采用分布短距绕组，在一些正弦波电流控制的永磁同步电动机中，为了减小绕组产生的磁动势空间高次谐波，使气隙磁场更趋于正弦来提高电动机的有关性能，采用一些非常规绕组，所以在维修更新永磁同步电动机定子绕组时应特别注意绕组的嵌法。

转子部分与电励磁的同步电动机结构差别很大，用永磁体作为磁极，根据永磁体嵌放在转子上的位置不同，可分为表面式、内置式和爪极式三种。限于篇幅，不多介绍。

2. 永磁同步电动机的工作原理

永磁同步电动机的工作原理和内部的电磁关系与电励磁同步电动机一样。没有异步起动能力的永磁同步电动机也得采用辅助设备拖动拉入同步转速或采用变频起动方法起动，有异步起动能力的永磁同步电动机起动时，靠异步起动，在接近同步转速时，牵入同步运行。在正常运行时，定子三相对称绕组（空间互成 120° 电角度）通过三相对称电流（相位差120°）就产生电枢旋转磁场 $\dot{\Phi}_a$，它通过电磁的异极相吸、同极相斥，而拉着转子永磁磁极同步旋转，随转轴上的负载转矩 T_1 增大，其内功角增大。永磁同步电机也和其他电机一样是可逆的，既可作发电机用又可作电动机用。作为发电机时，转轴由原动机（汽轮机、柴油机等）驱动，给发电机输入机械功率，定子端输出电功率；作为电动机时，定子接电网，吸收电网的电功率，电磁转矩为驱动转矩，转轴输出机械功率矩，与负载转矩相平衡。

综上所述，永磁同步电动机与电励磁同步电动机的工作原理、电压平衡方程、功角特性和矩角特性都一样，只是将有刷变为无刷，用永磁体作磁极。但永磁式同步电动机就不能作为补偿机，其功率因数是随负载大小变化而变化。若额定负载点设计在 $\cos\varphi$ 接近 1 时，轻载时会出现"过励"，输出感性无功功率；在过载时会出现"欠励"，吸收电网的无功功率。

复习与思考题

5-1. 同步发电机的转速为什么必须是常数？频率为 50Hz 的柴油发电机应该为多少极？

5-2. 同步电机和异步电机在结构上有哪些不同之处？

5-3. 隐极式和凸极式同步发电机各有什么特点？各适用于哪些场合？

5-4. 同步发电机在三相对称负载下稳定运行时，电枢电流产生的旋转磁场是否与励磁绕组交链？它会在励磁绕组中感应电动势吗？

5-5. 同步发电机在对称负载下运行时，气隙磁场由哪些磁动势建立？它们各有什么特点？

5-6. 什么是同步发电机电枢反应？电枢反应的效应由什么决定？

5-7. 功角 θ 在时间上及空间上各表示什么含义？功角 θ 改变时，有功功率如何改变？无功功率会不会变化？为什么？

5-8. 怎样使用同步发电机从发电状态过渡到电动状态？其功角、电流、电磁转矩如何变化？

5-9. 增加或减少同步电动机的励磁电流时，电动机内部磁场产生什么效应？

5-10. 具有异步起动能力的同步电动机正常运行时，是否存在异步转矩？为什么？

5-11. 有一台三相同步发电机，$P_N = 500\text{kW}$，$U_N = 400\text{V}$，丫联结，$\cos\varphi = 0.8$（滞后），单机运行，已知同步电抗为 0.13Ω，电枢电阻不计，每相励磁电势 $E_0 = 410\text{V}$，求下列几种负载下的电枢电流，并说明电枢反应的性质：（1）每相负载电阻 7.52Ω 的三相对称纯电阻负荷；（2）每相负载阻抗 $Z_L = (7.52 + j7.52)\Omega$ 的三相对称感性负荷。

5-12. 一台隐极式同步发电机与电网并联运行，电网电压为 380V，定子绕组为丫联结，每相同步电抗为 $X_S = 1.2\Omega$，发电机输出电流为 $I = 69.5\text{A}$，发电机励磁电势 $E_0 = 270\text{V}$，$\cos\varphi = 0.8$（滞后），若减少励磁电流，使发电机励磁电势 $E_0 = 250\text{V}$，保持原动机输入功率不变，并不计电枢电阻，试求：（1）改变励磁电流前发电机输出的有功功率和无功功率；（2）改变励磁电流后发电机输出的有功功率、无功功率、功率因数及电枢电流。

第六章 特 种 电 机

电机是电气工程中的主要电磁元件，根据其作用的不同可分为两大类：一类在电力、动力工程中用于能量转换，将机械能转换成电能或将电能转换成机械能。例如，前面介绍的直流电机、三相交流异步电机等，称为动力用电机，简称为电机；另一类则在自动控制系统中作为检测、比较、放大和执行元件，主要用于信号转换和信息传递，例如，作为检测、放大和执行用的小功率电机，统称为特种电机，亦称为控制电机。

控制电机的电磁过程、工作原理和基本电磁规律与一般旋转的电力电机没有什么区别，但在结构、性能和用途等方面与动力用电机存在较大的差别。动力用电机，主要作用是能量转换，因此侧重于要求效率高、体积小、容量大等。而控制电机，主要作用是信号处理与传输，因此准确度和灵敏度是它们的主要指标。为此，控制电机比相同容量动力用电机的体积大，控制电机加工比动力用电机精细，价格也比相同容量动力用电机高很多。

常见的控制电机有伺服电动机、测速发电机、自整角机、旋转变压器、步进电动机和交轴电机扩大机等。

第一节 伺服电动机

伺服电动机在控制系统中是用来驱动自动控制系统的执行元件，从而实现对控制对象进行操作，又称为执行电动机。伺服电动机的转矩和转速受信号电压的控制，当控制信号电压的大小和极性发生变化时，伺服电动机的转速和转向也随着灵敏地、准确地变化。因此，在小功率随动系统中应用非常广泛。伺服电动机有交流和直流两种，直流伺服电动机的结构、原理与普通直流电动机一样，只是为了满足伺服电动机快速起停的需要，其造型一般为细长形。交流伺服电动机的结构也与普通两相笼型异步电动机基本一样，但其工作原理却有较大的差别，这也是本节主要介绍的内容。

一、交流伺服电动机的结构特点

交流伺服电动机实际上是两相异步电动机，其定子装有空间相隔90°电角度的两相绕组，分别称为励磁绕组和控制绕组。交流伺服电动机的转子有笼型转子和杯形转子两种。笼型转子和三相笼型异步电动机的转子结构相似，但造型细长，以减小转动惯量；杯形转子伺服电动机的结构如图6-1所示。

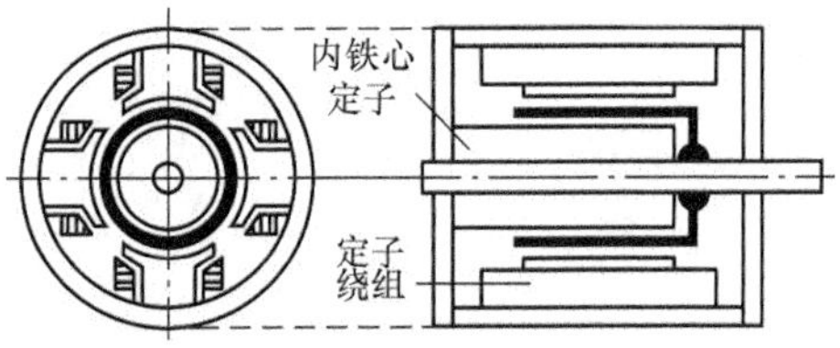

为了减小转动惯量，伺服电动机的杯形转

图 6-1 杯形转子伺服电动机结构

子，通常采用铝合金或铜合金制成空心薄壁圆筒形，它的导体电阻较大，有利于消除自转。

杯形转子伺服电动机定子铁心分为两部分，嵌有绕组的部分与普通两相异步电动机定子相似，嵌放着励磁绕组和控制绕组，这部分定子通常称为外铁心定子部分。未装绕组的、深入到空心杯形转子中间被杯形转子包围着的部分铁心，称为内铁心定子部分。内铁心定子部分实际上相当于普通异步电动机的转子铁心部分。为了使杯形转子的转动惯量小，设置内铁心定子是为了减小气隙，减小电机磁路的磁阻，在相同的励磁电流时可产生较大的励磁磁通量。

二、交流伺服电动机的工作原理

图6-2所示为交流伺服电动机的接线图。励磁绕组与电容 C 串联后接到交流电源上，其电压为 U。控制绕组常接在电子放大器的输出端，控制电压 U_2 即为放大器的输出电压。励磁绕组中串联电容 C 的作用是使其分相产生两相旋转磁场。适当选择电容 C 的数值，可使励磁电流 $\dot{I}_1$ 超前于电压 $\dot{U}_C$，并使励磁电压 $\dot{U}_1$ 与电源电压 $\dot{U}$ 之间有 90° 或近似于 90° 的相位差。控制电压 $\dot{U}_2$ 与电源电压 $\dot{U}$ 有关，两者频率相等，相位相同或相反。因此，$\dot{U}_2$ 和 $\dot{U}_1$ 也是频率相等，相位

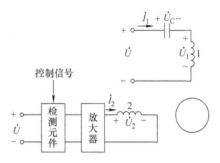

图 6-2　交流伺服电动机的接线图

差基本上也是 90°。两个绕组中产生的电流 $\dot{I}_1$ 和 $\dot{I}_2$ 的相位差也应近似于 90°。于是在空间相隔 90° 的两个绕组，分别通入在相位上相差 90° 的两个电流，便产生两相旋转磁场，转子在该旋转磁场的作用下产生转动。

杯形转子和笼型转子转动的原理是一样的，因为杯形转子可视为由无数导条组成的笼型转子。当控制电压反向时，旋转磁场和转子也都反转，由此实现电动机转速和转向的控制。

当控制绕组控制信号电压消失后，要求伺服电动机应立即停转，这样才能正常控制起停。但由单相异步电动机工作原理可知，普通单相异步电动机一旦转动起来，若定子绕组有单相励磁电流，气隙中就存在脉振磁场，其转子将继续保持转动，不会自行停车。伺服电动机无控制电压而转动的现象称为"自转"。交流伺服电动机"自转"是不可控的表现。

为了克服"自转"现象，通常采取的措施是使伺服电动机转子绕组（笼型导条或杯形转子导体）电阻足够大。由第四章的绕线转子异步电动机人工机械特性可知，当转子电阻增大，异步电动机临界转差率 s_m 也将增大。如图6-3a所示，普通单相异步电动机的 $s_m < 1$，

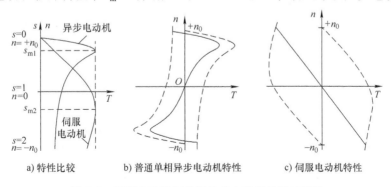

a) 特性比较　　　　b) 普通单相异步电动机特性　　　　c) 伺服电动机特性

图 6-3　伺服电动机与单相异步电动机的机械特性

如图6-3b所示，脉振磁场分解为正反两个圆形旋转磁场产生的正反向机械特性后合成的机械特性，在静止状态起动时，它的起动转矩为零，无法自行起动，一旦起动运行就能保持运行状态；而交流伺服电动机转子绕组电阻大，且 $s_m > 1$。当伺服电动机单相绕组通电时，由脉振磁场分解与合成后的机械特性如图6-3c所示。由图6-3a可见，$s_m < 1$ 时，机械特性在 $s < 1$ 的部分，转矩 T 相对比较大；$s > 1$ 的部分，转矩 T 相对比较小。因此，图6-3b所示的普通单相异步电动机合成机械特性在 $n > 0$ 时，$T > 0$；$n < 0$ 时，$T < 0$。单相运行时，普通单相异步电动机产生的电磁转矩为驱动转矩。而对于 $s_m > 1$ 的特性，在机械特性 $s < 1$ 的部分，转矩 T 相对较小；$s > 1$ 的部分，转矩 T 相对较大。因此单相运行时，它的合成机械特性在 $n > 0$ 时，$T < 0$；$n < 0$ 时，$T > 0$，如图6-3c所示，可见单相运行时，伺服电动机单相绕组通电时产生的电磁转矩为制动转矩。当控制绕组所加电压不为零时，伺服电动机两相绕组通电，在气隙产生旋转磁场，转子绕组切割旋转磁场，感应电动势与感生电流，产生电磁转矩，使转子转动并带动负载运行。当控制绕组所加电压为零时，伺服电动机气隙磁场为脉振磁场。脉振磁场可分解成两个旋转磁场，由其合成机械特性可知，此时产生的是制动性质的电磁转矩，使转子迅速停止转动。

综上所述，可以得出结论：交流伺服电动机的转子绕组电阻比较大（$r_2' \geq 2X_{20}$），使得其机械特性的 $s_m \geq 1$。只要伺服电动机定子励磁绕组和控制绕组同时通入不同相位的交流电流时，交流伺服电动机就能产生电磁转矩，驱动负载运行。而当励磁绕组通电，但控制信号电压为零时，伺服电动机产生的是制动电磁转矩，将使其转子因制动而迅速停止转动，这是交流伺服电动机的特点，也是自动控制系统所要求的。

交流伺服电动机的输出功率一般是 $0.1 \sim 100W$，其电源频率有50Hz和400Hz等多种。

三、直流伺服电动机

直流伺服电动机的结构类同于一般的他励直流电动机，只是造型细长以利于减小转动惯量。它的励磁绕组和电枢分别有两个独立电源供电，通常采用电枢控制，即励磁电压 U_1 一定，建立的磁通量也是定值，控制电压 U_2 加在电枢上，其接线图如图6-4所示。

直流伺服电动机有电磁式和永磁式两种基本结构类型。后者的磁极为永久磁铁，采用具有矫顽磁力和剩磁感应强度值很高的稀土永磁材料组成。永磁体很薄，仍能提供足够的磁感应强度，因而使电动机的体积小、重量轻。永磁材料能力强，使电动机不会因振动、冲击、多次拆装而退磁，提高了磁稳定性。

图6-5所示为直流伺服电动机在不同控制电压下的机械特性曲线 $n = f(T)$，图中 U_2 为额定控制电压。在一定负载转矩下，当磁通量不变时，升高电枢电压，电动机的转速就升高；反之，降低电枢电压，转速就下降；当 $U_2 = 0$ 时，电动机就立即停转。改变电枢电压的极性，可实现电动机反转。与交流伺服电动机比较，直流伺服电动机的机械特性硬，应用于功率稍大的系统中，其输出功率一般为 $1 \sim 600W$。

直流伺服电动机低速运转时，由于电刷和换向器之间的接触压降等因素使转速不稳定而造成误差。目前，在普通的直流伺服电动机的基础上发展了低惯量直流伺服电动机，如杯形电枢式、盘形电枢式、无槽电枢式直流伺服电动机等，并已广泛应用于电声、电视、计算机外围设备以及高灵敏度伺服系统中。

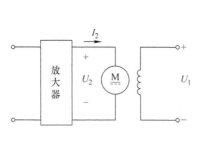

图 6-4　直流伺服电动机的接线图

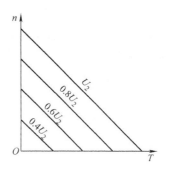

图 6-5　直流伺服电动机的 $n = f(T)$ 曲线

第二节　测速发电机及电动转速表

测速发电机的功能是将机械设备的转速信号转换为电压信号，测量得到的电压信号代表所测量的转速，既可以送给指示仪表，用来进行转速的数值显示，也可以送给转速自动控制系统，用来对转速进行调节。测速发电机也有直流和交流两种。

一、交流测速发电机的结构、原理

交流测速发电机大多数为空心杯形转子，采用空心杯形转子有两个优点：①转子转动惯量小，可提高整个系统动态品质；②可保证在转子转动时气隙磁通量分布均匀，从而保证输出电压有较好的波形。其结构与空心杯形转子交流伺服电动机结构相似，但各自绕组名称不同。

交流异步测速发电机的定子也是两相对称交流绕组，分别称为励磁绕组和输出绕组，在空间上相差90°电角度。励磁绕组用来提供励磁磁通量，输出绕组则将所测量的代表转速数值大小和转向的交流电压信号输出给其他设备使用，交流异步测速发电机的原理示意图和电路符号分别如图6-6a和b所示。

空心杯形转子同样可看成无数根导条构成的笼型转子，通常也采用具有较高电阻率的磷青铜制成，杯

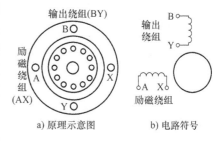

图 6-6　交流异步测速发电机

壁厚约为 $0.2 \sim 0.3 \mathrm{mm}$。为了减小各种因素造成磁路不对称对测速发电机的影响，空心杯形转子的异步测速发电机一般为四极结构（$p = 2$）。为了说明方便，仍采用两极结构表示，如图6-6所示。

若将励磁绕组 A-X 轴线称为直轴 d，则以直轴为中心线，笼型转子被分成左右两个半圆部分。交流测速发电机转子静止不动时，在励磁绕组通入交流电后，交流测速发电机气隙将产生脉振磁通量 Φ_f，方向从上到下，如图6-7所示。虽然笼型转子绕组与脉振磁通量无相对位移，但 Φ_f 是变化的，根据电磁感应定律，转子绕组将感应电动势（称为变压器电动势），产生感应电流。若忽略转子绕组电抗，根据右手螺旋定则，左半圆的笼型导条电流从纸背面指向纸面，用⊙表示；右半圆导条电流从纸面指向纸背面，用⊗表示。笼型绕组中电流也将产生磁通量 Φ_d（称为直轴磁通量），Φ_d 与 Φ_f 方向相反，是从下往上，只是削弱励

磁磁通量 Φ_f。由图 6-7a 可见，理想情况下，不论是 Φ_f 还是 Φ_d，都与输出绕组没有交链（没有穿过绕组 B-Y）。因此，转子静止不动时，异步测速发电机输出绕组没有电压信号输出，即输出绕组输出的电压 $U_{out}=0$，两个绕组的电磁关系如图 6-7b 所示。

励磁绕组通入交流电，若设交流异步测速发电机转子顺时针转动，发电机气隙产生的脉振磁通量 Φ_f 与前面一样。当此转子绕组除感应变压器电动势外，还将因转动切割脉振磁通量而感应电动势（称为发电机电动势），并在转子绕组中产生电流和磁通量，如图 6-8a 所示。

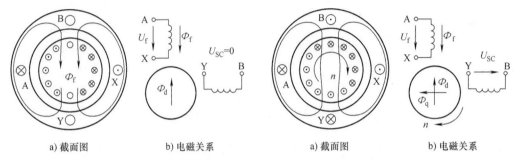

图 6-7　转子静止不动　　　　　　图 6-8　转子顺时针转动

a) 截面图　　　b) 电磁关系　　　　　a) 截面图　　　b) 电磁关系

同样可用输出绕组的轴线将转子导条分成上下两个半圆部分，根据右手定则，上半圆部分导条切割 Φ_f 后，由发电机电动势产生的电流方向是从纸面指向纸背面，用 $\otimes$ 表示；下半圆部分导条切割 Φ_f 后，由发电机电动势产生的电流方向是从纸背面指向纸面，用 $\odot$ 表示。发电机电动势产生的电流，也将在气隙中产生磁通量 Φ_q（称为交轴磁通量）。磁通量 Φ_q 的方向如图 6-8b 所示（从右指向左），与输出绕组 B-Y 的轴线平行，也就是说，Φ_q 垂直穿过输出绕组 B-Y。

由于脉振磁通量 Φ_f 是交变磁通量（频率为电源的频率），当励磁电流方向变反后，脉振磁通量 Φ_f 的方向也将变反，转子绕组感应的发电机电动势及其产生的电流和磁通量 Φ_q 方向也将变反。因此，交轴磁通量 Φ_q 是交变的磁通量，其频率为励磁电源频率。Φ_q 垂直穿过输出绕组 B-Y，输出绕组将感应交流电动势，输出交流电压为 U_{out}，如图 6-8b 所示。输出绕组输出的电压 $U_{out} \propto \Phi_q$，而 Φ_q 正比于转子电流，转子电流正比于发电机电动势。当励磁绕组所加电压一定时，发电机电动势正比于转子的转速。因此，理想情况下，异步测速发电机转子转动后，其输出绕组输出的电压 U_{out}（近似等于输出绕组感应的电动势 E_{out}）正比于测速发电机的转速 n，即

$$U_{out} \approx E_{out} \propto \Phi_q \propto \Phi_f n \propto U_f n \tag{6-1}$$

注意：U_{out} 的频率与励磁电源的频率相等，与发电机的转速 n 无关。由于交轴磁通量 Φ_q 的交变频率等于励磁电源频率，因此，输出电压频率就是励磁电源频率，与发电机的转速 n 无关。若异步测速发电机转子反转，励磁磁通量及变压器电动势等都没有发生变化，只是转子导条切割脉振磁通量的方向变反，发电机电动势相位变反（与顺时针转动时相差 $180°$），因此，输出绕组输出电压相位也变化 $180°$。此时转子导条感应电动势及发电机内部的电磁关系如图 6-9a 和 b 所示。

二、直流测速发电机的结构、原理

直流测速发电机分为永磁式和他励式两种。永磁式直流测速发电机不需另加励磁电

源，也不存在因励磁绕组温度变化引起励磁绕组电阻的变化，从而引起特性的变化，因此应用较广。他励式直流测速发电机的结构和直流伺服电动机是一样的，其接线图如图 6-10 所示。

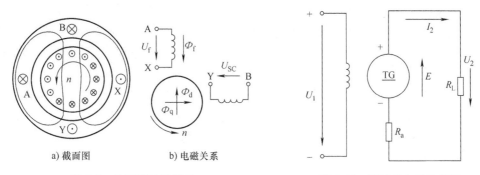

a) 截面图	b) 电磁关系

图 6-9　转子逆时针转动　　　　图 6-10　测速发电机接线图

当输入转速为 n 时，直流发电机电枢电动势为 $E = C_e\Phi_n$。如果保持励磁电压 U_1 恒定不变，则磁通量 Φ 为常数。因此，E 正比于 n，接负载电阻 R_L 后，直流测速发电机的输出电压为

$$U_2 = E - I_2 R_a = C_e\Phi_n - I_2 R_a \tag{6-2}$$

由于输出电流 $I_2 = U_2/R_L$，将其代入式（6-2），整理得

$$U_2 = \frac{C_e\Phi_n}{1 + R_a/R_L} = k \tag{6-3}$$

式中，$k = C_e\Phi_n/(1 + R_a/R_L)$，当测速发电机负载不变时，$k$ 是一个常数。因此，在负载不变、励磁磁通量不变时，测速发电机输出电压正比于其转子的转速。

实际负载后，电枢有电流流过，测速发电机存在电枢反应，将使气隙磁通量 Φ 略有减小，输出电压也就不与转速成正比，从而出现线性误差。为了克服这种线性误差，可在磁路各部分选用较低磁密，使电枢反应不起去磁作用，从而维持气隙磁通量不变。

与交流测速发电机相比，直流测速发电机的准确度和灵敏度较高。但结构复杂，价格较高，而且存在类似直流伺服电动机的缺点，即电刷与换向器之间的滑动接触影响工作的可靠性，并产生火花，引起对无线电的干扰。

三、测速发电机的应用

测速发电机的主要应用是测量转速，将转速信号变成反映转速大小和方向的电压信号。将这样的电压信号与直流磁电式仪表连接，即可组成电动转速表，用于各种需要测量转速的场合。例如，船舶驾驶台，往往要求知道主机的实时转速。此时可在主机的轴上安装一个直流测速发电机，然后用导线连接驾驶台上由直流磁电式仪表构成的转速表。主机的实时转速就可在驾驶台上实时显示，如图 6-11a 所示（图中的 TG 为测速发电机文字符号）。

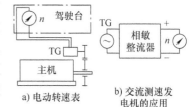

a) 电动转速表　b) 交流测速发电机的应用

图 6-11　测速发电机的应用

对于交流测速发电机，由于输出反映转速信号的电压为交流电压，因此不能直接与磁电

式仪表连接，此时应先通过相敏整流环节进行整流。交流测速发电机输出的是相位反映转向正负、幅值反映转速大小的交流电压信号。通过相敏整流后，输出电压变为直流电压，其大小反映交流电压大小，即被测转速大小；极性则反映交流电压相位，即被测转速方向。交流测速发电机构成的电动转速表如图 6-11b 所示。

测速发电机输出的反映转速大小和方向的电压信号也可以送到闭环控制系统中，作为转速闭环负反馈控制系统的反馈信号，还可通过 A-D 转换器等转换为数字信号，由电子数码管进行转速显示。

应该说明的是，随着电子技术的发展，各种性能更加优越、体积更为小巧的转速测量元件不断被开发出来，有些已经用于船舶的主机转速、增压器转速等的测量。因此，无论是直流测速发电机还是交流测速发电机，都已处于逐渐被淘汰的状态。

第三节　自整角机及其应用

自整角机是一种感应式机电信号转换元件，其作用是将转轴的转角变换为电信号，或将电信号变换为转轴的转角，从而能在没有机械连接的情况下，将角度信号进行传输、变换和接收。它广泛应用在同步传动系统中进行远距离指示，或在随动系统中进行角度检测，如船上的舵角指示器、电车钟和自动操舵仪。

自整角机常常成双成对地配合使用，一个作为发送机，另一个作为接收机。发送机将其轴上的转角变换成电信号，通过连接线发送给接收机；接收机接收发送机传来的电信号，将其转换成轴上的转角信号，带动其他机械按照接收机的要求转动。或将接收机传来的电信号变换成幅值与转角信号成正比、相位与转角信号对应的交流电压信号，然后输出给伺服电动机控制系统，由伺服电动机带动其他机械按照接收机的要求转动，从而保证发送机与接收机（或其所带动的机械设备）之间的同步转动，实现所谓"软轴"功能。根据接收机输出量的不同，自整角机可分为力矩式自整角机和控制式自整角机。由于自整角机产生的电磁转矩通常较小，因此力矩式自整角机一般用于要求转矩较小的同步偏转或同步指示系统。当系统要求的转矩比较大时，就应该采用控制式自整角机，然后通过伺服电动机等去带动要求转矩较大的机械设备。

从结构上来分，可分为两种，第一种是定子嵌有三相对称的整步绕组，转子为单相励磁绕组，它又可分为接触式和非接触式两种；第二种是定子嵌有单相励磁绕组，转子嵌有三相对称的整步绕组。两种结构的工作原理是一样的。

一、自整角机的基本结构

普通单相自整角机的结构为定子铁心中装有三相对称交流绕组，称为三相整步绕组。为了保证自整角机转子位置的唯一性，自整角机都采用一对磁极的结构，即定子的三相整步绕组的极对数也为 $p=1$，转子为一对磁极的单相励磁绕组。根据转子绕组的连接方式又可分为接触式和非接触式两种。接触式单相自整角机工作时，转子使用的单相交流电源，通过电刷和集电环接到转子单相励磁绕组。非接触式单相自整角机的结构示意图如图 6-12 所示。

非接触式单相自整角机的转子没有槽，铁心由非磁性材料斜着隔成两部分，转子两端装有励磁绕组，如图 6-12a 所示。励磁绕组产生励磁磁通量 Φ_f，由左边径向流进转子铁心。

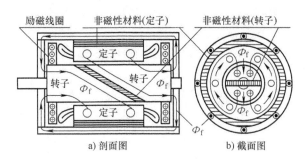

a) 剖面图　　　　　b) 截面图

图 6-12　非接触式单相自整角机结构

遇到非磁性材料后，Φ_f 被阻挡转而穿过气隙，进入定子铁心。定子铁心与机座之间也由非磁性材料隔离，因此 Φ_f 只能在定子铁心中绕行，绕到另外一面，再次穿过气隙进入转子铁心被非磁性材料隔开的另一部分，如图 6-12b 所示。最后 Φ_f 通过机座回到转子左边，构成磁通量回路。

转子转动后，转子上的非磁性材料隔面也随转子转动，因此励磁绕组产生的磁通量 Φ_f 进出定子的位置也随着改变，定子铁心中安放的三相绕组就能与励磁磁通量 Φ_f 交链。由此可见，虽然非接触式自整角机的结构与接触式不同，但励磁绕组在气隙中产生的磁效果与接触式一样，磁通量的轴线都是随转子转动的位置不同而改变。

二、力矩式自整角机

如上所述，力矩式自整角机一般用于要求转矩较小的同步偏转和指示系统，使用时需要一台发送机与一台接收机配合，其接线图如图 6-13 所示。发送机和接收机的三相整步绕组对应相连，励磁绕组也对应相连后再接相同的单相交流电源。当发送机和接收机处于相同位置时即 $\theta_1 = \theta_2$，我们称之为处于"协调"位置，偏离协调位置 （$\theta_1 \neq \theta_2$） 后则称之为"失调"。发送机转子励磁绕组的轴线与接收机转子励磁绕组的轴线的角度差称为"失调角"，用 θ 表示。下

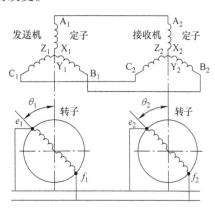

图 6-13　力矩式自整角机接线图

面分析力矩式自整角机工作原理。为了突出主要问题，将图 6-13 的线路连接省略，如图 6-14 所示。图 6-14a 为力矩式自整角发送机与接收机处于协调位置时的状态。发送机励磁绕组与接收机励磁绕组接同一单相交流电源，绕组流过电流相位相同，产生脉振磁动势相位一致，并在两机的气隙各自产生脉振磁通量。若设某一时刻，磁通量的瞬时方向都是向上，发送机和接收机三相整步绕组感应电动势如图中所示，由于当励磁绕组通过每台自整角机转子励磁电流时，将各自产生大小、相位相同的脉动磁通量，并在各自定子三相绕组中感应出电动势，在发送机中产生的为 $\dot{E}_{S1}$、$\dot{E}_{S2}$、$\dot{E}_{S3}$，而接收机产生的为 $\dot{E}'_{r1}$、$\dot{E}'_{r2}$、$\dot{E}'_{r3}$，各相电动势的大小是与定子和转子绕组的相对位置有关。当两相的转子具有相同位置时，它们定子中产生电动势相等，即 $\theta_1 = \theta_2$，两个自整角机处于协调位置，若其参数一致，发送机与接收机的三相整步绕组感应的电动势各自相等，即 $\dot{E}_{S1} = \dot{E}'_{r1}$，$\dot{E}_{S2} = \dot{E}'_{r2}$，$\dot{E}_{S3} = \dot{E}'_{r3}$，同时各感应电动势的频率是励磁电源的频率，因而回路中不产生电流，也就没有电磁转矩，两机

转子静止不动。发送机与接收机的气隙中都只有各自励磁绕组产生的励磁磁通量 Φ_f 和 Φ_s，如图 6-14a 所示。

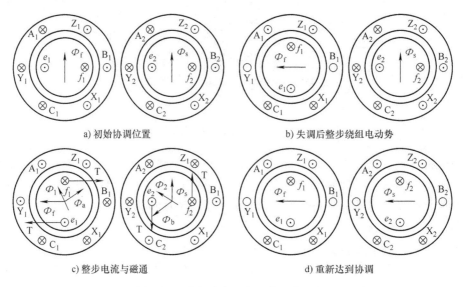

a) 初始协调位置   b) 失调后整步绕组电动势

c) 整步电流与磁通   d) 重新达到协调

图 6-14   力矩式自整角机的工作原理

当发送机转子转过一个角度之后，此时接收机转子还未追随之前进，就出现了 $\theta_1 \neq \theta_2$，即 $\delta = \theta_1 - \theta_2$，处于"失调"，于是发送机与接收机的定子绕组中的各相电动势不再平衡，因而在定子绕组中就有电流流动，这个电流与气隙合成的磁通量相互作用产生了转矩，使得接收机的转子跟随着转动相同的一个角度。下面说明其过程：若发送机转子朝逆时针方向转过 90°，如图 6-14b 所示。发送机励磁组产生脉振磁通量 Φ_f 方向由左指向右，此时发送机定子三相整步绕组只有 A、C 两相与 Φ_f 交链，B 相绕组未与 Φ_f 交链，不感应电动势。A、C 两相感应电动势瞬时方向如图中所示，A_1、Z_1 为⊙，X_1、C_1 为⊗。而此时接收机转子仍在原来位置，其三相整步绕组感应电动势与图 6-14a 时一样。由图 6-13 接线图可知，在两个自整角机的三相整步绕组之间将有电流流过。若忽略整步绕组电抗，A 相电流从 A_1 流出来，从 A_2 流进去；C 相电流则从 C_1 流进去，从 C_2 流出来（因为此时 C_1 和 C_2 各自相对于 Φ_f 和 Φ_s 的位置，C_1 感应电动势比 C_2 大，因此 C_2 绕组电流瞬时方向应服从 C_1 感应电动势的方向）。虽然发送机 B 相没有感应电动势，但接收机的 B 相存在感应电动势，因此 B 相也有电流，瞬时方向是从 B_2 流出来，从 B_1 流进去。三相整步绕组通过的电流是由两机励磁绕组产生的脉振磁通量 Φ_f 和 Φ_s 感应电动势引起的。感应电动势相位相同，由于各绕组在空间位置不同，与 Φ_f、Φ_s 交链大小不一样，造成幅值不同。因此，在三相整步绕组中，各相绕组流过的电流虽然幅值不等，但相位相同，属于单相电流。这些电流也将在两个自整角机的气隙分别产生脉振磁势，产生脉振磁通量 Φ_a 和 Φ_b。Φ_a 和 Φ_b 将分别与励磁磁通量 Φ_f 和 Φ_s 合成：在发送机的气隙中，Φ_a 与 Φ_f 合成，得到发送机气隙总磁通量为 Φ_1；在接收机的气隙中，Φ_b 与 Φ_s 合成，得到接收机气隙总磁通量为 Φ_2，如图 6-14c 所示。

自整角机的气隙有磁通量，各绕组中还有电流流过，电流与气隙磁通量的作用产生电磁力。转子受力方向如图 6-14c 中 T 的方向。由受力方向看，两机的转子所受的力，都是朝着减小失调角的方向：发送机为顺时针方向，接收机为逆时针方向，这种整步转矩都是企图使两转子的位置趋于一致。一般发送机转子发送转角信号时由相关机构卡住，不能转动，因此只有接收机的转子转动，并带动它所拖动的机械按发送机转子转过的方向转动。最终，接收机的转子转到与发送机转子相同的位置，如图6-14d所示，两机三相整步绕组感应的电动势再次对应相等，三相整步绕组没有电流，两机又重新回到新的协调位置上。实际上，接收机要带动机械负载，需要有一定的转矩。因此，实际是不可能达到完全协调的位置的，总会或多或少地存在一定的失调角。但只要负载转矩足够小，就可以认为发送机与接收机基本协调了。

自整角接收机输出的转矩通常称为整步转矩，整步转矩的大小与失调角大小的关系称为整步转矩特性，与同步电机的功角特性相似，也呈正弦规律变化。而且同样存在凸极转子与隐极转子的整步转矩特性曲线的不同。限于篇幅，本书不会对其做进一步的讨论。衡量自整角机输出转矩能力的参数为比整步转矩，或简称比转矩。所谓比转矩是指当失调角为1°时，自整角机轴上输出的转矩。比转矩的单位一般为 mN·m/(°)。力矩式自整角机的比转矩的范围为 $0.03 \sim 8 \mathrm{mN} \cdot \mathrm{m}/(°)$。

三、控制式自整角机

控制式自整角机输出的是电压信号而不是力矩，因此又称为自整角变压器，其电气线路连接如图6-15所示。定子的接线与力矩式自整角机一样，也是三相整步绕组对应连接。发送机的转子绕组为励磁绕组接单相交流电源，接收机的转子绕组称为输出绕组，其两根引线作为转角信号的输出端。

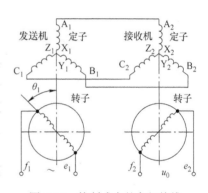

图6-15 控制式自整角机接线

应该说明的是控制式自整角机的协调位置与力矩式的定义有所不同。控制式自整角机的协调位置是，将自整角接收机的转子事先转过90°，作为协调位置。也就是说，在控制式自整角机处于协调位置时，接收机转子位置与发送机转子位置相差90°。

控制式自整角机的工作原理如图6-16所示。图6-16a表示，控制式自整角发送机和接收机处于协调位置，接收机的转子与发送机转子相差90°。自整角发送机励磁绕组接单相交流电源，处于协调位置时控制式自整角发送机在气隙中产生脉振磁通量 Φ_f，在三相整步绕组中感应电动势瞬时方向如图中所示（阻止脉振磁通量的变化）。由于自整角接收机没有励磁，三相整步绕组不感应电动势。由图6-15电气连线图可知，此时两机三相整步绕组将有电流流过。若忽略整步绕组电抗，三相整步绕组中各电流的瞬时方向与各绕组中电动势方向相同。如前面的分析，整步绕组中的各电流属于相位相同的单相电流，在发送机和接收机的气隙中也将分别产生脉振磁通量 Φ_a 和 Φ_b，Φ_a 在发送机的气隙中与励磁磁通量 Φ_f 相平衡；而 Φ_b 在接收机的瞬时方向如图6-16a所示，正好与输出绕组 $e_2 f_2$ 的轴线垂直（无磁通量穿过输出绕组）。因此，输出绕组不感应电动势，控制式自整角机输出的电压信号为0。

当控制式自整角发送机和接收机不处于协调位置时，即出现失调角 $\delta = \theta - \theta'$，由于发送机励磁绕组的脉动磁通量在定子三相绕组中感应有电动势，而接收机没有感应电动势，则在三相回路中就有电流 i_1、i_2、i_3 流过接收机的三相绕组，使接收机的转子绕组中感应电动势 U_2。由于事先把两个转子相对轴位置置成90°，那么接收机转子输出电压 U_2 的大小和相位

与失调角 $\delta = \theta - \theta'$ 成正弦关系，即

$$U_2 = U_{2m}\sin\delta \qquad (6-4)$$

注意：对于式（6-4），限于篇幅，在此不做推导。于是就将角差信号转换成电压信号，当 δ 很小时，$\sin\delta \propto \delta$，$U_2 = U_{2m}\sin\delta$ 成线性关系，故称控制式自整角机。下面说明控制式自整角机在失调角的工作过程：

当自整角发送机转子逆时针方向转过 $90°$，发送机三相整步绕组感应电动势的瞬时方向发生变化，三相整步绕组中流过的电流也发生变化，如图 6-16b 所示。在发送机和接收机的气隙中分别产生的脉振磁通量 Φ_a 和 Φ_b 瞬时方向也将发生变化。Φ_a 仍与 Φ_f 相平衡，而 Φ_b 的瞬时方向则变成与输出绕组 $e_2 f_2$ 的轴线平行（磁通量全部穿过输出绕组）。因此，输出绕组将最大感应电动势，其瞬时方向如图 6-16b 所示。

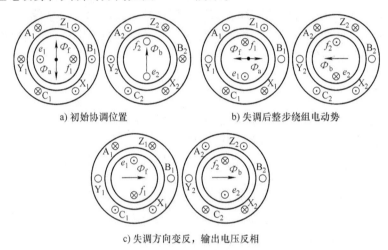

a) 初始协调位置　　　　　　b) 失调后整步绕组电动势

c) 失调方向变反，输出电压反相

图 6-16　控制式自整角机的工作原理

当自整角发送机的转子不是逆时针方向转动，而是顺时针方向转动 $90°$ 时，如图 6-16c 所示。励磁磁通量 Φ_f、脉振磁通量 Φ_a 和 Φ_b 的瞬时方向都将变反，自整角接收机输出绕组感应的电动势及其瞬时方向也将变反，输出电压相位变反，表示发送机转子发出反向偏转的信号。

综上所述，控制式自整角机处于协调位置时，接收机输出绕组输出的电压为零，发送机转子偏转，接收机输出电压的大小反映发送机转子偏转角度的大小，输出电压的极性反映发送机转子偏转的方向，发送机转子偏转方向变反，则接收机输出电压信号的相位也变反。

四、舵角指示器、电车钟工作原理

船舶上的传令钟（车钟）、舵角指示器、罗经复示仪、雷达都运用力矩式自整角机实现。

舵是保证船舶可操纵的重要设备，在船舶航行时，舵叶的偏转角度是驾驶人员非常关心的重要参数之一。为了及时了解实际舵叶偏转角度，在驾驶台里面和两侧都设有舵角指示器。舵角指示器实际上是力矩式自整角机的应用。自整角发送机装设在舵机舱，与舵叶同轴偏转，自整角接收机则装设在驾驶台，指示实时的舵角。

舵角指示器的发送机一般只有一个，而接收机则可以多个并联，如图6-17所示。只要多个接收机的励磁绕组与发送机的励磁绕组接相同的单相交流电源，在舵叶偏转时发送机的转子偏离协调位置，其定子三相整步绕组与多个接收机定子三相整步绕组的感应电动势相位不同，每个整步绕组将有整步电流输出，多个接收机的三相整步绕组也将有整步电流流过，并与

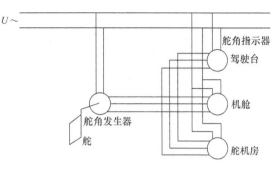

图6-17　舵角指示器示意图

各自的气隙合成磁场相互作用，产生电磁转矩，使多个接收机的转子随发送机的转子偏转而同步偏转。每个接收机的转子又通过指针将实际舵角指示出来，这就是舵角指示器的工作原理。

自整角机传令钟系统是驾驶室与机舱之间传送改变主机运转命令的重要设备，它由发令和回令两套力矩式自整角机系统和声光电路系统组成。发令系统的发送机在驾驶室，其转子的转向和转角大小代表主机的正倒车及车速命令，由发令钟控制；接收机在机舱，接收机转子带动车令指针传送驾驶室车令。另一套是回令传送系统，回令发送机在机舱，其转子与回令手柄连接；接收机在驾驶室，其转子与回令指针连接。当机舱按指示车令对主机车速执行操纵，将回令手柄扳到指示车令相同的位置，驾驶室接收机的回令指示同步转到发令手柄的位置，这表明机舱已经正确地执行了驾驶室的车速命令。图6-18所示为自整角机传令钟系统

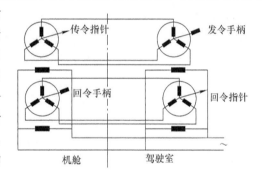

图6-18　自整角机传令钟系统的原理图

的原理图。在发令时，传令钟系统发出声光指示信号，直到正确回令后该信号才终止。

传令钟系统也可使用控制式自整角机，再配合辅助电路，也可完成传令钟的传送车令功能，而且还可自动控制主机油门刻度杆的位置，从而控制主机的进油量，达到控制主机转速的目的。

主机采用机控室操作时，驾驶员在驾驶台将传令钟手柄扳动一个角度，使传令钟手柄位于所需要的主机转速指示区上。如果机控室内的传令钟手柄所处的位置与驾驶台传令钟手柄位置不同步，两台自整角机就不处于协调位置，接收机的输出绕组将输出反映失调角大小和方向的控制信号。这个控制信号将由辅助电路进行判断，并控制具体的传令钟指示灯点亮。机控室传令钟指示灯将指示驾驶台传令钟手柄的位置，驾驶台传令钟指示灯将指示机控室传令钟手柄的位置。同时辅助电路还将接通警铃，提醒轮机人员及时按照驾驶台的车令操作机控室内的传令钟。

只要两个传令钟手柄不在相同的位置上，两个传令钟的指示灯将一直点亮，警铃也将一直鸣响。当机控室传令钟与驾驶台车钟手柄位置一致时，两个传令钟的所有传令钟指示灯熄灭，传令钟警铃停止鸣响。这就是电动车钟的工作原理。实现电动传令钟功能具体线路较多，控制方法各异，但其核心元件就是控制式自整角机。限于篇幅，具体线路就不做详细介绍了。

五、旋转变压器

1. 旋转变压器的基本工作原理

旋转变压器是一种输出电压随转子转角变化的信号元件，当励磁绕组以一定频率的交流电压励磁时，输出绕组的电压与转子的转角成正弦和余弦函数关系或在一定转角范围内与转角成正比。这样就把角度信号转换成电压信号，是一个传感器元件。它的主要作用是坐标变换、三角运算、角度传输等。

它的主要结构与普通绕线转子异步电动机相似，其定子铁心嵌有两相空差互成90°绕组 D_1、D_2、D_3、D_4 的励磁绕组，而转子铁心嵌有两相空差互成90°绕组 Z_1、Z_2、Z_3、Z_4 的输出绕组，如图6-19所示。

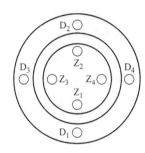

图 6-19 旋转变压器

旋转变压器工作原理与普通变压器原理相似，只不过旋转变压器的输出绕组是可转动的，输出的电压也就随着转子位置的变化而变化。当 D_3、D_4 开路时，在绕组 D_1、D_2 上加交流励磁电压 U_1 产生电流 I_1 后，在电机气隙中产生了一个交变磁场，其磁感应强度在气隙中按正弦规律分布，则输出绕组 Z_1、Z_2 和 Z_3、Z_4 的感应电压与转角 θ 的余弦和正弦函数成正比，即

$$U_{01} = U_m\cos\theta \qquad\qquad U_{02} = U_m\sin\theta \qquad\qquad (6\text{-}5)$$

式中，θ 为 Z_1、Z_2 与 D_1、D_2 的轴线之间的夹角。这样就把角度 θ 转换成电压信号。当输出绕组接有负载时，就有电流通过输出绕组，产生一个磁场，使气隙中的磁场产生畸变，因而使输出电压有了误差，为了减小这种误差，旋转变压器在工作中，要把 D_3、D_4 短接，或在两输出绕组接上对称负载。

2. 增量式旋转编码器

旋转编码器根据检测原理，可分为光学式、磁式、感应式和电容式；根据其刻度方法及信号输出形式，可分为增量式、绝对式和混合式。下面将主要介绍增量式光电编码器的结构和基本技术规格。

增量式光电编码器主要由光源、码盘、检测光栅、光电检测器件和转换电路组成，如图6-20a所示。码盘上刻有节距相等的辐射状透光缝隙，相邻两个透光缝隙之间代表一个增量周期；检测光栅上刻有 A、B 两组与码盘相对应的透光缝隙，用于通过或阻挡光源和光电检测器件之间的光线。它们的节距和码盘上的节距相等，并且两组透光缝隙错开1/4节距时，光电检测器件输出的信号在相位上相差90°电度角。当码盘随着被测转轴转动时，检测光栅不动，光线透过码盘和检测光栅

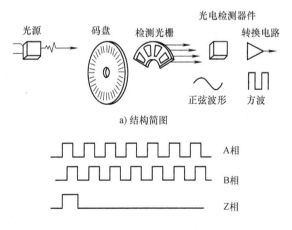

a) 结构简图

b) 输出信号波形

图 6-20 增量式光电编码器的结构简图和输出信号波形

上的透过缝隙照射到光电检测器件上，光电检测器件就输出两组相位相差 90°电度角的近似于正弦波的电信号，电信号经过转换电路的信号处理，可以得到被测轴的转角或速度信息。增量式光电编码器输出信号波形如图 6-20b 所示。

3. 基本技术规格

在增量式光电编码器的使用过程中，对其技术规格通常会提出不同的要求，其中最关键的就是它的分辨率、准确度、响应频率、输出信号的稳定性和信号输出形式。

（1）分辨率

光电编码器的分辨率是以编码器轴转动一周所产生的输出信号基本周期数来表示的，即脉冲数/转（PPR）。码盘上的透光缝隙的数目就等于编码器的分辨率，码盘上刻的缝隙越多，编码器的分辨率就越高。在工业电气传动中，根据不同的应用对象，可选择分辨率通常在 500 ~ 6000 PPR 的增量式光电编码器，最高可以达到几万脉冲数/转。电机调速控制系统中通常选用分辨率约为 2500 PPR 的编码器。此外，对光电转换信号进行逻辑处理，可以得到 2 倍频或 4 倍频的脉冲信号，从而进一步提高分辨率。

（2）准确度

增量式光电编码器的准确度与分辨率完全无关，这是两个不同的概念。准确度是一种度量在所选定的分辨率范围内，确定任一脉冲相对另一脉冲位置的能力。准确度通常用角度、角分或角秒来表示。编码器的准确度与码盘透光缝隙的加工质量、码盘的机械旋转情况的制造准确度有关，也与安装技术有关。

（3）响应频率

编码器输出的响应频率取决于光电检测器件、电子处理线路的响应速度。当编码器高速旋转时，如果其分辨率很高，那么编码器输出的信号频率将会很高。如果光电检测器件和电子线路元器件的工作速度不能与之相适应，就有可能使输出波形发生严重畸变，甚至产生丢失脉冲的现象。这样输出信号就不能准确反映轴的位置信息。所以，每一种编码器在其分辨率一定的情况下，它的最高转速也是一定的，即它的响应频率是受限制的。

（4）输出信号的稳定性

编码器输出信号的稳定性是指在实际运行条件下，保持规定准确度的能力。影响编码器输出信号稳定性的主要因素是温度对电子器件造成的漂移，外界加于编码器的变形力以及光源特性的变化。由于受到温度和电源变化的影响，编码器的电子电路不能保持规定的输出特性，在设计和使用中都应给予充分考虑。

（5）信号输出形式

在大多数情况下，直接从编码器的光电检测器件获取的信号电平较低，波形也不规则，还不能适应控制、信号处理和远距离传输的要求。所以，在编码器内还必须将此信号放大、整形。经过处理的输出信号一般近似于正弦波或矩形波。由于矩形波输出信号容易进行数字处理，所以这种输出信号在定位控制中得到广泛的应用。采用正弦波输出信号时基本消除了定位停止时的振荡现象，并且容易通过电子内插方法，以较低的成本得到较高的分辨率。增量式光电编码器的信号输出形式常用的有集电极开路输出和电压输出，晶体管使用 NPN 型和 PNP 型，典型应用电路如图 6-21 的 NPN 型输出所示。

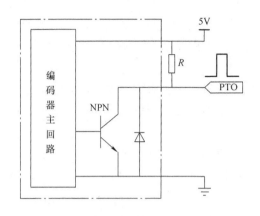

图 6-21　增量式编码器输出电路

第四节　步进电动机

步进电动机又称脉冲电动机，是一种利用电磁铁的作用原理将电脉冲转换为线位移或角位移的电动机。它是数字控制系统中广泛应用的一种执行元件。

步进电动机按励磁方式分为反应式、永磁式和感应式。反应式步进电动机也称为磁阻式步进电动机，因其结构简单而被广泛使用。图 6-22 所示为反应式步进电动机的结构示意图，它的定子具有均匀分布的六个磁极，磁极上绕有绕组。两个相对的磁极组成一相，绕组的联结法如图 6-22 所示，并假定转子具有均匀分布的四个齿。

下面介绍单三拍、六拍及双三拍三种工作方式的基本原理。

图 6-22　反应式步进电动机
原理结构示意图

一、单三拍运行方式

设 A 相首先通电（B、C 两相不通电），产生 A-A′轴线方向的磁通量，并通过转子形成闭合回路，这时 A、A′极就成为电磁铁的 N、S 极。由于磁通量具有倾向于走磁阻最小路径的特点，转子在磁场的作用下转到齿 1 和 3 的轴线与定子 A 极轴线对齐的位置（见图 6-23a）；接着 B 相通电（A、C 两相不通电），转子便逆时针方向转过 30°，它的齿 2 和 4 与定子 B 极轴线对齐（见图 6-23b）；随后 C 相通电（A、B 两相不通电），转子又逆时针方向转过 30°，它的齿 1 和 3 与 C 极轴线对齐（见图 6-23c）。如果按 A→B→C→A→……的顺序轮流通电，则电动机转子便逆时针方向一步一步地转动，每一步的转角为 30°（称为步距角）。电流换接三次，磁场旋转一周，转子前进了一个齿距角（转子 4 个齿时为 90°），其转速取决于各控制绕组通电和断电的频率（即输入的脉冲频率），旋转方向取决于控制绕组轮流通电的顺序。如果按 A→C→B→A→……的顺序通电，则电动机转子便顺时针方向转动，这种方式称为单三拍运行方式。所谓"单"是指每次只有一相绕组通电，"三拍"指每三次换接为一个循环，第四次换接则重复第一次的情况。

a) A相通电　　　　　　　　b) B相通电　　　　　　　　c) C相通电

图 6-23　单三拍绕组通电方式的转子位置

二、六拍运行方式

六拍运行的供电方式是 A、A′和 B、B′、B 和 C、C′、C 和 A、……这时，每一循环换接六次，总共有六种通电状态，六种状态中有时只有一相绕组通电，有时两相绕组同时通电。图 6-24 表示按这种方式对控制绕组供电时转子位置和磁通量分布的图形，运行原理如下：

开始先单独接通 A 相，转子齿 1 和 3 的轴线与定子 A 极轴线对齐如图 6-24a 所示，然后在 A 相继续通电的情况下接通 B 相，这时定子 B、B′极对转子齿 2、4 有磁拉力，使转子顺时针方向转动，但是 A、A′极继续拉住齿 1、3。转子的位置应兼顾使 A、B 两对磁极所形成的两路磁通量在气隙中遇到的磁阻同样程度地达到最小，这样转子才处于两个磁拉力平衡的位置。因此，转子从图 6-24a 的位置顺时针方向转过了 15°，如图 6-24b 所示。接着 A 相断电，B 相继续通电，这时转子齿 2、4 和定子 B 极轴线对齐，如图 6-24c 所示，转子从图 6-24b 的位置又转过了 15°。而后接通 C 相，B 相仍然继续通电，这时转子又转过了 15°，其位置如图 6-24d 所示。这样，如果按 A、A 和 B、B、B 和 C、C、C 和 A 的顺序轮流通电，则转子便顺时针方向一步一步地转动，步距角为 15°。电流换接六次，磁场旋转一周，转子前进了一个齿距角。如果按 A、A′和 B、B′和 C、C′的顺序通电，则电动机转子顺时针方向转动。这种通电方式称为六拍运行方式。

三、双三拍运行方式

在实际使用中，双三拍是经常采用的方式，它的供电方式是每次都有两相通电，即按 A 和 B→B 和 C→C 和 A→A 和 B→……的顺序通电。此时，与单三拍运行一样，每一循环也是换接三次，总共有三种通电状态，不同处仅在于每次换接都同时有两相绕组通电。双三拍运行时，每一通电状态的转子位置和磁通量路径与三相六拍响应的两相同时接通情况相同，如图 6-24b 和 d 所示。可以看出，这时的步距角也是 30°。

由上述可知，采用单三拍和双三拍方式时，转子走三步前进了一个齿距角，每走一步前进了 1/3 齿距角；采用六拍方式时，转子走六步前进了一个齿距角，每走一步前进了 1/6 齿距角。因此步距角 θ 可用下式计算：

$$\theta = \frac{360°}{Z_r m}$$

— 129 —

式中　Z_r——转子齿数；

　　　m——运行拍数。

为了提高准确度，步进电动机的实际步距角不是30°或15°，最常见的是3°或1.5°。由上式可知，转子上不止4个齿（齿距角360°/4＝90°），而有40个齿（齿距角为9°）。为了使转子齿能够和定子齿对齐，两者的齿宽和齿距必须相等。因此，定子上除了6个极以外，在每个极面上还有5个转子齿一样的小齿，实际的步进电动机的结构如图6-25所示。

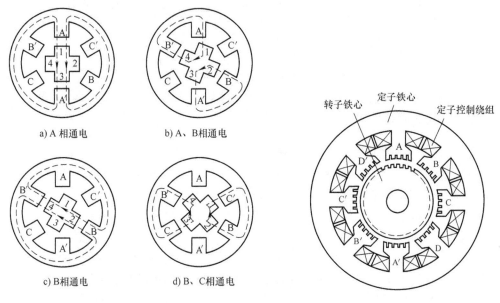

图6-24　六拍绕组通电方式的转子位置　　　　图6-25　实际的步进电动机结构示意图

a) A 相通电　　　b) A、B相通电

c) B相通电　　　d) B、C相通电

根据指令输入的电脉冲不能直接用来控制步进电动机，必须采用脉冲分配器先将电脉冲按通电工作方式进行分配，而后经脉冲放大器放大到具有足够的功率，才能驱动电动机工作。以三相双三拍运行的步进电动机为例，每相绕组由专门驱动电源通过环形分配器按一定规律轮流通电。环形分配器输入电信号是一路，输出有A、B、C三路。若开始是A、B两路有电压，输入一个电脉冲之后，变成B、C有电压；输入下一个脉冲，则变成C、A有电压；再输入一个脉冲，则又变成A、B这两路有电压了。环形分配器输出的各路脉冲电压信号，经过放大送入步进电动机的各相绕组，使步进电动机一步步地转动。

图6-26所示为步进电动机的控制框图，其中脉冲分配器和脉冲放大器称为步进电动机的驱动电源，其典型驱动电源电路如图6-27所示，只要控制V_A、V_B、V_C的通断，就可实现步进电动机的不同运行方式。这样步进电动机可带动的负载有机床工作台（由丝杆传动）等设备。

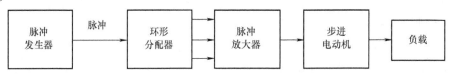

图6-26　步进电动机的控制框图

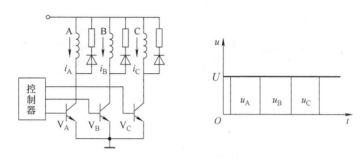

图 6-27　步进电动机驱动电源电路

由上述可见，步进电动机具有结构简单、维护方便、准确度高、起动灵敏和停车准确等优点。步进电动机的转速决定于电脉冲频率，并与频率同步。它与电压、负载、温度等因素无关。改变脉冲频率可以改变转速或进行无级调速，调速范围很宽。

复习与思考题

6-1. 转子不动时，异步测速发电机为何没有电压输出？转动时，为何输出电压值与转速成正比，但频率却与转速无关？

6-2. 改变交流伺服电动机转向的方法有哪些？

6-3. 当直流伺服电动机电枢电压、励磁电压不变时，如将负载转矩减少，此时电动机的电枢电流、电磁转矩、转速将怎样变化？

6-4. 什么是步进电动机的步距角？什么是单三拍、六拍和双三拍？

6-5. 交流测速发电机的转子静止时有无电压输出？转动时，为何输出电压与转速成正比，但频率却与转速无关？

6-6. 如何控制步进电动机输出的角位移（或线位移量）与转速（或线速度）？步进电动机有哪些优点？

6-7. 简述旋转变压器的工作原理。

6-8. 简述步进电动机的工作原理。

下篇 船舶电力拖动

第七章 常用控制电器及控制电路

第一节 常用控制电器的结构、原理及功能

船舶常用控制电器主要包括主令电器、熔断器、接触器、继电器和电磁制动器。

一、主令电器

主令电器是切换控制电路的单极或多极电器，其触点容量小，不能切换主电路。主令电器主要包括按钮、万能转换开关、行程开关、主令控制器等。

1. 按钮

按钮通常用来接通或断开控制电路，其外形图、结构原理图及电路符号如图7-1所示。在未按下按钮时，处于图7-1b中的上面一对静触点，被动触点接通而处于闭合状态，该对触点称为动断（常闭）触点；处于图7-1b中的下面一对静触点，未被动触点接通而处于断开状态，该对触点称为动合（常开）触点；将按钮按下时，动触点下移，于是上面一对静触点（动断触点）先断开，下面一对原来断开的静触点（动合触点）后闭合。使用时可视需要只选其中的动合触点或动断触点，也可两者同时选用。

按钮通常用来接通或断开控制电路，其电路符号如图7-1c和d所示。复合按钮如

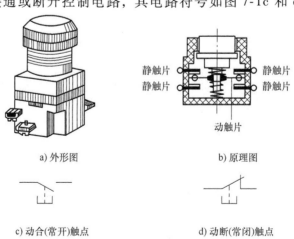

a) 外形图　　　　　　　　　　　　b) 原理图

c) 动合(常开)触点　　　　　　　d) 动断(常闭)触点

图 7-1　按钮及电路符号

图7-2所示，使用时可视需要只选其中的动合触点或动断触点，也可两者同时选用。

按钮种类很多，可以根据使用的场合，选择开启式、保护式、防水式或防腐式等；也可以根据工作情况及工作状态的指示要求，选择手把旋钮式、钥匙式、紧急式、带灯式及合适的按钮和指示灯的颜色；并根据控制回路的需要，确定不同的按钮数，如单钮、双钮、三钮、多钮等。

控制按钮的色标颜色代表着按钮的功能，"停止"按钮必须是红色；"急停"按钮必须是红色蘑菇头式；"起动"按钮必须有防护挡圈，防护挡圈应高于按钮头，以防意外触动产生误动作。

2. 组合开关

组合开关又称转换开关，是一种多路多极开关，可以控制多个电器回路通断，如图7-3所示。其具有结构紧凑、体积小、操作可靠、使用方便的特点，可以用在各种低压电器设备中，多在电气控制设备中作电源的引入开关，也可用来控制小容量三相异步电动机的起动、停止和正反转。它的种类较多，用途广泛。

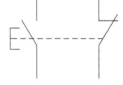

图7-2 复合按钮电路符号

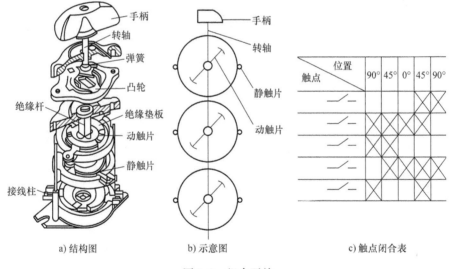

a) 结构图　　　b) 示意图　　　c) 触点闭合表

图7-3 组合开关

接触系统由数个动、静触点座构成。动触点是双断点对接式触桥，每个触桥依靠弹簧与静触点接触，且由套在六方转轴上的凸轮控制其接通或断开。

组合开关按额定电流可分为10A、20A、40A、60A四种。

组合开关在使用时应注意不得超负载运行，最好不要带负载接通和切断电源，以免损坏开关触点，降低使用寿命。各触点的闭合规律由触点闭合表来描述，如图7-3c所示，表中开关手柄在某位置时触点的状态"×"，表示此时触点闭合。船舶配电板上常用这种组合开关完成测量每相电压、电流或用于某个设备的控制方式，控制部位的选择。

3. 行程开关

行程开关又称限位开关，是利用机械运动部件的碰撞或接近来控制其触点动作的开关电器，用来控制机械运动部件的行程和变换运动的方向、速度及程序控制。常用形式有按钮式和转臂式两种。

按钮式行程开关与按钮极其类似，不同之处是它依靠机械运动部件碰撞行程开关的推杆，自动控制触点的通断。

行程开关由触点或微动开关、操作机构及外壳等部分组成。借助机械部件上的撞块触动操作机构，推动微动开关，使触点闭合或断开，如图 7-4 所示。船上舷梯、机舱的行车、起货机、舵机上都装有此类型开关，用以限制行程。

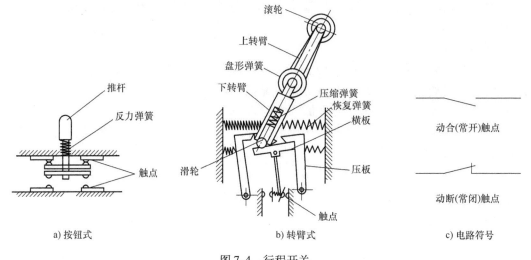

a) 按钮式　　　　　　　b) 转臂式　　　　　　　c) 电路符号

图 7-4　行程开关

4. 主令控制器

主令控制器是一种多位置多回路的控制开关，适合于频繁操作并要求有多种控制状态的场合，例如起货机、锚机和绞缆机的控制等。一般由触点装置和带有凸轮的轴组成。凸轮位置随手柄工作位置而变动，触点的开闭次序由凸轮形状决定。手柄在不同位置时，凸轮位置改变，从而使相应的触点闭合或断开。主令控制器轴上串入的凸轮片数一般不超过 12 片，手柄的工作位置正反可有 4~8 个。由于各凸轮的形状不一，各触点在不同工作位置时，便有不同的开闭状况，从而改变了相应的触点闭合或断开状态。图 7-5a 所示为主令控制器的结构原理图，图 7-5b 所示为主令控制器的电路符号。

二、熔断器

低压熔断器是低压配电系统中起安全保护作用的一种电器，广泛应用于电网保护和用电设备保护，主要起短路保护作用，有时也可起过载保护作用。

在正常情况下，熔断器相当于一根导线，当电网或用电设备出现短路或过载故障时，通过熔体的电流大于额定值，熔体因过热而熔化，自动切断电路，避免电网或用电设备的损坏，并防止事故的蔓延。在切断电路过程中往往产生强烈的电弧并向四周飞溅，为了安全有效地熄灭电弧，一般将熔体安装在壳体内，并采取有效措施，快速熄灭电弧。

熔断器主要由熔体（熔丝、熔片）、绝缘底座等组成，而熔体是整个熔断器的核心部分，常做成丝状或片状。熔体材料必须具有熔点低、导电性能好、易于熔断、不易氧化等性质。制作熔体的材料一般有铅锡合金、锌、银、铜等。

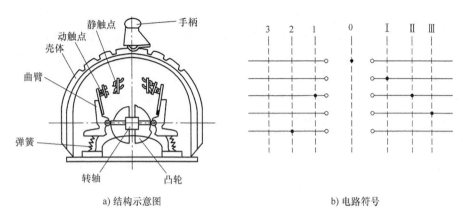

a) 结构示意图   b) 电路符号

图 7-5 主令控制器

熔断器按结构可分为开启式、半封闭式和封闭式三种。封闭式熔断器又分为无填料管式、有填料管式和有填料螺旋式等，如图 7-6a、b 所示，熔断器的保护特性如图 7-6c 所示，其电路符号图 7-6d 所示。

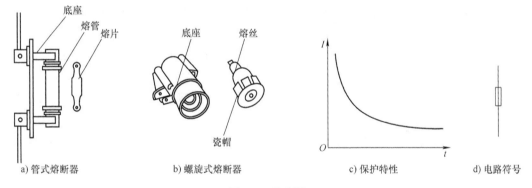

a) 管式熔断器   b) 螺旋式熔断器   c) 保护特性   d) 电路符号

图 7-6 熔断器

1. 熔断器的结构和特征

1）插入式熔断器。用于低压电路实现电气设备的短路保护或过载保护。熔断器装有熔丝或熔片，使用时熔丝的额定电流不能超过瓷件上标明的额定电流，否则熔丝烧断时产生的电弧极强，会烧坏熔断器。

2）螺旋式熔断器。在熔管内装有熔丝和石英砂，熔管一端有色点，当熔丝熔断时，色点就跳出，指示熔丝已熔断。

3）有填料封闭管式快速熔断器。由熔管、熔体、指示器、填料和触点底座等部分组成。熔体用银带制成"V"形的狭窄截面或网状形式，使熔断器具有快速性，可作为半导体整流器件的短路保护及过载保护。

2. 熔断器的选用

熔断器主要根据负载的情况和电路短路电流的大小来选择。对于容量较小的照明线路或电动机的保护，可选用半封闭式熔断器或无填料封闭式熔断器；对于短路电流相当大的电路或有易燃气体的地方，应选用有填料封闭式熔断器；对于晶闸管及硅器件的保护，应选用快速熔断器。

由于各种电气设备都具有一定的过载能力，当过载能力较轻时，可允许较长时间运行，而超过某一过载倍数时，就要求熔体在一定时间内熔断。还有一些设备起动电流很大，如三相异步电动机起动电流是额定电流的 5~7 倍，因此，选择熔体时必须考虑设备的特性。

熔断器熔体在短路电流作用下应可靠熔断，起到应有的保护作用。如果熔体选择偏大，负载长期过载熔体不能及时熔断；如果熔体选择偏小，在正常负载电流作用下就会熔断。为保证设备的正常运行，必须根据设备的性质合理地选择熔体。

照明支路：熔体额定电流 ≥ 支路上所有电灯的工作电流之和。

单台直接起动电动机：熔体额定电流 ≥ (1.5~2.5) × 电动机额定电流。

配电变压器低压侧：熔体额定电流 = (1~1.2) × 变压器低压侧额定电流。

3. 使用熔断器的注意事项

1）根据各种电器设备的用电情况（电压等级、电流等级、负载变化情况等），在更换熔体时，应按规定换上相同型号、材料、尺寸和电流等级的熔体。

2）按线路电压等级选用相应电压等级的熔断器，通常熔断器额定电压不应低于线路额定电压。

3）根据配电系统中可能出现的最大短路电流，选择具有相应分断能力的熔断器。

4）在电路中，各级熔断器应相应配合，通常要求前一级熔体比后一级熔体的额定电流大 2~3 倍，以免发生越级动作而扩大停电范围。

5）不能随便改变熔断器的工作方式，在熔体熔断后，应根据熔管端头上所标明的规格，换上相应的新熔管。不能用一根熔丝搭在熔管的两端，装入熔断器内继续使用。

6）作为电动机保护的熔断器，应按要求选择熔丝，而熔断器只能作电动机主回路的短路保护，不能作过载保护。

7）在接地线路、三相四线制的中性线路、直流电动机的励磁回路中不允许接入熔断器。

三、接触器

接触器是利用电磁吸力原理用于频繁地接通和切断大电流电路（即主电路）的开关电器。其控制容量大、可远距离操作、能实现联锁控制，并有失电压及欠电压保护，广泛应用于自动控制电路中，主要控制对象是电动机，也可用于控制其他电力负载。接触器按控制电流的种类可分为交流接触器和直流接触器，两类接触器在触点系统、电磁机构、灭弧装置等方面均有所不同。

1. 交流接触器

交流接触器主要由电磁系统、触点系统、灭弧装置和其他部件组成。图7-7所示为交流接触器的结构图和原理图。

电磁系统是接触器的重要组成部分，包括电磁线圈和铁心。接触器依靠它来带动触点的闭合与断开。电磁系统的铁心分为上、下两部分，下铁心是固定不动的（又称静铁心），上铁心是可以上下移动的（又称动铁心）。电磁系统的线圈（吸引线圈）装在静铁心上。每个触点组包括静触点和动触点两部分，动触点与动铁心直接连在一起。线圈通电时，在电磁吸力的作用下，动铁心带动动触点一起下移，使同一触点组中的动触点和静触点有的闭合，有的断开。当线圈断电后，电磁吸力消失，动铁心在弹簧的作用下复位，触点组也恢复到原来

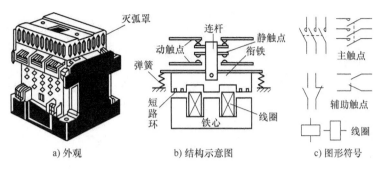

图 7-7　交流接触器

的状态。

　　按状态的不同，接触器的触点分为动合（常开）触点和动断（常闭）触点两种。接触器在线圈未通电时的状态称为释放状态；线圈通电、铁心吸合时的状态称为吸合状态。接触器处于释放状态时断开、处于吸合状态时闭合的触点称为动合触点；反之称为动断触点。

　　触点系统是接触器的执行部分，包括主触点和辅助触点。主触点的作用是接通和切断主回路，控制较大的电流，一般为数安到数百安。而辅助触点接在控制回路中，其额定电流一般为 5 ~ 10A，以满足各种控制方式的要求。

　　主触点一般为三副动合触点，串接在电源和三相异步电动机之间，用来接通或断开三相异步电动机的电源，以起到直接控制三相异步电动机起停的作用，通常把这部分电路称为主电路。例如，在图 7-8 所示电路中，合上三相电源开关 QS 后，按下起动按钮（按钮的触点为动合触点），接触器线圈通电，动铁心吸合，它的三副动合主触点闭合，电动机接通电源而起动运转。松开起动按钮，接触器线圈断电，动铁心释放，它的三副动合主触点断开，三相异步电动机断电而停止运转。

　　在主触点断开的瞬间，触点间会产生电弧，为防止烧坏触点，额定电流较大的交流接触器还装有灭弧装置，以加速电弧的熄灭。灭弧装置主要是用来保证触点断开电路时产生的电弧可靠地熄灭，减少电弧对触点的破坏作用。通常容量较大的接触器都装有灭弧装置。对 10A 以下，利用相间隔板隔弧，对 20A 以上，采用半封式陶土灭弧罩，并配有强磁吹弧回路。

　　辅助触点既有动合触点，也有动断触点，通常接在由按钮和接触器线圈组成的控制电路中，以实现某些功能，这部分电路又称辅助电路。例如图 7-8 所示的电路，只有合上三相电源开关 QS 后，在按下按钮时，三相异步电动机才能起动旋转，松开按钮，三相异步电动机立即停止运转，这种控制方式称为点动控制。但是，如果希望三相异步电动机在松开起动按钮后仍能继续运转，可以把电路设计成如图 7-9 所示的电路，将接触器的一副动合辅助触点并联在起动按钮两端，这样，在按下起动按钮后，接触器的动合主触点闭合的同时，动合辅助触点也闭合，将起动按钮短接，使得起动按钮松开时，接触器线圈可以继续通电，它的动合主触点仍然闭合，三相异步电动机继续运转。接触器的动合辅助触点的上述作用称为自锁。为了能使三相异步电动机停止转动，在辅助电路中增加了一个停止按钮（按钮的触点为动断触点）。按下停止按钮，按钮的动断触点断开，接触器线圈断电，它的动合主触点断开，使三相异步电动机断电停止运转，它的动合辅助触点也断开，撤销自锁。

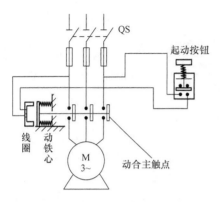

图 7-8　交流接触器连续运行控制原理图一

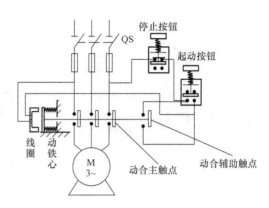

图 7-9　交流接触器连续运行控制原理图二

交流接触器的电路符号如图 7-10 所示，图 7-10a所示为接触器的线圈，图 7-10b 所示为接触器的动合主触点，图 7-10c 所示为接触器的动断主触点，图 7-10d 所示为接触器的动合辅助触点，图 7-10e 所示为接触器的动断辅助触点。

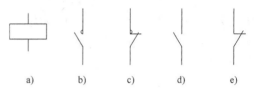

图 7-10　交流接触器的电路符号

选择接触器时应根据不同的使用条件，正确地选择产品类型和容量等级。主触点的额定电流应大于或等于负载的额定电流，在频繁操作或用于电动机正反转及反接制动的场合，选择接触器容量必须考虑电动机的起动电流、通电持续率。为了防止主触点的烧蚀和过早损坏，应将触点的额定电流降低使用，通常可降低一个电流等级或选大一档的。

电磁线圈允许在额定电压的 85% ~ 100% 范围内正常使用，其电压等级有 36V、110V、220V、380V 等，可根据控制回路的电压等级来选择。

接触器一般按控制功率相等的原则计算接触器的工作电流。在较低工作电压下的工作电流不应超过同一接触器的额定发热电流；最高工作电压不能超过接触器的额定绝缘电压；在较高的工作电压下，接触器的控制功率可能有所增加或降低，主要取决于其触点系统性能的好坏。

选用交流接触器时，应注意线圈的额定电压、触点的额定电流和触点的数量。

2. 直流接触器

直流接触器由操作电磁系统、触点灭弧系统、辅助触点及底板等部分组成。当接通操作线圈的操作电源时，电磁系统就产生电磁吸力，带动可动部分，使接触器触点闭合；当操作线圈断电时，电磁吸力消失，在触点压力和反力弹簧的带动下，使触点断开。

3. 交直流接触器的区别

交直流接触器在电磁机构有很大的区别，交流接触器的线圈铁心和衔铁由硅钢片叠成，以减少铁损，为了消除交流接触器工作时的振动和噪声，交流接触器的电磁铁心上必须装有短路环，其原理参见关于交流电磁铁的介绍，图 7-11 所示为交流接触器铁心上短路环的示意图。

直流接触器的铁心和衔铁可用整块钢。交流接触器的吸引线圈因具有较大的交流阻抗，故线圈匝数比较少。相比之下，直流接触器的线圈匝数较多，绕制的漆包线较细。

直流接触器接到直流电源上，当电压恒定时，电流也恒定，所以磁动势恒定，即直流接触器的电磁铁是一恒磁动势元件。磁通量随着电磁铁气隙的减小而增加，其吸力大大增加。所以直流接触器、继电器吸合以后，往往串接经济电阻来减小工作电流（但仍能保持吸合）、延长使用寿命。

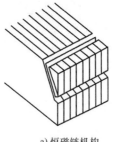
a) 恒磁链机构

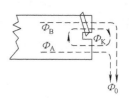
b) 恒磁动势机构

图 7-11　短路环

交流接触器接到交流电源上，当交流电源电压恒定时，在其他参数不变的情况下，交流接触器的电磁铁是一恒磁通量元件，由于磁通量恒定，其吸力也恒定，无论交流接触器的电磁铁的气隙怎样变化，电流必随之变化。若由于某种原因，在工作中衔铁卡住而吸不上，此时的气隙大于正常吸合时的气隙，电流就增大，时间稍长，线圈则烧毁。而直流电磁铁在衔铁被卡住后线圈是不会烧毁的。

使用交直流接触器时应注意：交流接触器不可以接直流电源，直流接触器也不可以接交流电源。

四、继电器

继电器是根据电量（如电流、电压）或非电量（如时间、温度、压力、转速等）的变化而通断控制电路的电器，常用于信号传递和多个电路的扩展控制。

1. 电磁式继电器

电磁式继电器又称中间继电器，其结构和工作原理类似于接触器，只是其触点容量较小，没有灭弧装置。电磁式继电器也有交直流之分。

中间继电器电路符号如图 7-12 所示，图 7-12a 所示为中间继电器的线圈；图 7-12b 所示为中间继电器的动合触点；图 7-12c 所示为中间继电器的动断触点。

电磁式继电器装上不同形式的电压线圈或电流线圈，可构成欠电压继电器、过电流继电器等。过电流继电器可以用作电动机过载运行时的过电流保护，也可以用于其他自动控制电路。它的吸引线圈匝数不多，串在主电路中。欠电压继电器的吸引线圈是一只电压线圈，跨接在电源上，当电源电压低于继电器的释放值时，其衔铁在反力作用下释放，触点复位，切断控制电路，从而起到欠电压保护作用。

图 7-13a 所示为欠电压继电器的电路符号；图 7-13b 所示为电流继电器的电路符号。

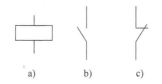
a)　　　b)　　　c)

图 7-12　中间继电器的电路符号

a)　　　b)

图 7-13　电压、电流继电器的电路符号

2. 时间继电器

时间继电器的作用是控制电路的动作时间，是根据输入信号状态经过一定的延时，然后再改变输出信号状态的继电器。时间继电器文字符号为 KT，一般由输入环节、延时环节和

输出环节三部分组成。时间继电器的种类很多，根据延时环节原理的不同，可分为空气阻尼电磁式（又称为电磁式或气囊式）、电动式、电子式和机械式等。早期气囊式用得最多，随着电子技术发展，电子式的应用逐渐增多。此外电动式时间继电器在某些船用设备的时序控制回路中也比较常见。

（1）气囊式时间继电器

图7-14所示为JS7-A型气囊式时间继电器，输入环节为线圈和铁心构成的电磁机构，延时环节为带有伞形活塞的气囊；输出环节由两组触点组成。一组为延时触点，另一组为瞬时动作触点，每组触点都有一对常开和一对常闭触点。根据电磁机构安装方向的不同，可组成通电延时型时间继电器或断电延时型时间继电器，图7-14a所示为其外观，图7-14b所示为通电延时型的结构示意图，图7-14c所示为断电延时型的结构示意图，图7-14d所示为时间继电器线圈、延时和瞬时触点的电路图形符号。

对于图7-14b所示的通电延时型时间继电器的结构，当电磁机构的线圈通电，衔铁吸合，图中右下部所画出的两对瞬时触点立即改变状态，同时伞形活塞的顶杆失去衔铁的限制，在其弹簧的作用下准备向下移动。但由于伞形活塞的上部气囊空气不能通过单向止回阀进入，只能通过节流阀缓慢地进入，因此，受顶杆控制的杠杆不能压动延时动作触点。只有当通过节流阀进入上部气囊的空气足够多，顶杆向下移动到一定的位置，通过杠杆的作用才能使延时动作触点改变状态。调节节流阀的开度就能调节上部气囊空气进入的时间，从而调节延时动作触点改变状态的时间，即时间继电器的延时时间。通电延时

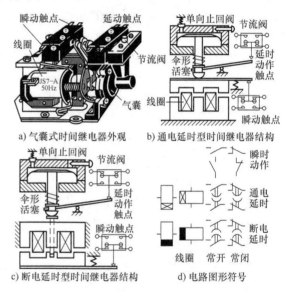

图7-14 气囊式时间继电器

型结构的电磁线圈断电，衔铁立即释放，伞形活塞的顶杆立即受压，上部气囊的空气从单向止回阀排除，瞬时动作触点和延时动作触点立即恢复常态。

对于图7-14c所示的断电延时型时间继电器的结构，当电磁线圈通电时，衔铁向上吸合，伞形活塞的顶杆立即受压，上部气囊的空气从单向止回阀排除，瞬时动作触点和延时动作触点立即动作。当电磁线圈断电时，衔铁释放，瞬时动作触点立即恢复常态。伞形活塞的顶杆失去衔铁的限制，但上部气囊的单向止回阀关闭，空气只能从节流阀进入，因此延时动作触点延时恢复常态。

改变气囊式时间继电器电磁机构的安装方向，通电延时型时间继电器可变成断电延时型时间继电器或反之。它们的电路图形符号如图7-14d所示。将时间继电器的延时触点与接触器的辅助触点或瞬时动作触点比较，可发现延时触点多了一个表示延时的"伞形"符号。伞形的弯曲方向表示触点延时的方向。如图7-14d中第二行的通电延时触点，线圈通电时，所有触点都要向上改变状态（常开触点闭合，常闭触点断开）。而每个触点的"伞形"符号都向上弯，因此表示通电延时触点。"伞形"符号即可加在触点符号的上部，也可加在触点

符号的下部，实际使用时主要考虑触点符号所占空间是否会影响电路图中其他元件符号的绘制，若无影响，触点的"伞形"符号加在触点符号的上部或下部都可以，没有专门的要求。

（2）电子式时间继电器

随着电子技术的发展，出现了电子式时间继电器。这类继电器机械结构简单、延时范围宽、经久耐用，正在日益得到广泛应用。电子式时间继电器的电路很多，但主要原理相同，都是利用电阻与电容支路的充放电时间进行延时的，图 7-15 所示为 JSJ 系列时间继电器原理图。

图 7-15 所示的时间继电器，点画线框内的电路安装在印制电路板上，并用外壳封装成一个继电器，整个继电器有三对引脚，一对接电源，另外两对分别为外接触点输出，cd 为常开触点，ef 为常闭触点。

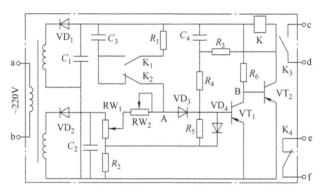

图 7-15　JSJ 系列时间继电器

当电源端 ab 接通 220V 交流电，经过变压器变压和 VD_1、VD_2 的半波整流，C_1、C_2 的滤波，得到上下两个直流电源，分别向内部的小型继电器 K 和延时电路提供直流电压，极性为下正上负。通电初期，由于 C_3 两端电压从 0 开始充电，A 点为低电位，晶体管 VT_1 导通；B 点为高电位，VT_2 截止。C_3 经过一段时间的充电，其两端电压升高，A 点变成高电位，VT_1 截止，B 点低电位，VT_2 导通，内部小型继电器 K 的线圈通电，其所有触点改变状态。K_3、K_4 改变状态用于控制外部电路。继电器 K 的另外两对触头：K_1 闭合，C_3 通过 R_1 放电，为下次工作做准备；K_2 断开，使 A 点电位由 C_4 决定。由于 C_4 此时也已经充满电，VT_1 继续保持截止，VT_2 继续保持导通。

也就是说，时间继电器 ab 端通电后，经过一定时间的延时，其输出触点 K_3 由断开变为闭合，K_4 由闭合变为断开。调节粗调和细调电位器 RW_1 和 RW_2 可调整 C_3 的充电时间，从而改变时间继电器的延时时间。JSJ 系列时间继电器的延时时间为 0.2 ~ 300s。

3. 热继电器

热继电器是利用电流热效应而动作的电器，适用于交流电动机过载保护，文字符号为 FR。其结构原理如图 7-16b 所示。双金属片由两种膨胀系数不同的金属片牢固轧焊在一起，膨胀系数大的为主动层（图中下层），膨胀系数小的为被动层（图中上层），在电流热效应作用下，双金属片向被动层弯曲。当流过发热元件的电流过大，图 7-16b 中双金属片受热向上弯曲，右端脱开杠杆在拉紧弹簧作用下逆时针旋转，带动触点动作。

热继电器的保护特性是指通过其发热元件的电流 I 与动作时间 t 的关系曲线，是一条反时限特性曲线,如图7-16c所示。所谓反时限特性,是指通过电流 I 越大,动作时间 t 越短;或通过电流 I 越小,动作时间 t 越长。限制通过的电流 I 与动作保护时间 t 成一定的反比关系。

热继电器动作后,其触点改变状态:常开触点闭合,常闭触点断开。热继电器一般有一对常开和一对常闭触点,如图7-16d所示。热继电器常闭触点一般与控制电动机通断的接触器线圈串联,电动机过载时,串接在电动机主电路的发热元件使热继电器动作,其常闭触点断开,接触器线圈失电,并使接触器主触点断开电动机主电路,使电动机停止工作,从而实现电动机过载保护。热继电器常开触点一般不用,但若所保护的设备为重要设备,此常开触点可接专门的报警回路,当电动机过载时可接通报警回路进行报警,通知管理人员及时进行处理。

热继电器动作脱扣后,一般经过一段时间冷却(约为2min),方可自动或手动复位,如图7-16a所示的结构只能手动复位。热继电器可通过整定旋钮整定过载保护的动作电流。

4. 速度继电器

速度继电器是传递转速信号的继电器。如图7-17所示,转轴与主令轴(反映转速的轴)相连,转轴上装有永久磁铁,圆环与转轴同心,并能独自转动,环上嵌有笼型绕组。当主令轴转动时,带动永久磁铁转动,笼型环中感应电流,使圆环沿永久磁铁旋转方向转动

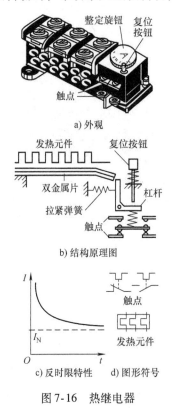

图7-16 热继电器

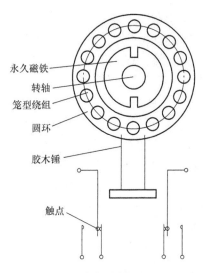

图7-17 速度继电器原理图

(其转动原理与笼型异步电动机转子沿旋转磁场方向转动相同),带动环上固定的胶木锤转动一角度,使触点动作。但圆环的转动力矩很小,当转速降到100r/min时,触点在弹簧反力作用下恢复原位。

五、电磁制动器

电动机的机械制动采用电磁制动器来实现的，常见的有圆盘式和抱闸式两种。

1. 圆盘式电磁制动器

圆盘式电磁制动器如图 7-18 所示，当电动机运转时，电磁制动器线圈通电产生吸力，将静摩擦片（即电磁铁的衔铁）吸住，而与动摩擦片相脱开，使电动机可自由旋转。停车时，制动器线圈失电，静摩擦片被反作用弹簧紧压到安装在电动机轴上的动摩擦片上，产生摩擦力矩，迫使电动机停转。

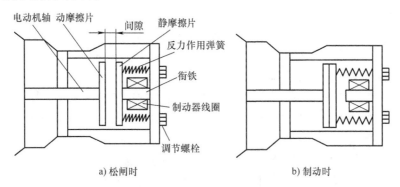

a) 松闸时　　　　　　　　　　　　b) 制动时

图 7-18　圆盘式电磁制动器

调整制动器外壳上的螺栓，用于改变弹簧反作用力，但必须注意所有螺栓要均匀调节，否则会造成摩擦片歪斜、气隙不均匀，出现噪声和振动。

2. 抱闸式电磁制动器

抱闸式电磁制动器又称为电磁抱闸，其制动原理与圆盘式电磁制动器相仿。它由制动电磁铁和制动闸瓦制成。当制动电磁铁线圈通电后，产生吸力，使抱闸闸瓦松开，电动机便能自由转动；当线圈断电时，闸瓦在弹簧力作用下，将电动机闸轮制动停止，使电动机迅速停转。

3. 电磁制动器间隙的调整

调整电磁制动器外壳上的螺栓，用于改变弹簧反作用力，但必须注意所有螺栓要均匀调节，否则会造成摩擦片歪斜、气隙不均匀，出现噪声和振动。

调整电磁制动器间隙的方法：

1）首先应测量间隙，然后才可按测量结果做相应的调整。

2）制动圆盘与电磁铁铁心的间隙调整是通过圆盘制动器端盖上的调节螺钉进行调整的。

3）调节螺钉往里紧是减小间隙，即减少摩擦力（减少制动力矩）；往外松是增加间隙，即增加摩擦力（增加摩擦力矩）。

4）摩擦片与制动圆盘、后端盖的间隙调整是通过改变后端盖与电动机外壳间的垫片厚度来实现的。

5）当制动器打不开时，可通过增加垫片厚度即增加摩擦片两侧的间隙实现。

6）适当的间隙在 $0.6 \sim 2mm$ 范围内，但应以起货机起吊额定负载时既能制动停止而制动器又不冒黑烟为准。

六、常用空气断路器

低压断路器是一种不仅可以接通、分断电路，又能对负载电路进行自动保护的开关电器。当负载电路发生短路、过载、电压过低等故障时，能自动切断电路，也可用于不频繁地起动电动机以及操作或转换电路。

1. 常用断路器

1）框架式断路器：DW5、DW10 系列框架式断路器，具有高分断能力和理想的保护特性。

2）塑料外壳式断路器：DZ5、DZ10、DZ20 系列具有良好的保护特性，安全可靠。

3）直流快速断路器：DS 系列一般是单极，主要用来对半导体器件作过载、短路保护。

4）限流式断路器：具有快速动作短路保护的特点。

5）漏电保护断路器：由断路器和漏电保护器组成，除能起一般断路器的作用外，还能在出现设备漏电或人身触电时，迅速自动断开故障电路，以保护人身及设备的安全。

2. 断路器的选用

首先根据具体使用条件选择类别，再按电路的额定电流及对保护的要求来选用。当额定电流在 600A 以下、短路电流不太大时，可选用塑料外壳式断路器；对于短路电流特别大的支路，应选用限流式断路器；当额定电流比较大时，应选用框架式断路器；用于控制和保护半导体器件时，应选用直流快速断路器；在有漏电保护要求时，应选用漏电保护断路器。

一般选用：

1）断路器的额定电流≥负载工作电流。

2）断路器的额定电压≥电路或设备的额定电压。

3）断路器的脱扣器额定电流≥负载工作电流。

4）断路器的极限通断能力≥电路最大短路电流。

5）断路器欠电压脱扣器额定电压 = 电路额定电压。

配电用断路器的选用：

1）长延时动作电流整定值 = $(0.8 \sim 1)$ × 导线允许载流量。

2）3 倍长延时动作电流整定值的可返回时间≥线路中最大起动电流的电动机的起动时间。

3）短延时动作电流整定值≥1.1 × (线路计算负载电流 + 1.35 × 电动机起动电流倍数 × 最大一台电动机额定电流)。

4）短延时延时时间按被保护对象的热稳定校核。

5）无短延时时，瞬时电流整定值≥1.1 × (线路计算负载电流 + 电动机起动电流冲击系数 × 电动机起动电流倍数 × 最大一台电动机额定电流)。

6）有短延时时，瞬时电流整定值≥1.1 倍下级开关进线端计算短路电流。

电动机用断路器的选用：

1）长延时电流整定值 = 电动机额定电流。

2）6 倍延时电流整定值的可返回时间≥电动机实际起动时间。

3）瞬时整定电流：笼型异步电动机瞬时整定电流 = $(8 \sim 15)$ × 脱扣器额定电流；绕线

型电动机瞬时整定电流 = (3 ~ 6) × 脱扣器额定电流。

照明用断路器的选用：

1）长延时电流整定值 ≤ 线路计算负载电流。

2）瞬时电流整定值 = 6 × 线路计算负载电流。

断路器的保护装置：

脱扣器是断路器的感知元件，当电路出现故障时，脱扣器收到信号后，经脱扣机构动作，使触点分开。通常有过电流脱扣器、欠电压脱扣器、分励脱扣器、半导体脱扣器等。

1）过电流脱扣器：当出现过电流时，脱扣器经一定时间后动作，使断路器断开，过电流越大，动作时间越短。

2）欠电压（失电压）脱扣器：当线路上电压低于某一整定电压或电压消失时，使电磁吸力不足以继续吸合衔铁，在弹簧力的作用下，衔铁的顶板推动脱扣器轴使断路器断开。

3）分励脱扣器：按照操作人员命令或继电保护信号，使电磁铁线圈通电，衔铁动作，使断路器断开电路。

4）半导体脱扣器：一种具有过负载、短路、欠电压等保护性能的脱扣器。

七、继电器调整

在船舶上常用的非电量继电器有：压力继电器和温度继电器，它既可作为控制电器，又可作为保护电器，如压力继电器用于辅锅炉的蒸汽压力自动控制，就是一个控制电器，如用于监视主机滑油压力，就是保护电器。温度继电器用于冷却水温报警，就是一个保护继电器。温度、压力继电器在船舶中用量较大，管理人员应合理选用、调整、维护，才能使它们可靠工作。

1. 使用与维护要求

压力继电器的取样导管应符合说明书要求，应密封、防止泄漏。

温度继电器的感温元件应与被控对象的热源体有良好的接触。特别是主辅柴油机冷却水温度监控用的温度继电器的探棒应与测量孔壁有良好接触，否则会引起动作误差。

由于压力、温度继电器安装的环境条件恶劣（高温、多油泥、振动较大），应经常检查引线是否牢固，接线是否接牢，导线是否老化、破损等。

对于起保护作用的温度、压力继电器，不能轻易调整动作值，非要调节时，在调节后应做动作值试验，以确保被保护对象的安全。

对于起控制作用的温度、压力继电器，应合理地调节返回系数，若返回系数太大，易使被控制设备起、停过于频繁，会缩短设备的寿命；若返回系数太小，将不能保证被控对象输出在一定范围内有明显的变化。

用于保护电器的继电器，应每年进行一次校验试验，确保它的工作可靠。若温度、压力继电器损坏，一般在船上无条件修复，一般直接更换整个继电器。

2. 压力继电器的调整方法

调整压力继电器时，一般可以使用手动液压泵对压力继电器或传感器进行测试，对其控制参数进行调整，使其在设定值动作。

压力继电器的调整方法：

1）正确的方法是先调下限压力，降压，调节复位压力螺钉，整定触点复位的压力值

（下限压力）。

2）再升压，调节压差螺钉，整定触点动作压力值（上限压力）。

压力开关或传感器的调整方法：

调整时，将压力开关或传感器按图7-19所示连接，通过试验泵对该设备进行增压或减压，通过压力表观察达到所需监控或显示报警的设定值时，检查是否有相应的输出信号。若输出信号不正常，则需进行参数调整。气动压力继电器一般是通过调整调零弹簧（或迁移弹簧）进行调整。

压差开关的试验方法：

将试验装置按图7-20所示接通，通过试验泵进行增压或减压，通过压力表观察达到所需报警的设定值时，检查是否显示报警正确无误。

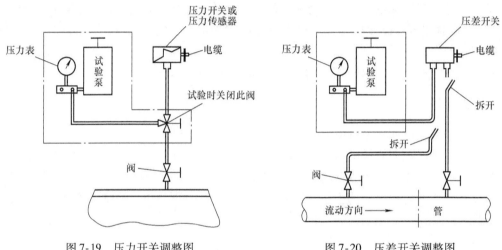

图7-19　压力开关调整图　　　　　图7-20　压差开关调整图

电动差压变送器将被测量的物理量转化为4~20mA的标准电流输出信号。在转换电路中设有两个电位器分别用于调整零点和量程，当输入信号不变时，顺时针转动两个电位器，均使变送器的输出电流增大，逆时针转动则使输出减少。

3. 温度继电器和温度传感器的调整方法

温度继电器的调整方法：

1）正确且较好的方法是先调下限温度，降温，调节复位温度螺钉，整定触点复位的温度值（下限温度）。

2）再升温，调节温差螺钉，整定触点动作温度值（上限温度）。

温度传感器的调整方法：

温度传感器通常是利用热膨胀、热电变换、电阻变化等方法进行测量的。一般分为100℃以下和100℃以上两种调整方法进行。

1）100℃以下温度传感器的检验一般采用实际加热的方法。将温度传感器插入试验装置中，调节温度调节器，使试验装置中介质的温度升高或下降，通过标准温度计观察达到所需的设定值，检查报警显示状况，应正确无误。

2）100℃以上热电阻式传感器的调整方法。它是利用导体或半导体的电阻值随温度变化的特性来测温的，调整时将接线盒中的温度传感器的接线断开，按图7-21接上可调电阻，根据温度所对应的电阻值标准图表册查出所需设定的温度值所对应的电阻值，调节可调电阻达到所需电阻值。检查报警显示状况，应正确无误。

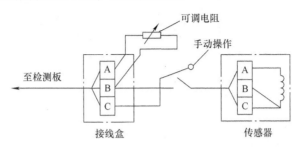

图 7-21　热电阻试验图

3）100℃以上热电偶式传感器试验方法。热电偶的结构简单，尺寸小，热惯性小，输出为电信号（热电动势）。通常使用准确度较高的毫伏计精确测量热电偶产生的热电动势的毫伏数。检验时，在接线盒中将温度传感器的接线断开，按图 7-22 接上毫伏表，根据温度所对应的电压（毫伏）值标准图表册，查出所需设定的温度值对应的毫伏值，调节毫伏表达到所需的值，检查报警显示状况，应正确无误。

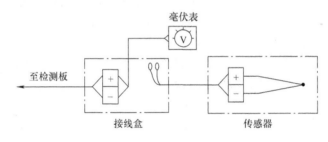

图 7-22　热电偶试验图

速度继电器调整方法：

速度继电器是传递转速信号的继电器。如图 7-17 所示，可通过调整反力作用弹簧进行整定。

4. 热继电器的整定

常用热继电器有 JR14、JR15、JR16、JR20 系列，用于额定电压为 380V、电流为 150A 以下的一般异步电动机的过载保护，带有断相保护装置的热继电器能在三相异步电动机一相断线时起保护作用。

型号说明：

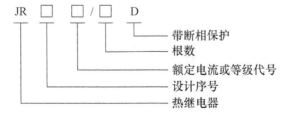

（1）热继电器的选用要求

1）一般情况下，按电动机额定电流来选择热继电器。

2）热元件的额定电流应为电动机额定电流的 1.1 ~ 1.25 倍。

3）热继电器整定值一般按电动机额定电流的 1.05 倍选取。

4）对于允许长期过载工作的电动机，当电动机长期过载超过 20% 时，热继电器应可靠动作，且热继电器的动作时间应大于电动机长期允许过载及起动的时间，整定值一般取电动机额定电流的 1.2 倍。

5）热继电器的工作温度与环境温度的温差不应超过 15 ~ 25℃。

6）对起动时间较长的电动机，为防止误动作，常选用电流互感器与热继电器配合使用。

7）需要带断相保护时，应选用带动导板的三相热继电器；当电动机起动次数频繁时，热继电器可能误动作，所以在控制重复短时工作制的异步电动机时，不宜用热继电器作过载保护。

一般情况下可选用两相结构的热继电器，但有下列情况之一者应选用三相结构的热继电器：

1）电网电压不平衡。

2）工作条件恶劣，很少有人看管的电动机。

3）与大容量电动机并联的小容量电动机（共用同一组熔断器或供电变压器）。

由于热继电器具有很大的热惯性，不能作为线路的短路保护。

（2）更换热继电器的要求

当原来设备中所用的热继电器已经损坏且无法修复而又无相同型号的热继电器，需更换其他型号的热继电器来代替时，可按以下要求更换：

1）更换的热继电器与原来热继电器的使用场合应相同。

2）更换的热继电器与原来热继电器的主要动作性能应该相同，特别是最低动作电流的倍数和整定电流的动作时间要相同。

3）对于星形联结的电动机可使用两极或三极的热继电器；对于三角形联结的电动机和带有短路保护的电路，应使用三极的热继电器或带断相保护的热继电器。

4）更换的热继电器的电流值应与原来的热继电器相同，一般热继电器的电流值应等于或接近于电动机的额定电流值。更换热继电器后，要经过试验才能投入正式使用。

（3）热继电器维护要求

安装前：

1）检查铭牌数据，热继电器的整定电流是否符合要求。

2）检查热继电器的可动部分，要求动作灵活可靠。

3）清除部件表面污垢。

运行中：

1）检查负载电流是否与热元件的额定电流相配合。

2）检查热继电器与外部导线的连接点处有无过热现象。

3）检查与热继电器连接导线的截面积是否满足电流要求。

4）检查热继电器的运行环境温度有无变化，是否超过允许范围（-30 ~ +40℃）。

5）如热继电器动作，应检查动作情况是否正确。

6）检查热继电器的周围环境温度与电动机的周围环境温度，如后者环境温度高出 15 ~

25℃时，应选用大一号等级的热元件；如低于 15～25℃时，应调换小一号等级的热元件。

（4）热继电器电流整定值的调整

热继电器电流的整定值应与被保护电机的额定电流一致。若不一致，应转动刻度盘进行调整。热继电器常见的需要对电流整定值进行重新调整的情况如下：

1）用电设备操作正常，但热继电器动作频繁。可能原因是热继电器的整定电流值小于被保护的设备的额定电流，处理方法是实测用电设备的工作电流，若用电设备的工作电流在额定范围内，应对热继电器电流的整定值进行重新调整，即转动刻度盘的刻度值使之与设备的额定电流相符。

2）电气设备烧毁，而热继电器未动作。可能原因是热继电器的整定电流值大于被保护设备的额定电流，处理方法是修复并重新启用该设备后，实测用电设备的工作电流，并依据设备的额定电流对热继电器电流的整定值进行重新调整，即转动刻度盘的刻度值使之与设备的额定电流相符。

3）热继电器的可调整部件固定支钉松动，不在原整定点上。此时要将支钉铆紧，并重新进行调整试验。

4）经过大的短路电流后，双金属片已产生了永久变形。此时应对热继电器进行重新调整或更换。

5）热继电器久未校验，灰尘堆积或生锈，动作机构不灵活。正常情况下应每年进行一次校验，发生此种情况应清除灰尘或锈迹，并重新进行调整。

6）热继电器的外接线未接上或松动。

八、固态继电器

固态（体）继电器（SSR）是采用固体半导体器件组装而成的一种新颖无触点开关。固态继电器通常为封装结构，采用塑料、环氧树脂等绝缘防水材料封装。由于固态继电器的接通和断开没有机械接触部件，因而具有控制功率小、开关速度快、工作频率高、使用寿命长、耐振动和抗冲击能力强、动作可靠性高、抗干扰能力强、对电源电压的适应范围广、耐压水平高、噪声低等一系列优点。现在，固态继电器已经在许多自动化控制装置中代替了常规电磁式继电器，尤其在动作频繁、防爆、耐潮和耐腐蚀等特殊场合。固态继电器按照切换负载性质分为直流和交流两种，现在以使用最为广泛的带有电压过零触发的交流型固态继电器（AC-SSR）为例进行介绍。

图 7-23 所示为固态继电器原理图，当无输入信号时，光电耦合器中的光电晶体管是截止的，电阻 R_2 为晶体管 V_1 提供基极注入电流，使 V_1 饱和导通，旁路了经由电阻 R_4 注入晶闸管 V_2 的触发电流，

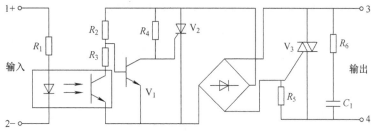

图 7-23 固态继电器原理图

故 V_2 截止。这时晶体管 V_1 经桥式整流电路而引入的电流很小，不足以使双向晶闸管 V_3 导通。

当有输入信号时，光电耦合器中的光电晶体管导通，但只有当交流负载电源电压接近零时，电压值较低，经过整流，电阻 R_2 和电阻 R_3 分压点上的电压不足以使晶体管 V_1 导通，这种状态相当于短路，电流很大，只要达到双向晶闸管 V_3 的导通值，使 V_3 导通。一旦 V_3 导通，不管输入信号是否存在，只有当电流过零时，才能恢复关断。

上述触发过程仅出现在电压过零附近。因而若输入信号电压出现在过零触发点之后，当电阻 R_2 和电阻 R_3 分压值早已超出晶体管 V_1 导通需要的程度，V_1 导通，从而旁路了晶闸管 V_2 的触发电流。双向晶闸管 V_3 在负载电压的这个半波中不再触发，而只有在下半波的电压过零附近，若输入信号仍保留，便自然进入导通状态；若输入信号消失，则不能再导通。在零点附近有一个很小的区域称为死区，死区电压为 $\pm(10 \sim 15)\mathrm{V}$。电阻 $R_6(20\Omega)$ 和电容 C_1 起浪涌抑制作用。

AC-SSR 的控制功率小，在最大输入电压下的最大输入电流为 $12 \sim 20\mathrm{mA}$，能被 TTL 或 CMOS 逻辑集成电路直接驱动，AC-SSR 的输入电压多为 $3 \sim 32\mathrm{V}$，可靠的接通电压为 $5 \sim 6\mathrm{V}$，可靠的关断电压在 $0.8\mathrm{V}$ 以下。AC-SSR 能在工频电压下驱动上百安培的负载，具有很大的功率放大作用。

AC-SSR 的转换时间不大于市电周期的一半（即 $10\mathrm{ms}$），而 DC-SSR 的响应时间小于几十微秒，比电磁继电器的速度提高近千倍。SSR 对系统的干扰小，同时自身抗干扰的能力也强，没有接点跳动，消除了因火花产生的干扰。另外，由于采用了过零触发技术，具有零电压、零电流断开的特性，从而有效地降低了线路中的电压、电流变化率，使对外界的电磁干扰降到最低。此外，输入与输出之间的光电隔离，大大提高了其抗干扰的能力。

SSR 的不足之处是关断后有漏电流，另外，在过载能力方面不如电磁接触器。

SSR 的主要参数：输入参数有输入信号电压、输入电流限制、输入阻抗；输出参数有标称电压和标称电流、断态漏电流、导通电压等。

第二节 异步电动机的基本保护电路

在电力拖动系统设计时，不仅应保证设备在正常工作条件下安全运行，而且还应考虑到在异常情况下保证设备和人身的安全。为此，必须在系统中设置必要的保护环节。最常见的电气保护环节有短路保护、过载保护、欠电压保护和断相保护等。

图 7-24 所示为笼型异步电动机的直接起动电路，将图中的电源开关 QS 合上，控制电路有电，停止指示灯（兼作电源指示灯）HL_1 亮，按下起动按钮 SB_1，接触器 KM 线圈通电，衔铁被吸合，其所有触点改变状态。KM 主触点闭合，电动机定子绕组连通三相交流电源起动运转。与 SB_1 并联的接触器 KM 辅助触点（称为自锁触点或自保持触点）闭合，保证 SB_1 松开后，KM 线圈继续通电，维持电动机连续运行。接触器的另两个辅助触点分别断开电源指示灯 HL_1，接通运行指示灯 HL_2，起动过程结束。按停止按钮 SB_2，KM 线圈失电，衔铁释

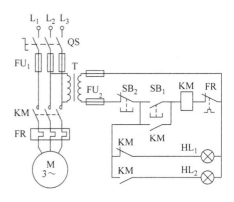

图 7-24 笼型异步电动机的直接起动电路

放，其所有触点恢复原状。KM 主触点断开，电动机停转；辅助触点复位，运行指示灯 HL$_2$ 灭，停止指示灯 HL$_1$ 亮。电动机的保护环节可由图 7-24 进行说明。

一、短路保护

电流不经负载而直接形成回路称为短路。在电力拖动控制系统中，由于电机绕组和连接导线的绝缘损坏、控制电器动作程序出现故障或误操作等，均有可能使不同极性或不同相位的电源线出现直接短路故障。短路故障出现时，很大的短路电流将使回路严重发热，同时产生巨大的电磁力，最终导致发电机和电网的损坏。所以，一旦出现短路故障，必须采取措施快速切断短路故障点。

短路保护的对象是发电机和电网，一般采用熔断器或断路器。在图 7-24 所示的交流磁力起动器中，主电路和控制电路上都装有熔断器，以实现短路保护。其中，FU$_1$ 用于主电路的短路保护，FU$_2$ 则用于辅助电路的短路保护。之所以主电路与控制电路分别采用短路保护，主要原因是两个电路的短路电流不一样。主电路正常时通过的电流比控制电路大很多，其导线截面积大，短路电流大。并且主电路短路保护应考虑避开异步电动机起动电流，因此主电路熔断器的额定电流较大。而辅助电路正常工作时的电流相对很小，所用导线的截面积比主电路的导线截面积小很多，其短路电流也比主电路小。若不单独设置短路保护的熔断器，一旦辅助电路发生短路故障，相对于主电路短路电流小的辅助电路短路电流将很难使主电路的熔断器熔断，因此有必要单独设置辅助电路的短路保护熔断器 FU$_2$。而且 FU$_2$ 还具有保护控制变压器 T 的作用。

采用熔断器作为短路保护时，一旦电路出现短路故障，熔断器 FU$_1$ 或 FU$_2$ 应立即动作熔断。实际控制电路出现短路，图 7-24 中 FU$_2$ 的一个或两个同时熔断，切除短路故障点，控制变压器 T 输出到控制电路的电压为零，接触器的线圈 KM 失电，KM 所有触点恢复常态，主电路交流异步电动机的三相交流电源断开，短路保护使异步电动机停止运转。如果短路发生在主电路的 L$_2$ 或 L$_3$ 相，FU$_1$ 的中间或右边熔断器动作，切除短路故障点，控制变压器 T 的一次侧断电，同样引起接触器的线圈 KM 失电，电动机停止运转。若短路发生在主电路的 L$_1$ 相，且只有左边熔断器动作，切除短路故障点。但此时控制变压器 T 一次侧仍然得到正常供电，不能使电动机立即停止运行。不过此时的电动机处于断相运行，电动机绕组电流增大，具体见本节后面断相保护的介绍。

当熔断器熔断后，应及时查明原因，排除故障后，用特性和额定电流都相同的熔断器来替换。为了安全起见，更换熔断器时一定要在断电的情况下更换。

二、过载保护

电动机轴上所带负载超过额定负载，其定子电流将超过额定电流。过载电流会使电动机绕组的温度升高，加速绕组的老化，甚至损坏绝缘造成短路。然而短时的过载电流对电动机的影响较小，而且由第四章第三节可知，异步电动机在起动过程中，其电流也将超过额定电流。只要电动机绕组的温度没有超过对应绝缘等级额定运行所规定的最高工作温度，短时过载还是允许的。因此，过载保护并不一定要求立即停止工作。

在图 7-24 所示的交流磁力起动器中，过载保护的保护电器是热继电器 FR。热继电器与熔断器不同，由于热继电器发热元件的热惯性，当电路中出现短时过电流、过载时，热继电器并不马上动作，于是就可避开电动机起动、制动、调速等过渡过程的冲击电流。如果瞬时过电流很大，超过熔断器的整定值时，应由熔断器来切断主电路。也就是说，短路或短时严重过载电流可由熔断器进行保护，而长期较轻的过载则由热继电器进行保护。

当电动机长期过载时，热继电器串接在主电路的发热元件产生热量才使其内部的双金属片严重弯曲而动作。热继电器所有触点改变状态，与接触器线圈 KM 串联的常闭触点 FR 断开，接触器线圈 KM 断电，KM 所有触点恢复常态，主电路中 KM 主触点断开电动机的三相交流电源，电动机停止运转，过载保护起作用。一般热继电器过载保护动作时，作为短路保护的熔断器不应动作。

电动机过载保护不仅可以通过热继电器实现，还可通过过电流继电器实现。通过过电流继电器实现的电动机过载保护又称为过电流保护。过电流保护属于短时过载保护，通常用在对过载电流有明确限制的场合。如绕线转子异步电动机或限流起动的直流电动机，其过载电流都有确定的限制值，因此必须采用过电流继电器进行保护。第十章的第一节和第二节介绍的锚机、起货机，在重负载高速档均采用过电流保护。当锚机运行在起锚高速档时，过电流继电器监测主电路的电流，当电流超过其起锚高速档额定电流值时，控制电路自动切换，使锚机自动退到中速档工作。

过电流保护的原理是将过电流继电器的线圈串接在主电路中检测电流，其常闭触点与接触器线圈串联。当过电流继电器线圈检测到过载电流而动作时，其常闭触点立即断开接触器线圈的电源。接触器复位，主触点断开，电动机停止运转，实现过电流保护。过电流保护与热继电器的过载保护有所不同，热继电器的过载保护需要一定的延时滞后才使电动机停止运转。过电流保护一般为瞬时动作保护，只要电流超过所整定的电流值，过电流保护将使电动机立即停止运转而实现保护。

三、失电压保护和欠电压保护

所谓失电压，是指失去电源电压，即电源电压为零，因此失电压保护又称为零电压保护，失电压保护实现的功能是：在电源电压突然消失，导致电动机停车后，在电源电压一旦恢复时，若不重新进行起动操作，电动机或其他设备不能自行起动。失电压保护的保护对象是电网、设备和人。运行的设备在电源电压突然消失时将停止工作，管理、维修人员可能前往检查，如果不设置失电压保护，电源电压恢复时电动机将突然自行起动，这将危及管理、维修人员的人身安全。有些设备的起动需要按人的配合以一定顺序进行，如果不设置失电压保护，电源电压恢复时电动机自行起动将危及设备的安全。此外，如果与电网连接的所有电气设备都不设置失电压保护，电源电压恢复时所有设备的电动机将同时起动，电动机起动电流比额定电流大，整个电网的电流突然增大，将使电网出现过载。因此，失电压保护的保护对象是电网、设备和人。

所谓欠电压，是指电源电压低于额定值。由第四章第三节对异步电动机的机械特性可知，电源电压过低，而异步电动机所带的负载转矩不变时，其转速将下降，转差率增大。根据前面的分析，转子电流将增大，转子电流增大的同时，异步电动机定子电流也随之增大。因此，电源电压过高，异步电动机电流将过大；电源电压过低，异步电动机电流也将过大。异步电动机电流过大，将会出现温升过高，加速绝缘老化，影响电机的使用寿命。为了保证异步电动机正常工作时不因电源电压过低而出现过大的定子电流，就必须设置欠电压保护。当电源电压过低（如低于额定电压的 70% 或以下），立即停止电动机运行。欠电压保护的保护对象为电动机和电网。

失电压保护和欠电压保护一般可由同一电器来实现。在继电器-接触器控制系统中，一般采用自锁触点与接触器的线圈或电压继电器的线圈配合，同时实现失电压保护和欠电压保护。在图 7-24 所示的交流磁力起动器中，与起动按钮 SB_1 并联的接触器 KM 常开辅助触点自锁触点，与接触器线圈 KM 配合，可实现失电压保护或欠电压保护。

由前面介绍的接触器额定电压可知，接触器线圈电压低于额定电压 70% 时，应释放复位。当图 7-24 所示的交流磁力起动器线路中的接触器线圈检测到电源电压低于额定电压 70%（欠电压）或为零（失电压）时，接触器复位，其他触点恢复常态，主触点断开电动机的电源，电动机停止运转，实现失电压保护或欠电压保护。失电压保护或欠电压保护后若电源电压又恢复额定值，由于 KM 自锁触点断开，接触器 KM 线圈不能得电，因此电动机不会自行起动。要使电动机重新起动，可重新按压起动按钮 SB_1，才能使接触器线圈 KM 重新通电。

对于主令控制器控制电路，失电压保护和欠电压保护可由零压继电器实现。零压继电器为电压继电器，其自锁触点与零档接通的主令触点并联，可实现失电压保护和欠电压保护，如图 7-25 所示。

在图 7-25 中，SA-1 为主令控制器零档接通的触点，KA 为零压继电器。正常工作时，主令手柄扳到零位时 SA-1 接通，KA 线圈得电动作，其常开辅助触点闭合自锁，其他控制回路得电，为其他操作做好准备。主令控制器进行其他操作时，其手柄离开零档，虽然SA-1断

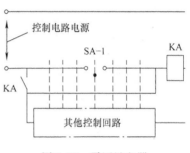

图 7-25 零压继电器

开，但由于常开辅助触点 KA 已经闭合自锁，保证其他控制回路继续有电。

当电源电压过低或为零时，零压继电器 KA 线圈释放，其自锁触点复位，断开其他控制回路，主令控制器所控制的电动机停止运转。一旦电源电压恢复正常，由于自锁触点已经断开，其他控制回路不能重新得电。只有将主令手柄扳回零位，零压继电器才能重新得电自锁，其他控制回路才能工作。因此，零压继电器又称为零位继电器。

四、断相保护

普通三相异步电动机，不管是三角形联结还是星形联结，若三相绕组（或电源）断了一相，称为断相。断相时三相异步电动机处于单相运行，若断相发生在停止状态时，三相异步电动机将没有起动转矩。而若断相发生在运行时，三相异步电动机将继续保持转动。但其转速有所下降，转差率增加，电流将增大。若电动机为空载或轻载运行，电流将与满载电流差不多，一般情况下断相运行的异步电动机将过载，如果没有采取适当的保护措施，异步电动机绕组将很快因过热而烧坏。前面介绍短路保护时，如果图 7-24 所示主电路的短路故障点发生在 L_1 相，FU_1 左边熔断器熔断，在切除短路故障点的同时，也将造成电动机的断相运行。

在图 7-24 所示的电路中，断相保护也是由热继电器实现的。如果发生断相，运行中的三相异步电动机将出现过电流，经过一定时间后热继电器动作，接触器主触点断开，电动机停止运转，实现断相保护。为了保证断相保护的可靠性，必须在主电路两相或以上串接热继电器的发热元件，早期的热继电器为单个发热元件的形式，因此必须至少使用两个热继电器

才能实现断相保护，现在的热继电器一般都为三个发热元件的形式，所以只要将三个发热元件分别与三相主电路串接，既可实现过载保护，又可同时实现断相保护。对于复杂的控制电路，有时也可通过适当地安排，使控制电路采用三相供电，由于三相供电的适当配合，也可实现断相保护。如船舶起货机控制电路的断相保护就是采用这样的保护电路，将在第十章再对此进行说明。

第三节　异步电动机的基本控制环节

一、电动机的点动控制

在运行过程中，有些设备必须要有人监视，如机舱的盘车机、行车和甲板上的舷梯起落机等都需要点动控制。图7-26所示为简单的三相异步电动机的点动控制电路。

该控制电路的工作过程为

闭合三相电源开关QS，按下起动按钮SB，接触器KM线圈有电，主触点闭合，电动机M起动运转，手松开，接触器失电，主触点断开，电动机停止运转。

二、电动机的连续控制电路

大多数笼型异步电动机的连续控制采用磁力起动器控制电路进行控制。磁力起动器是用来远距离控制和保护笼型异步电动机的最简单的成套电器，它由电源开关、熔断器、按钮、交流接触器和热继电器等组成，图7-27所示为三相异步电动机的连续控制电路。

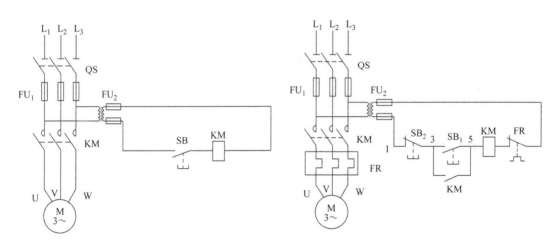

图7-26　三相异步电动机的点动控制电路　　　图7-27　三相异步电动机的连续控制电路

起动电动机时，先将电源开关QS闭合。当按下起动按钮SB_1时，3、5两点接通，接触器KM线圈有电，故其常开主触点闭合，电动机接通电源而直接起动。它的常开辅助触点KM闭合，当松开按钮SB_1时，回路就可通过KM辅助触点，使KM线圈保持通电。凡是接触器（或继电器）利用它自己的辅助触点来保持线圈吸合的，称之为自锁（自保），这个触点称为自锁（自保）触点，它起着自锁（自保）作用。

如果要使电动机 M 停止运转，只需将停止按钮 SB$_2$ 按下，1、3 之间触点断开，接触器 KM 线圈失电，接触器释放，其常开主触点打开，电动机 M 停止运转，同时自锁触点也断开。当 SB$_2$ 恢复到原来位置时，接触器 KM 不会动作。只有再操作起动按钮，电动机才能再起动。

上述电路，如将自锁触点去掉，则变成点动控制电路。

三、电动机的多地点控制

为了操作方便，某些设备往往要求在两个或两个以上的地点对它都能进行操作。例如，机舱的许多泵要求既能在机旁操纵，又能在集中控制室操纵。实现这一要求的就是多地点控制，只要将两个或多个起动按钮组成并联电路，而将停止按钮组成串联电路即可。图 7-28 所示的电路就属于两地点控制。

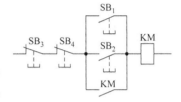

图 7-28　两地点控制

四、电动机的行程控制电路

某些生产机械的运动部件的行程范围有一定限制，例如船舶舵机的左右舵角偏转必须限制在 35°以内；起货机提升机构必须防止吊索收紧而造成吊钩碰撞吊臂事故等。实现行程控制，应将限位（行程）开关安置在设限的位置上，如图 7-29 所示。STB 和 STA 分别为左右移动的终端限位（行程）开关。

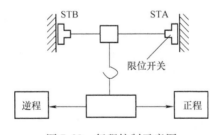

图 7-29　行程控制示意图

为实现行程控制的要求，限位（行程）开关的常闭触点 STA、STB 与控制电路中的停止按钮 SB$_2$ 串联，如图 7-30 所示。当运动机械移动到极限位置时，行程开关的常闭触点 STA 或 STB 断开，电动机便停转。显然限位控制是避免生产机械进入异常位置的一种限位保护。

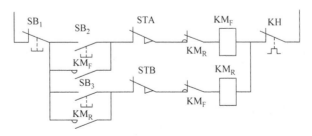

图 7-30　行程控制电路图

五、电动机的互锁控制

多种运动状态的生产机械或多个生产机械往往存在着相互制约的关系。例如，对正在进行正转的电动机，要求电动机闭锁其反转控制，反之亦然。这就是电动机的正反转互锁控制，图 7-31 所示为实现电动机的正反转互锁控制电路。电路中的接触器 KM_F 和 KM_R 触点构成了电动机正反转电气互锁保护，用于防止正、反转接触器 KM_F 和 KM_R 的同时动作。

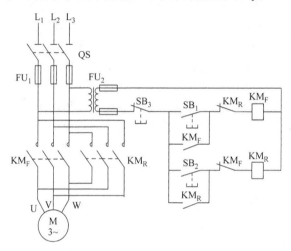

图 7-31 电动机的正反转互锁控制电路

六、电动机的联锁控制

例如，船舶主空压机正常工作时，需要冷却水进行冷却，所以要求冷却水泵先运行，冷却水压力建立后才能起动空压机。还有船舶甲板上的电动起货机中的主拖动电动机的起动，只有在为它冷却的风机电动机起动后它才能起动。这就是顺序起动联锁控制，控制电路如图 7-32 所示。在图 7-32a 中接触器 KM_1（控制冷却水泵电动机 M_1）的自锁触点又是 KM_2（控制空压机电动机 M_2）的联锁触点。因此，只有在 KM_1 线圈通电，冷却水泵起动后，KM_2 线圈才能通电，空压机起动运转。如果 KM_1 线圈断电，冷却水泵停止供水，由于 KM_1 触点打开，使 KM_2 线圈立即断电，空压机停止运转。图 7-32b 是用 KM_1 的另一个常开辅助触点与 KM_2 线圈串联，同样能满足上述要求。

七、电动机的双位控制

在许多无人管理的生产场合，常用到"双位"自动控制。例如船舶辅锅炉的高低水位控制，食品冷库的高低温度控制，空调压缩机的自动起停控制等。图 7-33a 所示为一种最简单的双位控制的单元电路，KM 的动作取决于开关 SP 的通断。开关 SP 可以是压力继电器、温度继电器或液位继电器的电触点，当被测介质（压力、温度或液位）处于低限位置时，触点 SP 闭合，继电器 KM 获电动作，由 KM 再去控制有关电器的工作。当被测介质达到高限位置时，触点 SP 断开，KM 失电复位。可以看到，双位控制是由开关 SP 实现的。高、低限大小由开关 SP 的无效腔（死区）大小来决定，因此高、低限的差值不可能太大。在压力

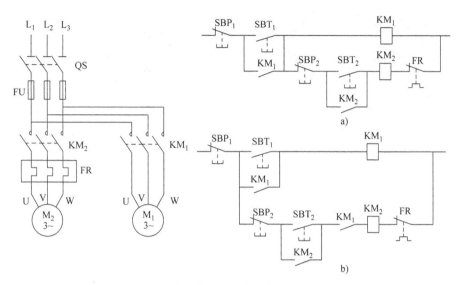

图 7-32 电动机的联锁控制电路

等双位控制中，通常使用组合式压力开关，此种压力开关有两对触点，一对是高压触点（为动断触点），另一对是低压触点（为动合触点）。使用时按图 7-33b 所示的电路连接，被控对象的高限对应于压力开关 SP 的高压触点的断开值，而其低限则对应于压力开关 SP 的低压触点的闭合值。

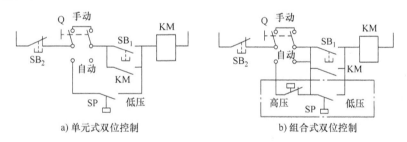

图 7-33 双位控制

复习与思考题

7-1. 什么是接触器？其主要功能是什么？如何工作？

7-2. 什么是继电器？常用的继电器有哪些？它们的文字符号和图形符号各是什么？

7-3. 热继电器的作用是什么？能否用于短路保护？为什么？

7-4. 什么是主令电器？主令控制器的作用是什么？在电路图中，如何表示主令控制器？

7-5. 熔断器如何分类？其熔体有什么特性？

7-6. 在电力系统中熔断器熔体额定电流的选用依据是什么？具体如何选用？

7-7. 交、直流电磁铁各有什么特点？

7-8. 什么是电磁制动器？电动机采用电磁制动器进行制动属于什么制动？

7-9. 在控制电动机的电路中，一般应采取哪些保护措施？这些保护措施的保护对象是什么？具体的保护措施由什么元器件完成？

7-10. 在已经设置熔断器的电动机电路中，为什么还要装热继电器？

7-11. 什么是断相保护？断相一般采用什么元件实现？有什么要求？

7-12. 什么是失电压保护？什么是欠电压保护？它们的作用是什么？

7-13. 异步电动机接触器控制系统的基本控制环节有哪些？

7-14. 什么是点动控制？什么是连续控制？它们各有哪些作用和电路特点？

7-15. 什么是多地点控制电路？如何实现多地点控制？

7-16. 什么是自锁控制、互锁控制和联锁控制？如何实现自锁控制、互锁控制和联锁控制？

7-17. 互锁控制有哪些不同的形式？它们各有什么特点？

7-18. 什么是行程控制？如何实现行程控制？

第八章　电机的典型控制电路

第一节　电动机的直接起动控制

大部分电动机的起动控制采用如图 7-24 所示的直接起动控制，主回路配有断路器、熔断器、接触器和热继电器，可实现短路、起停、过载、断相保护和控制；控制回路使用起动按钮、停止按钮、接触器及其自保触点实现自锁控制，并使用变压器使其电源与主回路隔离，以保障操作的安全，避免主回路受影响。电动机的直接起动控制过程见第七章第二节。

第二节　三相异步电动机的丫-△起动控制

大型电动机直接起动的电流冲击较大，需采用减压起动，图 8-1 所示为三相交流异步电动机丫-△起动的控制电路，正常运行时采用△联结，起动时采用丫联结，以减小起动电流。由于在丫-△起动过程中，存在从丫联结向△联结的切换，切换时机的控制一般常用时间原则，即时间继电器延时时间到后进行，此外少数情况下，用电流继电器按电流原则和用转速继电器按转速原则对电动机的接法切换进行控制。

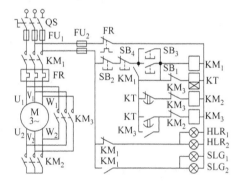

图 8-1　三相交流异步电动机丫 - △
起动的控制电路

若异步电动机的容量较大，全压直接起动的大电流可能影响电网可靠和稳定工作时，就必须采用降低起动电压的方法进行起动。虽然异步电动机的丫-△减压起动方法只适用于额定运行时采用△联结的笼型异步电动机轻载或空载起动，但却是船用异步电动机最常见的减压起动的方法。异步电动机的丫-△减压起动有三种不同的典型控制电路，图 8-1 所示是其中的一种控制电路。

图 8-1 所示为可在两个地点对三相异步电动机进行丫-△减压起动的控制电路。SB_1、SB_2、HLR_1 和 SLG_1 在一个地点，SB_3、SB_4、HLR_2 和 SLG_2 在另一个地点。SB_1、SB_3 为起动按钮，SB_2、SB_4 为停止按钮，HLR_1 和 HLR_2 是停止（红色）指示灯，SLG_1 和 SLG_2 是运行（绿色）指示灯。

合上电源开关，两地点控制面板上的电源指示灯 HLR_1 和 HLR_2 亮，指示三相异步电动机处于停止状态，同时表示电源正常。按压起动按钮 SB_1 或 SB_3，接触器 KM_1 线圈通电自锁，其主触点闭合，主电路三相交流电源通到三相异步电动机。KM_1 自锁后，接触器 KM_2 和时间继电器 KT 线圈同时得电。接触器 KM_2 线圈得电动作，其主触点闭合，将三相异步电动机接成丫联结，三相异步电动机减压起动，同时时间继电器 KT 开始延时。KM_1 自锁的同时，还有一对常开辅助触点闭合和一对常闭辅助触点断开，常闭辅助触点断开则停止（红色）指示灯 SLR_1 和 SLR_2 灭，常开辅助触点闭合则运行（绿色）指示灯 SLG_1 和 SLG_2 亮，表明三相异步电动机开始运行。

时间继电器 KT 延时时间到，其所有触点改变状态。与 KM_2 线圈串联的 KT 常闭触点断开，KM_2 线圈断电，KM_2 主触点断开，解除三相异步电动机的丫联结。与 KM_3 线圈串联的 KT 常开触点闭合，等 KM_2 的常闭（互锁）辅助触点复位闭合后，接触器 KM_3 线圈通电自锁。KM_3 主触点闭合，将三相异步电动机换接成△联结方式。接触器 KM_3 线圈通电后，其两对常闭辅助触点断开，分别切除时间继电器 KT 线圈和接触器 KM_2 的线圈，对 KM_2 进行互锁。电动机继续加速，直到稳定运行。正常运行时，整个控制电路只有接触器 KM_1 和 KM_3 线圈通电。

与其他减压起动相比，丫-△减压起动投资少、电路简单、操作方便，但起动转矩较小。这种方法适用于空载或轻载状态，因为机床多为轻载和空载起动，因而这种起动方法应用比较普遍。

第三节　三相绕线转子异步电动机的转子串电阻起动控制

绕线转子异步电动机由于起动转矩大、易于调速而广泛应用于电动起重设备中。在起动中，其转子电路需要串接电阻，随着起动的进行，转速逐渐升高，起动电阻应逐渐减小，直至最后被短接。这样起动时，机械特性软、起动转矩大而转速低；正常运行时，机械特性硬、运行转速高。

在图 8-2a 所示的电路中，绕线转子异步电动机转子回路串联三相电阻 R_{21}（三个）、R_{22}（三个）和 R_{23}（三个）。当合上电源开关 QS 后，电动机开始起动，沿图 8-2b 所示机械特性 1，转速上升。转速上升到 g 点时，将开关 S_1（两个）闭合，三相电阻 R_{21} 被切除，机械特性从 1 切换到 2，转矩增大，转速进一步升高，电动机继续起动。当转速上升到 e 点时，将开关 S_2（两个）闭合，三相电阻 R_{22} 被切除，机械特性从 2 切换到 3，电动机转矩再次增大，转速继续上升，当转速上升到 c 点时，将开关 S_3（两个）闭合，三相电阻 R_{23} 被切除，机械特性从 3 切换到固有特性，电动机转矩再次增大，转速继续上升，直到起动结束，在 a 点运行。在整个起动过程中，电动机转速和转矩沿着图 8-2b 实线变化。由该曲线可以看出，在起动过程中，电动机的转矩虽然变化，但都具有较大的转矩。起动瞬时的起动电流可用简化等效电路来计算：

$$I_{st} = \frac{U_1}{\sqrt{(r_1 + r'_2)^2 + (x_1 + x'_{20})^2}}$$

这时起动瞬时转子电阻由 r'_2 变成（$r'_2 + R_{23} + R_{22} + R_{21}$），电动机的电流减小。因此，绕线转子异步电动机转子串电阻起动的特点是转子串联的电阻可限制电流，且可增大起动转矩，当串入的电阻等于 2 倍的 X_{20} 时，起动转矩 T_{st} 等于最大转矩 T_m。也就是说其起动性能较好，但转子所串的起动电阻要消耗电能。由于起动过程相对较短，绕线转子异步电动机起动电阻一般采用短时工作制电阻，起动结束后应及时通过举刷装置切除转子所串联的电阻，若起动后不能及时切除，起动电阻将可能因超时工作而烧毁。

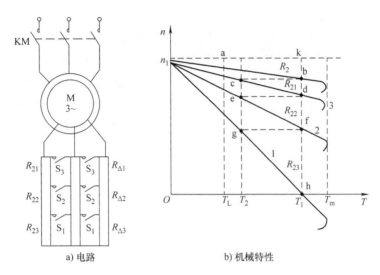

a) 电路　　　　　　　　　　b) 机械特性

图 8-2　串电阻起动

　　显然，转子回路串电阻起动既能减小起动电流又能增大起动转矩，适用于功率较大、需要重载起动的电动机。

第四节　笼型异步电动机的起动控制

一、高起动转矩笼型异步电动机

　　虽然普通笼型异步电动机起动时电流很大，但起动时功率因数较低，起动转矩并不很大，但有些机械设备如起重机等，不仅要求拖动的电动机具有较大的起动转矩，而且还要求电动机有较高的耐冲击性能，为此要改善普通笼型异步电动机的起动性能，通常对转子笼导条采用截面积小而电阻率大的合金铝或黄铜制成。因为 R_2 大，所以起动电流 I_{st} 小，而起动转矩 T_{st} 大，但 R_2 大会使机械特性变软，转差率 s_n 变大，故称为高转差率笼型电动机。这种电动机的转子电阻 R_2 大，它的铜损也随之增大，造成电动机的效率降低。这种电动机用于冲击性负载，如甲板机械、锚机、缆机等。

二、深槽式和双笼型异步电动机

1. 深槽式异步电动机

　　深槽式异步电动机的转子槽形窄而深，转子电流产生的漏磁通量的路径如图 8-3a 所示，由于磁力线试图走最短路径，使得靠近槽底部的笼型导条环链的漏磁通量比槽顶部的多，其漏电感比较大。起动时转子电流频率比较高（$f_2 \approx f_1$），使导条底部的漏电抗大而电流小，即转子导体中的电流被挤向漏抗小的顶部（即趋肤效应），其效果相当于减小导体的截面积，增加导条的电阻 R_2，故起动电流 I_{st} 小，而起动力矩 T_{st} 大。当转速 n 上升而转子电流的频率 f_2 下降，这时趋肤效应减弱，转子电阻 R_2 减少，所以，在正常运行时，仍有小的转差率 s 和高的效率 η，机械特性曲线如图 8-3b 所示。

2. 双笼型异步电动机

双笼型异步电动机的转子有两个笼，外笼导条截面积小、电阻率高（黄铜），称为起动笼，内笼导条截面积大、电阻率低（紫铜），称为运行笼，如图8-4所示。它的起动和运行特点与深槽转子相似，其机械特性是由外笼曲线1、内笼曲线2合成的曲线3，一般用于起动静态转矩比较大的机械，如空压机、粉碎机和起重机等。

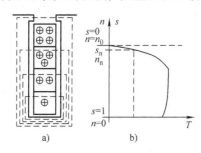
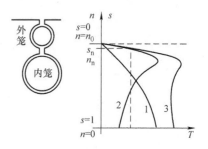

图8-3　深槽式异步电动机　　　　　　图8-4　双笼型异步电动机

第五节　电机的调速控制

根据三相电动机的转速方程：

$$n = n_0(1-s) = \frac{60f_1}{p}(1-s)$$

可见，调速方法有改变同步转速 n_0 和改变转差率 s。其中改变同步转速 n_0 可通过改变极对数 p 或改变电源频率 f_1；改变转差率 s 可通过降低定子电压或绕线转子电机转子电路串联电阻。

所以对异步电动机的调速可分别通过改变转差率 s、定子绕组磁极对数 p 以及电源频率 f 来实现，绕线转子电路串联电阻调速在本章第三节已经叙述，在此不再累述。

电动机运行时，在同步转速以及负载转矩均不变的情况下，当电动机机械特性曲线硬度变化时，其转速也将随之改变，因而转差率也就不同。由此可见，改变转差率的调速，其实质就是通过改变电动机机械特性曲线硬度进行调速。具体的方法有只适用于绕线转子异步电动机的转子串电阻调速和改变电动机定子电压两种。前者在转子串电阻后，电动机的最大转矩 T_{max} 不变，而临界转差率 s_m 增大，因而特性曲线变软，因转矩可以控制到最大，从而提高起动能力，特别适合于出现堵转的工况。对于通风机性质负载，改变电动机定子电压时（从额定电压往下调），调速范围较大，但因最大转矩下降严重，不太适合重载情况。

一、定子绕组降压调速

因为降低定子电压 U，电动机的同步转速 n_0 和临界转差率 $s_m = \dfrac{r'_2}{2x'_{20}}$ 不受影响，但 $T_{max} \propto U^2$ 减小很大，这时，电动机的机械特性如图8-5所示。对于恒定负载转矩 T_L，$n_B < n_A$，达到调速目的，这种方法对于普通笼型异步电动机，恒定负载转矩 T_L 调速范围很小，如图8-5a所示；而对于通风机性质负载，调速范围还是比较大，即使 $s > s_m$ 的曲线段也是稳定区，如图 8-5c 所示；对于恒定负载转矩 T_L，采用这种方法调速应使用高转差率的电动机，如图 8-5b 所示。

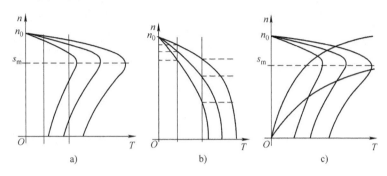

a)   b)   c)

图 8-5   降压调速机械特性

二、变极调速

由三相异步电动机的同步转速公式 $n_0 = \dfrac{60f}{p}$ 可知，改变磁极对数 p，则同步转速 n_0 改变，电动机的转速也将随之变化，达到调速目的。由于异步电动机运行时，其定、转子绕组的磁极对数必须保持一致，而笼型转子的磁极对数会自动适应定子绕组的磁极对数的变化而改变，因此变极调速一般只适用于笼型异步电动机。

实现的方法：改变定子绕组的联结方式可改变定子绕组产生的磁极对数，从而改变同步转速。可用图 8-6a 和 b 说明电流反向法获得 2:1 的变极原理，采用两个元件 A_1X_1、A_2X_2，在顺向串联，电流在两元件方向一致，产生 4 个极（$p=2$）的磁场，如果将两元件的连接方式改为反向并联（或反向串联）使 A_1X_1 中的电流与 A_2X_2 的电流反向，则磁极对数便成倍地变化（2 对极变为 1 对极），变极绕组可有多种连接方式。但通过变极之后，除了同步转速 n_1 变为 $2n_1$ 外，它们的最大转矩、起动转矩也随着变化。

1. Y-YY联结

通过分析，可定性画出Y-YY变极调速的机械特性，如图 8-7a 所示。若认为在调速过程中电动机的功率因数 $\cos\varphi_1$ 和效率 η 均保持不变，在额定功率下运行时有

Y联结输出功率：$P_Y = \sqrt{3}\,U_N I_N \eta \cos\varphi_1$

Y联结输出转矩：$T_Y \approx 9550\,\dfrac{P_Y}{n_1}$

YY联结：

$$P_{YY} = \sqrt{3}\,U_N \left(2I_{IN}\right)\eta\cos\varphi_1 = 2P_Y$$

$$T_{YY} \approx 9550\,\frac{P_{YY}}{2n_1} = 9550\,\frac{2P_Y}{2n_1} = T_Y$$

可见，拖动恒力矩负载 T_L 运行，从Y向YY调速，则转速增加一倍，属于恒转矩调速。

2. △-YY联结

△联结输出功率：$P_\triangle = \sqrt{3}\,U_N \left(\sqrt{3}I_N\right)\eta\cos\varphi_1$

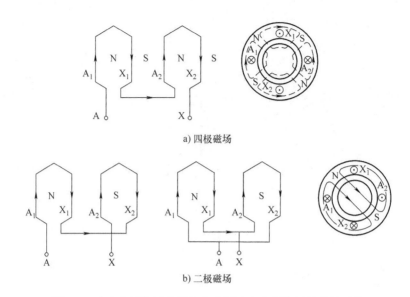

a) 四极磁场

b) 二极磁场

图 8-6　改变定子绕组的联结方式可改变定子绕组的磁极对数

△联结输出转矩：$T_\triangle \approx 9550 \dfrac{P_\triangle}{n_1}$

丫丫联结：

$$P_{YY} = \sqrt{3}\,U_N(2I_{IN})\eta\cos\varphi_1 = \frac{2}{\sqrt{3}}P_\triangle = 1.155P_\triangle$$

$$T_{YY} \approx 9550 \frac{P_{YY}}{2n_1} = 9550 \frac{\frac{2}{\sqrt{3}}P_\triangle}{2n_1} = \frac{1}{\sqrt{3}}T_\triangle = 0.577T_\triangle$$

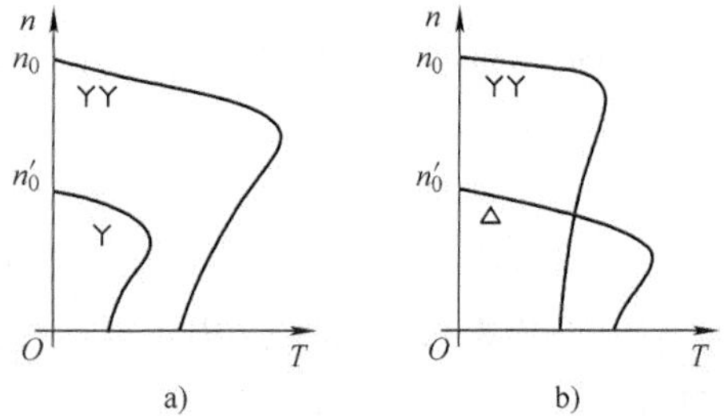

图 8-7　改变定子绕组的磁极对数的机械特性

因此，△-丫丫变极调速既非恒转矩调速方式，也非恒功率调速方式，但比较接近恒功率调速方式，如图 8-7b 所示。

变极调速法优点是设备简单，运动可靠，机械特性较硬，可以实现恒转矩调速和接近恒功率调速；缺点是转速只能成倍变化，为有级调速。丫-丫丫联结应用于起重电葫芦、运输传送带等；而△-丫丫联结应用于各种机床的粗加工（低速）和精加工（高速）等。

为了确保变极后的转向不变，变极时必须同时改变定子接电源的相序，因为三相绕组在定子圆周上依次相差的机械角度 θ_m 是固定的，而依次相差电角度 $\theta_e = p\theta_m$ 则随磁极对数 p 而变化，例如：当 $p=1$ 时，按电流的相序，三相绕组 A→B→C→A，依次相差 120°电角度，磁场将由 A 向 B 方向转，当 $p=2$ 时，三相绕组依次相差 240°电角度，实际变成了 A→C→B→A 间依次相差 120°电角度，即三相绕组电流的相序与前相反，所以，只能改变相序（例如 B，C 对调）才能使旋转磁场转向保持不变，如图 8-8 所示。

特点：设备简单，特性硬，运转平稳。

三、变频调速

因为三相异步电动机同步转速 n_1 与电源频率 f_1 成正比，这样连续、大范围改变电源频率就可实现对电动机平滑、大范围的调速。根据异步电动机的定子感应电动势：$U \approx U \approx E_1 =$

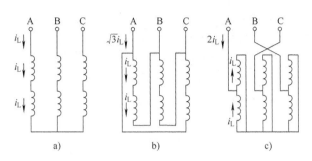

图 8-8   变定子绕组 Y/△ 为 YY 联结

$4.44k_1N_1f_1\Phi = kf_1\Phi$，式中，$k = 4.44k_1N_1$。由此可知，如果在降低频率调速时保持 U_1 不变，则主磁通量 Φ 将要增加，从而可能使磁路饱和而导致励磁电流大大增加，铁损增加造成铁心过热。因此，要求在保持 Φ 不变的情况下进行变频调速，即

$$\frac{U_1}{f_1} = 4.44k_1N_1\Phi_m = 常数$$

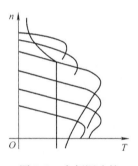

图 8-9   变频调速的
电动机的机械特性

因此，改变电源频率 f_1 的同时也随之改变电源电压 U_1，保持原有比例系数。如果电源频率 f_1 大于电动机的额定频率 f_N，这时电源的电压 $U_1 = U_N$ 不能改变，进行升频调速时，可使变频调速获得更宽的调速范围，但这时电源频率 f_1 大于电动机的额定频率 f_N，而电源的电压 $U_1 = U_N$ 不能改变，必然造成主磁通量 Φ_m 的减少，会造成电动机的最大转矩 T_{max} 下降，因此升频调速范围有限。其特点：①无级调速（直流调速特点）；②特性硬度不变，转速平稳。变频调速的电动机的机械特性如图 8-9 所示。

1. 交流电动机转速控制装置的结构和工作原理

对于异步电机的变压变频调速，必须具备能够同时控制电压幅值和频率的交流电源，而电网提供的是恒压恒频的电源，因此应该配置变压变频（Variable Voltage Variable Frequency，VVVF）装置。变频器从结构上看，可分为交-直-交变频器和交-交变频器。

交-直-交变频器是先将频率固定的交流电整流后变成直流，再经过逆变电路，把直流电逆变成频率连续可调的三相交流电。由于把直流电逆变成交流电较易控制，因此在频率的调节范围以及变频后电动机特性的改善等方面，交-直-交变频器都具有明显的优势，也是目前使用最多的变频器。

（1）主电路的结构

交-直-交变频器是由 AC/DC、DC/AC 两类基本的变流电路组合形成，如图 8-10 所示，由于这类变压变频器在恒频交流电源和变频交流输出之间有一个"中间直流环节"，又称为间接交流变流电路，最主要的

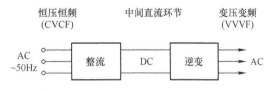

图 8-10   交-直-交变频器主回路结构图

优点是输出频率不再受输入电源频率的制约。但当负载电动机需要频繁、快速制动时，通常要求具有再生反馈电力的能力。

具体的整流和逆变电路种类很多，当前应用最广的是由二极管组成可控整流器和由功率

开关器件（P- MOSFET、IGBT 等）组成的脉宽调制（PWM）逆变器，简称 PWM 变压变频器，如图 8-11 所示。逆变器根据调压调频控制信号生成三相 PWM 信号，控制对应的开关器件，输出电压和频率均可控的三相交流电压。

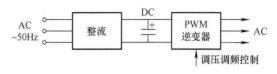

图 8-11　PWM 变压变频器

图 8-12 所示为电压型交- 直- 交变频电路，是最常用的简单变频电路，但是不能再生反馈电力。其整流部分采用的是不可控整流，与电容之间的直流电压和直流电流极性不变，只能由电源向直流电路输送功率，而不能由直流电路向电源反馈电力。但是逆变电路的能量是可以双向流动的，若负载能量反馈到中间直流电路，而又不能反馈回交流电源，

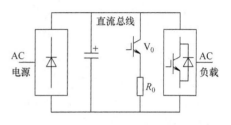

图 8-12　电压型交- 直- 交变频电路

将导致电容电压升高，称为泵升电压，泵升电压过高会危及整个电路的安全。为使电路具备再生反馈电力能力，可以使用图8-12 的电路，图中加入一个由电力晶体管 V_0 和能耗电阻 R_0 组成的泵升电压限制电路，当泵升电压超过一定数值时，使 V_0 导通，把从负载反馈的能量消耗在 R_0 上，这种电路可运用于对电动机制动时间有一定要求的调速系统中。

图 8-13 所示为利用晶闸管有源逆变实现再生制动的交- 直- 交变频器，电路中增加了一套变流电路，使其工作于有源逆变状态，可实现电动机的再生制动：当负载回馈能量时，中间直流电压极性不变，而电流反向，通过控制变流器将电能反馈回电网。

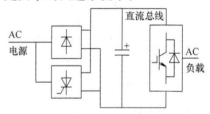

图 8-13　利用晶闸管有源逆变实现再生制动的交- 直- 交变频器

图 8-14 所示为整流电路和逆变电路都采用 PWM 控制的间接交流变流电路，可简称双 PWM 电路，该电路输入输出电流均为正弦波，输入功率因数高，且可实现电动机四象限运行，但由于整流、逆变部分均为 PWM 控制且需要采用全控型器件，控制较复杂，成本也较高，实际应用不多。

（2）变频控制的特点

图 8-15 所示为通用变频器结构组成框图，变频器是中小功率中应用最多的，它之所以应用如此广泛，是由于具有如下一系列的优点：

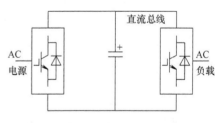

图 8-14　直流电路和逆变器电路采用 PWM 控制的间接交流变流电路

1）在主电路整流和逆变两个单元中，只有逆变单元可控，可同时调节电压和频率，结构简单。采用全控型的功率开关器件，只需通过驱动电压脉冲进行控制，电路简单，效率高。

2）输出电压波形虽是一系列的 PWM 波，但由于采用了恰当的 PWM 控制技术，正弦基波的比重较大，影响电机运行的低次谐波受到很大的抑制，因而转矩脉动小，提高了系统的调速范围和稳态性能。

3）逆变器同时实现调压和调频，动态响应不受中间直流环节滤波器参数的影响，系统的动态性能也得以提高。

4）采用不可控的二极管整流器，电源侧功率因数较高，且不受逆变输出电压大小的影响。

5）电路具备能耗制动能力，可以将负载再生的能量通过电力晶体管 V_0 和能耗电阻 R_0 消耗掉，并且可以通过控制 V_0 通断的占空比来控制能耗的速度，实现制动时间的控制。系统可根据负载的不同在不同时刻点实现不同的减速控制，以满足工况的需要。由于电路简单，控制方便，应用中工作比较可靠。

2. 通用变频器与变频电机

现代通用变频器大都是采用二极管整流和由快速全控开关器件 IGBT 或功率模块 IPM 组成的 PWM 逆变器，构成交–直–交电压源型变压变频器，采用的变频控制方式多为 V/f 控制。内部控制基本采用单片机或专用微处理芯片，完全实现了全数字控制。所谓"通用"，包含两方面的含义：

1）可以和通用的笼型异步电机配套使用。

2）具有多种可供选择的功能，适用于各种不同性质的负载。

由于应用普及，通用变频器已经占领了全世界 $0.5 \sim 500 \text{kVA}$ 范围内的中、小容量变频调速装置的绝大部分市场。

（1）变频器的主要组成和各主要器件的作用

通用变频器构成的异步电动机调速系统主要由电动机和电动机配套的变频器组成，有的还配有滤波电抗器，电流、转速检测等辅助设备。图 8-15 给出了一种典型的通用变频器结构组成的框图。

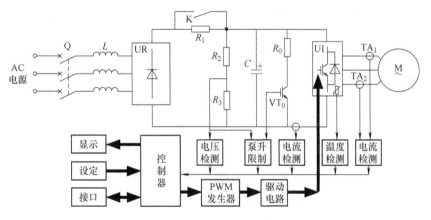

图 8-15　通用变频器结构组成框图

从图 8-15 可以看出，变频调速系统由主回路和控制回路两大部分组成，其中主回路主要由二极管整流器 UR、PWM 逆变器 UI 和中间直流电路三部分组成，一般都是电压源型的，采用大电容 C 滤波，同时兼有无功功率交换的作用。另有配套的辅助回路，具体为

1）限流电阻 R_1。其作用是为了避免大电容 C 在通电瞬间产生过大的充电电流，在整流器和滤波电容间的直流回路上串入限流电阻（或电抗），通上电源时，先限制充电电流，再延时用开关 K 将其短路，以免长期接入时影响变频器的正常工作，并产生附加损耗。

2）泵升限制电路。由于二极管整流器不能为异步电动机的再生制动提供反向电流的通路，所以除特殊情况外，通用变频器一般都用电阻吸收制动能量。减速制动时，异步电动机进入发电状态，首先通过逆变器的续流二极管向电容 C 充电，当中间直流回路的电压（通称泵升电压）升高到一定的限制值时，通过泵升限制电路使开关器件导通，将异步电动机释放的动能消耗在制动电阻 R_0 上。为了便于散热，制动电阻常作为附件单独装在变频器机箱外边，而泵升限制开关器件 VT_0 视功率不同有不同的安装方式，小功率变频器常安装在本体内，而大功率变频器往往将此器件作为选件配套并另外安装。

3）进线电抗器 L。二极管整流器虽然是全波整流装置，但由于其输出端有滤波电容存在，因此输入电流呈脉冲波形。这样的电流波形具有较大的谐波分量，使电源受到污染。

为了抑制谐波电流，对于容量较大的 PWM 变频器，都应在输入端设有进线电抗器，有时也可以在整流器和电容之间串接直流电抗器。进线电抗器还可用来抑制电源电压不平衡对变频器的影响。有的变频器离电动机较远，除选用合适的电缆外，往往在变频器的输出端配上交流输出滤波电抗器。

（2）控制回路的基本组成和相关器件的作用

1）主控电路及主要功能。现代 PWM 变频器的控制回路大都是以微处理器为核心的数字电路，其功能主要是接收各种设定信息和指令，再根据它们的要求形成驱动逆变器工作的 PWM 信号。微机芯片主要采用 8 位或 16 位的单片机，或用 32 位的 DSP（数字信号处理器），现在已有应用 RISC（精简指令集计算机）的产品出现。通用变频器主控电路的主要功能如下：

① 接收各种信号。在功能预置阶段，接收对各种功能的预置信号，功能强大的变频器还带有电机模型参数的自动辨识功能；接收从键盘或外接输入端子输入的给定信号；接收从外接输入端子或通信接口输入的控制信号；接收从检测电路输入的检测信号；接收从保护电路输入的保护执行信号等。

② 进行最主要的基本运算。进行矢量控制运算或其他必要的运算；实时地计算出 SPWM 波形各切换点的时刻。

③ 输出计算结果。向逆变模块的驱动电路输出切换信号，使逆变管按给定信号及功能预置的要求输出 SPWM 电压波；向显示器输出各种状态和数据信号；向外接输出控制端子输出状态或控制信号；向保护电路发出保护指令，以让其他保护电路实现更有效的保护。

2）配套的相关电路。控制回路中除上述的变频器运行核心主控电路外，还有配套的相关电路，主要有

① PWM 信号产生。可以由微机本身的软件产生，由 PWM 端口输出，也可采用专用的 PWM 生成电路芯片。

② 驱动电路。由于主回路由上下对称的 IGBT 组成，其中下桥臂的 IGBT 触发门极是相对直流 0V 电压的，而上桥臂的 IGBT 门极是相对输出电机的相线的，并且要求上下桥臂门极输出应采用互补电路的形式，这就要求控制信号要相互隔离并有足够的驱动力。另外，还要考虑控制和保护措施。

③ 检测与保护电路。转速、电压、电流、温度等检测信号经分压、光电隔离、滤波、放大等综合处理后，再进入微处理器系统的 A - D 转换器，输入给 CPU 板作为控制算法的依据，或者作为开关电平产生保护信号和显示信号，以及依此实现各种故障的保护。

④ 键盘与显示。变频器的人机接口，用于参数调整和重要参数实时显示。键盘即控制变频器运行的操作键，是变频器最基本的控制通道。显示部分的主要组成有 LED 显示屏或 LCD 显示屏，主要显示变频器的各种运行数据，如频率、电流、电压等，也可以显示故障原因以及控制端子的状态等。另有 LED 状态指示，用于显示各种参数的单位，变频器的基本状态如运行、停止或故障等。

⑤ 外围接口。向外围设备提供各种输入输出接口，除开关量和模拟量的输出外，现代变频器都提供由用户选配的现场总线形式的通信接口。需要的话，还能通过光纤进行通信。

（3）变频器基本功能及主要参数

变频器基本功能是输出频率和电压可变的三相交流电，以配合电动机的性能实现调速性能良好的调速系统。变频器需要设定的控制信息主要有 V/f 特性、工作频率、频率升高时间、频率下降时间等，还可以有一系列特殊功能的设定。由于通用变频器-异步电动机系统是转速或频率开环、恒压频比控制系统，低频或负载的性质和大小不同时，都要靠改变 V/f 函数发生器的特性来补偿，使系统达到恒定的功能，在通用产品中常称作"电压补偿"或"转矩补偿"。实现补偿的方法有两种：一种方法是在微机中存储多条不同斜率和折线段的 V/f 函数，由用户根据需要选择最佳特性；另一种方法是采用霍尔电流传感器检测定子电流或直流回路电流，按电流的大小自动补偿定子电压。但无论怎样都存在过补偿或欠补偿的可能，这是开环控制系统的不足之处。

为了防止起动或制动过程中，电流过大和调频过程速度冲击过快的现象，频率设定信号常通过给定积分算法产生平缓升速或降速，升速和降速的积分时间可以根据负载需要由操作人员分别选择。

综上所述，PWM 变压变频器的基本控制作用如图 8-15 所示。在输入电抗器、变频器、能耗电阻、电动机和有关设备选定后，变频器按照参数设定的功能运转，其基本功能分为频率相关功能、运行控制相关功能、调速控制功能、保护相关功能及变频器的额定值和频率指标。

1）频率相关功能。

① 频率设定方法。频率设定方法是决定控制输入的方法，一旦确定，变频器则只根据设定的输入进行控制，而其他未设定的输入无效。具体输入的方法有：a）通过功能参数码进行预置；b）通过操作面板上的功能电位器设定；c）由模拟量输入端子控制；d）由多功能输入端子控制（接点端子）；e）通过通信数据线控制。

② 与频率相关的参数。有载波频率、极限频率、回避频率、段速频率、频率增益、频率偏置、起动频率、中间频率、点动频率、频率检出等，下面分别说明其主要作用。

a）载波频率。载波频率可以在一定的范围内进行调整，但出厂时都设置一个较佳的频率，这是比较重要的参数，与逆变电路主要器件特性有关。没有必要时，不建议调整。载波频率如果设置过低，可能出现脉冲跳变，输出特性差，加大电动机的噪声（电动机有刺耳噪声）；载波频率如果设置过高，则开关器件速度跟不上，功率模块功率损耗增大，输出电压变化率增大，辐射干扰增强且对电动机绝缘影响较大。载波频率选择的一般原则是电动机功率越大，载波频率越低；变频器输出线越长，载波频率越低；电动机噪声或振动较大时应考虑载波频率的影响。

　　b）极限频率。

　　最高频率 f_{max}：变频器允许输出的最高频率，一般最低为电动机的额定频率。

　　基本频率 f_b：又称基准频率或基底频率，只有在 V/f 模式下才设定。它是指当输出电压 $U = U_N$ 时，f 达到的值 f_N，一般为额定频率。

　　f_{max}、f_b 与电压 U 的关系如图 8-16 所示。除这两个基本频率外，还需要根据实际工况设置上限频率 f_H 和下限频率 f_L，以限制变频器的输出频率范围，从而限制电动机的转速范围，防止由于错误操作造成事故。

　　c）回避频率（跳跃频率、跳转频率）。变频器起动或运行过程中，考虑系统共振或抖动等因素，希望跳过而不运行的频率，称为回避频率。一般情况下一个系统可设三个以上。

　　d）段速频率。段速频率是指不同时间段对应的输出频率不同，是通用变频器的基本功能，一般有 4~16 段，根据外端子或程序来控制。其中外端子控制段速运行需设定的参数有多功能端子设定、运转方向、段速频率、上升时间、下降时间等。而根据程序控制段速运行需设定的参数有运转方向、段速频率、上升时间、下降时间、段速时间、段速开始指令等。

　　e）模拟量频率给定。如图 8-17 所示，由模拟量进行频率给定时，变频器的给定频率 f_x 与对应的给定信号 X（电压或电流信号）之间的关系曲线称为频率给定线，其中包含频率增益、频率偏置等具体参数，可以实现基本频率给定线、任意频率给定线、死区控制、单双极性设定等多种功能。

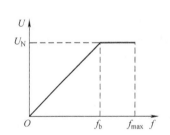

图 8-16　变频器的 f_{max}、f_b 与电压 U 的关系

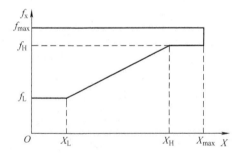

图 8-17　变频器的频率设定

　　f）起动频率。变频器起动时能够输出满足实际要求的最低频率。

　　g）点动（寸动）频率。设定点动频率后，若点动端子（可为固定接点输入端子，也可由多功能接点输入端子设定）信号有效，变频器则在点动频率设定的频率下运行。

　　h）频率检出。当频率到达设定值或检测范围内时，多功能接点输出端子动作。

　　2）运行控制相关功能。通过键盘设定、外端子设定或通信设定中的任一种方式来控制变频器的运行，实现正反转控制、起动控制、复位控制等功能，并能对变频器运行方式进行选择，如停车方式、V/f 曲线选择、矢量控制模式选择、节能运行模式等。另外还有

　　① 加减速时间的设定。

　　a）加速时间。变频器输出频率从 0 上升到基本频率 f_b 或最高频率 f_{max} 所需要的时间，称为加速时间。

　　b）减速时间。变频器输出频率从基本频率 f_b 或最高频率 f_{max} 下降至 0 所需要的时间，称为减速时间。

　　变频器的实际加减速时间一般小于或等于理论设定的加减速时间。

　　c）加速时间设定原则。兼顾起动电流和起动时间，一般情况下负载重时加速时间长，

负载轻时加速时间短。具体采用试验的方法，使加速时间由长而短，一般使起动过程中的电流不超过额定电流的 1.1 倍为宜。有些变频器还有自动选择最佳加速时间的功能。

d）减速时间设定原则。重负载制动时，因制动电流大而可能损坏电路，所以设置合适的减速时间，可减小制动电流；有的水泵制动时，快速停车会造成管道"空化"现象，损坏管道。具体调整时要兼顾制动电流和制动时间，保证无管道"空化"现象。

另外，变频器在不同的段速可设置不同的加减速时间。

② 加减速曲线的选择。加速曲线的种类有

a）线性上升方式。频率随时间呈正比的上升，适用于一般要求的场合。

b）S 形上升方式。先慢、中快、后慢，起动、制动平稳，适用于传送带、电梯等对起动有特殊要求的场合。

c）半 S 形上升方式。分为适用于大惯性负载的正（下）半 S 形上升方式与适用于泵类和风机类负载的反（上）半 S 形上升方式两种。

③ 减速曲线的种类有线性下降方式，S 形下降方式和半 S 形下降方式。

④ 组合曲线的设置。用户可选择不同加、减速时间的 S 区（如 0.2s、0.5s、1s 等）以及可在一定的非线性区内设置时间的长短。

3）调速控制功能。为了达到最佳工作状态，变频器中有众多参数用于速度的调节，包括 PID 调节器、转矩补偿设置、转差补偿设置、制动电流设置、最大电流设置和速度跟踪设置等。与控制性能相关的设备也需要设置，如转速传感器、压力传感器、温度传感器、流量传感器等。一些性能较好的变频器还带参数自整定功能、电机参数自动辨识功能等。

4）保护相关功能。

① 电动机热过载保护。通过电子热继电器，监视变频器的输出电流，只能接一台电动机。应用时可以设置功能是否有效，再设置具体参数。参数设置是动作电流与变频器额定电流的百分比，动作电流要按电动机的额定电流来整定。

② 过转矩（过电流）检测。在设定时间内，变频器输出电流超过设定值，则为过转矩。可设定"有效"或"无效"。

过转矩后，显示屏出现提示代码。变频器是继续运行还是立即关断由用户设定对应的参数选择。

③ 对变频器自身的保护功能。过电流、过电压、过功率、断电、其他故障等均可进行自动保护，并发出报警信号，甚至自动跳闸断电。变频器在出现过载及故障时，一方面由显示屏发出文字报警信号，另一方面由接点开关输出报警信号；当故障排除后，应由专用的复位控制指令复位，变频器方可重新工作。

④ 故障急停。一般作为变频器外部的保护检测，由 THR（ES）端子控制。可设急停信号输入后，故障接点动作或不动作。

⑤ 参数锁定功能。限制不同级别人员对功能参数的修改。

5）变频器的额定值和频率指标。

① 输入侧的额定值。输入侧的额定值主要是电压和相数。在我国的中小容量变频器中，输入电压的额定值有以下几种情况（均为线电压）：

a）380V/50Hz，三相，用于绝大多数电器中。

b）220～230V/50Hz 或 60Hz，三相，主要用于某些进口设备中。

c）200~230V/50Hz，单相，主要用于精细加工和家用电器。

② 输出侧的额定值。

a）输出电压额定值 U_N。由于变频器在变频的同时也要变压，所以输出电压的额定值是指输出电压中的最大值。在大多数情况下，它就是输出频率等于电动机额定频率时的输出电压值。通常，输出电压的额定值总是和输入电压相等。

b）输出电流额定值 I_N。输出电流的额定值是指允许长时间输出的最大电流，是用户在选择变频器时的主要依据。

c）输出容量 S_N（kVA）。S_N 与 U_N 和 I_N 的关系为 $S_N = \sqrt{3} U_N I_N$。

d）配用电动机容量 P_N（kW）。变频器说明书中规定的配用电动机容量，是根据 $P_N = S_N \eta_M \cos\varphi_M$ 估算出来的。式中，η_M 为电动机的效率，$\cos\varphi_M$ 为电动机的功率因数。

由于电动机容量的标称值是比较统一的，而 η_M 和 $\cos\varphi_M$ 值却很不一致，所以容量相同的电动机配用的变频器容量往往是不相同的。

如变频器铭牌上的"适用电动机容量"是针对四极的电动机而言，则如果拖动的电动机是六极或其他，那么相应的变频器容量要加大。

③ 过载能力。变频器的过载能力是指其输出电流超过额定电流的允许范围和时间。大多数变频器都规定为 $150\% I_N$、60s 或 $180\% I_N$、0.5s。

④ 变频器的频率指标。

a）频率范围。频率范围即变频器能够输出的最高频率 f_{max} 和最低频率 f_{min}。各种变频器规定的频率范围不尽一致。通常，最低工作频率为 0.1~1Hz，最高工作频率为 120~650Hz。

b）频率精度：指变频器输出频率的准确程度。用变频器的实际输出频率与设定频率之间的最大误差与最高工作频率之比的百分数表示。

如用户给定的最高工作频率为 f_{max}，而最大误差为 Δf_{max}，则频率精度为

$$\text{频率精度} = (\Delta f_{max} / f_{max}) \times 100\%$$

c）频率分辨率。指输出频率的最小改变量，即每相邻两档频率之间的最小差值。一般分模拟设定分辨率和数字设定分辨率两种。

（4）变频电机

变频器输出谐波会引起谐波发热和转矩脉动，电机的选用需要考虑输出谐波、dv/dt、共模电压、噪声等方面，即需要选用专用的变频电机。如使用传统电机，则电机的发热、绝缘和轴承寿命等会受到严重影响。

1）输出谐波对电机的影响。输出谐波对电机的影响主要有谐波引起电机附加发热，导致电机的额外温升，电机往往要降额使用。由于输出波形失真，增加电机的重复峰值电压，影响电机绝缘，谐波还会引起电机转矩脉动，噪声增大。

高次谐波引起的损耗增加主要表现在定子铜损、转子铜损、铁损及附加损耗的增加。其中影响最为显著的是转子铜损，因为电机转子是以接近基波频率旋转速度旋转的，因此对于高次谐波电压来说，转子总是在转差率接近 1 的状态旋转，所以转子铜损较大，而且在这种状态下，除了直流电阻引起的铜损外，还必须考虑由于趋肤效应所产生的实际阻抗增加而引起的铜损。

普通电压源型变频器的输出电压虽有大幅改进，但输出电压谐波失真仍达 29%，电机电流谐波失真达 17%，必须配套使用专用变频电机，如要采用普通电机，必须设置输出滤

波器。

普通电流源型变频器的输出电流不是正弦波，而是120°的方波，电机的电磁转矩除了平均转矩以外，还有脉动分量。脉动转矩的平均值为0，会使转子的转速不均匀，产生脉动，在电机低速时，还会发生步进现象。在适当的条件下，还可能引起电机与负载组成的机械系统的共振。除变频器输出配置滤波器外，电机亦需相应的设计，以减小电机的转矩脉动分量。

2）输出 dv/dt 对电机的影响。由于 PWM 方式和高速电力电子器件的使用，变频器输出电压变化率（dv/dt）对电机绝缘产生的影响问题也越来越严重。dv/dt 取决于两个方面：一是电压跳变台阶的幅值，与变频器的电压等级和主电路结构有关；二是逆变器功率器件的开关速度，开关速度越高，dv/dt 越大。

高速时，dv/dt 相当于在电机线圈上反复施加陡度很大的冲击电压，使电机绝缘承受严酷的电应力，尤其当变频器输出与电机之间电缆距离较长时，由于线路分布电感和分布电容的存在，会产生行波反射放大作用，在参数适合时，加到电机绕组上的电压会成倍增加，引起电机绝缘损坏。所以这种变频器一般需要特殊设计的电机，电机绝缘必须加强。如果要使用普通电机，必须附加输出滤波器。

3）共模电压对电机的影响。共模电压（也称为零序电压），是指电机定子绕组的中点和地之间的电压。由于变频器的整流电路在同一时刻只有两相同时导通，导致整流电路输出的直流中点电压不等于供电电源的中点电压，并随整流桥臂的切换，中点电压还会波动，最大可接近相电压的峰值，如果电源的中点接地，电机的机壳也接地，这样共模电压就施加到电机定子绕组的中点和机壳之间。这样高的共模电压使电机绕组承受的绝缘应力为电网直接运行情况下的2倍，严重影响电机绝缘。

当没有输入变压器时，共模电压会直接施加到电机上，增加绕组对地的电应力，引起绝缘击穿，影响电机的使用寿命。如果设置输入变压器（变压器二次侧中点不能接地），则共模电压由输入变压器和电机共同承担，按照输入变压器一、二次绕组间的分布电容和电机绕组对机壳间的分布电容（两个容抗串联）进行分配。由于一般输入变压器的分布电容大大小于电机绕组对机壳的分布电容（比如前者为后者的1/10），这样约90%的共模电压由输入变压器来承担，只要考虑加强输入变压器的绝缘即可，而变压器的绝缘加强相对电机要容易得多。如果没有输入变压器，则电机绝缘必须加强，以承受共模电压。比如4160V额定电压的电机要求采用10kV的绝缘设计，不能使用标准的异步电机。

4）轴电流对电机的影响。PWM 变频器的共模电压中含有与开关频率相对应的高频分量，高频的电压分量会通过输出电缆和电机的分布电容产生对地高频漏电流，影响逆变器功率电路的安全。电机通过地产生的高频漏电流，一部分是通过定子绕组经定子绕组和机壳间的分布电容，再经机壳流入地；另一部分是通过绕组和转子间的分布电容，经过轴承再到机壳，然后到地。后者的作用相当于轴电流，会引起电机轴承的"电蚀"，影响轴承的寿命。

5）电机设计和输出电缆选择方面的特殊问题。由于变频器输出谐波会引起电机附加温升，电机容量必须适当放大，热参数降低使用。

设计时，变频电机应尽量减少定、转子电阻，以降低损耗；为了抑制电流中的高次谐波，适当增加电机的电感是必要的，并加大磁路设计裕量。变频电机在运行频率较低且低速时力矩较大的应用场合，应考虑对电机强迫通风，比如采用独立电源供电的冷却风机，或者水冷，甚至电机降额使用。谐波使电机振动、噪声增大，电机应采取低噪声设计并避免可能产生的振动，临界转速必须避开整个工作转速范围。转矩脉动产生的应力集中可能对电机部件造成损坏，必须加强电机关键部位的保护。采取绝缘轴承，必要时应在轴上安装接地电刷以避免轴电流对轴承造成损坏。

由于普通变频器输出波形中含有高次谐波成分，因趋肤效应使电路和电机内绕组的等效电阻增加；存在输出谐波和共模电压对电机影响等问题，普通电机应降额使用并加强绝缘；且因存在转矩脉动的问题，使其应用受到限制。对风机和水泵等一般不要求四象限运行的设备，单元串联多电平 PWM 电压源型变频器在输出谐波、dv/dt 等方面有明显的优势，对电机没有特殊的要求，可用于任何普通的异步电机。但对于较为专业的电机设备，应选用对应的变频电机。

3. 通用变频器的外部接线

变频器的主电路标有 R、S、T 的端子为三相交流电源的输入，如是单相输入，则标有 L、N、U、V、W 为变频后的三相交流输出。

操作指令通过外接输入端子从外部输入开关信号进行控制，如图 8-18 所示。由于外部的开关信号可以在远离变频器的地方进行操作，因此不少变频器将这种控制方式称为"远控"或"遥控"操作方式。

变频器在出厂时，设定的都是面板控制方式，用户如需要采用外接输入控制，在使用前必须通过功能预置进行选择。

（1）外接输入端子

1）模拟量输入端。即从外部输入模拟量信号的端子，如图 8-18a 中的端子 VI1、VI2 和 I1。变频器配置的模拟量输入信号按输入信号的物理量分，有 0～10V、-10～

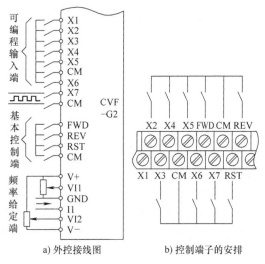

图 8-18 变频器外部控制端子

10V 等的电压信号，有 0～20mA 或 4～20mA 的电流信号等。按功能分为主给定信号和辅助给定信号，主给定信号包括主要的频率给定信号、PID 控制的目标给定信号等，而辅助给定信号包括叠加到主给定信号的附加信号、PID 控制的反馈信号等。

2）开关量输入端。接收外部输入的各种开关量信号，以便对变频器的工作状态和输出频率进行控制。主要有基本控制输入端和可编程输入端。基本控制输入如正转（FWD）、反转（REV）、复位（RST）等，在多数变频器中是单独设立的，其功能比较固定。而端子的具体功能须通过功能预置来决定的多功能输入端，可根据实际情况做适当的处理，如多档转速控制，多档升、降速时间控制，转速递增和递减控制等。

（2）外接输出端子

如图 8-19 所示，外接输出端子主要有三种类型。

1）报警输出端。当变频器因故障而跳闸时，报警输出端将动作，发出报警信号。报警输出端通常采取继电器输出，可以直接接到 AC 220V 的电路中，如图 8-19a 中的 TA、TB、

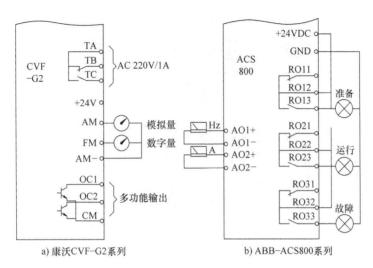

a) 康沃CVF-G2系列　　　b) ABB-ACS800系列

图 8-19　变频器输出信号端子

TC 和图 8-19b 中的 RO31、RO32、RO33。

2）测量信号输出端。向外接仪表提供与运行参数成正比的测量信号。测量内容可通过功能预置进行选择，如图 8-19a 中之 AM、FM、AM － 和图 8-19b 中的 AO1 ＋、AO1 －、AO2 ＋、AO2 －。

3）状态信号输出端。输出变频器的各种运行状态的信号，输出内容为"运行"信号、"频率到达"信号、"频率检测"信号等。各输出端的具体测量内容可通过功能预置来设定，故常称为多功能输出端。多数变频器的状态信号输出端为晶体管输出，只能用于直流低压电路中，如图 8-19a 所示的 OC1、OC2 和 CM；少数变频器为继电器输出，如图 8-19b 所示的 RO11、RO12、RO13。

4. 变频器的操作设定

变频器的控制面板是变频器操作的主要界面，也是变频器本地控制的基本用户接口，有的采用选配件提供。每个变频器控制板提供一个单独的面板接口，其本地控制方式选择为本地控制模式时，可实现变频器参数表与控制面板之间的信息交换。

为了操作方便，很多变频器的控制面板做成可拆卸结构，并可与变频器分开安装，如装在相应的控制单元的柜门上。图 8-20 所示为 ABB 变频器的 CDP312 操作面板，配有液晶显示、模式选择、操作参数按钮、起停复位等控制按钮等，具有下列功能：①输入起动数据；②通过设定给定值，以及提供起动、停机和转向命令来控制传动；③显示实际值（可同时显示 3 个实际值）；④显示和设置参数；⑤显示最近的故障记录。

另外，可通过变频器配套的计算机软件，在计算机编程软件上进行远程设置参数，读取测量和诊断数据，并可远程选择变频器的控制方式，也可在远程设置变频器为本地控制，即本地控制面板可对变频器进行操作。具体参数可通过前述和具体说明书来操作。

5. 变频器的日常保养、维护

变频器的日常保养、维护主要内容如下：

1）运行环境。包括温度、湿度以及灰尘和空气状况等。

2）运行发热情况。一般凭触觉，需要时使用红外温度检测器检测各处散热环节。

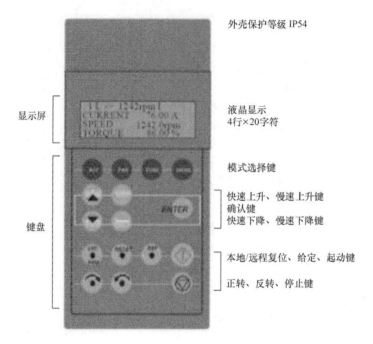

外壳保护等级 IP54

液晶显示
4行×20字符

显示屏

CURRENT
SPEED
TORQUE

模式选择键

快速上升、慢速上升键
确认键
快速下降、慢速下降键

键盘

ENTER

本地/远程复位、给定、起动键

正转、反转、停止键

图 8-20　ABB 变频器的 CDP312 操作面板

3）运行振动或噪声。一般凭听觉及触觉。

4）电动机运行状态检查。变频器与电动机为一个系统，所以需要同步检查电动机的状态。

5）运行参数观察与记录及对比。至少确保各项内容工作在额定范围内。

另外，还需要检查的内容如下：

1）操作面板检查。外观、指示灯、显示有无异常。

2）线路检查。各处导线有无发热、变形及松动。

3）冷却风机检查。转速是否正常，灰尘及油垢是否已清理。

复习与思考题

8-1. 电力拖动系统运行的稳定性是指什么？而拖动系统稳定运行的条件又是什么？

8-2. 为了缩短起动过程，在电动机方面应采取哪些方法？常见船舶上的起货电动机转子为什么又细又长？

8-3. 直流电动机采用电阻分级起动时，切换电阻时的电流要稍大于额定电流，为什么？为了使起动平稳，是否分级越多越好？

8-4. 在空载和满载起动时，电动机的起动电流及起动转矩是否一样？对于同一交流异步电动机接成丫联结（电源电压为380V）和接成△联结（电源电压为220V），起动时的起动电流及起动转矩是否一样？

8-5. 试比较异步电动机变转差率、变极和变频调速的优缺点。

8-6. 有一台三相笼型异步电动机，铭牌上标明额定电压为380V，丫联结，出厂时绕组用丫联结，今拟用丫-△换接减压起动，是否可以？为什么？

8-7. 电源反接制动和倒拉反接制动的区别是什么？笼型异步电动机能否实现倒拉反接制动？

8-8. 异步电动机带一位能性负载运行在电动状态，突然将其中两相电源反接，会出现什么情况，电动机最终稳定运行在何种状态？试进行分析。

8-9. 一台他励直流电动机带一位能性负载运行在倒拉反接制动状态，此时突将电枢电源反接，并切除制动电阻，试问拖动系统将会发生什么情况？电动机最终将稳定运行在何种状态？画出机械特性曲线。

8-10. 对恒转矩及恒功率的变极调速，应分别配以何种负载特性比较合理？为什么？

8-11. 当异步电动机变频调速时，为什么希望在调速过程中保持磁通不变？在过载能力不变的前提下，要维持恒转矩或恒功率的变频调速，各自的条件是什么？

第九章　机舱电力拖动控制系统

机舱电力拖动控制系统是船舶电力拖动的重要组成部分，包括泵、风机、压力水柜、空压机、机修设备等各种机舱辅助机械驱动电机的控制及保护电路。控制系统需根据辅机的运行要求，实现电动机起动、制动、调速、反转、停止以及生产过程的自动化。

第一节　机舱电机的典型控制电路

一、机舱电机正反转及风机的控制

1. 机舱电机正反转的控制

船舶机舱有些电机要求既能正转又能反转。而三相异步电动机的转向是由定子三相绕组上所加三相交流电源的相序决定的，将三相电源的任意两根相线对换，便可改变其相序，从而实现三相异步电动机的正反转控制（或称为可逆控制）。现在以图9-1所示的带复合按钮正反转互锁控制的三相异步电动机正反转控制电路为例，说明机舱电机正反转的控制。

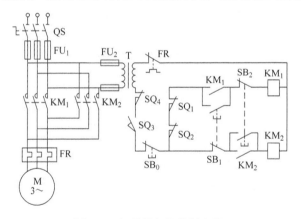

图 9-1　船舶吊艇机控制电路

船舶救生艇吊艇机一般有两种操作方式，一种为手摇方式，另一种为电动方式。图9-1中，KM_1为上升接触器，KM_2为下降接触器，SQ_1为救生艇终点行程开关，SQ_2为终点保护限位开关，SQ_3为摇动手柄复位开关，SQ_4为机械制动器联动开关，机械制动器松开时闭合。

救生艇吊艇机一般采用电动方式操作，只有在电气故障时才采用手摇方式。采用手摇方式时，将手柄插入手柄孔，摇动手柄可吊起救生艇。为了保证安全和避免误操作，手柄插入手柄孔时禁止电动操作方式工作。因此在手柄孔内设置微动行程开关SQ_3，作为安全保护用，手柄插入时断开，手柄拔出时闭合。

电动操作时，合上电源开关QS，经控制变压器变压，向控制电路提供控制电源。将手摇手柄拔出，摇动手柄复位开关 SQ_3 闭合，松开机械制动器，联动开关 SQ_4 闭合，控制电路有电。按压上升按钮 SB_1，上升接触器 KM_1 线圈得电自锁，其主触点闭合，电动机正转，开始提升救生艇。救生艇上升到终点，终点行程开关 SQ_1 动作，断开接触器 KM_1 线圈回路，电动机停止工作，救生艇停在终点位置。若到达上升终点时，SQ_1 不能断开，则保护限位开关 SQ_2 动作，起安全保护作用。在提升救生艇的过程中，随时可以按压停止按钮 SB_0，停止提升。

吊艇机工作在提升状态时，随时可以按压下放按钮 SB_2。按压 SB_2 后，首先断开上升接触器 KM_1 线圈，同时接通下降接触器 KM_2 线圈。电动机反转，吊艇机由提升状态变换成下放状态，下放状态一般只在下放吊索时采用。下放救生艇时，通常依靠救生艇的自身重量下放。同时为了避免下降速度过大，需要机械制动器配合控制下降速度。

另外需注意：该电路在换向操作时，虽然可直接操作反向按钮，但规程上需先按下停止按钮，解除电气互锁后，才能按下反向起动按钮，但还是可能出现操作速度很快；有些电路因设有按钮互锁，而忽略了接触器的电气互锁，反向操作速度更快。这在反向操作中，将会出现反接制动过程，电动机的制动电流冲击很大，因而操作中需要注意，该控制回路只能用于控制容量较小的电动机。

2. 机舱风机的控制

船舶机舱风机的作用是给机舱通风换气，改善机舱的环境条件，以利于各种机舱设备的正常运行，保障设备维护管理人员的正常工作。机舱大部分风机为直接起动控制，但部分机舱风机也有正、反转运行控制，即可送风（电机正转）、亦可抽风（电机反转），最重要的机舱风机还配有两路供电；较大功率的风机电动机还需要采用 Y-$\triangle$ 起动；由于机舱风机的惯性较大，为防止反接制动过程出现过载，在运转过程中换向时的设计上，除需要考虑先按下停止按钮后才能操作反向按钮的问题外，还应该考虑反向操作应该在停止延时一段时间后才能执行的问题。

在风机起动和运行过程中，可通过主回路中的电流互感器和电流表来观察其工作电流。如运行过程中发生过载时，风机将故障停止、过载报警指示灯点亮。除面板上的复位按钮外，往往还需要打开控制箱，对热继电器进行手动复位操作。

机舱风机一般安装在不易接触到的风筒（风道）内，日常维护比较困难，一般都为该风机装有烘潮加热器，在风机停止时自动提供防潮加热，并在控制箱上安装黄色指示灯。

一般机舱风机与机舱消防系统连在一起，一旦出现紧急情况，可以在多个地点应急切断风机电源，停止风机工作，有的应急切断还可控制风机的风门紧急关闭。

（1）起动控制箱主回路的装配和接线

参考三相异步电动机主控制电路原理图如图 9-2 所示，提供电路图中所需的电气元件、安装板、配好的线槽和接线端子、导轨及相关电气辅料，控制电路不用接；一个万用表。

1）阅读电路图，根据控制要求检查配齐的所用电气元件，并进行电气元件的检查和校验。

2）准备电线、接头、号码管、记号笔及制作用工具。

3）根据控制箱确定电气元件的布置，固定电气元件。在控制板上按布置要求安装电气元件，并贴上醒目的文字符号。

4）进行主回路电路的配线；要求每根线都要有两个线号套管套在线的两头，并标注同样的线号。

5）根据电路图逐根接线，并检验控制板内部布线是否正确。

6）安装电动机。可靠连接电动机和各电气元件金属外壳的保护接地线。

7）检查是否存在短路，线路绝缘是否正常。

8）连接电源、电动机等控制板外部的导线。

9）通电前测试是否有短路、漏电；通电测试，确认是否与图样要求的一致。

10）通电，分别手动闭合正、反转接触器的主触点，观察电动机运行实验，如故障、调试至正常。

（2）起动控制箱控制回路的装配和接线

参考三相异步电动机主控制电路原理图如图9-2所示，根据控制电器和控制箱设计好控制元器件的安装位置。

1）按要求在控制箱面板上安装按钮和指示灯，在控制箱内选好位置并固定好熔断器和控制变压器，并贴上醒目的文字符号。

2）准备好电线、接头、号码管、记号笔及制作用工具。

3）按控制回路配线，对照图样，每根线都要有两个线号，套管套在线的两头，并标注好线号。

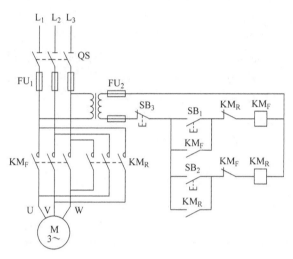

图9-2 三相异步电动机主控制电路原理图

4）根据电路图逐根接线，并检验控制板内部布线的正确性。

5）检查是否存在短路，线路绝缘是否正常。

6）连接控制电源，主回路暂时可不通电。

7）通电前测试是否有短路、漏电情况；通电测试各电气元件的动作是否正确，指示灯是否正常，确认是否与图样要求的一致。

8）主回路恢复供电，整体联机测试。

二、海（淡）水柜水位自动控制电路

机舱很多设备是自动调整和自动控制的，它们大多是根据温度、压力、液位（高度）和转速等物理量的变化，由相应的继电器或调节器来代替按钮自动控制电动机的起动和停止。如冷藏、空调的温度，空气瓶的压力，水柜、油柜的液位（高度）等，并不需要严格地维持在某一恒定值上，而是要求维持在某一设定的低限和高限之间，即"双位控制"。这样既满足了设备的要求，又不频繁地起、停电动机。

双位控制的特点是当被调量低（或高）于低（或高）限时，系统自动投入运行，使被调量上升（或下降），升（或降）到高限（或低）限时，系统又自动停止运行。停止运行后，被调量将下降（或上升），降（或升）到低（或高）限时，系统再次自动投入运行。

实现对空气压力双位控制的元件，通常采用双位压力继电器（对非压力控制场合，也可采用浮子式双位控制）。

双位压力继电器在双位控制系统中，既是比较元件，又是开关执行元件，其结构原理如图 9-3 所示。工作时将下面管子与待测气压相连接，当待测压力升高到低限 P_L 时，波纹管 4 向上的顶力克服弹簧 1 的压力，左边的摆动板 5 逆时针偏转，使微动开关 6 动作，改变其开关状态（即原是闭合的变为开启，原是开启的变为闭合）；随着压力的继续升高，开关状态不变；但当压力升高到高限 P_H 时，波纹管的顶力使微动开关 7 动作，改变其开关状态；当压力从高限降低时，开关 7 的状态又立即复原，但开关 6 的状态暂时不变，直至压力降低到 P_L 以下时，开关 6 的状态才复原。

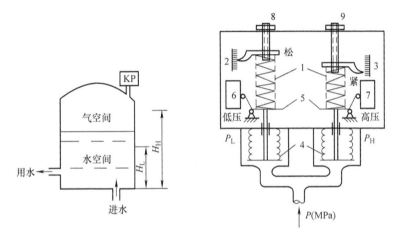

图 9-3 双位压力继电器结构原理图

图 9-4 所示为某压力水柜给水原理及水泵控制电路图，图中水柜为压力水柜，随着用水量的变化，水、气空间容积在变化，即液位高度和气压都在变化。水位上升，气的空间高度减小，气压增加，如果不考虑漏气损耗，气压大小显然是与水位高低成正比例的，高限水位 H_H 对应着高限压力，低限水位 H_L 对应着低限压力。双位压力继电器高压时 KP_H 断开，低压时 KP_L 闭合。

其工作原理是若水位处于图 9-4a 所示的正常水位时，即水位高于 H_L、低于 H_H，当转换开关打到"自动"位置，如图 9-4b 所示，此时由于 KP_H 闭合，KP_L 断开，接触器 KM 线圈未得电，水泵电动机不运行。随着用水量增加，水位高度和气压逐渐下降。当气压（水位）降到低限 H_L 以下时，压力继电器低压触点 KP_L 由正常水位时的"开启"状态转换为"闭合"状态，水泵电动机接触器 KM 线圈得电动作，其常开主触点闭合，水泵起动，向水柜补充水；其常开辅助触点闭合，自锁。当气压（水位）升高，并高于低限 H_L 时，虽然压力继电器 KP_L 触点打开，但由于接触器 KM 辅助触点的自锁作用，KM 仍通电，所以水泵继续打水，直到气压（水位）升高到高限时，压力继电器高压触点 KP_H 断开，使接触器 KM 线圈断电，水泵停止补水。当水位再次降到高限以下时，KP_H 恢复闭合，但由于 KP_L 为"开启"状态，因此接触器 KM 线圈仍不能得电，直到水位再继续下降到低限时，KP_L 闭合，水泵方能重新起动补水。这一过程就是压力（水位）检测的双位闭环控制。

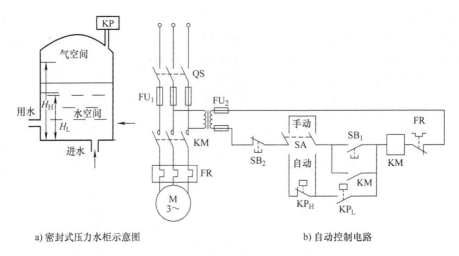

a) 密封式压力水柜示意图 b) 自动控制电路

图9-4 海（淡）水柜自动控制电路

三、空压机自动控制电路

图9-5所示为某轮无人机舱自动化船舶主空压机系统电气原理图。以此原理图为例分析船舶空压机控制系统的工作过程。

1. 空压机"手动"起动

当船舶电源通过配电板的动力分电屏提供到空压机控制箱，将控制箱上的控制位置转换开关 S_2 置于"就地"位置，合上控制箱电源开关 QS，控制电路有电，这时电源指示灯 H_1 指示电源有电。此时通电延时继电器 KT_1 有电，经过30s延时后，其在控制电路中的 KT_1 通

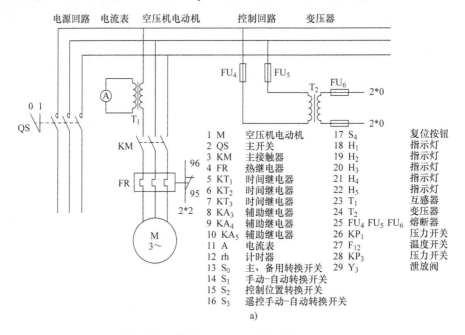

1 M	空压机电动机	17 S_4	复位按钮
2 QS	主开关	18 H_1	指示灯
3 KM	主接触器	19 H_2	指示灯
4 FR	热继电器	20 H_3	指示灯
5 KT_1	时间继电器	21 H_4	指示灯
6 KT_2	时间继电器	22 H_5	指示灯
7 KT_3	时间继电器	23 T_1	互感器
8 KA_3	辅助继电器	24 T_2	变压器
9 KA_4	辅助继电器	25 FU_4 FU_5 FU_6	熔断器
10 KA_5	辅助继电器	26 KP_1	压力开关
11 A	电流表	27 F_{12}	温度开关
12 rh	计时器	28 KP_3	压力开关
13 S_0	主、备用转换开关	29 Y_3	泄放阀
14 S_1	手动-自动转换开关		
15 S_2	控制位置转换开关		
16 S_3	遥控手动-自动转换开关		

a)

图9-5 某轮主空压机系统电气原理图

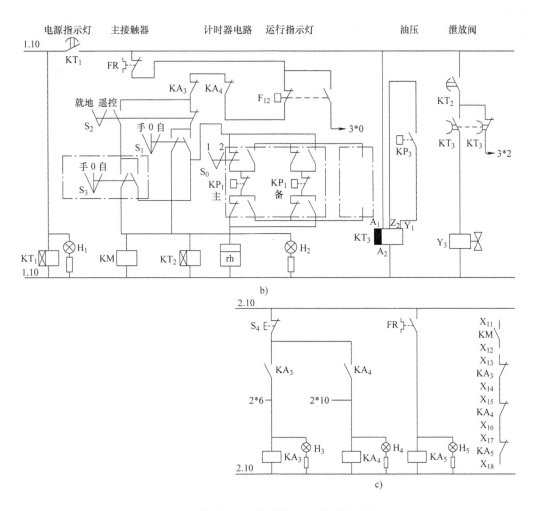

图 9-5 某轮主空压机系统电气原理图（续）

电延时常开触点闭合，为后面的控制电路供电。控制电路电源经空压机热继电器的常闭触点 FR，空压机的温度保护开关 F_{12} 的常闭触点，高温报警回路中的报警继电器 KA_4 的常闭触点，低油压报警回路继电器 KA_3 的常闭触点，转换开关 S_2 "就地" 位置的闭合触点到起动方式控制开关 S_1 的上端。将 S_1 控制开关打到 "手" 位置，空压机接触器 KM 通电动作，其主触点闭合，空压机电动机起动运转，同时运转指示灯 H_2 亮。空压机上的泄放电磁阀 Y_3 开始泄载工作。和接触器 KM 并联的时间继电器 KT_2 同时通电动作。计时器 rh 通电开始计时。在时间继电器 KT_1 延时闭合后，延时准备回路中的时间继电器 KT_3 工作线圈通电动作，空压机泄放电磁阀回路中的 KT_3 断电延时常开触点闭合，同时切断低油压报警回路中串联的触点。KT_2 经过 3～5s 的延时后，泄放阀回路中的 KT_2 延时闭合触点闭合，泄放电磁阀 Y_3 通电关闭（泄放电磁阀为断电打开，通电闭合），停止泄载。空压机开始正常工作，向空气瓶充气。

2. 空压机 "手动" 停止

如果要空压机停止工作，只需将控制方式转换开关 S_1 打到 "0" 位，接触器 KM 断电，空压机断电停车。

3. 空压机控制系统的保护措施

（1）空压机低油压停车

如果系统中油压低于设定的最低压力值时，时间继电器 KT_3 延时电路中串接的油压压力继电器 KP_3 常开触点闭合，使 KT_3 时间继电器断开线圈通电动作，开始延时，如果在 5～15s 后，油压仍然低于设定值，此时 KT_3 断电延时断开常开触点，泄放电磁阀断电泄载。同时接通低油压报警继电器 KA_4，其常闭触点断开，使接触器 KM 断电，空压机停机，低油压报警灯 H_4 亮。如果要重新起动空压机，需要在排除油压低的故障后，按下手动复位开关 S_4，KA_4 断电，其常闭触点恢复闭合，使接触器 KM 线圈有电，空压机才能再次起动。

（2）空压机高温停车

如果空压机在工作过程中，出现高温情况，这时温度继电器 F_{12} 常闭触点断开，同时高温报警继电器 KA_3 通电动作，使接触器 KM 断电，使空压机停机泄载，高温报警灯 H_3 亮。如果要重新起动空压机，需要在排除高温故障后，同样将手动复位开关 S_4 按下，复位后空压机才能再次起动。

（3）空压机电动机过载停车

在空压机电流过大或断相工作时，热继电器 FR 动作，其常闭触点断开，切断空压机控制回路的电源，使接触器 KM 线圈断电，空压机停止运行。同时其常开触点闭合，使过载报警继电器 KA_5 通电动作，过载报警指示灯 H_5 亮。排除故障后，需手动复位热继电器，才能重新起动空压机。

上述三种情况下的停车均属于非正常停车，如遇此情况一定要查明原因，排除故障后才能起动空压机，切莫盲目复位后就起动空压机，以免对空压机造成损坏。

4. 空压机的自动控制过程

在图 9-5b 中的 KP_1 两个压力继电器分别为主用和备用作用。两台空压机的主用和备用是不固定的，可以根据实际工作状态进行相互转换。主、备用的转换是通过控制箱上的转换开关 S_0 实现的。主用空压机的自动控制压力为 2.5～3.0MPa，备用空压机的自动控制压力值设定为 2.3～2.8MPa。

现设定 1 号空压机为主用空压机，2 号空压机为备用空压机。图 9-5 中只画出 1 号空压机的控制原理图，其与 2 号空压机的控制原理图是一样的，两个控制箱共用一组压力继电器，两个控制箱之间自动控制部分相连接。在 1 号空压机控制箱上的控制位置转换开关 S_2 置于"就地"位置，合上控制箱电源开关 QS，控制电路有电。同样操作 2 号控制箱上的开关。现假设此时压缩空气瓶内的压力为 2.4MPa。首先将主、备用转换开关 S_0 打到"1"位置。手动-自动转换开关 S_1 打到"自"位置。这时控制电源经热继电器 FR 常闭触点、温度开关 F_{12} 的常闭触点、KA_4 常闭触点、KA_3 常闭触点、转换开关 S_1 "自"位置闭合的触点、压力继电器 KP_1 闭合触点使空压机主接触器 KM 通电动作，KM 主触点闭合，空压机起动运行。运行指示灯 H_2 亮，计时器 rh 开始计时。泄载结束后 1 号空压机开始向空气瓶内充气。

如果此时外界的用气量较大，空气瓶内的压力继续下降，当低于 2.3MPa 时，2 号空压机同样自动起动运行。此时两台空压机同时向空气瓶内充气。高温报警、低油压以及电动机过载的保护功能同"手动"工况时的作用一样。

两台空压机运行一段时间后，空气瓶内的压力不断升高。当空气瓶内的压力达到备用压力开关的高限设定值 2.8MPa 时，备用压力继电器 KP_1（从）的触点断开，使 2 号备用空压机停止运行。这时主用空压机继续运行，当空气瓶内的压力达到 3MPa 时，主用压力继电器 KP_1（主）的触点断开，1 号主用空压机停止运行。

船舶在一般的情况下，压缩空气的使用量不是很大，一台空压机完全可以满足供应。主用空压机在压力开关 KP_1（主）的控制下，根据空气瓶内压力变化，自动起停循环工作。

5. 空压机的"遥控"控制过程

空压机的遥控位置一般设在机舱集控室控制台上。在控制箱电源开关闭合，控制箱和系统具备起动条件后，将控制箱上的控制位置转换开关 S_2 打到"遥控"位置。遥控手动-自动转换开关 S_3 设在机舱集控室控制台上，将转换开关 S_3 打到"手"位置，可以手动起动空压机，其工作过程与"就地"手动控制过程一样。当需要自动操作时，可将转换开关 S_3 打到"自"位置，遥控自动起动的工作过程与"就地"自动控制过程是相同的。

四、机舱双机互备的控制

为主、副机服务的燃油泵、滑油泵、冷却海（淡）水泵等辅机，其重要性不言而喻，为了工作可靠和控制方便均设置两套机组。机组不仅能在机旁控制，也能在集控室进行遥控；而且在运行中，当运行泵出现故障或非正常停止时能实现备用泵自动切换，即备用泵自动投入工作，之后原运行泵停止运行，并发出声光报警信号，以保证主、副机等重要设备持续处于正常工作状态。这就是重要辅机的自动切换功能。图 9-6 和图 9-7 所示分别为 1、2 号主机海水泵的自动切换控制电路的主电路和辅助电路，其工作原理分析如下：

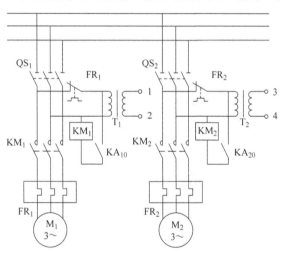

图 9-6　泵自动切换控制电路的主电路

1. 泵的遥控手动控制

将电源开关 QS_1、QS_2 合闸，遥控-自动选择开关 SA_{11}、SA_{21} 置于遥控位置。对于 1 号泵，按下起动按钮 SB_{11}，则继电器 KA_{10} 线圈通电，接触器 KM_1 线圈回路 KA_{10} 触点闭合，1 号泵电动机通电起动并运行，同时 KA_{10} 触点闭合自锁。在 1 号泵正常运行时，若按下停止按钮 SB_{12}，则 KA_{10} 线圈断电，使接触器 KM_1 线圈失电，1 号泵停止运行。2 号泵的手动控制与 1 号相同，且两台泵可以同时手动起停控制，实现双机运行。

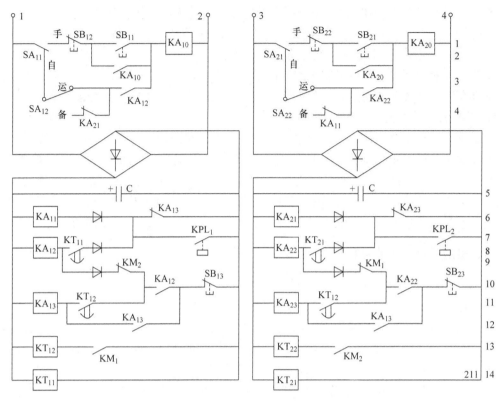

图9-7　泵自动切换控制电路的辅助电路

2. 泵的自动切换控制

（1）泵的正常起动过程

以1号泵为运行泵，2号泵为备用泵为例，其自动控制过程说明如下：

准备状态（即两台泵都处于备用状态）：将电源开关QS_1、QS_2合闸，遥控-自动选择开关SA_{11}、SA_{21}置于自动位置。1、2号的运行-备用选择开关SA_{12}、SA_{22}均置于备用位置，此时对1号泵控制电路来说，其各主要控制电器工作情况分析为13支路KM_1辅助触点断开，时间继电器KT_{12}线圈不得电，其11支路触点断开，所以KA_{13}线圈不得电，其6支路常闭触点闭合，使KA_{11}线圈得电，从而使2号泵控制电路的4支路KA_{11}断开，因此KA_{20}线圈不得电，KM_2线圈不得电；同样道理，2号泵控制电路中，触点KA_{21}也断开，因此KA_{10}线圈不得电，KM_1线圈也不得电。14支路KT_{11}线圈得电，其8支路触点延时闭合；6支路KA_{13}处于闭合状态，所以KA_{12}线圈也通电。因此，1号泵控制电路中，KA_{11}、KA_{12}、KT_{11}线圈得电，而KA_{13}、KT_{12}、KA_{10}、KM_1线圈不得电。同理，2号泵相应线圈工作状态与之类似，即2号泵控制电路中，KA_{21}、KA_{22}、KT_{21}线圈得电，而KA_{23}、KT_{22}、KA_{20}、KM_2线圈不得电。

正常运行：若1号泵为运行泵，2号泵为备用泵，则应将SA_{11}置于运行位置，SA_{22}置于备用位置。对于1号泵有3支路SA_{12}和KA_{12}均闭合，所以1支路KA_{10}线圈得电，其电路中相应触点闭合，使KM_1线圈得电，从而接触器主触点闭合，1号泵电动机起动并运转；同时13支路KM_1触点闭合，使KT_{12}线圈得电；其11支路触点延时闭合，使11支路KA_{13}线圈得电；其6支路KA_{13}常闭触点断开，但在此之前压力开关KPL_1已经闭合，从而保持

KA$_{11}$、KA$_{12}$线圈有电。同理分析可知：2 号泵仍处于备用状态，其控制电路工作状态与前述备用时相比没有发生变化。

（2）运行泵失电压的自动切换控制

当运行泵故障失电压时备用泵的自动切入：当 1 号泵由于机械等故障原因造成失电压时，其压力开关 KPL$_1$ 断开，使 KA$_{11}$ 线圈失电；相应的 2 号泵控制电路中 4 支路 KA$_{11}$ 触点闭合，2 支路 KA$_{20}$ 线圈得电，KM$_2$ 线圈得电，其主触点闭合，2 号泵电动机起动并运转；同时 1 号泵控制电路中 9 支路 KM$_2$ 触点断开，使 8 支路 KA$_{12}$ 线圈失电，其 3 支路触点 KA$_{12}$ 断开；1 支路 KA$_{10}$ 线圈因此失电，其主电路 KM$_1$ 线圈失电，主触点断开，1 号泵停止运转，并发出声、光报警。

（3）运行泵故障停机的自动切换控制

当运行泵由于热继电器动作等原因而故障停机时，备用泵同样可以自动起动。当 1 号泵热继电器动作，FR$_1$ 触点分断，1 号的控制电路电源 1-2 失电；KA$_{11}$ 线圈失电，其在 2 号控制电路 4 支路的触点闭合，2 支路 KA$_{20}$ 线圈得电，KM$_2$ 线圈得电，其主触点闭合，2 号泵电动机起动并运转。这就实现了自动切换的过程。

3. 泵的顺序起动控制

当全船跳电，在电网再次恢复供电后，为迅速恢复整个电力系统的正常运行，自动电力管理系统可设置顺序起动（自动分级起动）环节，用于为主、副机运行服务的各种重要辅机与舵机、冰机及其他各类泵等设备的再起动，分级的目的是防止众多设备同时起动时的冲击电流可能会再次形成发电机假性短路而导致主开关跳闸，分级起动顺序按负载的相对重要性排列，每一级起动之间的间隔时间约为 4～8s。

该控制电路具有顺序起动控制功能：当泵处于自动状态，假设此时 1 号泵为运行状态，当全船电网复电后，14 支路 KT$_{11}$ 线圈开始得电，其 8 支路触点经延时后闭合；6 支路 KA$_{13}$ 处于闭合状态，所以 KA$_{12}$ 线圈也通电；3 支路触点闭合，2 支路 KA$_{10}$ 线圈得电，KM$_1$ 线圈得电，其主触点闭合，1 号泵电动机自动起动运转。可见 KT$_{11}$ 的延时就是该泵的分级起动时间。

4. 故障分析

1）时间继电器 KT$_{11}$ 调整不当的后果，如图 9-6 和图 9-7 所示。选择为自动控制状态时，若时间继电器 KT$_{11}$ 调整过短将会出现的情况是时间继电器 KT$_{11}$ 线圈通电延时已到时，其触点闭合，KA$_{13}$ 线圈得电，其常闭触点断开；而此泵的排出压力开关 KPL$_1$ 还未来得及闭合，导致 KA$_{11}$ 失电，从而备用泵起动，运行泵停止运行。

2）不设二极管或二极管击穿的后果，如图 9-6 和图 9-7 所示。在该控制系统中，若第 2 个二极管击穿或不设，则泵出现故障，泵的排出压力开关 KPL$_1$ 断开时，KA$_{11}$ 线圈不会失电，备用泵不能起动，运行泵不能停止运行，可能导致机损事故发生。

第二节　船舶电梯控制系统

一、船用电梯的组成与基本要求

船用电梯与陆用电梯存在较大差异，陆用电梯的广泛应用使得其技术发展相对成熟，而船用电梯由于处在江河、大海环境中运行，因而对其要求具有特殊性，差别主要表现在以下几个方面：

1）船用电梯工作环境相对恶劣。工作环境温度要求在 - 10 ~ + 50℃之间，船用货梯正常工作环境温度甚至要求在 - 25 ~ + 45℃区间内。另外，船用电梯还需具有三防设计：防潮湿、防盐雾和防霉菌。

2）船用电梯与陆用电梯整体设计结构的差异。陆用电梯的机房绝大多数设在建筑物顶部，这种布局系统结构最简单，且建筑物顶部受力相对最小。而船用电梯则不然，由于船体结构设计布局的多样化，直接决定了船用电梯的整体布置形式，由此导致了船用电梯的机房位置随意性大，根据需要可能会在围井附近的任意位置，大多不局限于顶部，从而造成船用电梯曳引方式、曳引比、驱动主机位置、对重及厅门位置等整体结构的一系列变化。因而每台电梯的设计均应充分考虑围井的结构特点，因地制宜，以最合理的设计方案，最可靠的产品性能满足用户的使用要求。

3）船用电梯运行的特殊性。由于船用电梯在船舶航行过程中仍然要满足正常使用要求，因而船舶运行中的摇摆升沉，将对电梯的机械强度、安全可靠性产生较大影响，在结构设计时不容忽视。船舶在风浪中航行产生的摇荡有横摇、纵摇、艏摇、垂荡（又称升沉）、横荡、纵荡六种形式，其中横摇、纵摇及垂荡对船舶设备的正常运行影响相对较大。在船用电梯标准中规定：船舶横摇 ± 10°以内，摇摆周期 10s；纵摇 ± 5°以内，摇摆周期 7s；垂荡 ≤3.8m，电梯可以正常运行。电梯门应加装船体摇荡时防止自然打开和突发关闭的装置，以避免门系统的误动作，或造成安全事故。驱动主机采取抗振设计，以防止船体大幅度摇荡时发生倾覆、移位事故。船舶运行时的摇摆振动，还会对电梯的悬吊部件产生较大影响，如轿厢与控制柜之间传输信号的随行电缆，应该采取措施加设保护来防止危险发生，以免因为随行电缆的摇荡引起与围井内电梯部件的相互缠绕，损坏设备。控制系统中的接插件应采取防松动措施，以免因振动引起系统故障。电梯控制柜应进行冲击、振动试验。

另外，为了保证设备的安全及提高系统自动化水平，可考虑设置船舶摇荡检测装置，当海况指标超出船用电梯可接受的正常工作范围时发出报警信号，停止电梯运行，同时通过航行固定装置把轿厢与对重分别稳固在电梯围井的某一位置上，避免轿厢及对重随船体作惯性振荡，从而引起电梯零部件的损坏。

1. 船用电梯的组成

船用电梯按用途分为客梯、货梯、客货梯、医用梯、杂物梯等；按拖动方式可分为交流电梯、直流电梯、液压电梯；按控制方式可分为按钮控制电梯、信号控制电梯、集选控制电梯、并联控制电梯、群控电梯；按曳引结构分为有齿曳引电梯、无齿曳引电梯。常见船用电梯构成如图9-8所示，主要组成部分有：①曳引部分，包括曳引机、制动器和曳引钢丝绳及其端接装置；②引导部分，包括导轨和导轨支架；③导向轮装置；④对重装置；⑤轿厢装置；⑥门机系统，包括自动开门装置和厅门；⑦超摇摆保护装置；⑧电气设备及控制装置，由曳引电动机、选层器、传动及控制柜、轿厢操作盘、照明和应急照明系统、呼梯按钮和厅站指示器等组成；⑨安全保护装置，包括限速器、安全钳、缓冲器、电话及应急装置、报警及保护装置等组成。

有的船用电梯采用齿轮齿条电梯，将导轨加工成齿条，轿厢装上与齿条啮合的齿轮，电动机带动齿轮旋转使轿厢升降的电梯。设有底座、轿厢、架体、齿条、多输出齿轮减速机、对重、钢丝绳、天轮、制动装置和电气装置等。轿厢和齿条设置于架体外侧；多输出齿轮减

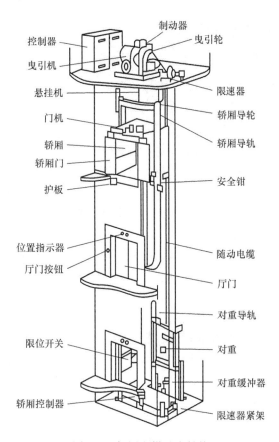

控制器
制动器
曳引轮
曳引机
悬挂机
限速器
门机
轿厢导轮
轿厢
轿厢导轨
轿厢门
护板
安全钳
位置指示器
随动电缆
厅门按钮
厅门
对重导轨
限位开关
对重
对重缓冲器
轿厢控制器
限速器紧架

图9-8　船用电梯基本结构

速机设于轿厢上，多输出齿轮减速机设有减速箱、一个电机和至少两个输出齿轮，减速箱分别与电机和输出齿轮连接，全部输出齿轮由一个电机带动，重设置于架体内，对重通过钢丝绳经天轮与轿厢连接，由对重架和至少两块对重块组成，对重块设置于对重架上。齿轮齿条驱动的电梯由于其具有结构简单、占用空间小、载重自重比大、无需专用机房、结构模块化程度高、安装方便等优点，在船舶、海洋平台上的应用越来越多，但存在运动噪声大、平稳性差等缺点。

2. 船用电梯对拖动控制系统的要求

1）各种电气、机械安全联锁保护应齐全。

2）保护动作后，电梯主电路应切断。

3）任一层门轿厢或安全门打开，均自动切断主回路。

4）电梯在运行过程中，层门应不能打开。

5）轿厢、围井和电梯机房应设置应急照明，应急照明应在主电网有故障的情况下至少保证照明1h。

6）所有轿厢内应设置报警系统或电话分机，能在平时或应急时与值班室联系。

7）轿厢内外人员能通过标志或信号知道轿厢停在哪个层站。

8）曳引机驱动电梯，在轿厢或对重被障碍物挡住，从而引起钢丝绳在曳引机轮上滑动，应能在20s内自动切断电源。

9）电梯载重量超过额定重量的110%时应有超载报警，并确保曳引机不能起动。

二、船舶电梯的电力拖动

电力拖动系统是船用电梯的动力源，对电梯的起动加速、稳速运行、制动减速等起控制作用。电梯主要有两个运动，轿厢的升降运动和轿门及厅门的开关运动。

轿厢的运动有曳引电动机产生动力，经曳引传动系统进行减速，改变运动形式（将旋转运动转换为直线运动）来实现驱动，其功率在几千瓦到几十千瓦，是电梯的主驱动。为了防止轿厢停止时由于重力溜车，还必须设置制动器。控制系统至少应有两套独立的电气装置来切断制动器电流。根据目前已装船的电梯来看，杂物电梯和载货电梯通常采用交流双速异步电动机定子串电阻调速拖动，这种电梯对舒适性和平层准确度要求较低。客货电梯通常采用交流异步电动机的变压变频（Variable Voltage and Variable Frequency，VVVF）调速，具有优异的调速性能和良好的舒适性。尤其是永磁同步无齿曳引拖动技术的发展，提高了传动效率，降低了噪声，传动平稳，占地面积小，是船用电梯最理想的拖动方式，但是存在能耗大、造价高、维修不便的缺点。

轿门及厅门的开与关由开门电动机驱动，经开门机构进行减速，改变运动形式来实现，其驱动功率较小（通常在200W以下）。轿门及厅门常见的电力拖动方式大致可以划分为：

1）直流电动机斩波调压调速拖动方式。

2）交流异步电动机VVVF调速拖动方式，采用交流电动机，系统结构简单，可靠性进一步提高，运行平稳，效率更高，是目前船用电梯开关门电路中普遍采用的方法。

3）伺服电动机拖动方式，这是近几年出现的电梯开关门方式，该方式采用伺服电动机作为驱动电动机，其反应灵活，响应迅速，是一种有发展前途的开关门方式。

1. 电梯拖动的主电路

1）交流双速电梯的拖动。交流双速电梯拖动结构和技术简单，运行舒适感差，额定转速一般在1m/s以下，通常采用PLC控制。交流双速电梯采用变极调速电动机作为曳引电动机，其变极比通常为6/24极，也有采用4/6/24极和4/6/18极的三速电动机。从电动机结构看，有采用单绕组改变接线方式实现变极，也有采用双绕组的，它们各具有不同的极数，通过连接不同的绕组实现不同的转速。

2）船用变频调速电梯的主电路。船用变频调速电梯的主电路如图9-9所示，低压断路器QF和接触器KM用于接通变频器的电源；主回路中串入交流电抗器L_{AC}用于改善功率因数；输入滤波器Z_1、滤波器Z_2用于抗干扰；制动电阻R_B用于能耗制动，本身具有比较完善的过电流和过载保护功能，且低压断路器还具有过电流保护功能，故在进线侧不接熔断器；变频器内部具有电子热保护器，故在只接一台电动机的情况下，可不接热继电器。

电梯的负载属于恒转矩负载，只需在基频以下调速，通常采用VVVF来调速。

2. 船用电梯的电力拖动系统

电梯通过控制驱动电动机的速度实现轿厢平稳运行，而对驱动电动机的变频调速可实现无级调速，电梯驱动及控制系统的结构如图9-10所示，变频器主电源由R、S、T提供，控制系统根据PLC送来的逻辑信号：电梯上行，电梯下行，多段速度1、2、3，加减速切换，零速输出，准备完成等信号来控制变频器的运行，变频器根据当前状态给出故障、运转、制动器松开等信号输出。船用电梯控制为了满足运行效率、舒适感、平层精度和安全性的要

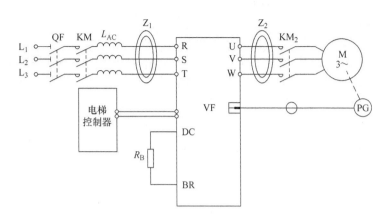

图9-9 船用变频调速电梯的主电路

求,其参数应正确设置。如为了提高运行效率,快车频率应选为工频50Hz,而爬行频率要尽可能低些,以减小停车冲击,常选为4Hz,检修慢车频率可选为10Hz。

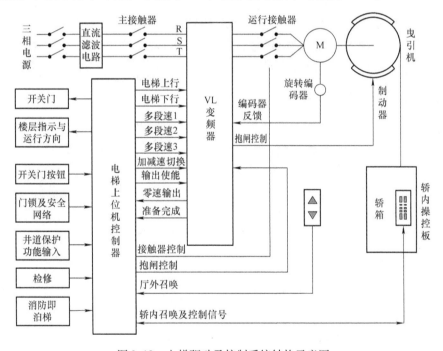

图9-10 电梯驱动及控制系统结构示意图

硬件系统组成以后,为了实现控制,还需编制 PLC 控制程序。在变频调速电梯控制程序中,需要 PLC 进行处理的逻辑信号主要有楼层计数信号用于识别电梯所在的楼层位置及位置变化情况,是控制电梯运行的重要依据;呼梯、选层信号用于登记呼梯和选层情况,以便确定电梯的起动和运行;定向信号根据电梯当前所在位置以及呼梯、选层情况决定电梯的运行方向;换速信号用于停车前的换速控制;主控制信号用于控制电梯的起动、运行和停靠。此外还有开、关门控制,楼层显示,呼梯,选层显示,单、双控制,安全条件自动检测,自动平层,消防等各种控制信号。所给出的这些控制信号,都是 PLC 根据各种输入信号通过复杂的控制程序实现的。

3. 船用电梯的门控系统

电梯的门有轿厢门和厅门之分。轿厢门设在轿厢靠近厅门的一侧，是轿厢的出入口，供乘客和货物的进出。在一些简易杂物梯上，轿厢门由人力开、关，被称为手动门，而大多数电梯由装在轿厢顶部的自动开门机来开门和关门，这种轿厢门称为自动门。起动开、关门的机构通常是以伺服电动机及机械机构，将电动机的旋转运动转换为开、关门的直线运动，带动轿厢门上的拨杆、门刀等动作而完成。在新型门机装置中，还可采用圆弧同步带或齿轮、齿条组合，直接驱动门机，使得传动效率更高。

厅门设置在层站入口处，也称层门或梯井门。船舶电梯的厅门为水密门，与轿厢门之间有联锁装置。厅门的开与关是由轿厢门带动而完成的，所以轿厢门称为主动门，厅门称为被动门。为了保证电梯的安全运行，必须在轿厢门和厅门完全关闭之后，电梯才允许起动运行。为此，在厅门上装设具有电气联锁功能的自动门锁。自动门锁的主要功能有两个。一是锁住厅门，使厅门只有用钥匙才能在厅外打开；二是通过门锁上的微动开关控制电梯控制回路的接通和断开，允许电梯起动或停止运行。

另外，为了防止乘客或物品被门夹住，在轿厢门上还装有保护装置。除了接触式的安全触板外，还有非接触式的光电式、电磁感应式、超声波等门安全装置。有时为了确保电梯安全运行，将接触式和非接触式门安全装置联合使用。

三、船用电梯的安全保护

船用电梯的安全保护可简单分为人身和设备的安全保护。人身安全保护主要是指防止发生对使用电梯人员、维修保养人员及设备周围人员等造成人身伤害的一系列保护措施；设备安全保护主要是指防止对电梯设备、运送货物及安装电梯的船体等造成损坏而采取的保护措施。按照设计形式可分为机械安全保护和电气安全保护。按照安全重要性可分为必备安全措施和一般安全措施。

由于船用电梯工作的特殊性，需要有相应的智能传感器（如船舶颠簸状态检测传感装置、井道温度湿度状态检测传感装置）对其工作状态和环境状态进行监测，并将监测结果反馈给 PLC 控制系统，PLC 根据外部输入状态信息，特别是安全回路的信息决定电梯运行或给出报警信息。

1. 超速保护

电梯超速保护系统主要由限速器、安全钳、限速器张紧轮、钢丝绳、安全钳联动机构、电气安全开关等组成，是乘客电梯最重要的安全保护措施。其原理是电梯一旦出现超速（最极端的情况是所有主钢丝绳全部断开），经过整定的限速器机械装置立即动作，首先切断电梯电源，随后通过限速器钢丝绳触发安全钳机构动作，使电梯轿厢或对重在所运行方向上强制制动，并且在其运行方向上越制动越紧，最后牢牢地钳死在运行导轨上。

2. 门联锁保护

由于电梯超速保护已得到包括用户在内各方面的高度重视，同时又由于对电梯主钢丝绳安全系数有硬性规定，因此除了在安装、维保等时严重违章操作外，目前已很少发生电梯坠落等严重事故。而电梯发生人身伤害事故大多由于电梯门系统保护环节的失灵。乘客电梯都严格要求具有层门机械联锁保护功能，在电梯轿厢离开相应层站后，电梯层门将严禁被人为地打开，层门门扇必须安装自动闭门装置，机械门联锁的设计要求门锁紧元件的啮合不小于7mm，以确保门联锁保护的可靠性，同时对门联锁保护机械设计也有明确规定，如要求由重力、永久磁铁或弹簧产生和保持锁紧动作，弹簧应在压缩下作用，应有导向，并且在磁铁（或弹簧）失效、加热、冲击情形下不应使其失效。同时必须配备层门闭合的电气装置，而门锁电气安全开关在层门打开后必须是断开的。

3. 地坑缓冲保护

电梯缓冲保护主要由安装在电梯地坑的轿厢缓冲器和对重缓冲器等组成，缓冲器主要分为蓄能型缓冲器和耗能型缓冲器两种，可根据电梯额定速度、电梯载重量、缓冲行程等参数，选用液压缓冲器、弹簧缓冲器或树脂缓冲器。需要特别指出的是缓冲器动作后应无永久变形，液压缓冲器须设置动作电气安全开关，在动作后首先切断电源。

4. 电梯端站保护

电梯上、下端站须设置电气防冲顶和防蹾底保护，以尽量避免导致缓冲器动作的故障发生。端站保护主要有端站强迫减速保护，上、下终端保护，上、下极限保护。端站减速只需端站减速开关信号触发即可实现减速，可有效提高端站减速的可靠性。电梯终端保护是阻止电梯轿厢在一个方向上的继续运行，而允许其相反方向的运行。上、下极限保护措施是切断电梯电源，立即终止电梯运行。

5. 电梯超载保护

电梯必须配备超载保护功能，超载保护从设计形式上可分为机械式超载保护和电子式超载保护，由于电子式超载保护有超载信号放大功能，大大提高了灵敏度，现已渐渐替代机械式超载保护。电梯轿厢一旦发生超载现象，应发出声光报警信号，随即电梯开门，阻止电梯关门起动。

6. 电梯火警功能

一旦电梯控制系统接到火警信号时，系统应发出声光报警信号，电梯随即就近停车，不开门，然后直接运行到应急疏散层楼，开门放人。

7. 船用电梯特有的安全保护

由于船用电梯使用环境的特殊性，并且各国船级社有关船用电梯规定或标准的差异，船用电梯特有的一些安全保护功能有

1）船舶超摇摆保护功能。由于船舶在航行时，不可避免地会发生摇摆现象，船用电梯必须配备超摇摆保护器，对船舶横向和纵向摇摆角度进行检测，一旦检测到摇摆超过所规定的角度，电梯控制系统应发出声光报警信号，同时电梯就近停车，开门放人，且封锁电梯运行，待船舶摇摆恢复正常后，延时1min左右，电梯方可恢复正常运行。

2）轿厢内报警功能。电梯轿厢须设置报警按钮，一旦发生紧急情况，乘客可按轿厢内报警按钮，向船舶监控室或驾驶室特定区域发出声光报警信号，必要时可向船上特定区域发出报警信号。

3）随行电缆保护。在船舶摇摆时，为了防止电梯随行电缆在摆动时发生缠绕或勾连导致电缆损坏，因此应进行特殊设计，目前主要有两种设计形式：一种是采用电梯导向轮加导轨固定形式，这种形式是通过电缆导向轮和导轨来限制随行电缆的摆动，特别适合于使用扁平随行电缆的情形；另一种是采用电缆槽限制电缆摆动的形式，其设计是通过在井道侧面从底坑至顶部连续布置封闭的电缆槽，只允许随行电缆在槽内摆动，防止电缆掉出电缆槽从而

造成电缆损坏。

4）人员应急逃生。船用电梯出现关人情形，且在外救无望时，自身须有自救措施，一般在船用电梯轿厢和井道全程都设置逃生爬梯，并且在轿厢顶和井道顶部都须设置能从内向外开启的逃生口或逃生门，逃生人员在紧急情况时可顺利从轿厢内逃到轿厢顶，然后借助井道逃生梯顺利脱困。船用电梯特别是船员电梯，应急逃生设备更是必配设备。并且在各逃生口都需配置动作可靠的电气安全开关，一旦轿厢顶安全窗打开，安全开关动作，电梯立即停止运行，要求专业修理人员进行人工电气系统复位，电梯方可恢复运行。

5）轿厢通信功能。船用电梯要求轿厢和外部的通信保持畅通，除轿厢内有报警按钮外，一般还应在轿厢内配备船上广播扬声器，保证乘客在乘坐电梯时能听到船上的广播通知；另外，还须在轿厢内配备电话或对讲机终端，确保轿厢内外联系畅通。

6）电梯应急照明。电梯一旦停电，为了防止轿厢内漆黑一片，在设计时须配置船上提供的应急电源照明，除此以外，许多船级社还要求设备厂提供能照明 1h 以上的临时应急电源，这样可确保电梯断电时，轿厢照明得以延续。

7）防海盗功能。由于目前海盗日益猖獗，严重威胁船舶航行安全，一些国际海上公约要求电梯设备对海盗有一定的防护功能，一旦电梯防海盗功能启动，可有效防止电梯成为海盗进行犯罪活动的通道。

四、船用电梯安全保护装置的使用和维护

1）船用电梯涉及人身安全及重要部件的安全保护必须齐全，不可因考虑成本及系统的复杂性等原因，减少或降低要求。

2）为了确保安全保护的可靠性，船用电梯最重要的最终安全保护都采用机械安全保护，如防坠落保护、防剪切保护等。但为了在安全保护动作时及时停止或禁止电梯运行，机械安全保护系统都设有电气安全开关，因此机械安全保护和电气安全保护在船用电梯设计中是相互依存、密不可分的。

3）电气安全保护主要体现在所有电梯都具备的电梯安全电气回路和门联锁回路，安全回路继电器应直接控制主回路，安全回路设有不允许人为短接操作的监控。

4）安全保护的电气开关触点均采用动断触点，以便电梯控制系统对其进行不间断的监控，防止因断线或触点接触不好造成安全保护的失效。

5）按照相关规定，对船用电梯的安全保护功能进行及时有效的维护保养和测试，并及时申请检验人员的现场检验，确保证书的有效。

五、工程意义

目前船舶电梯系统大多由国外企业制造，我国在海工装备上与发达国家还有许多差距。党的二十大报告指出，加快实现高水平科技自立自强，加快建设国家战略人才力量，努力培养造就更多大师、战略科学家、一流科技领军人才和创新团队、青年科技人才、卓越工程师、大国工匠、高技能人才。

因此，大力提升我国船舶电梯控制系统技术水平，是当代海工装备领域青年科技工作者的使命与担当。

复习与思考题

9-1. 什么是双位控制？有哪些特点？在机舱辅机中，有哪些设备采用双位控制？

9-2. 机舱海（淡）水柜水位自动控制电路采用什么环节进行控制？为什么？

9-3. 常见的异步电动机典型控制电路有哪些？它们各自用于什么场合？

9-4. 船用电梯的基本要求有哪些？

9-5. 船用电梯的安全保护有哪些？特有的安全保护又有哪些？

第十章　甲板机械电力拖动控制系统

船舶作为海上运输工具，从一个港口到达另一个港口都要停泊，人员要上下或装卸货物。船舶在停泊时，受到风力、水力以及船体摇摆时惯性力的作用。锚机和系缆设备是为了平衡这些力，使船舶安全地停泊在水面和系泊于码头的缆桩上或浮筒上。此外，船舶靠离码头有时也需要锚机和系缆设备作为辅助设备，所以锚机和绞缆机是船舶正常营运的重要设备。锚机和绞缆机通过一个联动机构组合在一起，因此从电气控制的角度看，对船舶锚机和绞缆机的电力拖动及其控制，实际就是对同一电动机进行的控制。船舶在货物装卸时还要用到起货机，对于大部分的杂货船来说都装有起货机，本章将主要介绍锚机、绞缆机和船用起货机设备的控制系统。

第一节　锚机、绞缆机电力拖动控制系统

一、锚机的运行特点

1. 锚机概述

锚机的分类方法较多，按安装形式可分为卧式和立式等；按拖动方式可分为电动锚机和电动液压锚机。其中电动锚机根据使用电源的不同，还分为直流和交流拖动两种形式。直流电动锚机通常采用 G-M 系统，即采用一台交流电动机拖动一台直流发电机，然后直流发电机产生的直流电供给直流电动机拖动锚机工作，控制直流发电机的励磁电压，可对直流电动机进行调速。G-M 系统有诸多缺点，故在船上已基本淘汰。取而代之的是 SCR-M 系统，即由晶闸管将交流电整流为直流电，然后再供给直流电动机拖动锚机工作。由于早期的电力电子元件可靠性有限，直流电动机维护保养工作量大、换向火花等一系列问题，限制了 SCR-M 系统在船上的应用，这种 SCR-M 系统被三相变频调速系统所取代。目前，一般船上广泛使用的是变极调速的三速电动锚机，此外对于大型的船舶或某些工程船，要求锚机的容量较大，常采用电动液压锚机。电动液压锚机的电气部分较为简单，一般采用普通的笼型异步电动机丫-△减压起动，拖动液压油泵，提供给双向可调油马达压力油，由油马达拖动锚机工作。因此，电气控制电路就是前面介绍的异步电动机丫-△减压起动的控制电路，比较可靠和简单。

船用锚机一般采用锚链作为锚的系索，锚机通过链轮对锚链进行收放。远洋船舶的锚链长度大约为 200m，一般在锚机的下面设有专门的锚链舱存放收起的锚链。普通抛锚时，通常取下止链器，依靠锚和锚链的自重自动抛锚，同时依靠带式制动器手动控制抛锚的速度。因此，一般抛锚时锚机电动机不通电。但深水抛锚时，手动制动器难以控制抛锚速度，通常应该起动电动锚机，让其工作在电气制动状态，实现恒速抛锚。

2. 锚机起锚工况

锚机起锚时，首先收取躺在海底的锚链，然后拉紧锚链并使锚破土，然后将锚提出水面

并拉入锚孔，完成整个起锚工作。根据工作时锚机电动机承受的转矩不同，可将起锚过程分为五个阶段：①收取锚链；②拉紧锚链；③拔锚出土；④提锚出水；⑤拉锚入孔。起锚过程示意图如图10-1a所示，图10-1b所示为起锚阻力矩曲线。

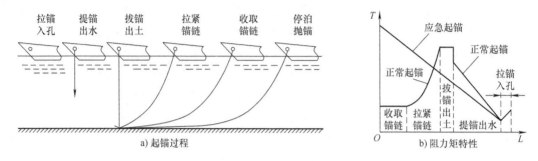

图10-1 起锚过程与起锚过程的阻力矩特性

实际船舶在抛锚停泊时，对船起固定的作用力很大部分是依靠锚链与海底的摩擦力。因此，船舶抛锚时，一般都要使躺在海底的锚链有足够的长度。锚机起锚的第一个阶段是收取躺在海底的锚链，在这个阶段中，锚链在水里的形状保持不变，因此收取锚链阶段锚机电动机所受的阻力矩保持不变。

躺在海底的锚链收完后，锚链将逐步被拉直，直到锚链与海底垂直。这是锚机起锚的第二个阶段，在这个阶段中，随着锚链的拉直，锚机电动机所受的阻力矩逐渐增大。

锚链拉直后直到锚爪破土过程称为拔锚出土，是正常起锚的第三阶段。在这个阶段中锚机电动机所受的阻力矩达到最大。具体的力矩与锚在海底的状态有关，锚爪入土不深阻力矩相对不是很大，锚爪插入海底的石缝中，阻力矩将很大，有时甚至依靠锚机电动机不能使其破土。为了避免出现锚机电动机不能使锚破土，通常在锚链即将拉直前先停下锚机，合上机械制动器，然后开动主机，使船产生向前的冲力，依靠船舶的惯性拔锚出土。

拔锚出土后，锚机电动机所受到的阻力矩突然减小，只剩下锚和锚链的重量。接着就是正常起锚的第四阶段提锚出水。随着锚的提升，锚机电动机所受到的阻力矩逐渐减小。

将锚提出水面后，还应将锚收进锚链孔，以防航行时锚撞坏船舷。因此正常起锚的第五阶段也是最后一个阶段就是拉入锚孔。由于锚柄的卡阻，拉入锚孔时锚机电动机所受的阻力会出现瞬间增大的状态，但时间很短，锚很快就会被拉进锚链孔。

除了正常起锚外，船舶锚机的起锚还可能出现应急起锚。所谓应急起锚是指船舶抛锚的地方，水深超过200m，当所有锚链都放完后，锚仍未达到海底，在全部锚链都放出的情况下起锚称为应急起锚。由于全部锚链都放出，再加上锚的自重，应急起锚时锚机电动机所受到的阻力很大，其阻力矩特性如图10-1b所示的应急起锚特性，在拉入锚孔之前，是一条阻力矩逐渐减小的特性。应急起锚时，锚机只有两个工作阶段，即①提锚出水，②拉锚入孔两个阶段。

应该说明的是，在锚机控制电路分析时，当锚机过载保护动作后，如果遇到紧急情况，为了尽快完成起锚工作，可通过按压紧急起锚按钮，并操作主令手柄使锚机在低速工作进行紧急起锚。紧急起锚与应急起锚的概念不同，应该注意不要产生概念上的混乱。

3. 锚机的主要特点

一般的船，仅在船艏设置一部艏锚机，可通过离合器控制，用于船艏左右锚的操作或左右舷缆绳的松绞操作。锚机电动机一般安装在船艏的甲板上，控制箱则通常安装在船艏工作间。船在大风大浪中航行，船艏甲板常有大浪拍打，因此锚机电动机必须是水密型电动机。

起锚过程的时间一般很短，通常不超过半小时。由锚机的工况看，锚机电动机工作时每一阶段的阻转矩变化很大，尤其在拔锚出土或应急起锚工况，阻转矩可能达到额定转矩的两倍以上。作为绞缆机使用时，开始绞缆瞬间，由于船舶的惯性，其转矩通常也很大。

此外，起锚时，起锚速度还受实际的海况影响，经常会有来往船舶从附近经过，为了安全起见，起锚过程可能时起时停。但每次起停，电动机都会因起动大电流而增加发热量，为了保证锚机电动机的安全，一般要求对起锚时锚机的起停次数有所限制。

综上所述，选择锚机电动机时应该注意结合锚机的工作特点有 30min 短时工作制，水密型电动机，能够适应频繁的起停操作，起动转矩大且可短时堵转（电动机通电，但由于转矩过大而转速为零的状态称为电动机堵转状态），最好要求电动机具有软的或下坠的特性（转矩增大时，转速迅速降低）。

二、锚机、绞缆机对电力拖动控制的要求

虽然船舶各种锚机和绞缆机的结构原理不同，但其应该完成的主要功能基本一样，因此它们的技术要求也基本相同。归纳起来，锚机和绞缆机对电力拖动的基本控制要求主要有以下几点：

1）电力拖动装置应能满足我国《钢质海船入级规范》规定，在给定航区内，单锚破土后可起双锚的要求。

2）锚机链轮与驱动轴之间应装有离合器，离合器应有可靠的锁紧装置；链轮或卷筒应安装可靠的制动器，制动器制动后应能承受锚链断裂负载 45% 的静拉力；锚链轮上必须装有止链器。

3）对于电动液压锚机，应具有独立的电动机驱动，液压管路应不受其他甲板机械管路的影响。

4）电动机为 30min 短时工作制的水密型电动机，同时能够满足 30min 内起动 25 次的要求。

5）电动机应具有足够大的过载能力，应能满足任何一种起锚状态所需要的最大转矩，并且能在最大负载转矩下起动。电动机具有软的或下坠的机械特性。

6）电动机在堵转的情况下，能承受堵转电流 1min 以上，堵转转矩为额定转矩的两倍。在堵转时，对于直流电动机，应能使机械特性自动转换到适应堵转的人为机械特性上；对于交流电动机，则应自动转换到允许的较低速度档位运行。

7）电动机的调速范围一般要求为 5:1 ~ 3:1（即满足一定的机械特性硬度的条件下，最高转速与最低转速之比）。要求破土后的起锚速度为单锚不小于 12m/min；双锚不小于 8m/min；拉入锚孔时的速度为 3 ~ 4m/min。

8）在锚机和绞缆机的控制系统中，应设置自动逐级延时起动环节，且设置有短路、过载、失电压和欠电压等保护电路。

9）电动抛锚时，控制系统必须具有能耗制动或回馈制动等电气制动的功能，可实现变加速抛锚为等速抛锚。

10）电动机的停止过程通常要求控制电路应可实现三级的电气与机械配合制动功能：

首先为电气制动，然后电气制动配合机械制动，最后单独机械制动，从而保证电动机的快速停车。

三、交流三速电动锚机、绞缆机控制电路

1. 概述

国产的交流三速电动锚机采用变极调速异步电动机拖动，变极电动机为 16/8/4 极的三速二绕组的笼型异步电动机。在两套绕组中，4 极绕组单独一套，为高速绕组；另一套是变极绕组，16 极低速时接成 △ 联结，8 极中速时接成 丫丫 联结，如图 10-2 所示。图中点画线框表示锚机电动机，将 U_{16}、V_{16} 和 W_{16} 接三相交流电源，其他引线悬空，锚机电动机接成 △ 联结，工作在低速；将 U_{16}、V_{16} 和 W_{16} 短接，同时 U_8、V_8 和 W_8 接三相交流电源，其他引线悬

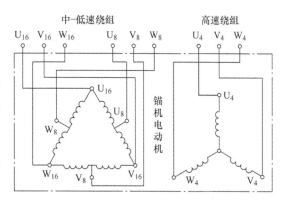

图 10-2　交流三速电动锚机绕组

空，锚机电动机接成 丫丫 联结，工作在中速；将 U_4、V_4 和 W_4 接三相交流电源，其他引线悬空，锚机电动机接成 丫 联结，工作在高速。根据第四章第五节异步电动机变极调速介绍可知，△-丫丫 变极调速属于恒功率调速。

交流三速电动锚机采用主令控制器控制，主令控制器共有 7 档，起锚 1~3 档对应于低、中、高三速起锚运行，抛锚 1~3 档对应于低、中、高三速抛锚运行，外加 0 档为停止档。锚机电路设计时，控制电路允许低速与中速直接起动。

图 10-3 所示为国产三速交流锚机电气原理图，图中不仅每个线圈底下都标有触点索引，每个触点文字符号底下的数字表示的是该触点所属线圈的索引。

图 10-3 中元器件代表的含义：KM_1、KM_2 分别为方向接触器；KM_3、KM_{4-1}、KM_{4-2} 和 KM_5 分别为低、中、高速接触器，其中 KM_{4-1} 和 KM_{4-2} 是中速接触器，用于将锚机电动机定子低中速三相交流绕组连接成 △ 联结；KM_6 为制动接触器，用于控制锚机电动机的电磁制动器。

KA_1 为过电流继电器，用于检测高速档电动机的运行电流；KA_2 为零位继电器，实现零位保护（失、欠电压保护）；KA_3 为中间继电器，作为高速过载的记忆元件。SA 为控制电源（钥匙）开关，$SA_1~SA_7$ 为主令控制器的 7 对触点，其旁边的小黑点表示对应的档位触点接通，没有黑点的档位，该触点断开。T 为控制变压器，U 为桥式整流器，为锚机电动机的电磁制动器提供直流电源。KT_1、KT_2 和 KT_3 为断电延时型时间继电器。YB 为锚机电动机制动器的直流电磁线圈，R_{W1} 为制动器直流线圈的经济电阻，R_{W2} 为制动器直流线圈的放电电阻。FR_1 和 FR_2 分别为低速、中速过载保护的热继电器。SB 为紧急起锚按钮，紧急起锚时按住此按钮可暂时将过载保护的热继电器切除。

2. 控制电路的工作原理

（1）电气准备工作

合上电源开关 QS 和控制电路电源开关 SA，将主令控制器手柄扳到 0 档。6 路的主令控

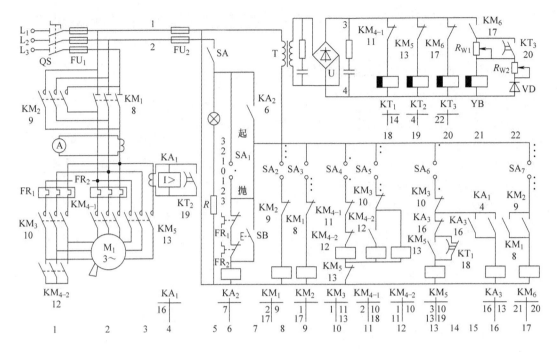

图 10-3　交流三速电动锚机电气原理图

制器触点 SA_1 接通，其他 6 对触点 $SA_2 \sim SA_7$ 断开。零位继电器 KA_2 线圈通电动作，7 路的常开自锁触点闭合自锁，整个控制电路有电。同时控制变压器 T 一、二次绕组有电，经过桥式整流器 U 的整流，$KT_1 \sim KT_3$ 线圈通电动作，它们的常开触点瞬时断开，为延时做好准备。

（2）主令控制器手柄扳到起锚 1 档

将主令控制器手柄扳到起锚 1 档，主令控制器触点 SA_2、SA_4 和 SA_7 等三对触点闭合，其他触点断开。8 路的 SA_2 闭合，方向接触器 KM_1 线圈通电，其在主电路的主触点闭合，将锚机电动机的电源相序接成与起锚一致；同时 9 路的常闭互锁触点断开，起电气互锁作用；17 路的常开触点闭合，为制动接触器的通电做准备。10 路的 SA_4 闭合，低速接触器 KM_3 线圈通电，其在主电路的主触点闭合，接通锚机电动机低速绕组的电源。17 路的 SA_7 闭合，由于接触器 KM_1 常开触点已闭合，制动接触器 KM_6 线圈通电，21 路的 KM_6 常开触点闭合，同时 20 路的常闭触点断开时间继电器 KT_3 线圈，KT_3 开始延时。制动接触器 KM_6 线圈通电后，桥式整流器提供的电流经过 21 路 KM_6 常开触点、22 路 KT_3 常闭触点，使电磁制动器线圈通电，松开锚机电动机的制动器，锚机电动机低速起动运行。制动器松开后，KT_3 延时到，22 路 KT_3 常闭触点断开，电磁制动器线圈串入经济电阻 R_{w1}，限制制动器线圈电流，以延长限制制动器的使用寿命。

（3）主令控制器手柄扳到起锚 2 档

将主令控制器手柄扳到起锚 2 档，主令控制器触点 SA_2、SA_5 和 SA_7 等三对触点闭合，其他触点断开。与起锚 1 档比较，新闭合的是 SA_5 触点，新断开的触点为 SA_4，SA_2 和 SA_7 两对触点所接通的电路与主令控制器手柄扳到起锚 1 档时一样。SA_4 触点断开，10 路的接触器

KM$_3$线圈断电，其主触点断开低速绕组，11 路常闭互锁触点闭合。由于 SA$_5$ 触点闭合，KM$_3$ 在 11 路的常闭互锁触点闭合后，首先接触器 KM$_{4-2}$ 线圈通电，其 11 路的常开触点闭合，接触器 KM$_{4-1}$ 线圈也通电。KM$_{4-2}$ 与 KM$_{4-1}$ 主触点先后闭合，锚机电动机中速绕组接成 丫丫 联结，锚机工作在中速起锚状态。KM$_{4-2}$ 和 KM$_{4-1}$ 在 10 路的常闭互锁触点断开互锁。其次，在 KM$_{4-1}$ 动作的同时，18 路的常闭触点断开，时间继电器 KT$_1$ 的线圈断电开始延时。KT$_1$ 延时时间到，其在 14 路常闭触点闭合，为高速运行做准备。KT$_1$ 的延时时间，实际就是实现逐级自动起动的延时时间，只有中速起动完毕，KT$_1$ 在 14 路常闭触点闭合，才有可能使接触器 KM$_5$ 线圈通电，从而使锚机在高速运行。只要 KT$_1$ 的延时未到，高速接触器 KM$_5$ 不可能得电，锚机就不可能在高速运行。

（4）主令控制器手柄扳到起锚 3 档

主令控制器手柄扳到起锚 3 档，主令控制器触点 SA$_2$、SA$_5$、SA$_6$ 和 SA$_7$ 等四对触点闭合，其他触点断开。与起锚 2 档比较，仅多了一对触点闭合，没有新断开的触点。如果 KT$_1$ 的延时未到，锚机暂时仍工作在中速档。一旦 KT$_1$ 的延时到，接触器 KM$_5$ 线圈通电并自锁。KM$_5$ 主触点接通锚机电动机的高速绕组，10 路的常闭互锁触点断开 KM$_{4-2}$ 和 KM$_{4-1}$ 线圈回路，使锚机电动机中速绕组断电停止工作。同时 KM$_5$ 另一个常闭触点断开 19 路延时继电器 KT$_2$ 的线圈，KT$_2$ 断电开始延时，准备投入第 4 路的过电流继电器 KA$_1$。KT$_2$ 延时是为了避开中高速换档的大电流冲击。

KT$_2$ 断电延时到 KA$_1$ 开始检测锚机电动机高速绕组的电流。若高速绕组电流小于 KA$_1$ 整定值，锚机电动机将继续工作在高速绕组状态。如果负载电流小于整定值，KA$_1$ 不动作，锚机稳定运行在高速起锚状态。若负载电流大于整定值，KA$_1$ 动作，16 路的常开触点闭合。中间继电器 KA$_3$ 线圈得电并自锁，KA$_3$ 在 13 路的常闭触点断开，高速接触器的 KM$_5$ 线圈断电，10 路的常闭互锁触点重新闭合，KM$_{4-2}$ 和 KM$_{4-1}$ 线圈再次先后得电，锚机电动机从高速运行自动返回中速运行。从高速返回中速后，KT$_2$ 线圈再次得电，过电流继电器 KA$_1$ 停止监测负载电流，但由于 KA$_3$ 已经自锁，KM$_5$ 线圈不能再重新得电，锚机电动机只能在中速继续运行。为了重新使锚机工作在高速起锚，必须先将主令手柄扳回中速，然后再扳上高速，锚机电动机才能重新进入高速运行。

如果主令控制器手柄从 0 档快速扳向起锚 3 档，则 KA$_3$ 线圈来不及通电，KM$_{4-2}$ 和 KM$_{4-1}$ 线圈就先后得电，锚机电动机直接中速起动，然后时间继电器 KT$_1$ 延时，KT$_1$ 延时后 KA$_5$ 线圈通电，锚机电动机开始高速起锚。

（5）主令控制器手柄从起锚 3 档扳回 0 档

主令控制器手柄从起锚 3 档扳回 0 档时，其触点除了 SA$_1$ 接通外，全都断开。因此，所有接触器线圈全部断电。锚机电动机断电停止工作，但其电磁制动器并不马上抱闸。当 17 路的制动接触器常开触点断开时，电磁制动器 YB 线圈是个大电感，流过它的电流不能突变，YB 两端将感应电动势，阻止流过 YB 电流的变化。根据第二章的相关介绍可知，YB 感应电动势的方向为下正上负，与 YB 并联支路的二极管 VD 导通，YB 通过二极管 VD 向放电电阻 R_{W2} 放电。开始放电时电流较大，YB 产生的吸力较大，YB 不能抱闸制动。随着放电电阻 R_{W2} 吸收 YB 磁路释放的能量，放电逐渐减小，最后流过 YB 线圈电流产生的磁通量和吸力不足以吸住电磁制动器的衔铁，制动器抱闸制动。

抛锚时主令手柄反向扳动，其过程与起锚过程基本相同。所不同的是，在抛锚 3 档时电动机电流不会过大，KA_1不会动作。在锚和锚链自身重量的拉动下，锚机电动机将工作在回馈制动。

图 10-3 中 SB 为紧急操作按钮，主要用于紧急情况下，切除热继电器过载功能。锚机电动机过载后，热继电器 FR_1 或 FR_2 常闭触点断开。而热继电器的复位又需要 2min 左右的时间，紧急时可按压 SB，切除热继电器 FR_1 或 FR_2 的常闭触点，然后操作主令手柄进行低速起锚。

3. 主要保护环节

在图 10-3 所示的交流三速锚机控制电路中，主要设置的保护有短路保护、过载保护、零位（失、欠电压）保护和互锁保护等，下面分别说明。

（1）短路保护、过载保护

整个电路短路总保护由熔断器 FU_1 负责，控制电路的短路保护由熔断器 FU_2 负责。实际的电路短路保护，也可采用断路器替代熔断器 FU_1。采用断路器替代熔断器可以既完成短路保护，还具有其他功能。如图中的 FU_1 和 QS 用断路器替代，断路器不仅可实现短路保护，还可作为通断电路的开关，因此可替代电源（隔离）开关 QS。

电路的过载保护分别对三种工作速度设置，低速和中速时，分别采用热继电器 FR_1 和 FR_2 实现低速和中速过载保护，高速的过载保护则采用过电流继电器 KA_1 实现。高速采用过电流继电器的目的主要是，不但可作为高速的过载保护，还可实现重载不能上高速的功能。

当中/低速运行时出现过载热继电器 FR_1 和 FR_2 动作后，锚机电动机停止运行，一般情况下应该等 2min 左右，热继电器的发热元件冷却后，对热继电器进行复位，锚机电动机才能再次投入运行。但若情况紧急，可按住设在主令控制器操作台上的紧急起锚按钮，其常开触点与热继电器 FR_1 和 FR_2 的常闭触点并联（在控制电路中的 7 路），将过载保护的热继电器 FR_1 和 FR_2 的常闭触点短接，然后操作主令手柄进行紧急起锚。

应该说明的是，紧急起锚属于"丢卒保车"的措施，是为了保证船舶在紧急情况下的安全，而不得不让锚机电动机工作在过载状态，很容易损坏锚机电动机。一般情况下的过载，是不允许采用紧急起锚操作的。而且，即使在紧急起锚操作时也只能将主令手柄扳到起锚低速档进行起锚，确保在同样负载转矩时，较小的工作电流流过电动机，尽量减小电动机的进一步过载。

（2）零位（失、欠电压）保护

如第七章第二节（见图 7-25）所述，对于主令控制器控制电路，失、欠电压保护由零压继电器实现，零压继电器又称为零位继电器。在图 10-3 所示电路中，零压继电器为 KA_2，与主令控制器触点 SA_1 配合实现零位保护。当主令手柄不在零位时电网失电（失电压），7 路的 KA_2 常开触点释放，切断控制电路电源，即使电网恢复供电，控制电路仍然不能得电，锚机控制系统仍不能工作。此时，必须将主令手柄扳回零后，使 KA_2 线圈重新通电自锁，控制电路重新有电，锚机控制系统才能恢复工作。

正常工作时，电源电压降低时，异步电动机的电流增大。由于零压继电器 KA_2 实际是一个电压继电器，当电源电压低于 70% 的额定电压时，其线圈产生的电磁吸力不足以克服反力弹簧对衔铁的反作用力，于是 KA_2 释放，控制电路失电，锚机系统停止工作，保护锚机电动机不因过电流而温升过高。KA_2 释放后，若电源电压恢复正常，也需将主令手柄扳回零，才能恢复系统工作。

（3）互锁保护

互锁保护实际上是预防短路的一种保护，在图 10-3 所示的三速交流电动锚机控制电路中，需要互锁保护的情况主要有两种：起/抛锚电气互锁保护和中/低速绕组换接互锁保护。从主电路看，起锚是接触器 KM_1 的主触点闭合，抛锚是接触器 KM_2 的主触点闭合，KM_1 和 KM_2 单独闭合时，锚机电动机得到的电源相序不同。如果两组主触点同时闭合，将会出现电源两相短路。尤其是锚机的负载变化大，通断频繁。若接触器 KM_1 和 KM_2 中任意一组主触点熔粘，控制电路又使另一个接触器线圈得电动作，不设置互锁保护则其主触点闭合时，电源将发生两相短路。因此，控制电路针对 KM_1 和 KM_2 设置电气互锁保护，7 路中的 KM_2 常闭触点和 8 路中的 KM_1 常闭触点分别是 KM_2 对 KM_1 的互锁保护触点和 KM_1 对 KM_2 的互锁保护触点。

本节前面介绍的交流三速电动锚机电动机时曾经说过，中/低速绕组实际是一个绕组的两种不同接法，如图 10-2 所示。若控制中/低速绕组的接触器同时动作，由图 10-3 的主电路可知，1 路的 KM_3 主触点和 KM_{4-1} 主触点同时闭合，交流电源将出现三相短路的故障，因此中/低速绕组之间应该设置互锁。10 路的 KM_{4-1} 和 KM_{4-2} 常闭触点是中速对低速的电气互锁触点，10 路的 KM_3 常闭触点是低速对中速的电气互锁触点。

（4）重载不能上高速的保护

国产的三速交流电动锚机采用的是恒功率变极调速，不仅中/低速运行状态之间是恒功率，高/中速运行状态之间也是恒功率。中速级是额定级，可在额定负载转矩下运行，可作为正常起/抛锚运行。低速级保证可输出两倍的额定负载转矩，可用于应急起锚或拔锚出土。高速级可输出的负载转矩要求在额定负载转矩的一半以下，主要用于快速收起躺在海底的锚链或深水高速抛锚。因此，起锚时超过半载时就不允许上高速。这一功能是自动实现的，通过电流继电器 KA_1 自动检测高速绕组运行时的电流，当电流超过所整定的电流时，控制电路自动使锚机电动机从高速降到中速运行，从而实现重载不能上高速的保护。

除了上述保护外，三速交流电动锚机控制电路还有防止锚滑落保护和整流桥 U 防止浪涌电压冲击的保护。防止锚滑落保护采用制动接触器 KM_6 实现，只有起锚或抛锚接触器 KM_1 或 KM_2 动作，制动接触器 KM_6 线圈才通电，才允许电磁制动器线圈 YB 通电打开制动器。整流桥 U 主要为电磁制动器线圈 YB 提供直流电源，当 YB 线圈通电/断电时容易引起输出端电压的突然变化，整流桥 U 的二极管容易受突然变化的电压（浪涌电压）冲击而损坏。因此在其输出端并联一个由电阻和电容串联组成的"阻容"吸收回路，以吸收浪涌电压，从而保护整流桥。整流桥 U 的输入电压为电源电压，当电网负载出现大幅度变化时，也容易出现浪涌电压。为此，整流桥 U 的输入端也设置"阻容"吸收回路进行吸收保护。

四、锚机常见故障现象及其检修

1. 电动机制动器松不开

检修内容包括：

1）制动器接触器动作是否正常。

2）制动器线圈是否完好。

3）制动器线圈的吸合电压和维持电压是否正常，如不正常，可调整经济电阻。

4）制动器间隙是否正常，其正常值为 0.5 ~ 2.0mm，应急情况，可用调整螺钉，人工强制松开电动机制动器（但要注意此时制动器作用已经失效）。

2. 电动机停车时制动不住

检修内容包括：

1）制动器间隙是否正常。

2）制动器弹簧弹性是否正常。

3）制动器片是否已经发生变形。

4）放电电阻调整值是否正常，放电电阻约为制动器线圈电阻的 5～10 倍，可先预设为其 4 倍后再逐渐进行调整。

3. 日常维护检查

1）主令控制器触点。

2）各接触器的主触点、辅助触点，各继电器触点。

3）制动器间隙。

4）该电动机为短时工作时，不能长时间运行。如电动机铭牌标注为：三速/二速/一速 10/30/5（min），则说明该电动机三速运行时间不得大于 10min，二速运行时间不得大于 30min，一速运行时间不得大于 5min。

5）在紧急操作，仅为紧急情况下使用。

6）热继电器复位前，应注意检查电动机的机械状况（包括电动机的安装固定、轴承以及与其他机械设备的连接等），确保机械运动部件正常；测量电动机的相间绝缘及相对地绝缘情况，防止电动机内部故障造成热继电器的保护动作；测试电动机三相绕组的对称情况，防止三相不平衡造成振动及过载；检查制动器部分的动作情况，确保动作灵活有效；查看主接触器的吸合情况，防止触点有粘连或断线造成断相。

上述检查完好后，才可以将继电器复位，然后通电试验，同时检测电动机三相电流的平衡情况（包括空载起动电流和工作电流）。

4. 操作三速锚机、模拟故障、测试其保护动作

1）正反三速操作，观察控制电路设有的逐级自动切换功能。当手柄从零位快速扳到提升或下降的高速档时，应能逐级延时起动和切换。切换时间应不小于 2s。

2）操作自高速立即回停止位，观察控制过程中应具有的三级自动制动功能。为了减轻电磁制动器的负担，缩短制动过程，当手柄从高速档快速扳到停车时，应有如下三级制动停车过程：转速高时单独电气制动，速度降低到一定值后电气与机械联合制动，速度接近于零时单独机械制动直到停车。制动时间应小于 1s。

3）从提升高速突然拉下降高速，观察控制系统中设有的逆转矩控制环节。为了防止发生中速绕组和高速绕组的反接制动，避免过大的冲击电流，当主令控制器手柄从提升的高速档快速扳到下降的高速档（或反向操作）时，系统应首先实现从高速档到零档的电气再生制动过程，然后在低速档实现反接制动及反向起动过程。上述电动机的再生制动、反接制动和起动按程序进行的控制方式称为逆转矩控制。

4）从停止开始提升或下放时，观察控制系统的防止货物自由跌落的保护措施。在提升货物时，应先接通低速绕组电源后再松开电磁制动器；下降货物时，应有电气制动以保证货物等速下降；在换档过程中，当主令控制器手柄在两档中间位置时，起货电动机应保持一个绕组通电，如在提升货物时，中速绕组通电时低速绕组才能断电，高速绕组通电后中速绕组才能断电。

5）模拟过载继电器的动作，观察控制系统不发生中速和高速堵转现象。中速或高速绕组通电时，模拟热继电器或过电流继电器动作，观察电磁制动器不应抱闸，或者说当电磁制动器抱闸时，中速和高速绕组应立即断电。

6）观察通风机与主电机的联锁关系。应在打开风门，风机运行后才能起动主电机；模拟风机热继电器故障停止运行时，主电机只有低速绕组可以通电运行，以便放下吊在空中的货物。

7）逐个模拟控制电路设有的失电压保护、单相保护、过载保护和短路保护等措施。

8）模拟应急情况下，按下应急停止按钮，观察应急切断控制下的应急停车动作。

第二节 船舶电动起货机的控制系统

一、船舶起货机概述

船舶的种类很多，根据用途分，主要有客船、油船、货船和科考船等专用船。货船还可根据所运载的货物不同，分为杂货船、散货船、集装箱船、冷藏船、滚装船、木材船、载驳船和油槽船等。其中杂货船通常航行于货运繁忙的航线，航行速度较快，以装运零星杂货为主。因此，要求船上配有足够的起吊设备，以适应在不同的地方对货物的装载需要。船舶起货机是杂货船必须配备的起吊设备，在其他船舶中，如木材船、集装箱船等也是必须配备的设备。

1. 船舶起货机的分类及其特点

船舶起货机的种类很多，一般是按拖动方式和结构进行分类。按拖动方式分为蒸汽起货机、电动液压起货机和电动起货机等。蒸汽起货机主要用于早期以蒸汽为动力的船舶，现代船舶主要为电动起货机和电动液压起货机两类。按结构可分为吊杆式起货机、回转式起货机和行走式起货机等。

电动起货机采用电动机直接拖动，还可分为直流电动起货机和交流电动起货机。直流电动起货机主要是G-M系统起货机，具有很好的调速性能，早期曾广泛使用，但缺点是设备多、体积大、效率低、维护工作量大。交流电动起货机一般采用三套绕组进行变极调速的异步电动机作为拖动电动机，主要优点是系统结构紧凑，本身振动和产生的噪声小，便于实现自动控制。但调速性能不如直流电动起货机，属于有级调速系统。

电动液压起货机一般由普通异步电动机拖动高压油泵，向油马达提供高压力的液压油，然后由油马达作为原动机拖动起货机工作。电动液压起货机的主要优点：可实现无级平滑调速，加速时间短，具有良好的制动能力，电气控制电路简单，不需要电磁制动器。其主要缺点：制造和安装精度要求高，存在各种泄漏的可能性，工作效率低。尤其是油管路系统复杂，高压油管容易破损和泄漏。一旦破损和漏油，修复难度较大。

2. 起货机的机械机构

船舶起货机机械机构的种类很多，通常可将船舶起货机分为吊杆式起货机、回转式起货机（俗称为克令吊）和行走式起货机（俗称为门吊）。早期的船舶起货机主要是吊杆式起货机，根据吊杆数量的不同，吊杆式起货机又分为单吊杆起货机和双吊杆起货机。随着回转式起货机技术的不断成熟,应用也在不断增多。目前,在杂货船中,回转式起货机和吊杆式起货机都有广泛应用。行走式起货机因重心较高,对船舶的稳性和安全有一定的影响,同时在船舶航行时固定的难度相对较大,主要应用在集装箱船中,而普通杂货船则很少应用。下面主要介绍吊杆式起货机和回转式起货机的机械机构。

(1) 单吊杆起货机机械机构

单吊杆起货机的机械机构如图10-4所示,其吊杆只有一根,既可电动变幅也可电动回转。单吊杆起货机由三台电动绞车组成,三台绞车均要求能够正反转运行。如位于图10-4中间的吊钩为吊钩绞车,负责吊钩升降,是整台起货机的主绞车。吊钩绞车正转,绞车将吊货索收紧,吊钩所吊的货物被吊起;吊钩绞车反转,绞车使吊货索放松,吊钩所吊的货物依靠自身的重量下落。吊钩绞车不仅要求可以正反转,还要求速度可调,调速范围应能满足要求。

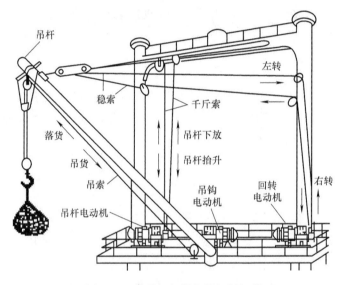

图10-4 单吊杆起货机的机械机构

图10-4中左边的绞车为吊杆绞车,绞车通过两条钢丝绳(千斤索)对吊杆的高度进行调节控制。绞车正转,千斤索收紧,吊杆抬升;绞车反转,千斤索放松,吊杆下放。图10-4中右边的绞车为回转绞车,也是通过两条钢丝绳(稳索)对吊杆进行左右回转调节和控制。绞车转动时,一条稳索收紧,另一条稳索放松,吊杆即可向左或向右回转。吊杆绞车和回转绞车一般也要求速度可调,但与吊钩绞车比较,吊杆绞车和回转绞车电动机的容量相对较小。

单吊杆起货机一般由两台主令控制器进行控制。一台主令控制器控制吊钩绞车,另外一台主令控制器采用特殊的结构,只要一个手柄,就可同时对吊杆和回转进行操作控制。手柄往前推,吊杆下放;手柄往后拉,吊杆抬升;手柄左扳,吊杆左转;手柄右扳,吊杆右转。

单吊杆起货机的主要优点:操作准备工作简单,随时可调节作业范围,控制灵活、平稳,操作人员的工作强度较低,可两舷轮流装卸,工作效率较高。其主要缺点:每个吊货周期相对较长,货物在空中容易摆动,落点定位不容易准确,回转角度有一定的限制。

(2) 双吊杆起货机机构

双吊杆起货机主要由两根吊杆和两台起货绞车组成,如图10-5所示。双吊杆起货机工作之前,应首先调节固定用的各种稳定索:顶牵索、摆动稳索和吊杆间牵索,使两根吊杆的位置固定。一般一根吊杆位于货舱口的上方或略微外偏，另一根吊杆则伸出船舷之外。两根吊杆上的吊货索相连，并分别由两台起货绞车带动。工作时两台起货绞车配合操作，可完成货物提升、移动和下放。两台起货绞车正转，两条吊货索同时被收紧，吊起货物。起货绞车一台正转另一台反转，则两条吊货索一条收紧另一条放松，货物向收紧的一方移动。两台起货绞车反转，两条吊货索同时放松，下放货物。

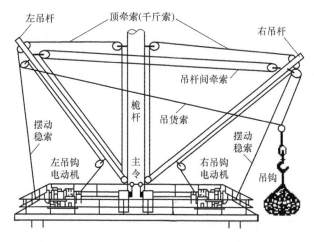

图 10-5 双吊杆起货机

双吊杆起货机的主要优点：只有两台绞车，吊放货物平稳，落点定位准确。其主要缺点：操作准备工作复杂，变换装卸位置时，需要调整各种稳索，而且拖动两台绞车的电动机容量较大。

（3）回转式起货机机构

回转式起货机（Crane，音译为克令，俗称为克令吊）在船舶起货机中是较新式的一种，包括提升、变幅和回转三个主要机构，拖动方式既可采用电动机拖动，也可采用液压装置拖动。三个机构的绞车都安装在一个共同的回转座台上，工作时，各组成部分与回转座台一同回转，如图 10-6 所示。

回转式起货机一般也采用两个手柄操作，一个为吊钩手柄，负责操作吊钩绞车进行货物的提升或下放，另一个手柄同时控制吊杆的变幅和回转。回转时，回转机构通过齿轮带动底座齿轮，由于底座固定不动，因此整个座台回转。

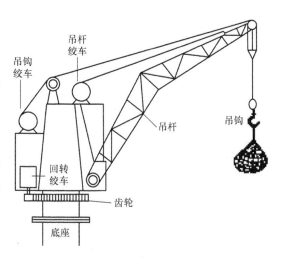

图 10-6 回转式起货机

回转式起货机的主要优点：与吊杆式起货机比较，占用甲板面积小，操作灵活，可360°旋转，能为前后货舱服务，装卸效率较高，能准确地把货物放到指定地点，并能快速投入工作。同时操作人员在操作室进行操作，操作环境比吊杆式起货机改善很多，操作强度有所降低。其主要缺点：结构较为复杂，维护管理要求较高，而且初期投资较大，成本比相同的吊杆式机构约增加三四成。

二、对船舶起货机电力拖动的基本要求

起货机装卸货物时是一吊一吊地吊起货物，每吊完一吊货物，都要空钩回到原地，因此其定额为重复短时工作制。起吊货物时负载转矩大，空钩返回时的负载转矩小，不断重复进行。为了安全起见，工作时应确保货物在空中平稳移动，避免货物从高空坠落损坏或伤人。因此，对船舶起货机电力拖动、电动机的形式、控制电路等各方面都有一定的要求。

1. 对电力拖动系统的要求

所谓调速范围是指在机械特性满足一定硬度要求的前提下，拖动系统最高转速与最低转速之比，一般用大写字母 D 表示。起货机在运行过程中，空钩返回时的速度要求高，才能提高工作效率；重载吊货时又要求运行速度低，保证货物、设备和人身安全。因此，要求起货机调速范围广，调速范围是起货机的重要指标之一。一般电动起货机的调速范围要求在 $D=7\sim10$ 之间，通常直流电动起货机的调速范围为 $D=10$，交流电动起货机则为 $D=7$，基本可满足起货调速要求。电动液压起货机的调速由液压控制装置完成，对拖动电动机本身没有调速方面的要求。

起货机的安装场所在船舶的主甲板，航行时主甲板经常受到海浪的冲刷。因此，起货机选用的电动机必须是防水式重复短时工作制的电动机（重复的周期一般为10min），以适应甲板工作环境和起货机的工作特点。直流电动起货机通常采用起动特性软、起动转矩大的积复励直流电动机。起动特性软，负载大时转速低，不容易过载；起动转矩大才能起吊重物，承受冲击负载。

对于交流电动起货机，一般可选用起动转矩较大、起动电流较小、转差率高的深槽式或双笼型变极调速异步电动机，也可选用绕线转子异步电动机。对于 G-M 系统起货机，应选用具有差复励绕组的直流发电机，保证 G-M 系统机组具有适应起货机要求的下坠特性（负载转矩小时，转速高且机械特性硬；负载转矩大时，转速迅速下降，机械特性很软）。

起货机工作时要求起动迅速，停止也迅速。这不仅是提高工作效率的要求，也是安全的保证。为了满足起停迅速的要求，一般电动起货机的电动机，要求转子为细长型的专用电动机。这样才能减小转动惯量或飞轮矩$^{\ominus}$，使起动和制动过程迅速，减小能量损耗。

2. 对控制电路的要求

电动起货机工作时，电动机依靠控制电路进行控制，为了保证电动起货机工作时的安全，电动起货机的控制电路应满足如下要求：①电动起货机采用三档调速控制，且可正反转运行；②对电动机设置短路、过载、绕组过热、失电压、欠电压、断相等保护环节；③采用主令控制器实现运行操作，以保证起货机操作灵活，工作可靠；④电动机要求有通风机进行强制冷却，对于设置风道和风门的风机，风门与起货电动机之间应设置联锁控制；⑤设置逐级自动延时起动控制，减小起动对电动机的冲击；⑥从高速档回零档时，应设置三级制动的自动控制；⑦对于恒功率调速起货机，应设置重载不能上高速的保护环节；⑧应设置"逆转矩"控制环节，在高速档手柄迅速向反向扳动时，保证电路先实现三级制动、停车后再实现逐级自动延时反向起动的过程；⑨保证手柄在任何起/落货位置时，电动机至少有一相

$\ominus$ 飞轮矩，又称为飞轮惯量，为转动部分的质量 G 与等效传动半径的平面 D^2 的乘积，即飞轮矩用 GD^2 表示。

通电，以防货物跌落；⑩在中、高速档位时电磁制动器应处于松开状态，防止电动机在中、高速档堵转。

在上述各项要求中，调速和反转控制以及各种保护是一般起货机的基本要求。规定采用主令控制器的主要目的是使操作者操作时有明显的档位感觉。第四条的联锁保护措施是根据电动起货机的实际情况设置的，由于起货电动机轴伸端拖动滚筒而自由端需安装电磁制动器，已无空间再安装风扇，因此必须采用专门的风机进行冷却；又因为航行时甲板常受海浪影响，一般风机进风口都应设有风门，风门与起货电动机实现联锁可确保电动机起动时即可得到足够的冷却。

操作起货机的人员随时都在变化，不同的人员有不同的操作习惯，为了减小起动对电动机的冲击，应设置逐级自动延时起动控制，保证不同的人员操作时，起货机按相同的方式逐级自动起动。从高速档回零档时设置三级制动的目的是尽快实现起货机的及时停车，同时又避免电磁制动器的过度磨损。三级制动的第一级是单独的电气制动（为回馈制动），第二级制动为电气与机械制动配合的共同制动，第三级制动则为单独的机械制动（电磁制动器依靠摩擦的制动）。

恒功率调速电动起货机的高速档绕组只允许带半载运行，一旦起货机控制电路检测到负载超过半载，即使主令控制器的操作手柄处于高速档，控制电路也应该自动使起货机降到中速档运行，而且降到中速档后若负载又减小到半载以下，也不应自动回升到高速档。只有将手柄扳回中速档以下，再重新推向高速档后，起货机才可能重新上高速运行。

所谓"逆转矩"控制就是避免起货机在中高速档进入电源反接制动的控制环节。在第四章介绍电动机制动时，我们知道，电动机的反接制动在三种电气制动中是耗能最大的一种。反接制动时，电动机的理想空载转速与实际转速方向相反，流过电动机的制动电流最大。因此，起货机运行时应尽量避免出现反接制动，尤其是中高速档的反接制动。但起货机的操作人员并不一定会遵循操作要求进行，为了避免主令控制器的操作手柄从中高速档直接快速扳到反向运行档，控制电路应该具有自动实现三级制动到停车后在反向逐级起动的功能。

起货机运行时，货物在空中移动，为了保证货物和人身安全，应该具有防止货物自由跌落的措施。除了要求操作人员操作平稳外，还应保证换档时起货电动机至少有一个绕组通电，以保证电动机产生电磁转矩的连续性。因此，控制电路应该满足低速绕组通电后才松开制动器，高一档绕组通电后才断开低一档绕组。避免换档松开制动器时出现两个绕组都未通电的瞬间，从而避免货物在空中出现抖动跌落的现象。为了满足控制电路实现这些功能，交流电动起货机采用的三速异步电动机也应要求具有三个独立的绕组，才能保证换档时两个绕组同时通电的要求。

所谓堵转，就是电动机绕组通电而持续处于零转速的停止状态。起货机的中高速档绕组是按一定的负载运行设计的，是不允许在堵转状态下通电的。为了保证起货机不出现中、高速堵转，控制电路应保证制动器不松开时中、高速绕组不允许通电，或者中、高速绕组通电时制动器应维持松开状态，等待中、高速绕组通电后制动器才进行机械制动。

三、交流三速电动起货机

1. 变极调速电动起货机简介

图10-7所示为变极调速电动起货机控制电路，该起货机配用JZF-R6型26/26/5.5kW

三速笼型异步电动机。通过改变齿轮箱的传动比，使额定起货量既可以是3t，也可以是5t。3t的额定起货速度为40m/min，5t时为24m/min。电动机是三速笼型异步电动机，定子上有三套各自独立的绕组，其磁极对数分别为2、4、14，同步转速分别为1500r/min、750r/min、214r/min。4对极为额定级，该绕组工作时，以额定转速提升额定负载。两对极为高速级，由于两对极和4对极的额定功率都是26kW，属于恒功率调速，所以两对极绕组工作时，只允许提升1/2额定负载的货物。为此，在控制电路中设有检测起重的负载继电器KA_3，以保证在起重量超过1/2额定重量时不进入高速。14对极为低速级，用以使货物安全落地。该级的起动转矩约为额定转矩的两倍，而起动电流并不大，仅为额定电流的两倍左右。根据对变极调速交流电动起货机控制电路的要求，本控制电路可以保证：

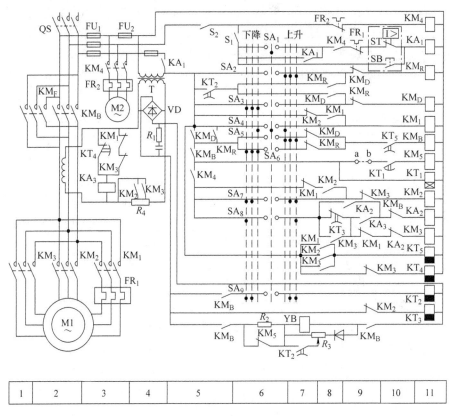

图 10-7 变极调速电动起货机控制电路

1）能自动地按时间方式逐级加速起动，与操作者扳动主令控制器手柄的速度无关。

2）不发生重物自由跌落的现象，这就是在起动时总是在低速绕组接通电源以后，机械制动器才松闸。

3）在变速过程中，主令控制器手柄在两档中间位置（甚至停留在中间位置）时，电动机总有一个绕组通电，即在加速过程中，中速接触器KM_2线圈通后后果，低速接触器KM_1线圈才断电，高速接触器KM_3线圈通电后，中速接触器KM_2才断电，且电磁制动器始终保持松闸状态。

4）不发生中速和高速堵转。

5）不发生中速和高速反接制动，以避免过大的能量损耗和冲击电流。

2. 元器件的名称和功能

KM$_4$——风机接触器   KT$_1$——时间继电器，用于控制经济电阻的投入时间

KM$_D$——方向接触器   KA$_2$——中间继电器，控制重载不能上高速

KM$_1$——低速接触器   KM$_3$——高速接触器

KM$_B$——制动接触器   KT$_4$——时间继电器，避开高速起动电流的监视时间

KA$_1$——零压继电器   KT$_5$——时间继电器，控制逆转矩时间

KA$_3$——负载继电器   KT$_2$——时间继电器，控制再生制动时间

KM$_5$——经济电阻投入继电器   KM$_2$——中速接触器

KT$_3$——时间继电器，起动时间继电器，由中→高速过渡起动

3. 控制电路各档的工作过程分析

（1）通电准备阶段

这时主令控制器手柄在"0"位，SA$_1$、SA$_4$ 闭合。合上隔离开关 QS、风门开关 S$_2$ 和控制器钥匙开关 S$_1$，风扇电动机接触器 KM$_4$ 线圈通电，主触点闭合，风扇电动机 M$_2$ 起动，冷却三速电动机。其常开辅助触点 KM$_4$（5）闭合，为中、高速提供控制电源；而 KM$_4$（8）闭合，使零压继电器 KA$_1$ 线圈通电，其常开触点 KA$_1$（7）闭合，自保。KA$_1$（4）闭合，为控制电路提供控制电源，使接触器 KM$_1$、时间继电器 KT$_4$、KT$_5$ 得电动作，同时变压器 T 的二次侧有电，经整流后，使时间继电器 KT$_3$ 得电动作。

1）KM$_1$ 线圈通电，主触点接通 14 对极低速绕组，为低速起动作准备；常开辅助触点 KM$_1$（8）闭合，从 1 速到 2 速过程中自保 KM$_1$ 线圈通电，且与中速接触器的常闭辅助触点 KM$_2$（8）构成"交替电路"；KM$_1$（8）闭合，KT$_5$ 线圈获电；常闭辅助触点 KM$_1$（3）、KM$_1$（7）、KM$_1$（9）断开。

2）KT$_4$、KT$_5$ 线圈得电，KT$_4$（4）立即断开。KT$_5$（10）立即闭合，为制动接触器 KM$_B$ 线圈获电做准备。

3）KT$_3$ 线圈得电，KT$_3$（8）立即断开，避免电动机高速直接起动的可能性。

可见，主令控制器手柄在"0"位时有 4 个继电器（KA$_1$、KT$_3$、KT$_4$、KT$_5$）和两个接触器（KM$_5$、KM$_1$）获电动作。

（2）主令控制器手柄扳到"起货 1"位

主令控制器 SA$_2$、SA$_4$、SA$_5$ 闭合，起货接触器 KM$_R$ 线圈得电，主触点闭合，14 对极低速绕组正向接通，产生起动转矩 T_{st}（见图 10-8 中特性曲线 1 的 A 点）。KM$_R$ 常闭辅助触点 KM$_R$（9）断开，实现电气互锁；KM$_R$（8）闭合，与 KT$_2$（5）配合构成再生制动控制回路，KM$_R$（5）闭合为其后面的电路提供电源，KM$_R$（8）和 KM$_D$（8）以及 SA6、SA5 构成"逆转矩控制电路"的一部分。接通制动接触器 KM$_B$（11），其触点 KM$_B$（5）闭合，为其后电路提供电源，这时 KT$_1$ 线圈得电，KT$_1$（10）延时闭合，接触器 KM$_5$ 线圈得电，KM$_5$（6）打开，将经济电阻 R_3 串入制动器 YB 线圈中，KM$_B$（5）为在"起货 2"位接通 KT$_2$ 线圈做准备。KM$_B$（5）和 KM$_B$（9）闭合使得制动器线圈得电，松开制动器，电动机在低速下起动、运行。

因 14 对极低速绕组接通电源后，需经过制动接触器从得电到衔铁吸合的固有时间 Δt_1 和制动器 YB 线圈从得电到松闸的固有时间 Δt_2，电动机才能低速起动，所以在时间（Δt_1 + Δt_2）内，电动机处于低速堵转状态，这就免除了重物自行跌落的可能。

14 对极低速起动后，由于起动电磁转矩 T_{st} 大于负载转矩 T_D，转速将从零沿特性曲线 1 上升，电磁转矩逐渐减小，直到 B 点与负载转矩 T_D 相平衡，电动机便稳定运行于特性曲线 1 的 B 点（见图 10-8）。

在这一档位又有 4 个电器（KM_R、KM_B、KT_1、KM_4）线圈得电动作。

（3）主令控制器手柄扳到"起货 2"位

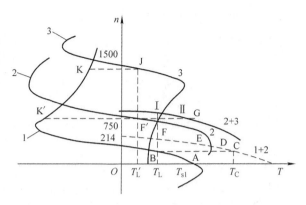

图 10-8 再生制动过程

SA_2、SA_5、SA_7、SA_9 闭合，KM_R、KM_B 线圈仍通电，中速接触器 KM_2 线圈获电；主触点闭合，4 对极中速绕组接于电网；辅助触点 KM_2（8）闭合，并与 KM_1（7）串联，为从"起货 2"位到"起货 3"位的变速过程中，起自保 KM_2 线圈的作用；辅助触点 KM_2（5）、KM_2（10）断开，前者使 KT_3 线圈断电，KT_3（9）闭合，为使高速接触器 KM_3 线圈获电作准备，这也说明了即使主令手柄快速扳到"起货 3"位，电动机的加速仍按时间顺序进行，与操作者动作快慢无关；后者 KM_2（7）使 KM_1 线圈断电，显然这是发生在 KM_2 线圈通电之后，KM_1（9）闭合，为高速接触器 KM_3 线圈获电做好准备。

由于 SA_9 闭合，KM_B 在"起货 1"位已经闭合，KT_2 获电，KT_2（10）立即闭合，与 KM_R（9）或 KM_D（11）串联，构成"逆转矩控制电路"。

手柄在"起货 2"位，SA_4 虽已断开，但 KM_1 线圈仍经过由 KM_2（7）和 KM_1（8）触点串联组成的"交替电路"而获电，只有在"起货 2"位，KM_2 线圈通电之后，由于 KM_2（7）触点打开，才能使 KM_1 线圈断电。这说明电动机的低速绕组只有在中速绕组通电之后才能脱离电网。在这个短暂的时间间隔 Δt（为从 KM_2 接触器衔铁吸合到 KM_1 接触器衔铁释放的时间）中，低速、中速绕组都接入电网，电动机运行在 14 对极低速特性曲线 1 和 4 对极中速特性曲线 2 按转矩相加（同一转速下）所得到的特性曲线（1+2）上的 C 点。经过 Δt 时间后，接触器 KM_1 衔铁释放，14 对极低速绕组脱离电网，电动机便从相加特性曲线（1+2）的 D 点转移到 4 对极中特性曲线 2 的 E 点，然后沿中速特性曲线 2 加速，直到 $T = T_D$ 时，电动机稳定运行于特性曲线 2 的 F 点。

在这一档位又有两个电器（KM_2、KT_2）线圈获电动作，而 KM_1、KT_3 线圈断电。

（4）主令控制器手柄扳到"起货 3"位

SA_2、SA_5、SA_7、SA_8、SA_9 闭合，与"起货 2"位不同的是仅仅增加 SA_8 闭合，由于常闭触点 KT_3（8）和 KM_1（9）在"起货 2"位已恢复闭合，所以高速接触器 KM_3 线圈能否获电，取决于中间继电器的常闭触点 KA_2（21）能否恢复闭合，而 KA_2 的触点能否恢复闭合，又取决于负载继电器 KI（10）常闭触点能否打开。因此（2 对极）高速绕组和（4 对极）中速绕组是按恒功率 26kW 设计的，根据齿轮箱的传动比，如果 4 对极的额定吊货重量为 3t，则 2 对极的额定吊货重量应为 1.5t。如果 4 对极中速运行时的吊货重量大于 1.5t，则由电流互感器 CT 检测的负载电流将负载继电器 KI 的衔铁吸合（电流通过串联的常闭触点 KM_1（4）和 KM_3（4），因为常闭触点 KT_4（4）在"0"位时已打开），其常开触点 KI

（20）闭合，使 KA$_2$ 线圈获电动作，触点 KA$_2$（9）闭合自保，其常闭触点 KA$_2$（10）打开，使 KM$_3$ 线圈不能获电，电动机不能进入高速；其另一个常闭触点将控制另一台电动机也不能进入高速，这就保证了两台双吊杆起货机只能运行于中速。

反之，如果 4 对极中速运行时的吊货重量不足 1.5t，则 KI 的常开触点 KI（9）仍打开，KA$_2$ 线圈仍断电，KA$_2$（9）闭合，接通 KM$_3$ 线圈，KM$_3$ 主触点闭合，电动机的高速绕组接入电网；辅助触点 KM$_3$（10）闭合，在 KT$_3$ 线圈通电的情况下自保 KM$_3$ 线圈通电，另两个辅助触点 KM$_3$（10）、KM$_3$（11）打开，前者使 KM$_2$ 线圈断电，这就保证了只有在高速绕组确实接入电网后，才使中速绕组脱离电网，后者使 KT$_4$ 线圈断电，其常闭触点 KT$_4$（4）延时闭合，使负载继电器 KI 避开由于在换成高速档时的冲击电流而产生的误动作。

在高速绕组接入电网，而中速绕组尚未脱离电网的时间间隔 Δt 内，电动机的工作点从中速特性曲线 2 的 F 点换接到相加特性曲线（2+3）的 G 点。经过 Δt 后，KM$_2$ 衔铁释放，4 对极中速绕组脱离电网，电动机便从相加曲线（2+3）的 R 点转移到 2 对极高速特性曲线 3 的 I 点，然后沿高速特性曲线 3 逐渐加速，直到电动机的电磁转矩与轻载（或空钩）的负载转矩 T_D 相平衡，电动机稳定运行于特性曲线 3 的 J 点。

这一档，如果是轻载，则 KM$_3$ 线圈通电动作，进入高速运行，KM 线圈断电，KI 线圈电流达不到动作值；如果是重载，则退回到中速或维持中速运行，KI、KA$_2$ 两个继电器动作。

（5）主令控制器手柄从"0"位迅速扳到"起货3"位

原来在"0"位已有 4 个继电器（KA$_1$、KT$_3$、KT$_4$、KT$_5$）和两个接触器（KM$_5$、KM$_1$）获电动作。如果不考虑手柄经过中间各档的操作时间，则控制电路的工作情况是起货接触器 KM$_R$ 获电动作，其主触点闭合，低速绕组接入电网，因电磁制动器尚未松闸，所以低速处于堵转状态，待 KM$_R$（5）闭合后，KM$_B$ 线圈才接通电源，KM$_B$（6）、KM$_B$（8）、KM$_B$（10）闭合使 KM$_2$ 和 YB 线圈同时接通电源。通常由于制动器 YB 的惯性较大，其衔铁吸合（松闸）的时间略大于接触器 KM$_2$ 的固有动作时间。因此，将会出现极短暂的中速堵转。待电磁制动器松闸后，中速起动，约经过 0.5s 的延时后，KT$_3$（8）恢复闭合。若吊货重量不足 1.5t，则负载继电器 KI 的衔铁不吸合，KA$_2$ 线圈不通电，KM$_3$ 线圈获电动作，KM$_2$ 线圈断电，电动机由中速过渡到高速运行。

（6）主令控制器手柄从"起货3（或2）"位迅速扳到"0"位

由于原来在"起货3（或2）"位时，KT$_2$ 线圈已通电，KT$_2$（10）已处于闭合状态，KM$_R$ 线圈由 SA2 支路和 KT$_2$（5）、KM$_R$（9）自保支路两路接入电网。KT$_2$ 是实现再生制动的时间继电器。主令控制器手柄迅速由"起货3（或2）"位回到"0"位时，①SA$_9$ 开，KT$_2$ 线圈断开，触点 KT$_2$（5）要延时后才断开，所以 KM$_R$ 线圈经自保支路仍通电；②SA$_4$ 已闭合，KM$_1$ 线圈通电，使电动机从高速（或中速）绕组通电转移到低速绕组通电，其工作点由第 1 象限的 J（F）点转到第 2 象限低速特性曲线 1 的 K（或 K'）点，再生制动开始，电动机转速沿曲线 1 下降；③虽然 SA$_5$ 打开，KM$_B$ 线圈断电，但由于电磁制动器 YB 线圈有较大的电感，电流不能突变，将通过二极管 VD、R_4 和触点 KT$_2$（7）构成放电回路，放电电流将使 YB 延时制动。通常 KT$_2$ 延时则应调整在进入第 1 象限的低速电动状态前动作，使低速绕组断电；而 YB 的延时（调节 R_4）制动则应发生在再生制动结束前，以实现三级制动停车过程，即再生制动、再生与机械联合制动和最后的机械制动，直到停车。

（7）落货

主令控制器手柄从"0"位慢速逐渐扳到"落货"各档位，从"0"位快速扳到"落货3"位，以及从"落货3（或2）"位快速扳到"0"位的动作情况与"起货"时相似。其差别是，落货时落货接触器 KM_D 线圈通电，电动机反转，而且在重载落货时，电动机运行于再生制动状态。

应当指出：由于落货时的摩擦转矩 T_0 与电磁转矩 T 同方向，共同平衡负载转矩 T_D（即 $T_0 + T = T_D$），而起货时的 T_0 与 T_D 同方向，共同被 T 平衡（即 $T = T_0 + T_D$），由此可见，在起、落重量相同的情况下，落货时的定子电流比起货时的要小些，因此落货的高速档不要负载继电器 KI 来控制。图 10-7 中与 KA_2 线圈串联的 KM_D（20）在落货时已打开，KA_2（21）闭合，只要手柄在"落货3"位，电动机即可进入高速运行。

（8）主令控制器手柄从"起货3"位迅速扳到"落货3"位

首先该控制电路能保证实现起货机从"起货3"位迅速到"0"位的制动，然后再实现从"0"位到"落货3"位按时间原则的自动起动，可以避免反接制动。

其动作情况如下：SA_9 在手柄快速操作过程中，从"起货2"位后到"落货2"位前是断开的，KT_2 线圈断电，在其延时范围（例如0.75s）内，其触点 KT_2（5）尚未打开，KM_R 线圈通过自保触点 KM_R（9）仍继续通电，其常闭触点 KM_R（5）、KM_R（9）仍不闭合，所以尽管 SA_3、SA_6 在"落货"时都已闭合，但由于 KM_R（11）触点未闭合，落货接触器 KM_D 线圈仍不能立即通电，这就避免了反接制动，由于 KM_R（9）触点未闭合 KM_B 线圈也不能立即通电，其常开触点 KM_B（4）、KM_B（5）、KM_B（9）仍断开。第一个触点 KM_B（4）的断开，保证 KT_2 线圈不会在手柄快速操作过程中断电后又立即通电；第二个触点 KM_B（5）的断开，保证 KM_2、KM_3 线圈不会立即通电；第三个触点 KM_B（9）的断开，又保证制动器 YB 线圈不会立即通电松闸。另外，在手柄快速操作过程中，KM_1 线圈通电，并经由触点 KM_2（11）、KM_1（11）保持其通电，所以当主令控制器手柄由"起货3"位迅速扳到"落货3"位时，首先是 KT_2、KM_B 线圈断电，在 KT_2 的延时范围内，14 对极低速绕组正向（按起货方向）接入电网。YB 线圈断电，但由于它有放电回路，将延时机械制动，此时电动机进行再制动，当转速迅速降低到接近 214r/min 时，YB 电磁铁释放而制动，使电动机停转（但仍是 14 对极低速绕组正向接入电网，电动机堵转）。再经过一个更短暂的时间，KT_2 延时结束，断开其触点 KT_2（10），起货接触器 KM_R 线圈断电，落货接触器 KM_D 线圈通电，14 对极低速绕组经过极短暂的时间，反向接入电网，电动机堵转后，KM_B 线圈通电，KM_2 和 YB 线圈相继通电，松开制动器，开始中速反向起动。再经过 KT_3 的延时后，KM_3 线圈通电，电动机加速至"落货3"速。

上述主令控制器手柄从"起货3"位迅速扳到"落货3"位（或相反）的过程是按照"先制动停车，再反向起动"的程序自动完成的，这种电路布置称为"逆转矩控制"，它可以防止反接制动，保证能够迅速地来回扳动手柄，而且反转过程不受手柄操作速度的影响。

（9）保护措施

本控制电路除了上述"超速起货，自动返回中速"和"逆转矩控制"外尚有以下保护：

失电压保护由零压继电器 KA_1 实现。控制电路短路保护由熔断器 FU_2 实现。风扇电动机过热保护由 FR_1 实现。短路保护由 FU 实现。风机停转后，不允许起货机继续运行，因此用 KM_5 的常开辅助触点（7）和（10）进入联锁保护，使控制电路和 KM_2、KM_3 线圈断电。

为了保护吊在半空中的货物能放到地面，可以按紧急按钮 SB 使 KM$_1$、KM$_3$ 线圈通电，让货物缓慢地落地。热继电器 FR$_2$ 用以保护低速绕组的过载和堵转。温度继电器 BT 以双金属片为敏感元件，每套绕组内埋两只，互相串联。当电动机温度超过 130 (1±10%)℃ 时，BT 触点断开，使 KA$_1$ 线圈断电，电动机停止运行。

（10）负载继电器 KI 的连接

在（4）中已述及，当主令控制器手柄扳到"起货 3"位时，电动机能否进入高速运行，要由负载继电器 KI 检测和执行。由于异步电动机的空载电流大，功率因数低，其空载电流与满载电流在数值大小上相差不大，而功率因数却相差很大，如图 10-9b 中的 $\dot{I}_{B0}$、$\dot{I}_B$ 长度和相位所示。所以，若仅用 KI 的线圈来检测某一线电流（例如 $\dot{I}_B$），并使之从空载到满载改变衔铁的状态是困难的，为此可把 KI 线圈接成如图 10-9a 所示的检测电路，这样流经 KI 线圈的电流就是 B 相相电流与 CA 线电压和纯电阻 R_5 所确定的电流的相量之和，即满载时为 $\dot{I}_F = \dot{I}_{CA} + \dot{I}_B$，空载时为 $\dot{I}_{F0} = \dot{I}_{CA} + \dot{I}_{B0}$，可见 $\dot{I}_F$ 比 $\dot{I}_{F0}$ 大得多，所以空载时 KI 衔铁不吸合，满载时衔铁一定吸合，根据这一开关状态决定起货机能否进入高速运行。

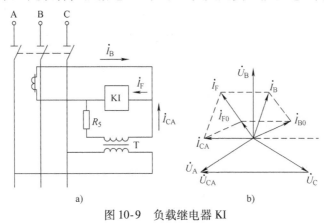

图 10-9　负载继电器 KI

第三节　船用液压起货机的控制系统

一、液压起货机操纵机构的主要类型和工作原理

液压起货机的操纵机构应能在一定距离外控制阀控型系统的换向节流阀或泵控型系统的变量泵换向变量机构，以实现起货机的换向和调速。根据传动方式的不同，液压起货机的操纵机构有机械式、液压式和电气式。机械式操纵机构是由操作手柄和一系列传动件组成，简单但操纵费力，各接头磨损后难以保证传动的准确，故已很少采用。下面将介绍液压式和电气式操作机构。

1. 液压式操纵机构

液压式操纵机构可按动力的不同，分为手动式和辅泵供油式两种方式。

（1）手动式液压操纵机构

手动式液压操纵机构的原理图如图 10-10 所示，这种操纵机构主要包括操纵和补偿两部分。操纵部分由主动操纵油缸 10、12 和从动操纵油缸 4、9 以及连通两者的管路组成。工作时操动操纵台上的主动操纵油缸手柄，经齿轮齿条传动，迫使主动油缸中的活塞位移，产生的油压传至油泵旁的从动操纵油缸，使其中的活塞产生相应的位移，再经机械传动带动换向节流阀或液压泵变量机构，实现换向和调速。

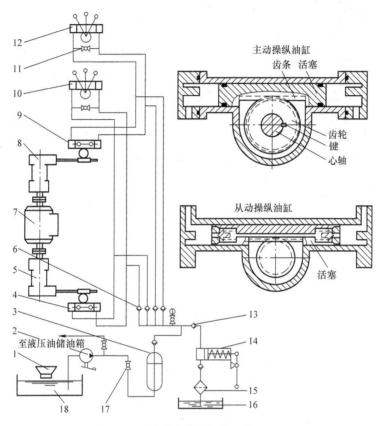

图 10-10　手动式液压操纵机构原理图

1—集中泄油漏斗　2、14—手摇泵　3—蓄能器　4、9—从动操纵油缸　5、8—双向变量泵
6、13—单向阀　7—电动机　10、12—主动操纵油缸　11—旁通阀　15—滤油器　16、18—油箱　17—截止阀

补偿部分主要由手摇泵 2、蓄能器 3、油箱 18 以及相应的管路系统所组成，可随时向低压管路补油，以免低压侧因泄漏出现真空和混入空气，造成动作失调。使用时，打开截止阀17，用手摇泵 2 从油箱 18 吸油，将其压入蓄能器，压缩其中的空气，使压力保持 0.4MPa 左右，然后关闭截止阀 17。这样，当操纵系统某侧油压较低时，蓄能器的油液就会顶开相应的单向阀向系统补油。手摇泵 14 用来向新装或拆修过的系统充油。

（2）辅泵供油式液压操纵机构

功率较大的装置为了操纵轻便省力，普遍采用辅泵供油作为操纵的动力。下面介绍一种常见的由辅泵供油、用手控双联比例减压阀控制的液压操纵机构。

手控双联比例减压阀实际是一对手控调压的自动式减压阀。其输出油液的方向和油压的大小由手柄扳动的方向和摆角的大小来决定。手控双联比例减压阀结构如图 10-11 所示。

静止时，手柄 3 在两侧的复位弹簧 6 作用下保持在图 10-11 所示的中位，这时阀的油出口 1、2 经阀芯 4 中的油孔 9，与回油口 T 相通。当操作手柄向某侧克服复位弹簧 6 和控制弹

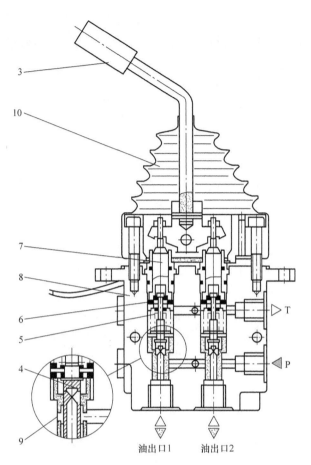

图 10-11　手控双联比例减压阀结构

1、2—油出口　3—手柄　4—阀芯　5—控制弹簧　6—复位弹簧
7—柱塞　8—阀体　9—油孔　10—防尘罩

簧 5 的张力向下推动柱塞 7 时，该侧控制弹簧 5 便推动阀芯 4 下移，油孔 9 使油出口 1（或 2）与 T 隔断，继而与进油口 P 相通。一旦油出口压力与控制弹簧 5 张力平衡时，阀芯 4 即上行切断油出口与 P 的通路；而出口油压力低于控制弹簧 5 的调定值时，阀芯 4 又会下移，接通 P 口向出油口补油。

由于控制弹簧 5 的张力随手柄的转角增大而增大，所以油出口 1 或 2 输出的油压 P 也随手柄的转角增大而增大。于是操动手控比例减压阀控制液控换向节流阀或双向变量油泵，即可使起货机实现起停、换向和调速。

2. 电气式操纵机构

电气式操纵机构是液压甲板机械新一代的操纵机构，它传递的是电气控制信号，操作轻便，不受距离影响，并可通过便携式控制器在甲板上远距离控制。

1）比例换向阀式电气操纵机构。阀控型系统可采用比例电磁（或电液）换向节流阀实现远距离操纵。若要改变控制电流的方向和大小，可改变比例换向节流阀阀芯位移的方向和大小，进行换向和调速。

2）电磁比例泵式电气操纵机构。泵控型系统可对电磁比例泵进行远距离控制。若要改变电磁比例泵控制电流的方向与大小，可改变泵的排油方向和流量，实现换向和容积调速。此外，还可利用电磁比例行程控制器控制普通伺服变量液压泵的导阀进行换向和调速。

二、回转起货机（克令吊）的安全保护装置

1. 起重系统和变幅系统的限位保护

起重绞车和变幅绞车的一端都设有限位开关盒。绞车转动时通过齿轮箱驱动一组凸轮，控制各限位开关，可实现如下限位作用：

1）吊臂高限位和低限位。当吊臂升到接近最大允许仰角（工作半径为 7.7m）时，变幅主泵流量减小，变幅马达转速降至 25% ~ 30%；当达到允许的最大仰角（工作半径为 4.7m）时，变幅泵回中，吊臂不能再仰起。当吊臂下俯到允许的带负载最低仰角时（根据负载不同有两种选择），变幅泵也回中，吊臂下俯动作被阻止；而在此之前接近最低仰角时（工作半径距最大工作半径为 1.5m 左右），变幅泵也同样会减小流量，使马达减速。为了在工作完毕时可将吊臂（空钩）俯放到支架上，需将控制面板上方的开关转至位置"1"，才能从最低限位处继续下俯，但卷筒钢索剩到至少三圈时有限位。

2）起重索卷筒卷满和放空限位。当吊钩升至最大高度（向上 9m）时，卷筒吊索接近卷满；而当吊钩降至最低高度（向下 27m）时，卷筒吊索已接近放空。两者都有限位开关使起重主泵升、降电信号回零；而在此之前吊钩移至离限制位置约为 1.5m 处时，油泵排量即减小至最大排量的 25% ~ 30%，使吊钩减速。上述限位开关的工作正常与否应该通过将吊臂移至接近最大仰角处进行检验，因为吊臂仰角较小、卷筒未卷满时吊钩上部的挡块即会与吊臂顶部相碰。

2. 起重绞车和变幅绞车钢索松弛保护

钢索松弛保护装置设在变幅绞车附近，其结构如图 10-12 所示。支架 2 装有两个摇臂机构，分别为起重和变幅钢索服务。当钢索 1 拉紧后，压紧滚轮 7 克服弹簧 5 的张力使摇臂 4 绕其转动中心 O 顺时针偏转；一旦钢索松弛，则摇臂在弹簧拉动下逆时针转回至图示位置，带动摇臂上的顶杆 6 使松绳保护开关 3 断开，则相应主泵回中，所驱动的绞车停转。

于是，当吊臂在仰角较小范围工作时，如果吊臂下俯或吊钩升起至吊臂顶端碰到吊钩挡块（钩、臂相碰时产生的力被计算过，不会使部件损坏），则变幅钢索会松弛，使吊臂不能再下俯，吊钩也不能再升起。另外，吊钩挡块着地时吊货钢索也会松弛，使吊钩下降的操作不能再进行。

3. 低油位保护

油箱里装有浮子开关，当油位低于设定油位时，会发出声、光警报。如果系统无严重泄漏而需要继续短期运行时，可将浮子开关控制旋钮转至"BELL OFF"位置消除警报，继续使用吊车。但若油位再降低一定距离，回转式起货机便会停车，低油位报警灯亮。这时若将旋钮转到"BY-PASS"位置，仍可在声、光警报给出的同时进行短时的应急操作（例如放下货物）。在清洁油箱或换油后，可将控制旋钮转至"TEST"位置，即可试验声、光警报。

4. 高油温保护

在油温超过 85℃时，设在油冷却器进口的温度继电器会使回转式起货机主、辅泵和冷却风机均停（通常这时辅泵旋钮转至"夏季"）。

此外，除主泵电机有过电流时断开的继电器外，辅泵电机、油冷却器风机和控制室通风

机均设有人工复位的过电流保护继电器。

三、典型的液压起货机液压系统

液压起货机根据换向和调速的控制方式，液压系统又可分为阀控型和泵控型；前者可用开式或闭式系统，后者一般用闭式或半闭式系统。下面重点分析典型的起重机构的阀控型开式液压系统和泵控型闭式（半闭式）液压系统。

1. 起重机构的阀控型开式液压系统

图 10-13 所示为采用单向节流阀限速的起重机构阀控型开式液压系统原理图，其工作分析如下。

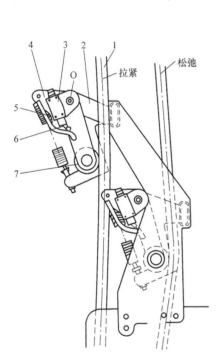

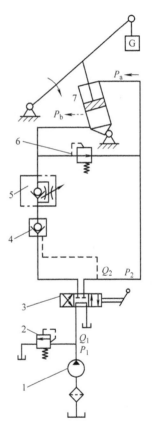

图 10-12　钢索松弛保护装置
1—钢索　2—支架　3—开关
4—摇臂　5—弹簧　6—顶杆
7—滚轮

图 10-13　单向节流阀限速的起重机构的
阀控型开式液压系统原理图
1—定量泵　2—安全阀　3—手动换向阀
4—液控单向阀　5—单向节流阀
6—制动阀　7—液压缸

（1）换向和调速

阀控型系统一般多采用单向液压泵，泵的排油方向不变，转换执行元件的运动方向是靠转换换向节流阀 3 阀芯的工作位置来完成的。换向阀不宜操作太快，否则液压冲击较大。

阀控型系统通常采用的是定量泵，需要用流量控制阀来改变输入执行元件油的流量，对执行元件进行节流调速，而让泵多余的流量直接返回油箱。

液压甲板机械为操作方便，一般都采用既可换向又可节流的换向节流阀。根据所用换向节流阀结构形式的不同，主要有并联节流调速和定差节流调速两种，定差节流调速又有定差溢流式和定差减压式之分。

（2）并联节流调速

并联节流调速所用的换向阀的并联节流调速原理如图 10-14 所示。当换向阀处于中位时，P-T 相通，液压泵卸载，执行元件不动；当阀芯从中位右移，在油路 P-A 开通时 P-T 并不立即隔断，而是随 P-A 开大而逐渐关小，这种结构称为开式过渡。若设液压泵的排出压力为 P_1，流量为 Q_1，调速过程中，液压泵的排油一部分经 P-A 流入执行元件，压力降为 P_2（随执行元件负载而增减），流量为 Q_2；另一部分则经 P-T 流回油箱，压力降为回油压力（接近零），流量为 $Q_3 = Q_1 - Q_2$。显然，随着滑阀继续右移，Q_3 逐渐减小，Q_2 相应增大，从而实现调速。

采用并联节流调速，低速时 Q_2 小（阀离开中位的位移小），轻载时 P_2 低，虽然 P_1 会相应变低，使液压泵功率减小，但节流和回流损失仍然较大，调速效率较低。而且在换向阀芯位移不变时，流量 Q_2 与液压马达的负载（影响 P_2）有关，所以调速不稳定。

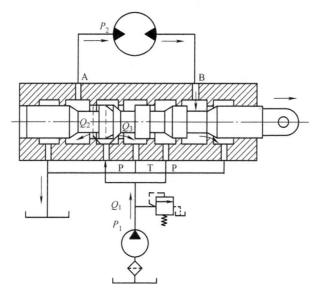

图 10-14　换向阀的并联节流调速原理图

（3）定差节流调速

图 10-15 所示为定差溢流节流调速原理图。在定差溢流式换向节流阀中，由于定差溢流阀 2 两端的油腔分别与手动换向节流阀 1 节流前后的油路相通，即右端通过油泵的排出压力为 P_1，左端则经单向选择阀（或梭阀）承受液压马达的进油压力为 P_2，因此只要溢流阀的弹簧做得很软，其阀芯移动量又很小，则换向阀节流前后的油压差（$P_1 - P_2$）即可像溢流节流阀那样近似保持恒定，从而使流经换向阀的流量基本取决于阀芯位置，不受液压马达载荷的影响。

采用定差溢流节流调速，执行元件的进油流量与载荷无关，执行元件的速度较稳定；同时因定差溢流阀的调定压差通常不大（一般为 $0.2 \sim 0.4$ MPa），故执行元件的速度随滑阀位移的变化较缓，调速平稳；而且调速效率较高，轻载低速时尤为明显。

除定差溢流节流外，调速还可以采用定差减压节流。上述各种节流调速法，节流和回流的功率损失总是不可避免的，并会转换成油的热量。

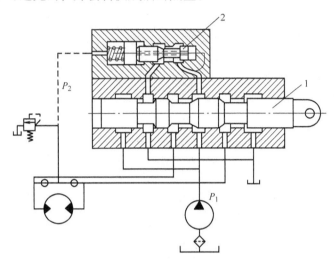

图 10-15 定差溢流节流调速原理图
1—手动换向节流阀 2—定差溢流阀

（4）限速

开式液压系统如果在降下重物时不设法节制执行元件的回油，而任其直通油箱，那么执行元件在重力作用下仅需克服较小的摩擦阻力，会加速运动，重物的下降速度就会很快升高到危险的程度。因此，系统需采取限速措施。常见的限速措施有以下几种：

1）单向节流阀限速。在图 10-16 中，降下重物时执行元件的回油管所设的单向节流阀 8 可起限速作用。它在下降工况时能对执行元件的回油进行节流，因为单靠重力所形成的执行元件的背压 P_b 有限，故回油流量（决定活塞的下降速度）受到限制。要想加快下降速度，须增加换向阀向下降方向的位移，以增加执行元件的进油压力 P_a，从而提高执行元件的回油压力 P_b 和流量。

显然，这种限速方法在轻载或油温降低（黏度增大）时，要想达到要求的下降速度，则需加大换向阀的位移，使 P_a 更高，以致液压泵的排压和功率增加，经济性变差。因此，这种方法仅适用于功率不大、工作时间短及负载大致不变的开式系统。

2）平衡阀限速。在开式液压系统中，控制下降速度的另一方案是在靠近执行机构的下降回油管上装设平衡阀，平衡阀由单向阀和顺序阀组成。平衡阀按控制油来源的不同分为自控式和远控式两种。

起升时，液压泵的来油直接顶开单向阀，输往液压马达。下降时，液压马达的排油不能打开单向阀，只有在油压足以克服自控式平衡阀（图 10-16 中的阀 a）的弹簧张力时，才能打开该阀，接通 b、c，使液压马达的排油得以通往油箱。这就是说，液压马达只在一定的进油压力 P_a 下才能使液压马达反转实现货物的下降，而其转速则由液压泵实际输入液压马达的流量来控制。

— 221 —

这种方案，系统同样简单可靠，且不需串接液控单向阀，在油温、黏度以及下降速度改变时，液压马达的进油压力 P_a 变化不大；但载荷越轻，要达到同样的下降速度所需的 P_a 越大，故轻载时系统的效率仍然较低。

货物的下降速度也可用远控平衡阀来控制。采用远控平衡阀后，重物下降时执行元件的回油流量不可能大于由换向节流阀 3 控制的进油流量（否则 P_a 立即降低，平衡阀会关闭），因而重物下降速度受换向节流阀的开度控制。

采用这种方法，重物下降时执行元件进油压力 P_a 基本上不受重力负载大小的影响，受油液黏度和下降速度的影响也较小。这是因为主阀开度可变，P_a 只在使平衡阀的主阀从开启到全开的压力变化范围内改变。若用单向节流阀，则节流阀调节后开度固定，要使流量改变，P_a 变化必须较大。因此，这种方法的经济性比用单向节流阀好。

开式系统无论采用哪种方法限制重物下降速度，都是在执行元件的下降回油管上节流，总会导致额外的节流损失，重物的位能无法回收，会转化为油的热能，故称为能耗限速。

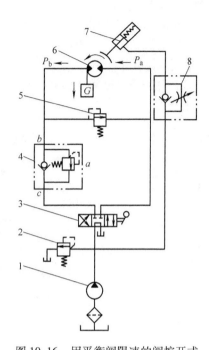

图 10-16　用平衡阀限速的阀控开式起升液压系统

1—单向定量泵　2—安全阀　3—换向节流阀
4—平衡阀　5—制动阀　6—液压马达
7—制动器　8—单向节流阀

在起重机构的开式液压系统中，执行元件下降工况的进油管路无论在何种工况都不会承受太高的油压；而在执行元件出口到限速阀件之间这段油路，在任何工况都承受较高油压。因此，平衡阀和单向节流阀等限速阀件安装时往往紧贴着执行元件的下降工况回油口，以免两者之间发生漏油而使重物坠落。

（5）制动

液压装置的制动是指使运动中的执行元件停下来并长时间停稳不动，这包括停止指令给出后的减速和停后的锁紧两重含义。常用的制动方法有液压制动和机械制动两种，前者是使在运动中的执行元件的两端主油路关断，于是执行元件排油端的油压会迅速升高，产生制动力（或转矩）使执行元件制动；后者是靠常闭式机械制动器产生的摩擦力制动，它靠弹簧力抱闸，而以通入制动器油缸的压力油克服弹簧力来松闸。低速液压马达常在所带卷筒上设摩擦带式制动器，高速液压马达常在行星齿轮减速箱内设多层摩擦盘式制动器，后者松闸所需的油压力一般比前者高。

开式液压系统的液压制动是通过换向阀回中实现的。当采用液压缸作为执行元件时，虽然液压缸密封性一般都很好，但换向阀即使采用的是能在中位锁闭工作油路的 O 型、M 型，也是靠阀芯和阀体的间隙密封，难以十分严密。因此，必须加装液控单向阀 4（见图 10-13），当换向阀回中后，进油压力 P_a 迅速降低，阀 4 即关闭，将油路严密锁闭。如果系统采用能严密关闭的平衡阀限速，则无须再加其他锁闭油路的阀件。有了限速元件之后，换向阀常选用 H 型中位机能，这不但能在回中时使 P_a 迅速卸压，而且还可避免泵的排油漏入执行元件使之油压升高。

（6）限压保护

在油泵出口处装有安全阀的溢流阀（见图 10-13 中的 2），以防超负载时液压泵排压过高，使电机过载或损坏的装置。

如果起重机构运动部分的质量较大，在下降工况突然液压制动（换向阀回中太快）时，则会产生很大的惯性力，使执行元件回油管路的压力急剧升高，有可能会超过执行元件或管路的承压能力。为此，系统中设有作为制动阀用的溢流阀（图 10-13 中的 6），制动时若回油管路的油压太高，它会开启。制动阀的调定压力可与安全阀 2 相同；为缩短制动时间，其调定压力也可比安全阀 2 高些，这不会使原动机过载，但最大制动压力不得超过执行元件所允许的尖峰压力。

2. 起重机构的泵控型闭式液压系统

图 10-17 所示为起重机构的泵控型闭式（半闭式）液压系统原理图。其功能和特点介绍如下。

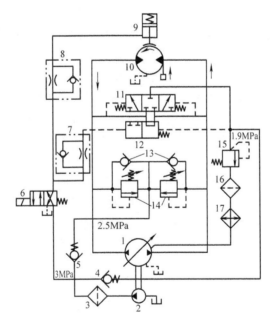

图 10-17　起重机构的泵控型闭式（半闭式）液压系统原理图
1—主泵　2—辅泵　3、16—滤油器　4、5—弹簧加载单向阀　6—制动阀　7、8—单向节流阀
9—常闭式机械制动器　10—液压马达　11—低压选择阀　12—中位旁通阀　13—单向阀
14—双向安全溢流阀　15—背压阀　17—油冷却器

泵控型系统采用双向变量主泵 1 供油，只需改变主泵的吸排方向，即可使液压马达 10 改变转向。由于双向变量泵在改变排油方向时其流量总是先由大变小，然后再反向由小变大，故液压冲击小，换向平稳。

泵控型系统调速是用改变主泵流量的方法，属于容积调速，并可实现无级调速。容积调速没有换向节流阀的节流、回流损失，经济性比节流调速好，液压油发热少。

（1）限速和制动

闭式液压系统限制重物下降速度的原理与开式液压系统有本质的不同：当重物下降时，液压马达10受其重力驱动排油，相当于液压泵；而主泵1则受液压马达排油驱动，进油压力大于出油压力，成了靠液压能驱动的液压马达，帮助电动机转动，可补偿同轴辅泵2所需功率。转速一般不会超过电动机磁场转速，否则电动机就成了发电机，会产生阻转矩。闭式液压系统这种能在重物下降时回收利用其位能的限速方式称为再生限速。

如上所述，闭式液压系统若使主泵变量机构回到中位，理论上即能实现液压制动。然而，泵在实际操纵中可能出现回中误差，为避免因此造成液压马达10制动困难，在图示系统中加设了中位旁通阀12和常闭式机械制动器9。每当主泵操纵手柄回中时，制动阀6随之断电，先使制动器经单向节流阀8的单向阀泄油即时抱闸，然后中位旁通阀在控制油经单向节流阀7的节流阀延时泄油后复位，使主泵油路旁通卸载，即以机械制动代替了液压制动。当手柄离开中位时，控制油先经单向节流阀7的单向阀让中位阀隔断，同时又经单向节流阀8节流后进入制动器油缸，使制动器待主油路中建立起油压后再延时松闸，从而避免重物瞬间下坠。

制动阀6还可在装置意外失电时，使制动器因控制油迅速泄出而抱闸，防止货物跌落。

（2）限压保护

为防止起货机因超载而导致系统油压过高，装设了双向安全溢流阀14。通过分析起货机闭式起重液压系统的工作情况可知，无论在重物起升还是下降时，图10-17中起升时供油的那根主油路总是承受高压（图示右侧主管路），而起升时回油的主油路则总是承受低压。因此，保护该高压油路的安全阀的调定压力可调得比保护另一侧低压油路的安全阀高。

（3）系统的补油和散热

在闭式液压系统中，由于液压主泵和液压马达都存在油液泄漏，故须由辅泵2经滤油器3和弹簧加载单向阀5（本例压降约0.5MPa），以低于控制油压（本例约为3MPa）的压力（本例约为2.5MPa），不断由单向阀13向低压侧主油路补油。

工作频繁、负载较重的闭式液压系统常采用连续更换部分油液的方法，以加强油液的散热冷却。

为此，在系统中装设了低压选择阀11，起重时低压选择阀11在主泵吸排油压差的作用下被推向一端，以使低压侧管路中部分油液能经背压阀15、滤油器16、油冷却器17进入主泵的泵壳体冷却主泵，然后泄回油箱；而油箱中温度较低的油则连续补入（注意，液压马达不能长时间空载试车，这时低压选择阀11不能泄油，油会发热）。低压侧油管的油压由背压阀15调定（本例约为1.9MPa）。辅泵2多余的排油也经弹簧加载单向阀4（本例压降约为1.1MPa）从上述泄油路泄回油箱。起重系统只有一根油管始终承受高压，低压选择阀11也可采用二位阀。发热较重的系统补油量可多达主泵流量的1/3左右，这样的系统可称为半闭式液压系统。

综上可见，阀控型系统多采用相对价廉的定量泵，无须辅泵补油，设备和系统比较简单；但用于起重机构的阀控型系统主要靠节流调速和能耗限速，运行经济性较差，油发热多。

泵控型闭式液压系统因采用容积调速和再生限速，故运行经济性好，很适合高压、大功率设备。但这种系统采用双向变量泵和辅泵补油，设备和系统相对复杂些，初置费较高。负载高、工作时间长的设备大多用半闭式液压系统解决油液散热的问题。

第四节　船用变频调速起货机的控制系统

重型起重机多使用交流变频调速系统。变频器控制电动机无级调速，直接通过减速机构驱动钢丝绳卷筒，驱动起重吊钩、吊臂，或驱动齿轮电动机控制起重塔旋转。由于变频调速系统结构简单、调速范围大、控制性能高、力矩控制方便、智能程度高，与传统重型起货机相比，交流变频调速已成为起重行业的主流。

相对于单个变频器驱动单台电动机的单传动的模式，现代船舶变频调速开始推广直流母线、多逆变驱动技术。

一、传统的船用起重机控制系统

传统的船用起重机控制系统一般包括主令控制器、控制保护电路、主电路、变极电机和限位过载检测等环节，其原理框图如图 10-18 所示。

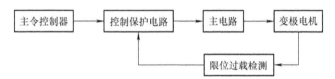

图 10-18　传统的船用起重机控制系统原理框图

控制保护电路以数量可观的时间继电器和中间继电器为主要组成部分。因机械频繁带电动作，电弧灼伤、机械撞击，很容易使触点变形，造成接触不良，再加上船舶环境恶劣（湿热、盐雾、霉菌等），更加促使时间继电器和中间继电器中机械运动部件呈现故障的频发。另外，按时间原则进行的变速和换向，对时间的整定值有较高的要求，而一般的时间继电器均存在着整定值不准，或使用时间过久其初始整定值会发生偏移等问题。

二、变频调速船舶起重机

1. 变频调速系统的主回路

图 10-19 所示为某特种作业船的重吊主动力系统中的一小部分，船舶电源送到起重机，经过中压断路器和变压器，电压从 6.6kV 变为输出两路均为 720V 的工作电压，但是两路输出之间相位相差为 30°，并相对一次侧两者的相位均偏移了 7.5°。两个变压器输出各自整流后，并联在一起使用，实现 12 脉波整流稳压。如果下一套整流装置和该套一样，只是变压器输出相位相差 −7.5°，则该两套变压器之间就相差 15°，即一共有 4 组变压器输出，每组输出的相位相差为 15°，经过整流后的直流为 24 脉波整流稳压。形成的直流母线为后续各逆变器提供直流供电。除增加整流脉波数外，使用两套整流系统并联是为了满足系统供电能力需要的同时，可在一套出现问题时，至少还可以保持半载运行供电，从而使系统的安全系数更高。每台电动机对应使用一个逆变器，包括主起升、副起升、变幅等机构，从而实现每台电动机的速度可调、可控。

2. 典型变频器主结构

如图 10-20 所示，典型变频器中的整流电路采用 12 脉波二极管整流结构，逆变部分功

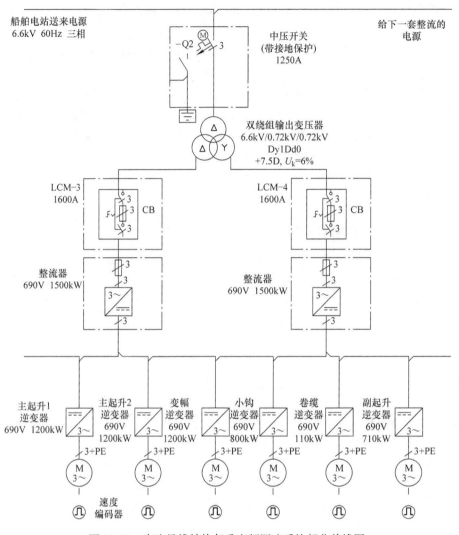

图 10-19　直流母线结构起重变频调速系统部分单线图

率器件采用三电平 IGCT，其中反并联续流二极管集成在 IGCT 中。由于受到器件开关损耗，尤其是关断损耗的限制，IGCT 的开关频率为 600Hz 左右。直流环节用两组电容分压，得到中心点。直流环节还有 di/dt 限制电路，共模电抗器，保护用 IGCT 等。di/dt 限制电路主要由 di/dt 限制电抗器，与之反并联的续流二极管和电阻组成，因为 IGCT 器件本身不能控制 di/dt，所以必须通过外加 di/dt 限制电路，使逆变器 IGCT 反并联续流二极管的反向恢复控制在安全运行范围内，同时该电路也用于限制短路时的电流上升率。

共模电抗器一般在变压器与变频器分开安置，且变压器二次侧和整流桥输入之间电缆较长时采用，当变压器和变频器一起放置时，可以省去。其作用主要是承担共模电压和限制高频漏电流，因为当输出设置滤波器时，由于滤波电容的低阻抗，电动机承受的共模电压极小，共模电压由输入变压器和逆变器共同承担，当变压器与变频器之间电缆较长，线路分布电容较大，容抗下降，导致变压器承受的共模电压下降，逆变器必须承受较高的共模电压，影响功率器件安全，共模电抗器就是设计用来承受共模电压的。另外，高频的共模电压还会通过输出滤波电容、变压器分布电容、电缆分布电容形成通路，产生高频漏电流，影响器件安全，共模电抗器也起到抑制高频漏电流的作用。保护用 IGCT 的作用是当逆变器发生短路等故障时，切断短路电流，起到相当于快熔的作用。由于逆变电路采用 IGCT 作为功率器件，而 IGCT 本身不像 IGBT 那样存在过电流退饱和效应，可以通过检测集电极电压上升进行短路检测，并通过门极关断进行保护，所以必须通过霍尔电流传感器，检测到过电流，然后通过串联在上下直流母线的两个保护用 IGCT 进行关断。由于直流环节存在共模电抗器和 di/dt 限制电抗器，导致整流桥输出和滤波电容之间存在较大阻抗，这样电网的浪涌电压要通过整流桥形成浪涌电流，再通过滤波电容吸收的效果大大降低，为了保护整流二极管免受浪涌电压的影响，在整流桥输出并联了阻容吸收电路。

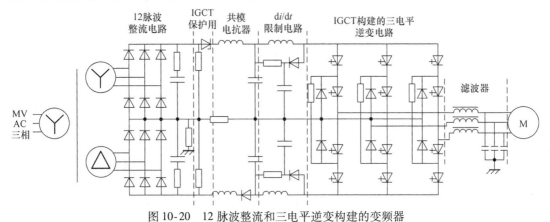

图 10-20　12 脉波整流和三电平逆变构建的变频器

钳位二极管保证了桥臂最外侧的两个 IGCT 承受的电压不会超过一半的直流母线电压，确切地说，应该是对应侧滤波电容的电压，所以最外侧的两个 IGCT 不存在过电压问题。内侧的两个器件仍要并联电阻，以防止产生过电压。因为在同侧两个器件同时处于阻断状态时，内侧的器件承受的电压可能超过一半的直流母线电压，具体电压取决于同侧两个器件的漏电流匹配关系。

三、变频器介绍

变频调速器由主回路、控制回路、通信回路等硬件组成，配以相应的程序，实现矢量控制调速、直接转矩控制（DTC）等要求。可配合 PLC 控制，实现整个控制系统的协调控制，还能根据实际工况情况进行参数调整，再通过通信协议进行设备间的数据交换，甚至实现数据远传和远程监控。具体介绍以 ACS800 为例。

1. 硬件结构

ACS800 系统整体分为主电路和传动单元的控制电路。主回路如图 10-21 所示，配置的控制电路包括以下主要控制电路板：

1）主控制电路板，是整个控制系统的核心控制，包括 CPU、MEMORY 及 I/O 总线扩展电路等。

2）电机控制和 I/O 控制板，外部控制通过该 I/O 接口与系统 CPU 联系和交换数据，标准应用程序（工厂宏）的设置如图 10-21 所示，具体设置可以根据系统实际需求通过参数和相应电路调整。3 通道的模拟输入为可编程差动输入，分组隔离，其中为一路电压信号

$+0(2)\sim10V$，分辨率为12bit；另两路为电流信号 $0(4)\sim20mA$，分辨率为12bit。2 通道的模拟输出为可编程电流输出，$0(4)\sim20mA$，分辨率为10bit。7 路数字输入均为分组隔离，内置光电耦合，输入电压为 DC 24V，硬件自备的滤波时间常数为1ms。3 路继电器输出（数字）采用继电器的干触点（既可用常开，又可用常闭）输出，触点容量为 DC 24V 或 AC 115/230V，最大电流为 2A。控制板还为外围主令信号提供参考电压源输出，电压为 ±10（$1\pm0.5\%$）V，最大电流为 10mA；同时提供 +24（$1\pm10\%$）V 的辅助电源输出，最大输出能力为电流 250mA。

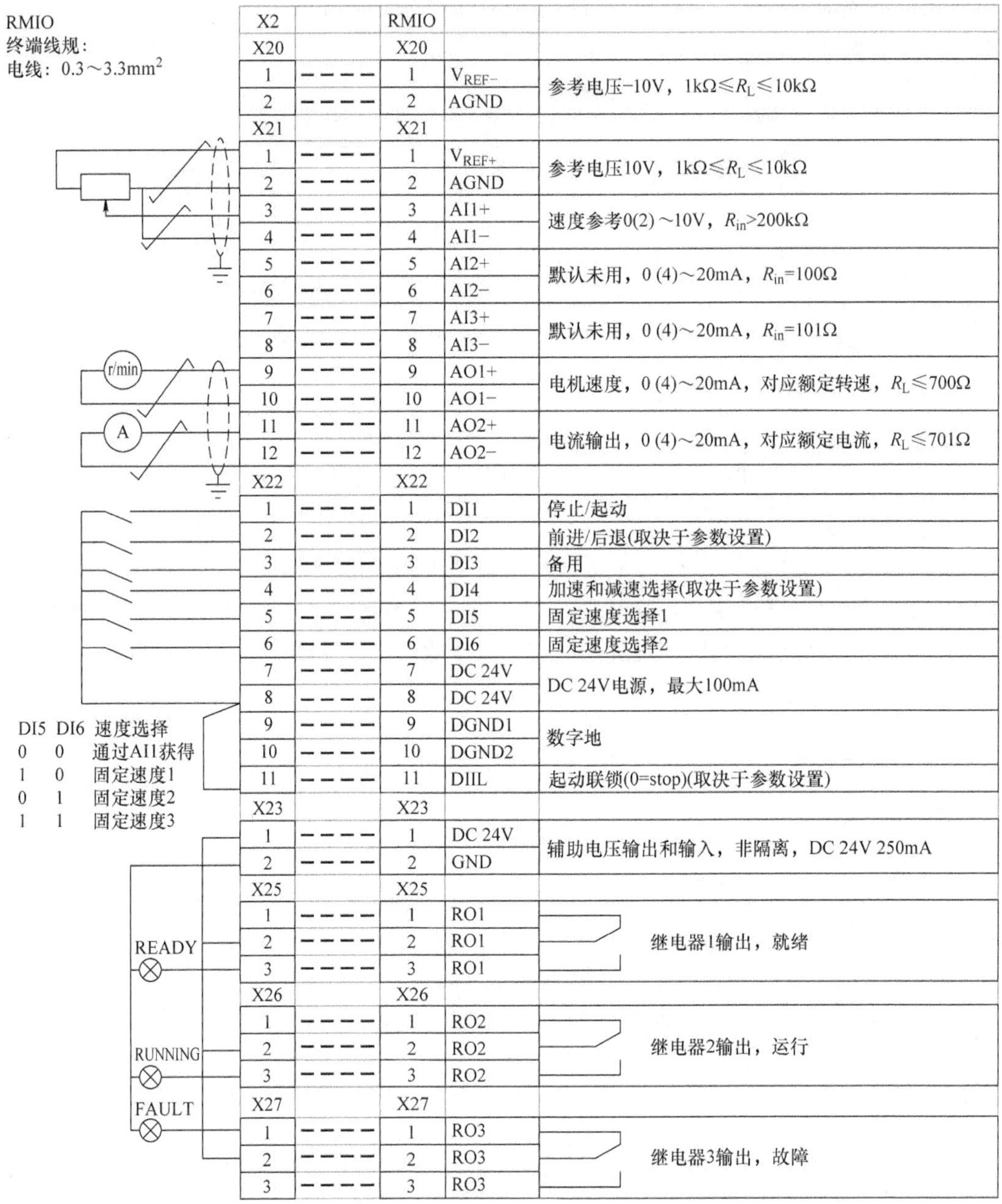

RMIO 终端线规：电线：$0.3\sim3.3mm^2$	X2		RMIO		
	X20		X20		
	1	— — —	1	V_{REF-}	参考电压-10V，$1k\Omega\leqslant R_L\leqslant10k\Omega$
	2		2	AGND	
	X21		X21		
	1	— — —	1	V_{REF+}	参考电压10V，$1k\Omega\leqslant R_L\leqslant10k\Omega$
	2		2	AGND	
	3		3	AI1+	速度参考$0(2)\sim10V$，$R_{in}>200k\Omega$
	4		4	AI1−	
	5		5	AI2+	默认未用，$0(4)\sim20mA$，$R_{in}=100\Omega$
	6		6	AI2−	
	7		7	AI3+	默认未用，$0(4)\sim20mA$，$R_{in}=101\Omega$
	8		8	AI3−	
r/min	9		9	AO1+	电机速度，$0(4)\sim20mA$，对应额定转速，$R_L\leqslant700\Omega$
	10		10	AO1−	
A	11		11	AO2+	电流输出，$0(4)\sim20mA$，对应额定电流，$R_L\leqslant701\Omega$
	12		12	AO2−	
	X22		X22		
	1	— — —	1	DI1	停止/起动
	2	— — —	2	DI2	前进/后退(取决于参数设置)
	3	— — —	3	DI3	备用
	4	— — —	4	DI4	加速和减速选择(取决于参数设置)
	5	— — —	5	DI5	固定速度选择1
	6	— — —	6	DI6	固定速度选择2
	7	— — —	7	DC 24V	DC 24V电源，最大100mA
	8	— — —	8	DC 24V	
DI5 DI6 速度选择	9	— — —	9	DGND1	数字地
0 0 通过AI1获得	10	— — —	10	DGND2	
1 0 固定速度1	11	— — —	11	DIIL	起动联锁(0=stop)(取决于参数设置)
0 1 固定速度2	X23		X23		
1 1 固定速度3	1	— — —	1	DC 24V	辅助电压输出和输入，非隔离，DC 24V 250mA
	2	— — —	2	GND	
	X25		X25		
	1	— — —	1	RO1	
READY	2	— — —	2	RO1	继电器1输出，就绪
	3	— — —	3	RO1	
	X26		X26		
	1	— — —	1	RO2	
RUNNING	2	— — —	2	RO2	继电器2输出，运行
	3	— — —	3	RO2	
FAULT	X27		X27		
	1	— — —	1	RO3	
	2	— — —	2	RO3	继电器3输出，故障
	3	— — —	3	RO3	

图 10-21　ACS800 变频器外围接口示意图

3）整流控制板，二极管整流及其相关检测电路，用于 12 脉冲整流控制。

4）当选用 EMC 设备时，有 EMC 滤波器板，否则为压敏电阻板。

5）控制操作面板，控制盘是对 ACS800 变频器进行监视、调试和控制的基本用户接口。使用面板可以输入传动起动参数、设置给定信号和给出起动、停止和方向的控制命令、显示实际值（可同时显示 3 行 3 个参数）、显示及修改参数、显示最近发生的 40 条故障信息。ACS800 的功能通过应用参数的配置来激活。用户可以通过操作面板或工具软件包来修改这些参数。

2. 系统控制功能

（1）电机控制

电机控制模式可选择为通用 VVVF 控制、直接转矩控制或选择为矢量控制。

直接转矩控制是交流传动的一种独特的电机控制方式。逆变器的开关状态由电机的核心变量磁通量和转矩直接控制。

（2）电机辨识

基于电机铭牌上的数据，变频器内部电机模型的所有参数将自动计算。此程序通常在调试时只需运行一次。然而，如果需要（例如变频器驱动其他的电机），可以随时进行电机辨识运行。

（3）零速满转矩

在没有脉冲编码器或测速机反馈下起动电机，变频器可以提供短时间的电机额定转矩输出。此功能对恒转矩应用是必需的。但是如果电机长期运行在零速区，则必须使用脉冲编码器。

（4）跟踪起动

处在惯性旋转状态的电机可以切换到变频器的输出侧。变频器会自动检测电机的频率并重新起动电机。

（5）主电源失电跨越

当输入主电源丢失时，变频器能利用旋转的电机和负载的动能继续维持运行，但没有转矩输出。只要电机在旋转并向变频器提供足够的能量，变频器就可以保持正常运行。该功能由参数激活。

（6）辅助电源失电跨越

当辅助电源丢失时，失电跨越功能保证正确的故障指示和正常的顺序跳闸。该功能由参数激活。失电跨越期间，变频器控制电路的电源由内部电池提供。失电跨越的时间极限为 1s。

（7）加速/减速积分

变频器提供两个可供用户选择的加/减速积分模式。可以调整加/减速积分时间（0 ~ 1800s）和选择积分曲线。通过数字输入口可以进行两种积分模式的切换。

可供选择的积分曲线：如选择适用于需要很长的加/减速时间而又无需 S 形曲线的应用，积分曲线应选线性；S 形积分曲线适用于运输易碎性负载的传送带或其他速度需要平滑调节的应用场合。具体可从 S_1 到 S_3，对应较短、中等和较长时间的加减速应用。

（8）危险速度

当电机在调速过程中需要避开某些电机速度或速度带时，例如机械振动问题，可采用危险速度功能。变频器可方便地设置多达 5 组不同的避开方式，可在运行过程中避开这些速度或速度带。

用户可以为每个危险速度设置速度下限和速度上限。如果速度给定要求变频器运行在危险速度范围内，该功能将使变频器运行在危险速度的下限（或上限），直到速度给定超出危险速度范围。电机按照设定的加/减速积分时间加速/减速越过危险速度带。

（9）精确的速度控制

典型的静态速度误差为电机额定转速的 ±0.1%（额定速度转差的 10%），能够满足绝大多数工业应用的要求。无速度反馈的精确转矩控制，即使在无电机轴速度反馈的情况下，变频器也可以实现精确的转矩控制。额定转矩阶跃上升时间小于 10ms 和无传感器矢量控制大于 100ms 的上升时间相比，变频器的转矩控制性能是无与伦比的。

当用转矩给定替代速度给定时，变频器将保持特定的电机转矩输出值；为了实现转矩的要求，电机速度将自动调整，这点对动态定位船舶来说尤其重要。

（10）本地控制

可通过本地或远程控制模式控制变频器。本地/远程控制模式的选择直接通过控制面板上的 Local/remote 按键实现。显示屏上大写的字母"L"指示传动处于本地控制模式。

如果变频器处于本地控制模式，可以通过变频器正面门板上的按钮和控制面板进行本地操作。在本地控制模式，不接受任何远程控制命令。

（11）远程控制

如果选择远程控制模式，不接收变频器正面门板上的按钮和控制面板发出的命令。取而代之的是接收来自远程控制台的数字输入信号，包括主回路断路器的闭合/断开命令和传动的起动/停止命令等。速度给定由模拟输入信号提供。所有的远程控制信号可以通过可选的总线接口与变频器进行交换。通过设置数字输入"本地禁用（DISABLE LOCAL）"可以禁止本地与远程控制模式的切换。

3. 故障诊断

控制盘上可以同时显示三个信号值。需要显示的实际信号可以从实际信号参数组中选择。例如：输出频率、电流、电压和功率，电机转速和转矩，直流回路电压，当前控制地（本地/外部 1/外部 2），给定值，逆变器空气温度，冷却水温度、压力和电导率，累计工作时间，输出功率计数器，数字及模拟输入/输出的状态，PID 控制器的实际反馈值（如果选择了 PID 控制宏）等。

历史记录包含变频器检测到的最近发生的 40 条故障信息，通过字符和数字显示在控制盘上。

4. 可编程数字和模拟输出

接口板上的数字输出口可单独编程，每个输出均为浮地式单刀双置触点，并且可以通过参数设置表示内部二进制控制信号或状态信号。例如：变频器准备就绪、运行、故障、报警、电机堵转、电机温度报警/跳闸、变频器温度报警/跳闸、反转选择、外部控制选择、预制速度极限、中间回路电压极限、预设电机电流极限、给定极限、给定信号丢失、电机达速和 PID 实际反馈信号极限（低，高）等。

接口板上可编程的模拟输出口可通过设置相应的参数，以代表下列物理量：电机速度、过程速度（电机速度的比例）、输出频率、输出电流、电机转矩、输出电压、应用块输出（过程 PID 控制器输出）、当前给定和给定偏差（给定值与过程 PID 控制器的实际值的偏差）。可以对模拟输出信号进行反向或滤波处理。输出信号的最小值可以设置为 0mA、4mA 或 10mA。

5. 可编程模拟输入

每个模拟输入可根据具体输入信号的类型和范围进行调整：具体如信号类型是电压型或电流型（由 DIP 开关选择）；信号是否反向，即模拟信号的最大值对应输入信号的最小值，而模拟信号的最小值对应输入信号的最大值；信号最小值选择最小值为 0mA（0V），4mA（2V）或由实际输入值决定（实际读入值即为最小值）；信号最大值可选为 20mA（10V）或由实际输入值决定；信号滤波时间常数为 0.01～10s 可设；模拟输入信号的偏移量可以通过自动或手动进行校准。

6. 故障保护功能

变频器提供多种可编程的故障保护功能和多种非用户的可调整的预定义保护功能。包括电机绕组温度保护、电机断转保护、电机欠载保护、电机超速保护、欠电压保护、电机断相保护、过载保护、过电压保护、整流模块短路保护、充电故障、电源断相保护、过电流保护、逆变器温度保护、冷却回路、逆变器短路保护、接地故障保护、操作系统故障保护、通信故障保护、测量信号丢失保护、电机辨识故障保护、外部电机保护跳闸、外部变压器保护跳闸、过程停车保护和外部急停功能等。

四、PLC 技术应用

变频调速常配以 PLC，以处理系统相关的各种开关量信号，结合系统的运行要求，协调包括变频器在内的所有电气设备的控制。应用 PLC 控制技术可将主令控制触点和机械限位等控制触点变为信号触点，仅流过 10mA 的信号电流，解决了触点电流灼伤问题；还将主令控制器原来所需的 9 对触点缩减为 5 对，即可通过编程发出 7 种工作命令，大大减少了引线故障。并可对于包括主令控制器信号触点等的动作状态增设纠错保护及故障显示，以防止误动作。

另外，PLC 还具有通信功能，可方便地与变频器串行通信实现信息交换，同时可通过远程通信与上位机构成现场总线控制系统，实现总线控制。

复习与思考题

10-1. 对电动锚机电力拖动具体要求有哪些？

10-2. 简述锚机起锚时的运行特点，在起锚各个阶段中，哪个阶段锚机上的负载最大？为什么？

10-3. 锚机绞缆机在运行过程中因过载而跳电，如何采取应急措施？

10-4. 图 10-3 的交流三速电动锚机控制电路中：

    1）过电流继电器 KA_3 起什么作用？

    2）中间继电器 KA_2 起什么作用？

    3）如何进行强行起锚？

    4）电阻 R_{W1} 和时间继电器 KT_3 起什么作用？

    5）电阻 R_{W2} 和二极管 V 起什么作用？

10-5. 什么是应急起锚？什么是紧急起锚？试分别对这两个概念进行说明。

10-6. 国产交流三速锚机采用什么调速？为什么重载不能上高速？

10-7. 船舶起货机有哪些分类方法和常见的类型？各种常见起货机有何特点？

10-8. 试分析图 10-7 控制电路中时间继电器 KT_4、KT_5 的作用。

10-9. 在交流三速起货的控制电路中，指出从低速到中速、从中速到高速的交替电路，并说明是怎样实现交替的？

10-10. 船舶起货机对电力拖动有哪些要求？如何满足？

第十一章　船舶舵机控制系统

船舶航行时，不仅要求具有推进船舶前进的动力，还要求具有控制船舶方向的能力，只有同时保证前进动力和控制方向的船舶，才具有可操纵性。船舶主机是推动船舶前进的动力装置，船舶舵机是用来改变或保持船舶行进方向的装置，它们都是船舶最重要的设备。本章主要介绍船舶舵机装置及对其的基本要求、舵机的操纵方式和自动舵的调节规律等。

第一节　舵机电力拖动与控制的基本要求

一、舵机装置的组成和舵机的分类

舵机装置由操舵装置、舵机拖动与控制系统、机械传动机构和舵叶等四大部分组成。操舵装置是由安装在驾驶室的发送装置和位于舵机房的接收装置组成，远洋船舶上装备的都是远距离控制自动操舵仪，简称自动舵。自动舵可以克服风、浪和海流对船舶航向的影响，自动发出操舵信号，使船舶航向保持在驾驶人员事先设定的航向上，因此是自动保持船舶航向的设备。

舵叶装接在舵柱上，舵柱的两端装有轴承，上端伸进船内的舵机房，与舵机装置的传动机构相连。舵叶一般在船艉部的中心，船舶航行时若舵叶偏转，流动的水流将对舵叶产生一个作用力，使船舶改变航向。舵机装置的拖动控制系统和机械传动机构两部分常简称为舵机，是根据操舵装置发出的操舵信号进行操作，使舵柱带动舵叶偏转的装置。根据拖动方式的不同，舵机主要分为电动机械传动舵机（简称电动舵机）和电动液压传动舵机（简称电动液压舵机），其传动原理示意图如图 11-1 所示。

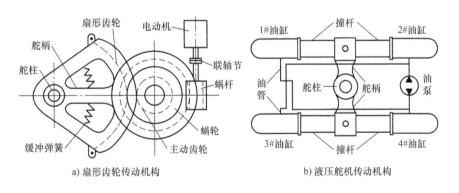

a) 扇形齿轮传动机构　　　　　　　　　b) 液压舵机传动机构

图 11-1　电动舵机传动机构

图 11-1a 所示为扇形齿轮的传动机构，电动机通过联轴节带动蜗杆和蜗轮转动，然后通过主动齿轮带动扇形齿轮，再由缓冲弹簧转动舵柄（在扇形齿轮下部），从而使舵柱和舵叶

偏转。缓冲弹簧的作用是减轻船舶在航行中波浪对舵叶的冲击力，防止传动装置受到损伤。

电动舵机的特点是通过机械传动机构，以很高的减速比将电动机的高速转动直接传送到舵柱的低速偏转。为了适应舵机承受冲击负载的要求，电动舵机的电力拖动系统常采用直流 G-M 控制系统。但 G-M 系统体积庞大，维护工作量大，再加上电动舵机的实际工作条件比较差，尤其在海况恶劣的情况下，由于舵叶偏转十分频繁，电动机起停次数可达每小时 400~600 次，因此电动机的故障率相对较高，电动舵机的可靠性相对较差，这是电动舵机被淘汰的主要原因。

目前，远洋船舶的舵机几乎全部都采用电动液压舵机，电动液压舵机装置基本与电动液压起货机传动装置相似，有双向变量油泵，由恒速电动机拖动，提供可逆流向的高压油。两者不同之处在于拖动起货机卷筒是可连续旋转的油马达，而转舵机构则是左、右方向移动的液压油缸装置，如图 11-1b 所示。与舵柄铰链的撞杆两端置入左右高压油缸内，两油缸与油泵连接，当一油缸注入高压油而另一油缸排出低压油时，推动撞杆（类似于活塞）向低压端移动，从而带动舵柄、舵柱和舵叶偏转。若图中 1#和 4#油缸进油，2#和 3#油缸回油，舵柱将顺时针偏转；反之，1#和 4#油缸回油，2#和 3#油缸进油，舵柱将逆时针偏转。高压油泵的排量和流向则由操舵系统控制。

二、对舵机电力拖动与控制的要求

对舵机电力拖动与控制的要求主要包括：对供电的要求、对电力拖动的要求和对控制系统的要求等三个方面。总体而言，应满足我国《钢质海船入级规范》（以下简称《规范》）的有关要求，应该满足舵机装置在各种状况下能可靠地工作，即供电可靠、电力拖动可靠和控制系统可靠。下面将分别具体介绍。

1. 对舵机控制系统的要求

我国《规范》根据《国际海上人命安全公约》（SOLAS 公约）的规定，对从事国际航行的大于 500 总吨或仅从事非国际沿海航行的大于 1600 总吨的货船舵机提出了明确的要求。对舵机控制方面的要求主要是控制器的设置及其功能和控制系统指示方面的要求。

对控制器的设置及其功能方面的要求：①主操舵装置应在驾驶台及舵机房两地都设有控制器；②1 万总吨及以上船舶，主操舵装置应按规范设置两套独立的控制系统，且都可在驾驶台进行控制；③辅助操舵装置应在舵机房进行控制，若辅助操舵装置为动力操纵，则也应能在驾驶台进行控制，且应独立于主操舵装置；④控制系统应能在驾驶台投入工作，且控制系统应能在舵机房断开任何由驾驶台控制的正在运转的操舵装置。

对控制系统指示方面的要求：①驾驶台及舵机房都应设有操舵装置控制系统和动力转舵系统切换程序及原理框图操作说明的固定展示；②驾驶台及舵机房都应有舵角显示，且应独立于操舵装置控制系统；③在驾驶台和主要机械控制点应设有电动或电动液压操舵装置的电动机运转状态指示；④操舵装置发生故障时应在驾驶台内进行报警，且符合报警系统的相应规定。

2. 对舵机供电方面的要求

舵机的供电是舵机可靠工作的保证，对舵机供电方面的要求主要有：①每一电动或电动液压操舵装置至少应由主配电板设两路独立馈电线独立供电，其中一路可由应急配电板供电；②电动或电动液压操舵装置中的每一动力设备应由主配电板设两路独立馈电线独立供电，其中一路可由应急配电板供电。与主操舵装置联用的辅操舵装置可由主操舵装置供电线路共同供电。供电容量应能保证所有可能同时工作的电动机运行的需要；③1600总吨及以下的船舶，非电动操作但属于动力操作或由其他用途电动机驱动的辅助操舵装置可由主配电板以一路馈电线供电；④在驾驶台操纵的每一主辅操舵装置的电控系统应由舵机房内相应的操舵装置动力线路联用的独立线路供电，也可由主配电板或应急配电板设独立线路供电。独立供电线路与相应操舵装置动力供电线路应尽量邻近，且位于同一汇流排区域内。

3. 对舵机电力拖动系统的要求

舵的作用是及时改变船舶的航向，为了迅速改变船舶航向，就必须对舵机的动力系统提出要求，海船舵机绝大多数为电力拖动系统，对舵机电力拖动的要求主要是有足够的容量保证拖动系统快速可靠地工作。对舵机电力拖动方面的具体的要求如下：

1）主操舵装置应具有足够的强度，并能在船舶最大航海吃水和最大营运航速前进时进行操舵，可使舵自一舷的35°转至另一舷的35°，且自一舷的35°转至另一舷的30°所需时间不超过28s。

2）辅助操舵装置应能在应急情况下迅速投入工作，且应能在船舶最大航海吃水和最大营运航速一半但不小于7kn（7n mile/h）前进时进行操舵，可使舵自一舷的15°转至另一舷的15°，所需时间不超过60s。

3）为了适应动舵频繁和适应大负载冲击的需要，电动舵机通常选重复短时工作制的电动机，其特性应具有软的或下坠的机械特性。

4）电动舵机或电动液压舵机，其电力拖动系统的主电路和控制电路一般不设过载保护，但应设置过载报警电路和设置短路保护。

三、液压舵机的结构型式

目前，船舶液压舵机按其控制装置结构分为泵控型液压舵机和阀控型液压舵机，也可根据转舵装置结构分为柱塞式液压舵机和转叶式液压舵机。下面根据结构型式的不同介绍三种典型的船舶液压舵机。

1. 泵控型液压舵机

泵控型液压舵机的液压泵通常为双向变量泵，通过泵控制杆改变变量泵的偏心距（径向柱塞泵）或斜盘倾角（轴向柱塞泵）的方向和大小来改变液压油流动的方向和排量大小，从而改变液压舵机的转动方向和转动速度。图11-2所示为变量泵驱动的液压舵机原理图。其转舵油缸可以是4个，也可以是2个。油泵电动机恒速运转，通过改变控制杆方向和位置实现转舵。泵控制杆由操舵仪通过其执行机构控制，执行机构通常由力矩电动机、液压伺服调节器组成，如图11-3所示。

图11-2所示为泵控型液压舵机原理图，简述如下：假设两台液舵机同时工作，液压锁在电磁阀控制下处于开启状态，两个系统的隔离阀（Ⅳ-1，Ⅳ-2）处于"E"位，则在控制杆作用下，两台舵机变量泵的吸排油方向如图11-2中箭头所示。1、2号柱塞向左运动，3、4号柱塞向右运动，带动舵偏转。当在液压调节器控制下控制杆复位时，变量泵停止吸排油，舵停在指令位置。当只有1号舵机工作时，1号系统隔离阀仍处在"E"位。而2号舵机停止工作，其液压锁处于封锁状态，2号隔离阀处在"N"位。液压系统的1、2号柱塞在1号变量泵作用下向左运动，3、4号柱塞油缸经1、2号隔离阀形成通路，使3、4号柱

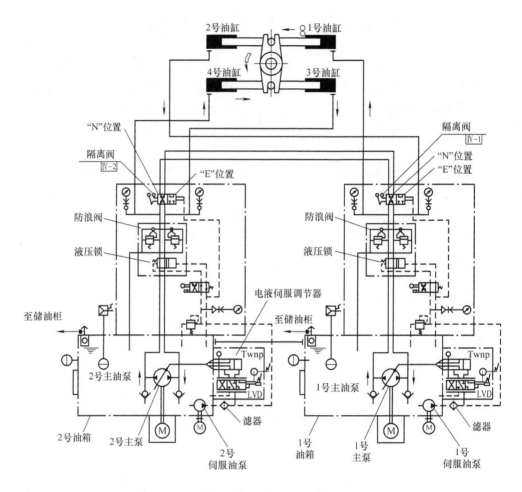

图 11-2　泵控型液压舵机原理图

塞能够向右运动，从而确保转舵顺利完成。

每个液压系统主油路上的两个溢流阀为防浪阀，其作用是为防止由短时强浪引起任一柱塞油缸压力增高。伺服油泵为液压控制系统提供动力。

图 11-3 所示为泵控制杆液压调节器原理图。系统为双位置闭环控制系统，内环为液压伺服调节器先导阀阀芯位移闭环控制，反馈元件为差动位移传感器。外环为舵角位置闭环控制，反馈元件为舵角反馈发送器。在伺服油缸活塞与先导阀阀套之间有一随动杆相连，形成局部机械反馈，用于调节活塞位置。舵角闭环系统的电子调节器为比例调节器。阀芯位置调节器为比例积分调节器。图 11-3 中，泵控制杆由伺服油缸带动，伺服油缸由液压调节器的先导阀控制。

假如当力矩电动机受控转动，克服阻尼弹簧弹力，带动液压调节器先导阀阀芯向左移动时，伺服油缸带杆腔和无杆腔经先导阀 b、c 口均处于进油状态。但由于带杆腔容积小于无杆腔容积，因此活塞带动控制杆向左移动。同时差动位移传感器的反馈信号与舵角控制信号比较，当两者相等时，调节器由于其比例积分特性，维持当前的最大输出，力矩电动机输出力矩与阻尼弹簧弹力平衡，力矩电动机处于堵转状态，液压调节器内阀芯停止移动。此时泵

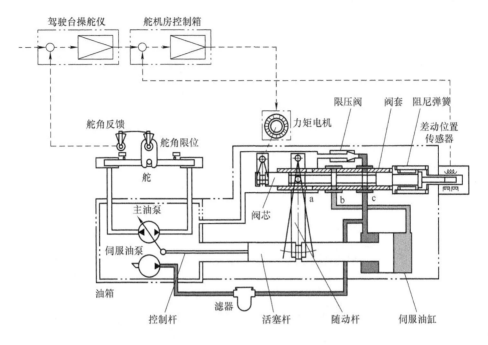

图 11-3 泵控制杆液压调节器原理图

控制杆在伺服油缸作用下继续向左移动，控制变量泵使液压舵机偏转。与此同时，活塞与阀套相连的随动杆带动阀套同向移动，当阀套移到阻断位置时，伺服油缸无杆腔油路 b 口被阻断，泵控制杆处于最大摆角处停止移动。随着舵机的偏转，舵角反馈信号的增大使其放大器输出的舵角控制信号减小，当小于差动位移传感器的反馈信号时，其放大器输入偏差信号改变极性，输出信号线性减小，力矩电动机输出力矩减小且不足以平衡阻尼弹簧的弹力，先导阀阀芯在弹簧弹力作用下向右移动。此时伺服油缸有杆腔进油，无杆腔经 b、a 口排油，泵控制杆向右移动，随动杆亦带动阀套跟随移动。当液压舵机转到指令位置时，先导阀阀芯移到中位，阀套亦随动到中位，伺服油缸无杆腔油路被封锁，泵控制杆回到零位并停止移动。液压舵机停止转动。此时，两个闭环调节器输出均为零，力矩伺服电动机不转。反方向操舵原理与上述相近，不同之处在于伺服油缸左右腔进油顺序相反。

2. 阀控型液压舵机

图 11-4 所示为阀控型液压舵机原理图。阀控型液压舵机的液压泵通常为单向定量泵。定量泵的排油方向和排量是不变的，通过三位四通阀控制液压舵机的转向。图 11-4 中箭头所示为主油路吸排油方向。液压系统三位四通阀为带电磁先导阀的组合换向阀。系统中 4 个单向阀和 1 个溢流阀组成防浪阀。阀控型液压舵机工作原理比较简单，这里不再赘述。

3. 变频调速泵控型转叶舵机

变频调速泵控型转叶舵机液压系统原理如图 11-5 所示。图中，液压泵为双向变量泵。其原理与前述的变向变量泵不同，该液压泵的吸排油方向和排量由变频电动机的转向和转速决定。主要技术参数见表 11-1。

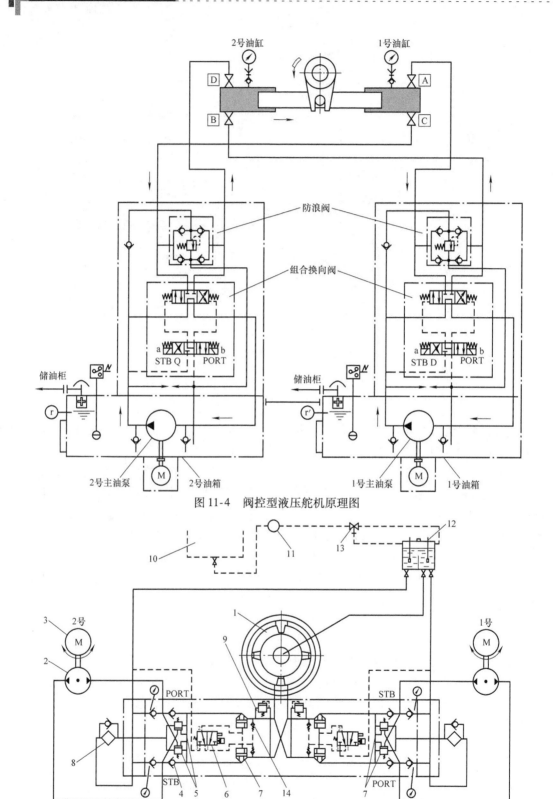

图 11-4 阀控型液压舵机原理图

图 11-5 变频调速泵控型转叶舵机液压系统原理图

1—转舵机构 2—双向泵 3—变频电动机 4—单向阀 5—溢流阀 6—三位二通电磁阀

7—逻辑阀 8—回油滤器 9—安全阀 10—储油柜 11—手摇泵 12—高置油箱 13—供液三通阀 14—控制单向阀

表 11-1 主要技术参数

转舵机构参数	
舵机型号	SR723-FCP
最大工作压力	12.5MPa
设计压力	15.6MPa
最大转矩	412kN·m
试验压力	23.4MPa
舵杆直径	320mm
最大机械舵角	2×44°
电气限制舵角	2×43°
运行时间 1 台泵/2 台泵	28/14s（30°-0°-35°）
安全阀设定压力	15.6MPa
液压油泵参数	
型号	FCP-75
安全阀设定压力	12.5MPa
试验压力	18.8MPa
变频电动机参数	
型号	NORM IEC 160LB-4
额定转速	1450r/min
额定功率	17.5kW（SI）
额定电压	3×380V，50Hz
保护等级	IP55

腾菲尤尔 SR723 泵控型舵机采用了由变频电动机驱动的双向泵。当有转舵信号时，电动机和泵开始工作，泵的排量和吸、排方向靠电动机控制器中的变频器控制。变频器发出的信号取决于指令舵角和实际舵角之间的偏差。当舵角偏差较大时，变频器发出的信号使电动机快速运转，令双向泵大排量工作；随着舵角偏差的逐渐减小，电动机的转速也缓慢降低，泵的排量也慢慢地减小；当实际舵角等于指令舵角时，泵和电动机处于停止状态，舵停在指令位置。

系统有两套动力单元和控制单元，实现互为备用，也可以同时工作。可保证一台泵组出现故障后，迅速自动隔离，另一台泵组能正常工作。当有舵令信号（±10V 的模拟量速度信号和开关量的转向信号）时，变频器控制马达的转速和转向，同时控制逻辑阀 7 的三位二通电磁阀 6 有电，阀工作于左位，逻辑阀 7 内的控制油卸载，阀门打开。油泵输出的压力油经过单向阀 4、逻辑阀 7 进入转舵油缸。而对应的转舵油缸的回油通过逻辑阀 7、溢流阀 5、回油滤器 8 和单向阀 4 到达油泵吸口。实际舵角与转舵指令相等后，油泵停止运转。

逻辑阀 7 实现油路的锁闭功能。当实际舵角达到转舵指令以后，电磁阀失电，工作在右位，液压油经过控制单向阀、电磁阀到达逻辑阀芯上腔，加压使阀芯锁闭，基本功能相当于液控单向阀。

安全阀 9 在舵叶停止转动时，若有大浪或其他外力冲击，安全阀会因管路中油压高于设定值（如某轮此阀设定值是 15.6MPa）而开启，使高压油腔与低压油腔旁通，以避免管路和液压元件承受过高压力，允许舵叶暂时偏离指令舵角位置；当冲击舵叶的外力消失后，由于实际舵角偏离指令舵角，电动机重新起动，直至舵转回到与指令舵角相等为止。安全阀 9 亦称防浪阀。

溢流阀 5 在此系统中两个为一组，在工作的时候，油泵吸口处溢流阀作单向阀使用；油泵出口的溢流阀作安全阀使用，当出口压力超过调定值（12.5MPa）时开启，防止液压元件受到冲击。

高置油箱 12 的作用是向系统及转舵机构补油和允许系统的油回流。油箱中间有一隔板将油箱分为两部分，两侧的油位传感器分别监测两边油位。正常情况下油位过低，表明系统中有泄漏发生。当高置油柜缺油时，可用手摇泵 11 从储油柜 10 向油柜补油。

四、操舵仪

历史上自动操舵仪经历了机械自动舵、PID 自动舵、自适应自动舵三代的变化，近代船通常装有自适应舵，在航船舶中也有不少装有 PID 自动舵。目前，使用较多的自动操舵仪有：日本东京计器 TOKIMEC 公司的 PR-8000 系列自动操舵仪、日本北辰 YOKOGAWA 公司的 PT21 系列自动操舵仪、德国 ANSCHUTZ 公司的 NAUTOPILOT A 系列自动操舵仪、美国 Sperry Marine 公司的 NAVIPILOT 4000 系列自动操舵仪。

第二节　舵机的操纵方式

目前，船舶的舵机大都采用电动或电动液压舵机，主操舵装置一般设有两套独立的控制系统：自动操舵系统、随动操舵系统和辅助操舵装置，其辅助操舵装置控制系统为单动操舵系统。因此，舵机的操纵方式有单动操舵、随动操舵和自动操舵三种，下面分别介绍它们的工作原理。

一、单动操舵方式

单动操舵是操舵装置中的辅助操舵装置，是在自动操舵及随动操舵都出故障时不能使用的应急情况下提供的一种操舵方式，也叫应急操舵。使用单动操舵方式时，操作人员直接通过操舵手柄控制一个转换开关，对舵机进行控制。由于操舵手柄常常采用如图 11-6 所示的所谓"香蕉柄"进行操作，因此单动操舵又称为"香蕉柄操舵"。

图 11-6 中 SA 为转换开关，虚线表示与香蕉柄机械联动。没有操作时，SA 的动触点处于中间是 0 位，操作

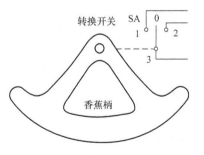

图 11-6　单动操舵手柄

人员操作香蕉柄时，SA 的触点 1-3 或 2-3 接通，分别发出左舵或右舵的操舵舵令给舵机拖动控制系统，然后通过传动机构进行操舵。不论是电动还是电动液压舵机，都可进行单动操舵。电动液压舵机单动操舵原理图如图 11-7 所示。

在图 11-7 中，SA_0 为操舵方式转换开关，打在 1 位为单动操舵方式，打在 2 位为随动操

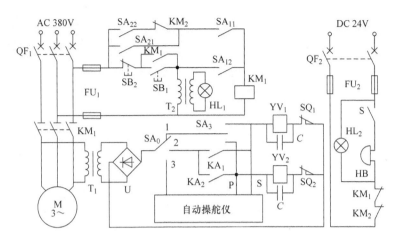

图 11-7　电动液压舵机原理图

舵方式，打在 3 位为自动操舵方式。SA_1 为操舵地点选择开关，选择在驾驶台操舵，触点 SA_{11} 闭合，选择在舵机房操舵，触点 SA_{12} 闭合。SA_2 为驾驶台操舵时，舵机机组选择开关，SA_{21} 闭合，则 1 号油泵工作，2 号油泵备用；SA_{22} 闭合，则 2 号油泵工作，1 号油泵备用。

　　选择单动操舵方式，操舵地点在驾驶台。合上断路器 QF_1 和 QF_2，选择 1 号油泵工作，转换开关 SA_{21} 闭合，接触器 KM_1 线圈通电，其主触点闭合，控制变压器 T_1 二次侧有电压输出。当操作闭合操舵手柄，SA_3 将接通电磁阀线圈 YV_1 或 YV_2 通电，控制高压油缸进油或回油，实现对舵叶偏转控制。如果操作地点在舵机房，触点 SA_{11} 断开，SA_{12} 闭合，可在舵机房的控制箱按压起动按钮起动油泵电动机，然后通过一个与 SA_3 并联的操作开关（图中未画出），进行单动操舵。

　　图 11-7 左边的电路为直流报警电路，由应急电源蓄电池供电。当两台高压油泵都不能工作时，常闭辅助触点 KM_1 和 KM_2 闭合，电铃和指示灯接通，发出声光报警。S 为消声回路控制触点，按下消声按钮（图中未画出），电铃断电消声，但指示灯仍然发出灯光报警。随动和自动操舵时，操舵地点都为驾驶台，触点 SA_{12} 断开，SA_{11} 闭合，SA_0 打在 2 或 3 位，具体过程后面再说明。

　　电动舵机单动操舵原理图如图 11-8 所示，拖动系统一般采用 G-M 系统，交流电动机拖动差复励直流发电机发出直流电压 U_0 向直流电动机供电。改变发电机励磁绕组 I_G、K_G' 电流方向，发电机发出的直流电压方向改变，直流电动机的转向 n_M 方向改变，将改变舵叶的偏转方向。图中采用蜗轮与蜗杆，它具有自锁、高变比功能。

　　图 11-8 中，SA 为与香蕉柄相连的转换开关，打在 0 位时，直流发电机没有励磁，发出的直流电压为零，直流电动机不动。转动香蕉柄时，其动触点向左或向右摆动，发电机有励磁电流，通过直流电动机和传动机构操作舵叶向左或向右偏转，实现单动操舵。

　　在操作过程中，扳动香蕉柄操作开关，舵叶随之偏转；放开香蕉柄操作，操作开关自动回到 0 位，但舵叶却保持不动；要让舵叶也回到 0 位，则需反向扳动香蕉柄操作开关，才可能使舵叶也回到 0 位。因此单动操舵是一种较为复杂的操舵方式。其操作特点可归纳为手扳舵转，复零舵停；左舵左扳，回舵右扳；右舵右扳，回舵左扳。单动操舵的框图如图 11-9 所示。

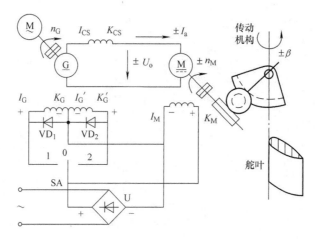

图 11-8　电动舵机单动操舵原理图

图 11-9　单动操舵框图

二、随动操舵方式

随动操舵是通过舵轮对舵机装置进行操作的一种操舵方式。所谓随动就是舵叶随着舵轮动。舵轮在 0 位，舵叶也在 0 位；舵轮左转多少度，舵叶也向左偏转多少度；舵轮右转多少度，舵叶也向右偏转多少度。由此可见，随动操舵比单动操舵的操作来得简单。图 11-10 所示为电动舵机随动操舵原理图。

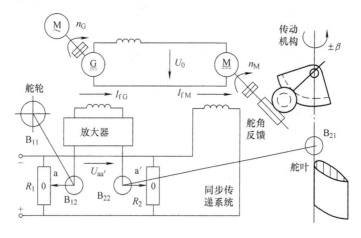

图 11-10　电动舵机随动操舵原理图

在图 11-10 中，R_1 和 R_2 是两个电位器，B_{11} 和 B_{12} 是发送舵令的自整角机系统。B_{11} 为发送机与舵轮相连，B_{12} 为接收机与电位器 R_1 相连。舵轮偏转后，自整角接收机 B_{12} 可改变 R_1

滑动触点的位置。B_{21} 和 B_{22} 是发送舵角的自整角机系统。B_{21} 为发送机与舵柱相连，B_{22} 为接收机与电位器 R_2 相连。舵叶偏转后，自整角接收机 B_{22} 可改变 R_2 滑动触点的位置。

当舵叶的角度与舵轮位置的角度对应时，两个电位器滑动触点的位置也处于对应位置，电桥相平衡，放大器的输入电压 $U_{aa'} = 0$，其输出电压也为 0，直流发电机励磁电流 $I_{fG} = 0$，发电机的端电压 $U_0 = 0$，直流电动机停止不动。操作舵轮，R_1 滑动触点的位置改变，$U_{aa'} \neq 0$，发电机的端电压 $U_0 \neq 0$，直流电动机转动，带动舵叶偏转。舵叶偏转到与舵轮偏转位置对应时，放大器的输入电压再次为 $U_{aa'} = 0$，直流电动机停止转动，舵叶停止偏转。反向转动舵轮，$U_{aa'} \neq 0$ 但极性变反，发电机励磁电流 I_{fG} 方向变反，发电机的端电压 $U_0 \neq 0$ 但极性也变反，电动机反转，舵叶反偏。舵叶偏转到与舵轮偏转位置对应时，再次有 $U_{aa'} = 0$，电动机和舵叶都处于停止状态。

与单动操舵比较，随动操舵增加了舵角与舵令的比较环节，根据比较环节的比较结果，发出操舵的偏差信号。比较环节输出的操舵偏差信号大小反映了舵角与舵令偏差的大小，比较环节输出的操舵偏差信号极性反映了舵角与舵令偏差的方向。根据这个偏差信号，就可通过拖动系统与传动机构自动控制舵叶偏转的速度与方向。直到舵角与舵令相等，偏差信号为零，舵叶停止偏转。其框图如图 11-11 所示。

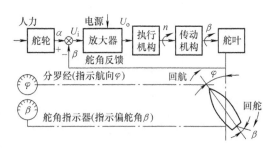

图 11-11　随动操舵框图

从控制角度讲，图 11-11 所示的随动操舵系统属于闭环控制。所谓闭环控制，是一种负反馈控制，就是将给定信号与反馈信号相减，得到偏差信号，再将偏差信号进行放大或根据调节规律进行调节后，送给执行机构执行控制操作的控制。远洋船舶的主操舵装置（主要为随动操舵和自动操舵）都是闭环控制，也就是都为负反馈控制。

对于电动液压舵机，随动操舵也是负反馈的闭环控制，在图 11-7 的基础上增加偏差信号产生环节，然后根据偏差信号的方向，通过中间继电器 KA_1 或 KA_2 控制电磁阀 YB_1 或 YB_2，使舵叶偏转，实现随动操舵。当偏差信号为零，中间继电器 KA_1 和 KA_2 的常开触点断开，舵叶保持不动。

三、自动操舵方式

单动操舵与随动操舵都需要操作人员实时地发出操舵指令给舵机装置，才能实现操舵控制，而自动操舵方式却不需要操作人员实时发出操舵指令。自动操舵方式依靠自动操舵仪，操作人员只需要事先确定船舶航行所需要的航向数据，自动操舵仪就能自动检测船舶的实际航向，并与操作人员给定的航向进行比较，然后根据比较结果自动发出操舵指令，舵机装置实现自动操舵控制，因此自动操舵仪又常被称为自动舵。

应该说明的是，目前绝大多数自动舵，实际上只是自动航向保持仪，而不是自动航线保持仪。自动航向保持仪的功能是自动保持航向，实际航线可能严重偏离航线。而自动航线保持仪则可保证船舶按照事前设定的航线航行。

图 11-12 所示为电动舵机的自动操舵的原理示意图及其操舵过程。在图 11-12a 的原理

中，船舶通过电罗经检测航向，并由航向发送器 4 将偏航信号传送给航向接收器 5。航向变化后，航向接收器 5 根据偏航信号驱动滚轮 3 随船舶航向的变化而转动。当舵角发生变化时，与舵柱相连的舵角发送器 6 发出舵角偏转信号送给舵角接收器 7，舵角接收器 7 将根据舵角的偏转量驱动两个导电半圆环 1 和 2 做出相应的转动。图 11-12a 中的比较环节由两个导电半圆环 1 和 2、滚轮 3 组成，其作用是对偏航信号和偏舵信号进行比较，并发出操舵信号给舵机装置进行操舵。图 11-12b 则为船舶发生偏航后自动操舵电路使船舶自动回到正航向的过程中，比较环节、舵叶偏转情况的关系。整个过程分为五个阶段进行说明如下。

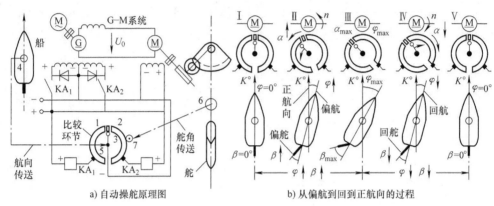

图 11-12　自动操舵过程的原理示意图

第一阶段：船舶处于正航向（驾驶人员设定的正常航向）的状态，自动操舵电路如图 11-12a 所示，图 11-12b 中对应于"Ⅰ状态"。

第二阶段：假设船舶出现右偏航，经电罗经检测，航向发送器 4 传送，航向接收器 5 接收，比较环节的滚轮 3 逆时针方向偏转，与导电半圆环 1 接通。由图 11-12a 所示的自动操舵原理示意图可知，继电器 KA_1 线圈通电，其常开触点 KA_1 闭合，直流发电机左边励磁绕组通电，发电机输出电压 U_0 使直流电动机转动，拖动舵机工作，使舵叶左偏。偏舵后经舵角传送，舵角接收器 7 使导电半圆环 1 和 2 逆时针转动。在这个阶段，船舶偏航角 φ、偏舵角 β 和操舵信号 α 都处于不断增加的状态，即如图 11-12b 所示的"Ⅱ状态"。

第三阶段：随着左偏舵增加，船舶受到一个逆时针方向（回航）的作用力矩，偏航速度逐渐减小。当船舶偏航达到最大时滚轮 3 不再转动，而舵叶达到最大偏舵角 β_{max} 时导电半圆环 1 和 2 也不再转动。滚轮 3 脱开与导电半圆环 1 的接触，KA_1 线圈断电，其常开触点 KA_1 断开，直流发电机左边励磁绕组失电，发电机输出电压 $U_0 = 0$，舵机停止操舵。此时，船舶偏航角 φ、偏舵角 β 和操舵信号 α 都达到最大，如图 11-12b 所示的"Ⅲ状态"。

第四阶段：达到最大偏舵角 β_{max} 时，回航力矩最大，船舶在其作用下开始回航。在航向接收器 5 的作用下，滚轮 3 顺时针转动（回偏），与导电半圆环 2 接触，继电器 KA_2 线圈通电，其常开触点 KA_2 闭合，直流发电机右边励磁绕组通电，发电机输出电压 U_0 极性变反，使直流电动机反转，拖动舵机工作，使舵叶回偏。舵叶回偏时，经舵角传送，舵角接收器 7 使导电半圆环 1 和 2 顺时针转动。在这个阶段，船舶偏航角 φ、偏舵角 β 和操舵信号 α 都处于不断减小的状态，即如图 11-12b 所示的"Ⅳ状态"。

第五阶段：船舶回到正航向上，导电半圆环追赶上滚轮，滚轮又处于中间的绝缘块上，电动机停止转动。舵叶回到艏艉线上。此时，$\varphi = 0°$、$\beta = 0°$、$\alpha = 0°$，如图 11-12b 所示的"V状态"。

当然，图 11-12 所示仅仅是电动舵机自动操舵的原理示意图。实际电动舵机自动操舵时由电罗经检测的船舶航向信号与给定航向信号比较后，要经过所谓的自动操舵仪进行放大或一定的调节处理后，再送给比较环节，具体的自动操舵仪线路一般较为复杂。

对于图 11-7 所示的电动液压舵机原理图，自动操舵时，转换开关 SA_0 打在 3 位，通过自动操舵仪进行控制，从 P、S 两端分别控制电磁阀 YV_1 和 YV_2 进行操舵。自动操舵仪的功能主要是将电罗经检测的船舶航向与驾驶操作人员设定的给定正航向进行比较，同时给出航向偏差信号（偏航信号），经过放大或一定的调节处理后，送给舵角比较环节再次进行比较，比较结果产生操舵信号。

由此可见，不管是电动舵机还是电动液压舵机，自动操舵都要依靠自动操舵仪进行控制调节和放大处理。为了得到较好的操舵性能，避免调节时使船舶出现 S 形航迹，自动操舵仪需要根据一定的调节规律进行调节。

第三节　自动舵的调节规律

自动舵是自动操舵仪的简称，是能够完成自动操舵功能的装置。实际上自动舵的类型很多，但目前主要采用的是所谓 PID 闭环调节的自动舵，即采用具有 PID（比例 P、积分 I 和微分 D）调节规律的负反馈控制系统的自动舵。对于 PID 自动舵，调节规律通常只有比例、比例-微分和比例-微分-积分三种。这里的调节规律是指偏舵角 β 与偏航角 φ 之间的关系，下面介绍 PID 自动操舵仪的三种调节规律。

一、比例调节规律

偏舵角 β 正比于偏航角 φ 大小的自动操舵装置称为按照比例调节规律调节的自动舵，简称为比例舵。其调节规律可表示为

$$\beta = -K_1\varphi \tag{11-1}$$

式中，K_1 为比例系数，负号"−"表示偏舵角的方向与偏航角的方向相反，即船舶右偏航，给出的舵角应该为左偏舵；船舶左偏航，给出的舵角应该为右偏舵。这样船艉才能受到一个向右的推力，使船回到正航向来。

前面分析自动操舵过程，只介绍了五个阶段，实际在第五阶段结束，当船舶回到正航向上、舵叶也回到艏艉线上时，由于船舶存在很大的惯性，在惯性的作用下船舶将反方向偏航。反向偏航后，船舶将会重复前面介绍的五个阶段的自动调节。也就是船舶的航线将出现如图 11-13 所示的 S 形航迹，式（11-1）的比例系数 K_1 取不同的值，S 形航迹的曲线就不一样。如果 K_1 的值取得合适，S 形航迹将很快衰减，船舶将很快回到正航向航行。如果 K_1 的值取得不合适，S 形航迹不能很快衰减，将使振幅变大或振荡次数增加，船舶的航速降低，经济效益大受影响。通常比例系数 K_1 的取值为 $\beta/\varphi = 2 \sim 3$，即每偏航 1°，偏舵 2° ~ 3° 比较合适。

比例舵是 PID 自动操舵仪的基本调节规律，其优点是机构简单，但保持航向的精度较差，船舶营运的经济性较差，因此通常还应与其他调节规律一起配合使用。

二、比例-微分调节规律

比例-微分舵的调节规律不仅包含有比例的成分，还包含微分的成分，即以船舶偏航角的大小及偏航角的变化量的大小进行偏舵，其调节规律可表示为

$$\beta = -(K_1\varphi + K_2 \mathrm{d}\varphi/\mathrm{d}t) \qquad (11\text{-}2)$$

式中，K_1 为比例系数，K_2 为微分系数，$\mathrm{d}\varphi/\mathrm{d}t$ 为偏航角 φ 的微分，即偏航角对时间的变化率，也称为偏航的角速度。

由式（11-2）可知，比例-微分舵是在比例调节规律的基础上增加了微分调节规律。在船舶偏航初期，由于偏航角较小，比例调节规律产生的偏舵角较小，但偏航角的变化率较大，因此船舶偏航初期得到的偏舵角明显增大，有利于尽快克服偏航，使船舶的最大偏航角明显减小。船舶回航时，偏航角的变化率变负，比例-微分调节规律的总结果是使偏舵角提前减小，有利于减小船舶的回航速度，避免或减小由于船舶的惯性造成的船舶反向偏航。因此，与比例舵比较，采用比例-微分舵可以明显减小 S 形航迹的摆幅，改善系统的动态性能，从而提高船舶的航行速度，提高船舶营运的经济性能。此外，由于航向振幅减小，振荡次数也减少，舵机的负担减轻，有利于提高舵机的使用寿命和减少维修工作量。

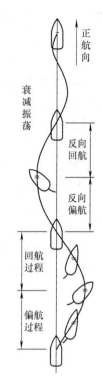

图 11-13　航迹

分析了比例-微分舵的调节规律可知，微分环节具有提前控制的作用，开始偏航时提前给出大的偏舵角，回航时又提前减小偏舵角，在反向偏航之前提前给出反向偏舵角。也就是说，微分环节具有"超前校正"控制作用。通常所说的纠偏舵、稳舵角和反舵角等都是指微分舵的作用。

但微分环节是不能作为一种单独使用的调节规律。因为船舶达到最大偏航时，偏航角最大偏航角的变化率为零，若将微分环节作为一种调节规律单独使用，最大偏航时所给出的偏舵角将为零，船舶将不可能回到正航向。因此，微分环节必须与比例环节配合使用。

三、比例-微分-积分调节规律

比例-微分-积分舵的调节规律是在比例-微分舵调节规律的基础上增加积分环节，其调节规律可表示为

$$\beta = -\left(K_1\varphi + K_2\mathrm{d}\varphi/\mathrm{d}t + K_3\int\varphi\mathrm{d}t\right) \qquad (11\text{-}3)$$

式中，K_1、K_2 和 $\mathrm{d}\varphi/\mathrm{d}t$ 与式（11-2）的定义相同，K_3 为积分系数。

在比例-微分-积分舵中，积分环节起累计作用，只要偏航角存在，积分环节总能计算偏航角存在的时间，并根据偏航角持续（累计）时间给出偏舵角。只有出现反向偏航，累计作用才能减小。积分环节的这一作用在实际船舶航行时非常有用，船舶航行常常由于船体和装载的不对称，或受单侧风和海流的作用使船舶发生左右不对称的偏航。对称偏航时，S 形航迹的摆幅两边相等，平均偏航角 $\varphi = 0°$。而发生不对称的偏航时，S 形航迹的摆幅为一边大一边小，平均偏航角 $\varphi \neq 0°$。但对于比例舵或比例-微分舵，不对称偏航很难被检测，这

将造成严重偏离原来设定的航线。有了积分环节，出现不对称偏航时，积分环节将对偏航角进行累计，只要平均偏航角 $\varphi \neq 0°$，积分环节都将给出一定的偏舵角（俗称为自动"压舵"调节），从而克服不对称偏航造成的后果。

与微分环节类似，积分环节也不能作为一种单独使用的调节规律。因为偏航初期，累计的偏航角很小，积分环节给出的偏舵角很小；回航时偏航角已经减小，但偏航角的累计却很大，积分环节将给出很大的偏舵角。这样船舶必然反向偏航，而且只有反向偏航足够大时，偏航角的累计才可能为零，加上船舶的惯性，反向偏航的振幅将很可能超过原来偏航的振幅。这样一来，偏航振幅不断增大，船舶将出现不稳定的航迹，船舶无法正常航行。因此积分环节只能与比例-微分环节配合使用，才能发挥其应有的作用。

理论上说，比例-微分-积分舵是调节规律最理想的舵，可以实现很好的动态性能、静态性能和稳定性能等性能指标。但要实现理想的操舵，实际参数调节较为麻烦。比例和积分作用过强，系统的稳定性变差；微分作用过强，则船舶回到正航向的时间变长，甚至出现反向调节的作用。同时舵机动作次数增加，也不利于系统的稳定运行。因此，PID 舵参数调节应通过实践和累积的经验进行调整。

第四节　自动舵的控制系统

自动操舵仪的类型很多，目前船上采用的几乎都是已介绍的 PID 舵，国产的自动操舵仪主要有红旗舵、九江舵等，国外的产品主要有安休斯、HSH、斯派瑞、东经计器等。这些操舵装置都设置有单动、随动和自动等三种操舵方式。自动操舵仅是自动操舵仪三种操舵方式的其中一种。一般在正常航行时都采用自动舵，靠离码头或进出狭窄水道等机动航行时采用随动舵，当自动舵和随动舵都出现故障不能操作时可采用单动舵作为应急操舵。

一、自动舵的控制系统框图

不管是什么类型的 PID 自动操舵仪，其自动舵的组成基本相同，典型自动舵原理框图如图 11-14 所示。下面分别介绍主要组成环节的作用和自动舵的工作原理。

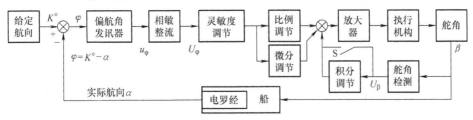

图 11-14　典型自动舵的原理框图

在图 11-14 中，驾驶人员通过航向给定环节设定给定航向 $K°$，电罗经检测的实际航向 α 与给定航向 $K°$ 比较后，得到偏航角 $\varphi = K° - \alpha$，然后通过偏航角发讯器发出偏航信号 u_φ。在实际船上偏航角发讯器多由一个差动式自整角机完成。差动式自整角机有两个三相整步绕组，作为给定航向信号 $K°$ 和实际航向信号 α 的输入，其转子偏转的角度为两个输入绕组所代表的角度之差，即为 $\varphi = K° - \alpha$，然后再通过一个控制式自整角机将角度信号变换成为电压信号输出 u_φ。u_φ 是交流信号，不能直接用于控制系统的信号处理，因此还需经过相敏整流电路，将交流信号 u_φ 变为直流信号 U_φ，送给灵敏度调节环节。U_φ 的大小反映了偏航角 φ 的大小，U_φ 的极性反映了偏航角 φ 的方向。

所谓灵敏度调节，是指设置系统开始投入工作时的最小偏航角的环节。U_φ 经过灵敏度调节后，只有 U_φ 大于灵敏度调节所设置的"死区"电压才有输出，否则灵敏度调节的输出信号为零，相当于没有偏航信号，操舵不动作，因此灵敏度调节环节又称为"死区"调节。灵敏度通常应根据天气、海况进行调节。在风平浪静时，灵敏度可以调高一些，确保船舶在给定航向上航行；但在大风大浪下，船舶摇晃较严重，则应适当降低自动舵的灵敏度，以减少动舵的次数。

比例环节、微分环节和积分环节构成自动舵的调节器，调节器实现的就是前面介绍的自动操舵调节规律。实际由分立元件构成的自动舵调节器，通常设备有转换开关以选择比例系数 K_1、微分系数 K_2 和积分系数 K_3。微分电路通常利用微分电容的充放电作用完成微分调节规律，改变电容充放电的时间常数，就可改变微分系数 K_2。

积分环节的作用是检测不对称偏航，并进行自动压舵。但发生不对称偏航时，操舵装置将出现不对称偏舵。因此，可通过对偏舵进行检测来替代不对称偏航的检测，积分电路通常也是利用电容的充电作用完成。出现不对称偏舵时，积分电容两端将充有一定的电压，改变积分电容充电时间常数，就可改变积分系数 K_3。由于积分环节容易引起偏航振幅增大，造成船舶将出现不稳定的航迹，因此实际电路中设有积分环节投入/切除开关 S，S 断开时积分环节投入工作，S 闭合时积分电容被短路，积分环节切除，积分环节切除时相当于积分系数 $K_3 = 0$。积分环节的输入信号取自偏舵信号，通常也是采用控制式自整角机进行检测，然后再通过相敏整流电路变换为直流信号。因此图中的舵角检测环节实际常由控制式自整角机与相敏整流电路构成。

自动舵调节器完成对调节规律的运算后，输出信号送给放大器。图中的放大器实际包含两个部分：第一部分是对运算后的信号进行放大，即对信号的幅值进行放大；第二部分是功率放大，将幅值放大后的信号再进行放大，以得到具有足够功率的驱动信号，在送给执行机构进行偏舵操作。实际这两部分的放大电路通常是分开的，甚至执行机构也可理解为具有功率放大作用的放大器。通过执行机构的操舵，舵叶根据调节器输出的信号大小和方向进行偏转，偏转后的舵叶将使船舶受到作用力，从而改变船舶的实际航向。将图 11-14 所示的原理框图进行简化，还可得到更为简化的自动舵框图如图 11-15 所示。

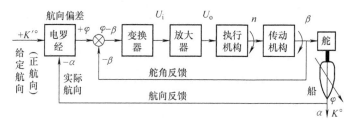

图 11-15　自动舵框图

由图 11-15 可知，自动舵的调节是双闭环控制系统，内环为舵角调节环，外环为航向调节环。航向调节环利用航向负反馈，给出航向偏差信号，作为舵角给定值，送给舵角调节环；内环利用舵角负反馈得到操作舵角偏转的信号，并由执行机构和传动装置使舵角进行偏转。内环和外环各有分工，又相互联系，共同完成自动操舵功能。

二、自动舵主要环节及元器件

1. 角度检测与转换环节

该环节主要功能是将航向角或舵角转换成控制系统所能接受的标准电压或电流。通常使用的传感器件有线性电位器、线性旋转变压器、自整角机、线性电感器、轴角编码器等。转换要求为转换后的电量的幅值与角度的大小成比例；相位或极性能反映角度的方向。交流传感元件还需进行相敏整流。下面仅介绍常见的线性电位器和自整角机两种信号电路。

1）线性电位器。线性电位器既可作为随动舵和自动舵的给定信号发生器，也可作为舵角反馈发生器。线性电位器可 360°旋转。使用时要特别注意"中点"调整。用于自动舵的线性电位器常见电路如图 11-16 所示。

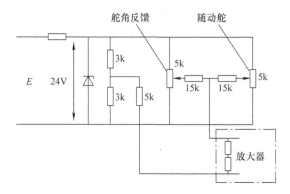

图 11-16　电位器组成的随动舵信号电路

2）自整角机。自整角机是自动舵最常见的角度传感器。用于随动舵和自动舵的给定信号发生器和舵角反馈发生器时，采用变压器式接法，如图 11-17a 所示。用于舵角指示发送器和接收器时采用力矩式接法，如图 11-17b 所示，图中，R_1、R_2 为自整角机励磁绕组端子，S_1、S_2、S_3 为同步绕组端子。

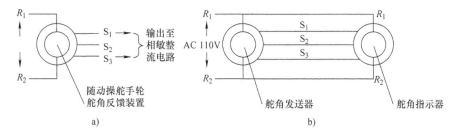

a)　　　　　　　　　　　　　　b)

图 11-17　舵机自整角机信号电路

2. 相敏整流电路

当自动舵系统的角度传感器采用自整角机或旋转变压器时，需要使用相敏整流电路将交流信号转换为直流信号。相敏整流电路输出的直流信号极性反映输入交流信号的相位，即舵角或航向的方向，其幅值与交流信号幅值成比例，反映了舵角或偏航角的大小。相敏整流电路的类型较多，下面仅介绍三种自动舵常见的相敏整流电路。

图 11-18a 所示为环形二极管相敏整流电路。图中，两个变压器二次绕组的电压 U_1 和 U_2 相等且大于自整角机同步绕组输出电压 U_I 并与自整角机励磁绕组电压同频率。4 个二极管 $VD_1 \sim VD_4$ 环形接法，电阻 $R_1 \sim R_4$ 阻值相同。当接成变压器形式的自整角机两个同步绕组 S_1、S_3 输出电压 U_I 为零时，电路图中 a、b、c 三点等电位，输出 U_0 为零。当自整角机输出信号 U_I 与变压器电压 U_T 同相位时，假设正半周时自整角机同步绕组 S_1 端为高电平，则 U_I 与 U_1 正向串联，与 U_2 反向串联。前者电流回路为 $(U_1 + U_I)S_1 \rightarrow U_1 \rightarrow R_1$、$VD_1 \rightarrow R_5 \rightarrow S_3$。后者电流回路为 $(U_2 - U_I)S_1 \rightarrow S_3 \rightarrow R_5 \rightarrow R_2$、$VD_2 \rightarrow U_2$。由于前者产生的电流大于后者产生的电流，因此在电阻 R_5 上的合成电流 I_5 的方向如图 11-18a 中实线箭头所示。负半周时电压叠加关系不变，二者电流经电阻 R_6 形成回路，合成电流 I_6 的方向如图 11-18a 中实线箭头所示。因此，当自整角机输出信号 U_I 与变压器电压 U_T 同相位时，输出电压 U_0 的极性 b 端为 "+"，c 端为 "-"。同理分析，当自整角机输出信号 U_I 与变压器电压 U_T 反相位时，流经电阻 R_5、R_6 的合成电流方向如图 11-18a 中虚线所示，输出电压 U_0 的极性 c 端为 "+"，b 端为 "-"。

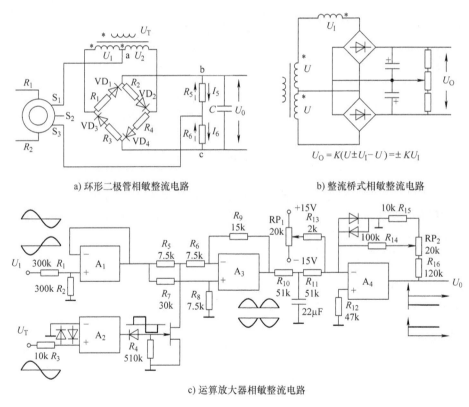

a) 环形二极管相敏整流电路

$$U_0 = K(U \pm U_I - U) = \pm KU_I$$

b) 整流桥式相敏整流电路

c) 运算放大器相敏整流电路

图 11-18 相敏整流电路

图 11-18b 所示为整流桥式相敏整流电路。图中所有元件都对称配置。其输入输出关系如图中公式所示。式中，"±"表示 U_I 与 U 的相位关系，也表示输出电压 U_0 的极性。"+"表示同相位，"-"表示反相位。K 为整流系数。

图 11-18c 所示为运算放大器相敏整流电路。图中，运放 A_1 为电压跟随器，其输入信号来自自整角机输出绕组。运放 A_2 接成开环，同相输入的交流信号与自整角机励磁电压同频

率。其输出为方波，作为解调信号控制场效应晶体管导通或关断。运放 A_3 为调制电路。当运放 A_1 的输入信号 U_1 与调制信号 U_T 同相位时，正半周时，场效应晶体管导通，运放 A_3 为同相输入，负半周时，场效应晶体管关断，运放 A_3 为差动输入。同相输入时，输出与输入同相，差动输入时，运放 A_3 的输出与输入反相，在图中波形所示状态下，A_3 的输出为正值。当运放 A_1 的输入信号 U_1 与调制信号 U_T 反相位时，A_3 的输出为负值。两种输入状态下，A_3 的输入输出关系如式（11-4）和式（11-5）所示。同相输入时

$$\frac{U_0}{U_1} = K_{A4}\left(1 + \frac{R_9}{R_6}\right)\left(\frac{R_8}{R_7 + R_8}\right) = K_{A4}\left(1 + \frac{15}{7.5}\right)\left(\frac{7.5}{30 + 7.5}\right) = \frac{3}{5}K_{A4} \tag{11-4}$$

差动输入时

$$\frac{U_0}{U_1} = K_{A4}\left[\left(1 + \frac{R_9}{R_5 + R_6}\right)\frac{R_8}{R_7 + R_8} - \frac{R_9}{R_5 + R_6}\right] = \left(\frac{2}{5} - 1\right)K_{A4} = -\frac{3}{5}K_{A4} \tag{11-5}$$

式中，K_{A4} 为运放 A_4 的放大系数。

A_3 输出经滤波电路，变成直流信号，其极性反映了交流信号的相位，大小反映了交流信号的幅值，完成了相敏整流功能。图中，运放 A_4 为比例放大器，RP_1 为调零电位器，RP_2 为信号幅值调节。

3. 天气调节电路

天气调节电路实际上就是灵敏度调节电路或称为死区调节电路。天气调节电路通常设置在偏航输入信号的前向通道，往往与比例舵调节配合调节，即灵敏度越低，动舵的起始偏航角越大，为了增大船舶纠偏力矩，要求比例舵角越大；反之亦然。构成天气调节的电路型式很多，图 11-19 所示为常见的两种电路结构。

图 11-19a 所示为二极管钳位死区电路。电路中 3 个二极管、波段开关 K_1、电阻 $R_1 \sim R_8$、变压器组成死区调节电路。波段开关 K_1 下的电阻 $R_3 < R_4 < R_5 < R_6 < R_7$，因此图中 A 点钳位电压随开关档位增大而增大，偏航信号必须大于钳位电压才能通过电阻 R_1 或 R_2 进入航向调节器。波段开关 K_1、K_2 和 K_3 为同轴联动开关。开关第 1 档灵敏度最高，偏航信号不通过死区电路，经开关 K_2 进入航向调节器。波段开关 K_3 下的电阻 $R_{10} < R_{11} < R_{12} < R_{13} < R_{14}$，因此随着灵敏度降低，死区增大，进入航向调节器的偏航信号就越大，以增大比例舵角和相应的转船力矩。

图 11-19b 所示为运放组成的死区调节电路。运放 A_1 和 A_2 接成开环，电阻 R_4、R_5、R_6、R_7 组成两个运放的对称桥式偏置电路。调节电位器 RV，可以改变 a、b 两点的偏置电压，从而改变死区大小。当偏航信号小于偏置电压时，两个运放输出均为 "+" 值，场效应晶体管导通，将航向调节器输出接地，舵角指令信号无法进入后面的开关放大电路。只有当偏航信号大于偏置电压时，两个运放有一个输出为 "-" 值，场效应晶体管关断，航向调节器输出的舵角指令信号进入开关放大电路。

4. 伺服放大器

通常操舵仪的伺服放大器为自动舵与随动舵共用。一般都具有两套独立系统，其输出信号根据执行元件可以是开关量，也可以是模拟量。开关量控制电磁阀，用于阀控型液压舵机。模拟量控制伺服电动机，用于泵控型液压舵机。图 11-20 所示为 PT21 自动舵伺服放大器原理图。

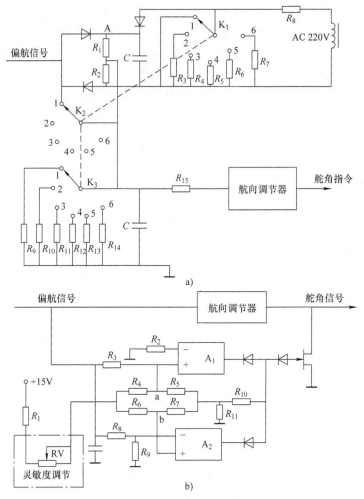

a)

b)

图 11-19 天气调节电路

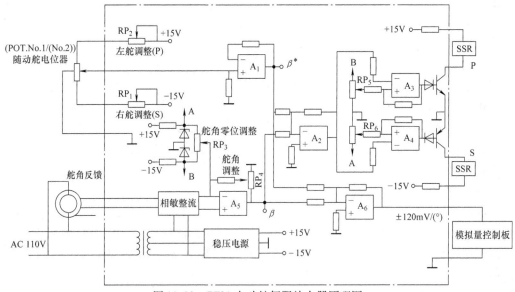

图 11-20 PT21 自动舵伺服放大器原理图

图11-20中，随动操舵电位器、左右舵调整电位器（RP_1、RP_2）和运放 A_1 组成舵角指令给定环节。当左右舵不对称或有较大误差时，可通过左右舵调整电位器整定。舵角反馈自整角机、相敏整流、运放 A_5 及舵角零位调整电位器（RP_3）和舵角调整电位器（RP_4）组成舵角反馈环节。运放 A_2、A_3、A_4 及推挽晶体管功放电路组成开关电路，推动左右舵固态继电器 SSR。电位器 RP_5、RP_6 用于调整开关电路的继电特性。运放 A_6 输出模拟量 $[\pm 120mV/(°)]$，用于控制舵机房变量泵电液伺服机构的模拟量控制板。

5. 执行环节

换向电磁阀、伺服电动机、变频器。

三、常规自动舵的故障检查与恢复运行

船舶航行时自动舵发生故障将会严重影响船舶安全航行。因此，了解和掌握常规自动舵常见故障的检查与排除非常重要。一般来说，从安全航行角度出发，常规自动舵从控制系统到动力装置，都设有两套独立系统，并且要求在驾驶台和舵机房设有应急操舵，甚至有的船舶还设有人力操舵。但是当自动舵发生故障时，还是希望尽快排除故障，恢复自动舵运行。

图11-21所示为利用自动操舵仪上的1号、2号控制系统转换开关和操舵方式转换开关，在自动舵发生故障时快速检查故障所在区间的故障查找流程图。假设故障发生时运行在1号系统。

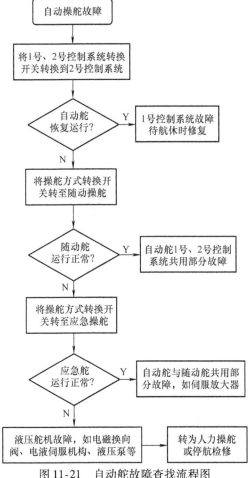

图11-21　自动舵故障查找流程图

船舶航行时，自动舵故障可能会有多种类型，需要理论与实践经验相结合，才能快速准确地排查故障，确保船舶安全航行。表11-2给出了自动舵常见故障现象、机理及排除方法，供读者参考。

表11-2　自动舵常见故障现象、机理及排除方法

	故障现象	故障机理	排除方法
1	自动操舵时，左右舵不对称，致使船舶偏离给定航向，驾驶员必须反向压舵才能正常航行	当船艏线与给定航向重合时，操舵分罗经上的偏航信号发生器（自整角机、旋转变压器、电位器等元件）不在零位，导致有偏航信号输出	调整偏航信号发生器零位。以自整角机为例：松开自整角机外壳固定螺钉，轻敲自整角机外壳，使舵角为零后，固定整角机外壳固定螺钉。其他元件可照此处理
2	自动操舵时，舵角从左满舵至右满舵（俗称跑舵）且周而复始，致使船舶左右大角度偏航。通常偏航±10°时，会有偏航报警，驾驶员会停止自动操舵	舵角反馈信号开路，使船舶只在航向闭环下航行，导致船舶左右大角度偏航	检查舵角反馈回路，如相敏整流电路、接线端子、舵角反馈装置及其机械连接等部件。若有损坏，修复
3	自动操舵时，舵机动作过于频繁或给舵迟缓，船舶保航能力下降	天气调节环节失灵。在任何天气调节情况下，操舵灵敏度不变，导致自动舵故障现象	检查天气调节环节电路，是否有开路或短路情况
4	自动操舵时，船舶出现单侧偏航情况	如果不是故障1的情况，可能是积分环节失灵	检查积分环节电路并修复。应急情况下，可利用航向给定环节人工压舵航行
5	利用航向给定旋钮模拟自动操舵，系统正常。但转为自动操舵后，船舶实际航向与设定航向有较大误差	操舵分罗经故障，分罗经不能准确跟随主罗经	检查操舵分罗经。若随动误差较大，校准。检查分罗经随动自整角机及接线，若有损坏，修复
6	自动操舵时，船舶偏航幅度过大	舵角比例和微分调节过大	参照本章第二节介绍的比例微分舵调节方法，调整比例微分舵
7	随动操舵情况下，稳舵时舵机呈现振荡现象	引起舵机振荡故障的原因有以下几种：①放大电路放大倍数过大；②电磁换向阀线圈电路并联的放电二极管或阻容抑制电路损坏；③液压舵机各机械环节延迟非线性影响	① 降低放大电路放大倍数，但会使系统静差增大 ② 检查电磁阀线圈电路并联的放电二极管或阻容抑制电路，若有损坏，修复 ③ 减小液压舵机各机械环节的间隙，降低其延迟非线性影响
8	随动操舵情况下，满舵后，舵机不能跟随手轮操舵指令回舵	舵角限位装置损坏，致使柱式液压缸活塞处在死点位置	人工方法使活塞脱离液压缸死点位置，修复舵角限位装置
9	随动操舵下，零位准确，但左右舵存在较大误差（或大或小）	左右舵信号幅值调节电路（S. span，P. span）或舵角反馈信号幅值调节电路（μ. span）参数发生变化，导致故障现象	调节左右舵信号幅值调节电路（S. span，P. span）或舵角反馈信号幅值调节电路（μ. span）参数，使左右舵实际舵角与指令舵角准确对称
10	随动操舵下，舵机"跑舵"，有时能跟踪，有时至满舵	舵角反馈信号开路或连接反馈装置的机械连杆松动或断开	检查舵角反馈装置及其机械连接部分，发现故障后修复

第五节　自适应自动舵操舵仪

目前，船舶有多种成熟的航向舵、航迹舵产品。其控制方法大多为比较成熟的自适应控制，例如日本 TOKIMEC 公司的 PR-8000 系列、日本 YOKOGAWA 公司的 PT21 系列、德国 ANSCHUTZ 公司的 NAUTO NAUTOPILOT A 系列、美国 Sperry Marine 公司的 NAVIPILOT 4000 系列等自适应自动操舵仪。近几年发展起来的智能控制及其他近代控制在自动舵上应用尚处于方案可行性论证及实验仿真阶段。

一、自适应控制基本原理

1. 自适应控制的三个基本特征
1）被控系统的状态、性能或参数可连续不间断地在线观测，所得信息能够积累。
2）根据积累的信息，做出使系统趋向期望性能的控制决策。
3）在决策的基础上对控制器进行修正，使系统能够工作在最优或次优状态。

2. 自适应控制方法
自适应控制系统的设计方法主要有两大类，一类是基于自校正控制理论，另一类是基于模型参考自适应控制理论。20 世纪 60 年代，现代控制理论蓬勃发展，取得了诸如状态空间法、稳定性理论、最优控制、随机控制、参数估计等一些成果，电子计算机迅速发展为在工业生产过程中实现自适应控制这种复杂的控制提供了必要的技术基础。

1）模型参考自适应控制。在模型参考自适应系统中，参考模型规定了系统所要求的动态性能。通过自适应机构调节被控系统，使其与参考模型一致，从而实现可调系统跟踪参考模型所规定的动态特性，图 11-22 所示为模型参考自适应控制系统。

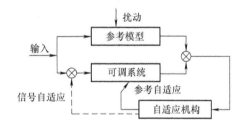

图 11-22　模型参考自适应控制系统

2）自校正自适应控制。对系统参数进行实时辨识，根据系统参数的估计值，按要求的性能指标，设计最优控制规律，并按控制规律对被控对象进行实时控制。根据对性能指标要求的不同，自校正控制有不同的方案。常用的有最小方差控制、二次型最优控制和极点配置，图 11-23 所示为自校正自适应控制框图。

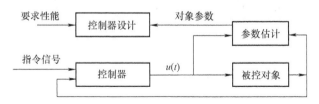

图 11-23　自校正自适应控制框图

20 世纪 70 年代，由于自适应理论和计算机技术得到了发展，将自适应理论引入船舶操纵成为可能，自适应舵从实验室装到实船上，正式形成了第 3 代自动舵。任何自适应系统都应能连续地自动辨识（整定）算法的控制参数，以适应船舶和环境条件的动态特性。目前，提出的方法主要有自适应 PID 设计法、随机自适应法、模型参考法、基于条件评价函数的自校正法、最小方差自校正法、线性二次高斯法、变结构法等。

二、在航船舶自适应舵简介

1）日本东京计器 TOKIMEC 公司的 PR-8000 系列自适应航迹控制装置。该装置最终的控制思路是采用了自适应 PID。其核心部分由三大部分组成：基于模型的船舶动态特性估计部分，基于经济模式航行和精确航迹航行的最优控制部分，能有效地滤去风流干扰所造成的高频及低频噪声的卡尔曼滤波器。

2）日本北辰 YOKOGAWA 公司的 PT21 系列自适应航迹控制装置。该装置同样采用自适应 PID 的控制思路。其核心部分包括基于船舶模型的修正扩展卡尔曼滤波器来获取真实的船艏向及船舶回转速率、基于经济模式航行和精确航迹航行的最优控制部分、基于野本船舶模型参数辨识的船舶操纵指标的确定。其航迹规划信号来自 GNSS（卫星导航系统）或者是北辰自己生产的 TRANSOLINE 系统。

3）德国 ANSCHUTZ 公司的 NAUTOPILOT A-1 的自适应航迹控制装置。该装置同样采用自适应 PID 的控制思路。其核心部分包括基于船艏模型的控制参数计算器、扩展的 PID 控制器、基于经济模式和精确航迹模式的舵角变化控制器、基于可调整船艏回转率的航迹发生器。其航迹规划信号来自 ANSCHUTZ 公司的电子海图设备 NAUTOPILOT。

以上三种国外的产品，它们具有的共同特点如下：

1）都采用了船舶运动模型。即利用船舶运动模型来感受船舶航行期间来自于风、浪、流干扰的外部环境变化从而计算出合理的控制系数，同时又在该模型的基础上实现了卡尔曼滤波。

2）都采用了 PID 的控制器。目前，在船舶航向及航速保持领域的研究工作已经进入到第四代自动舵的研究阶段，研究内容多集中在模糊控制以及神经网络方面，不过到目前为止，第四代自动舵的产品还没有真正面向市场。由于 PID 控制具备固有的鲁棒性特点，近年来的研究又开始侧重于以 PID 控制为主、以智能控制为辅的控制方式。

3）都采用了卡尔曼滤波的方式，由于利用罗经检测船艏向的过程中，实际测量信号包含了风流引起的低频干扰以及海浪引起的高频干扰。对于低频干扰，通常采用低通滤波可以较好地解决，但是对于同时在信号中存在的高频干扰往往无能为力，这些高频干扰作用到微分环节上将直接导致舵角过大，最终导致航迹的大幅度偏离，锯齿状的航迹同时还严重消耗了船舶的动力能源。而应用卡尔曼滤波可以同时克服低频和高频干扰，但是需要船舶运动模型作为辅助。

三、船舶航向自适应控制

1. 舵作用下的船舶运动数学模型

$$\frac{\psi(s)}{\delta(s)} = \frac{K(T_3 s + 1)}{s(T_1 s + 1)(T_2 s + 1)} \tag{11-6}$$

在小舵角直线航行的情况下，可近似为

$$\frac{\psi(s)}{\delta(s)} = \frac{K}{s(Ts + 1)} \tag{11-7}$$

式中，$T = T_1 + T_2 - T_3$。

式（11-7）称为船舶操纵的 K-T 模型。

在 K-T 模型中，K 表示船舶回转能力，与舵作用下的船舶回转力矩有关。T 与船舶回转惯性有关，代表船舶对舵的响应时间。K、T 为时变参数，随船舶载荷、航速、海况变化。在自适应舵中，要对 K、T 参数实时采集和计算。

2. 自适应操舵仪的组成

自适应操舵仪的控制部分由三大部分组成：船舶动态特性的估计部分、最优控制部分、自适应的卡尔曼滤波部分，其原理如图 11-24 所示。

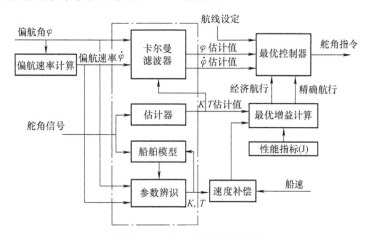

图 11-24　自适应舵原理框图

（1）船舶动态特性的估计部分

船舶动态特性很大程度上依赖于装载、船速、水深以及风浪引起的干扰。自适应操舵仪则利用船舶动态特性的估计算法来排除上述情况所造成的影响。算法基于模型参考自适应控制，在估计出的船舶动态特性的基础上，调整 PID 的三个参数。

（2）最优控制部分

最优控制部分包括最优增益计算和舵角指令计算。最优增益计算依赖于上面所提到的船舶动态特性的估计值，再结合船速和评价函数，最后计算出最优的增益。

根据最优增益输出、卡尔曼滤波器输出的航向偏差以及船舶回转速率的估计值，计算出最优的舵角指令，该舵角指令经过舵限调整最后送至舵伺服放大单元。

在航向保持模式下，舵角指令的输出采用双增益的模式。针对开放的海域，考虑经济航行的原则，尽量采用小舵角操舵，并允许小 Z 形航行。在受限的海域，采用相对大一点的舵角，从而确保航向的精确保持。

（3）自适应的卡尔曼滤波部分

在恶劣天气情况下，由海浪所引起的高频干扰会产生没有意义的操舵响应，这种形式的操舵不仅造成舵机的机械磨损，而且会引起推进能耗损失。采用自适应的卡尔曼滤波可以很好地滤去高频干扰。

在同样的舵角作用下，实际船舶由于受到变化干扰的影响，会产生剧烈的偏航，而模型船舶则反映的是船舶航行在完全风平浪静的海面所产生的偏航。卡尔曼滤波器通过不断地对两者的输出进行比较和修正，最后获得没有任何高频成分的实际偏航信息。干扰设置是利用船舶回转速率作为指标来估计海面的实际工况，最终调整干涉程度。

图 11-24 中点画线框内所示为扩展型卡尔曼滤波器。其功能为

1）估计船舶运动参数 K、T。估计所得 K、T 参数值，一方面作为船舶运动模型参数，存储在卡尔曼滤波器中，供状态估计用；另一方面为最优控制器提供被控对象的参数。

2）测量的实际偏航角 φ 和偏航速率 $\dot{\varphi}$ 进行滤波，消除由天气、海况产生的高频干扰噪声影响，对航向角与偏航率进行最优估计。

自适应操舵仪除了上述自适应控制部分外，还有输入单元和输出单元。

（4）输入单元

1）航向给定信号。

2）来自陀螺罗经和 GPS 的偏航信号和偏航速率信号。

3）来自计程仪的船速信号。

4）舵角信号。

（5）输出单元

1）伺服放大器。

2）电磁阀、伺服电动机。

3）变频器。

四、自适应操舵仪参数设置

自适应操舵仪的参数设置随生产厂家不同略有差异。图 11-25 给出了 ANSCHUTZ 公司的 NAUTOPILOT A-1 的自适应操舵仪参数设置流程。

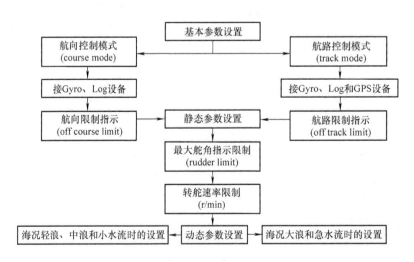

图 11-25　自适应操舵仪参数设置流程图

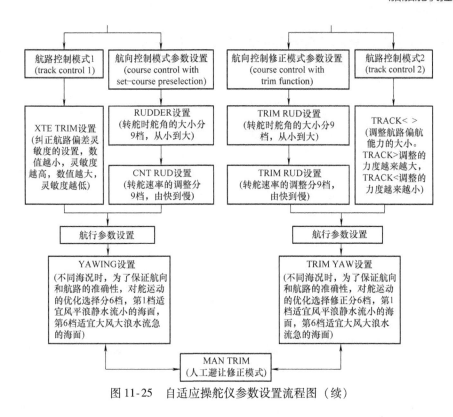

图 11-25　自适应操舵仪参数设置流程图（续）

第六节　Kongsberg 的自动导航航迹舵原理

　　某轮 Kongsberg 的自动导航航迹舵系统原理如图 11-26 所示。舵机系统包括随动和应急舵操舵系统，它由驾驶台主控板和左右翼驾驶台的舵令发送单元、控制系统、舵机控制箱、变频器、电机、泵和液压系统以及反馈装置、报警单元组成；Kongsberg 的自动舵系统则由自动舵电源分配电箱、控制单元、主计算机和反馈单元组成。

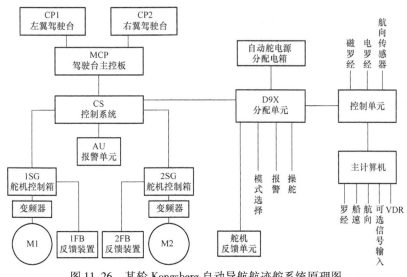

图 11-26　某轮 Kongsberg 自动导航航迹舵系统原理图

一、Kongsberg 的 AP2000 型自动导航航迹舵的系统组成

AP2000 型自动导航航迹舵的系统组成如图 11-27 所示。

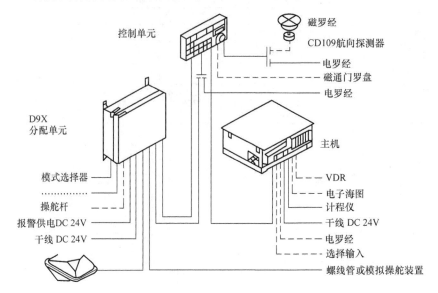

图 11-27　某轮 AP2000 型自动导航航迹舵的系统组成

1. 带有附件的控制单元

自动舵所有的设置和操作都在此单元上进行。在前面板上除了按钮外，它还有三个 LCD 显示和一个航向选择旋钮。

2. 主机

进行操舵运算，连接航路设计系统助航仪器、陀螺罗经（一系列的）和计程仪。

3. 航向传感器

自动舵能读出大多数类型的方向参考传感器。主罗经（操舵罗经）应是一个陀螺罗经，而监视罗经（复示罗经）可以是一个陀螺罗经、磁罗经或者磁通门罗盘。主机能读一系列的来自陀螺罗经的数据，可以是 NMEA0183 或者 Simrad RGC 专用输出。当设备带有陀螺罗经的界面板时，控制单元能同步读出陀螺罗经。控制单元也能从任何方向传感器和装备有 CD109 航向探测器的磁罗经读出 sin/cos 值。

4. 分配单元

D9X 是一个主相互连接单元。主电源、报警电源、操舵装置界面、舵角反馈和额外的报警都是连接到此单元。

应当注意的是，标准的主电源是 DC 24V，如果使用 AC 电源，系统必须有一个 AC 电源适配器。模式选择和速度输入对所有的设备都是强制的，模式选择通常由操舵控制系统提供，速度由计程仪提供。

二、某轮自动导航航迹舵原理

自动导航航迹系统（ANTS）实际上是通过一台微处理器，将人工输入的计划航线（各

转向点的经纬度）与通过定位传感器得到的实时船位等数据进行计算、比较分析和处理，并得到一个可供自动舵执行的航向（也称指标航向）。在执行过程中，由于船舶受到风流压的影响，船位还会偏离计划航线，此时，航迹自动舵能给出一个新的指标航向，因此指标航向是一连串变化的，并均匀改变，从而达到自动保持在航迹带内所需航向和在转向点自动转向的目的，其工作原理如图 11-28 所示。

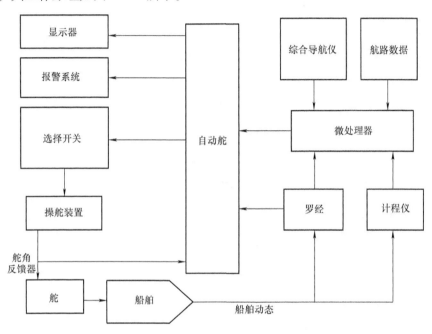

图 11-28　自动导航航迹舵原理框图

1. 实时船位的获取

实时船位一般由 GPS、LORAN-C 等船舶定位仪获得。目前，被广泛采用的是 GPS 定位仪，它能获得连续船位并且精度高。当微处理器收到船位信号后，还要做坐标系统误差的修正、船位数据的滤波处理和粗大误差的剔除处理，从而得到更精确的船位。

2. 计划航向的确定

计划航线一旦确定，即可向航迹舵组件输入转向点的经纬度，两转向点航法有两种选择：恒向线（Rhumb Line）航法（沿恒定的真航向航行的方法）和大圆航线（Great Circle Route）航法（沿起航点至到达点地球大圆弧航行的方法）。若选用恒向线航法，微处理器便能计算出各转向点之间的计划航向。若采用大圆航法，则可确定在某一段时间内（如 4h）认为是不变的计划航向。

3. 航迹保持原理

当得到计划航线和实时船位数据后，微处理器将两者进行比较，并计算出船舶到下一转向点应行驶的航向。然而，由于罗经精度和自动舵保持航向的误差等因素的影响，以此作为指标航向指令，自动舵控制航行并不能保持船舶航行在计划航线上。例如，到下一个转向点的航程为 500n mile，实时船位距计划航线的垂直距离（位置偏移量）为 1n mile，则航向的偏差仅为 0.1°，而用这样小的偏差角度去修正自动舵的执行航向，使船舶保持在计划航线上是难以实现的。因此实际操作中，驾驶人员需要根据海况等因素，设定一个允许在计划航线附近一定距离范围内的位置偏移量和这个偏移量的最大限制值，如图 11-29 所示。这里，位置偏移量的计算是以计划航线为基准的，$\pm d_{max}$ 称为航迹带宽度。当船舶航向在 A 区时，就认为船舶基本保持在计划航线上。当船舶偏移在 B 区时，微处理器计算出风流压差，操舵装置开始工作，修正指标航向，使船回到 A 区内。一般每过 15~30min 进行一次风流压差的修正计算。如果船位位于 C 区中时，则认为船舶不能自动保持航迹，需要驾驶员进行人工处理。

4. 自动转向原理

航迹自动舵组件在自动转向中的主要功能是确定转向的时机和均匀地改变指标航向。如图 11-29 所示，当船舶航行到 a、b 或 c 时，航迹组件能根据转向点的位置、当时航速、航向改变量和转向允许的速率，自动确定提前开始转向的距离或时间，从而自动转到下一个计划航向上。

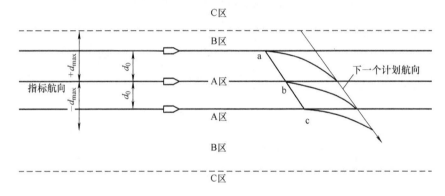

图 11-29　航迹保持原理

复习与思考题

11-1. 舵机电力拖动与控制的基本要求有哪些？

11-2. 船舶舵机的操舵方式有哪几种？各自特点是什么？

11-3. 自动舵具有哪些基本类型？

11-4. 自动操舵的调节规律有哪些？它们各自对操舵系统产生何种影响？

11-5. 自动舵有哪些主要调节环节？

11-6. 自适应舵中的自适应控制器通常由哪几部分组成？说明每一部分的功能。

11-7. 当舵机停止后，实际舵位与指令舵位存在误差时，应如何校正？简述其方法。

11-8. 当舵机工作发生振荡时，故障机理可能有哪些？应如何处理？

11-9. 根据操舵仪的框图，通过面板上的转换开关，如何判定自动舵故障的放大器部位？

参 考 文 献

［1］阮礽忠. 船舶电机与电力拖动［M］. 大连：大连海事大学出版社，2012.

［2］林叶春，吴志良，丁龙祥，等. 船舶电气［M］. 大连：大连海事大学出版社，2012.

［3］林叶春. 船舶电气与自动化（船舶电气）（管理级）［M］. 大连：大连海事大学出版社，2020.

［4］马昭胜. 船舶辅助机械控制系统［M］. 北京：机械工业出版社，2022.

［5］林叶春，何治斌，李永鹏，等. 船舶电气与自动化（船舶自动化）（操作级）［M］. 大连：大连海事大学出版社，2020.

［6］邱赤东，高兴斌，安亮，等. 船舶机舱自动化［M］. 大连：大连海事大学出版社，2021.

［7］杨国豪. 船舶电站控制装置及动态模拟系统［M］. 大连：大连海事大学出版社，1999.

［8］林洪贵. 船舶电站［M］. 西安：西安交通大学出版社，2021.

［9］马昭胜. 船舶电站及其自动化装置［M］. 北京：机械工业出版社，2023.

［10］林叶春. 船舶电气及控制系统［M］. 上海：上海交通大学出版社，2015.

［11］史际昌. 船舶电气设备及系统［M］. 大连：大连海事大学出版社，1998.

［12］郑华耀. 船舶电气设备及系统［M］. 上海：上海海事大学出版社，2011.

［13］陆祥润，刘凤梧. 船舶电气实用指南［M］. 大连：大连海事大学出版社，1993.

［14］刘宗德，陈定先. 船舶电力系统及自动装置［M］. 大连：大连海事大学出版社，1992.

［15］左春宽，孙永明，张春来，等. 船舶动力装置［M］. 大连：大连海事大学出版社，2020.

［16］林叶锦. 轮机自动化［M］. 大连：大连海事大学出版社，2009.

［17］马昭胜. 船舶电气设备维护与修理［M］. 北京：机械工业出版社，2020.

［18］张春来，王海燕，孙立新. 船舶电气与自动化（船舶电气）（操作级）［M］. 大连：大连海事大学出版社，2021.

［19］马昭胜. 轮机自动化［M］. 大连：大连海事大学出版社，2017.

［20］中国海事服务中心. 船舶电气与自动化［M］. 大连：大连海事大学出版社，2012.

［21］中国海事服务中心. 海船船员培训大纲（2021）［Z］. 2021.

［22］中国海事服务中心. 船舶电气［M］. 大连：大连海事大学出版社，2012.